本教材由2020年度广西民族师范学院教材建设项目"东盟人力资源概况"（民师院教务〔2020〕77号文附件第3序号）资助出版

《东盟人力资源概况》编委会

主　编：鲍立刚

副主编：肖应明　　贾果强　　覃盛华　　陈志鹏　　刘　霞　　刘　智
　　　　沈　鸿　　郑　媛　　张念东　　秀　英

参　编：伍　锐　　刘婷婷　　韦晓云　　谭俊杰　　韦广平　　陈严武
　　　　王阳明　　陈　雪　　易庭珠　　黄冬群　　欧毕华　　姜　营
　　　　覃思涵　　陈　强　　任现增　　曾高峰　　毛天平　　唐冬燕
　　　　胡秋菊　　黄　鹏　　李　莉　　李亚军　　杨　敏　　阚　波
　　　　吴　蕊　　崔　静　　徐志花　　王七苟　　韩　梦　　程　文
　　　　姜海燕　　刘小莉　　李　丹　　杨雅恬　　伍　薇

东盟人力资源概况

鲍立刚 主编

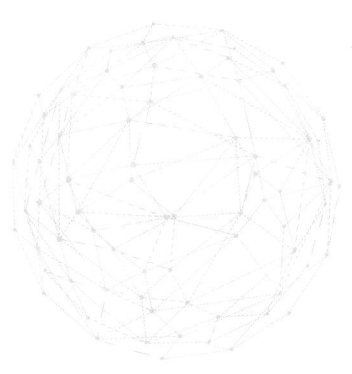

云南大学出版社
YUNNAN UNIVERSITY PRESS

图书在版编目(CIP)数据

东盟人力资源概况/鲍立刚主编. -- 昆明：云南大学出版社, 2022（2023重印）
ISBN 978-7-5482-4486-8

Ⅰ.①东… Ⅱ.①鲍… Ⅲ.①东南亚国家联盟—人力资源—概况 Ⅳ.①F249.33

中国版本图书馆CIP数据核字(2022)第030016号

策划编辑：万　斌
责任编辑：万　斌
封面设计：王嫄一

东盟人力资源概况

鲍立刚　主编

出版发行：云南大学出版社
印　　装：昆明瑆煌印务有限公司
开　　本：787mm×1092mm　1/16
印　　张：15.75
字　　数：382千
版　　次：2022年3月第1版
印　　次：2023年9月第2次印刷
书　　号：ISBN 978-7-5482-4486-8
定　　价：39.80元

社　　址：昆明市一二一大街182号（云南大学东陆校区英华园内）
邮　　编：650091
发行电话：0871-65033244　65031071
网　　址：http://www.ynup.com
E – mail：market@ynup.com

若发现本书有印装质量问题，请与印厂联系调换，联系电话：0871-64167045。

序

在我众多的优秀学生当中，有这么一位特别的学生：他曾经在中外知名企业从事人力资源管理工作 10 年，其中在印度尼西亚万隆市 P.T.KAHATEX 印染集团公司担任高管半年。当他还在世界 500 强杜邦应用面材（广州）有限公司担任人力资源部主管的时候，我就与他结下了不解之缘和师生情谊。为了更好地从事人力资源管理工作，他于 2001—2004 年到中山大学就读第二本科，专业为行政管理（公共部门人力资源管理方向）。2005 年，他离开杜邦公司正式在高校执教人力资源管理专业。为了提高学术水平，2011—2012 年他到中国人民大学劳动人事学院访学一年。2012 年 4 月，我到中国人民大学参加公共部门人力资源管理研讨会，与他不期而遇。2015 年，他以高层次人才引进方式被调到广西民族师范学院任人力资源管理专业教师、校级学术委员会委员和校级教学指导委员会委员。2018 年，他获得了教授职称。2019 年，他开始进行校级一流本科课程建设，请我做他的推荐人。2020 年，他的课程"人力资源管理综合实训"获得了广西壮族自治区 2020 年自治区级一流本科课程认定。2016 年，他开辟了从人力资源视角来进行东盟国家研究的新路径，2018 年开始着手编写《东盟人力资源概况》教材。这位脚踏实地、孜孜以求的实践和理论双栖优秀中青年学者就是广西民族师范学院人力资源管理专业教师鲍立刚。

我国地方高校占全国高校总数的绝大多数，地方高校的发展必须有自己的特色，只有设立特色课程、编写特色教材，才能在"双一流"高校的强势存在中找到较大的发展空间。而东盟人力资源管理系列课程，是很多地方高校希望开设的特色课程之一，特别是我国西南地区、华南地区和华东地区临近东南亚国家，这些地区的高校可以充分发挥地域优势从事东盟人力资源研究。遗憾的是，现有的东盟研究都是从民族学、社会学、人类学、经济学、教育学、历史学等视角来开展的，国内现有的东盟研究项目中，缺少对东盟人力资源的专门研究，有关东盟人力资源的内容也零碎地散落在众多不同学科的成果中且很不完整，专门的东盟国家人力资源教材更是空白。

令人欣慰的是，鲍立刚教授以其一以贯之的孜孜以求精神，从 2019 年至今，基于新文科、课程思政和一流课程要求进行了"东盟人力资源概况"课程的"三建设"，开辟了从人力资源视角来进行东盟研究的新路径，编写完成了教材《东盟人力资源概况》。该书能够给高校及教师提供一个具有东盟特色的人力资源研究和教学方向，给在校学生和社会人员拓展一条东盟人力资源管理职业发展的通道。该教材把民族学、历史学、人类学等学科知识，与人力资源管理知识、侨务工作技能交叉融合，呈现了从企业行业应用角度来进行东盟人力资源学习的新内容，既适合管理类和外国语专业方向的老师和学生使用，也适合中国—东盟贸易的企业管理人员、行业专业人员、政府公务人员和华侨华人读者，能够培养学生的跨领域知识融通能力和实践能力，为我国"一带一路"建设培养懂东盟人力资源知识和业务的高校、企业、行业和政府人才。通过《东盟人力资源概况》教材"讲好中国故事"和"华侨华人故事"，企业行业用好包括华侨华人在内的东盟人力资源，可以带来中国—东盟经济增长的乘数效应，中国—东盟经济与人力资源协同发展还会产生"外溢"效应，实现中国东盟共商共建共享，逐步形成中国—东盟命运共同体。

2021年12月，当鲍立刚教授把他编写的《东盟人力资源概况》书稿送来请我作序时，我毫不犹豫地答应了。2020年12月，鲍立刚教授主编的专科教材《人力资源管理综合实训演练》（第三版）入选"十三五"职业教育国家规划教材；鲍立刚教授主编的本科教材《人力资源管理综合实训》（第一版）相关的课程获2021年广西壮族自治区2020年自治区级一流本科课程认定。我相信，鲍立刚教授主编的《东盟人力资源概况》教材在不久的将来也会取得好成就。

陈天祥

2021年12月

（注：陈天祥，男，中山大学政治与公共事务管理学院教授、博士生导师，中山大学人力资源研究开发中心主任，"教育部新世纪优秀人才支持计划"人选，广东省高等学校教学名师，"广东特支计划"教学名师，南粤优秀教师。）

前　言

在"一带一路"倡议的大背景下，我国与东盟十国的各种交往合作越来越密切，各国人民之间的交往合作更加频繁，尤其是华侨华人作为一种特殊的人力资源在中国与东盟十国合作发展的过程中将担当更加重要的角色。运用包括华侨华人在内的人力资源可以带来中国—东盟经济增长的乘数效应，中国—东盟经济与人力资源协同发展还会产生"外溢"效应，最终促进其他领域的合作和相互谅解，既能有效地化解东盟地区与中国合作时心存戒备的心理，又能使西方对中国的无端指责与偏见不攻自破。随着深入研究东盟人力资源的重要性日益显著，地方高校也迫切需要树立自己的办学特色、设置自己的特色课程，而东盟人力资源系列课程则是地方高校希望开设的特色课程之一。遗憾的是，国内现有的东盟研究项目中，缺少对东盟人力资源的专门研究，有关东盟人力资源的内容也零碎地散落在众多不同学科的成果中且很不完整，专门的东盟国家人力资源教材更是空白。

2015年11月，当我以高层次人才被引进广西民族师范学院工作后，就开始逐步收集东盟人力资源的材料，走上了酸甜苦辣的"东盟人力资源概况"课程建设历程，主要阶段如下：（1）厉兵秣马阶段。2016年开始与崇左市委组织部人才科时任科长覃盛华进行东盟人力资源的研讨与合作。2016年9月，我主持编写的人力资源管理专业人才培养方案把"东盟人力资源概况"课程首次纳入选修课程，拟于2019年9月开课。2018年初，我带领部分老师、2016级人力资源管理专业学生和老挝、柬埔寨留学生进行东盟人力资源信息的调查、翻译和整理，并开始着手编写内部教材《东盟人力资源概况》。由于国内几乎没有专门的东盟人力资源研究成果，在众多不同学科成果中去筛选和翻译庞杂零碎的东盟人力资源信息异常艰难，导致《东盟人力资源概况》教材的编写进度较慢，所以2019年9月开课计划落空。（2）雄心勃勃阶段。2019年1月，本人开始尝试基于新文科、课程思政和一流课程要求进行"东盟人力资源概况"课程的"三建设"和相应的教材建设。在新文科建设方面，尝试在课程和相应的教材建设中把民族学、历史学、人类学、社会学等学科知识与人力资源管理知识、侨务工作技能交叉融合，把中国文化与东盟相关国家的文化交叉融合，目的是培养学生的跨领域知识融通能力和实践能力。在课程思政建设方面，尝试通过本课程和相应教材的学习认清以美国为首的西方国家通过各种方式污名化中国"一带一路"倡议和挑拨中国东盟之间关系的面目，从而体现讲好中国故事的重要性；揭示华侨华人移民与西方殖民东盟国家的本质区别，从而体现讲好华侨华人故事的重要性；目的是通过本课程的建设和相应教材的建设摸索构建中国—东盟命运共同体的路径和方法。2019年10月，本人开始与广西、云南、四川、贵州、宁夏、重庆、广东、福建、江西、江苏、辽宁、河北、黑龙江、海南等省、自治区和直辖市的政府、高校、企业和行业等东盟人力资源专家和学者合作编写教材《东盟人力资源概况》，并且发动 20 多所高校在人才培养方案中设置了"东盟人力资源概况"课程。（3）博采众长阶段。2019 年 11 月 9—10 日，我第一次参加与东盟人力资源相关的国际会议，在云南大学召开的首届大湄公河次区域民族学与人类学国际会议上，我作了题为"澜湄合作机制下人力资源发展研究综述及展望"的发言。2019 年 11 月 23 日，广西民族大学、广西壮族自治区社会科学界联合会、广西民族师范学院联合在广西崇左市举办了第四届广西世居民族论坛，本人在论坛上作了东盟人力资源相关报告，并带领广西民族师范学院人力资源管理专业 171、172、181、182 班等部分学生第一次参加东盟人力资源学习活动。2020 年 10 月 20 日至 10 月 22 日，我参加了第二届"一带一路"侨商侨领交流合作大会崇左市网络分会场会议，这是我第一次参加侨商侨领会议。2021 年 10 月 16—17 日，我参加了在玉林师范学院举办的第五届"海外华人与中国侨乡文化"学术研讨会并在专题讨论二组发言。（4）柳暗花明阶段。2019 年 9 月，我校人力资源管理专业人才培养方案把"东盟人力资源概况"课程由原来的"选修课程"变更为"专业基础必修课程"，由此成为我校特色课程。2020 年 4 月，我申请用本校国际经济与贸易专业"2018—2020 年广西本科高校特色专业及实验实训教学基地（中心）建设项目"资金来资助《东盟人力资源概况》教材，遗憾的是美梦破灭。正当我沮丧之时，教材出版事宜获得了我校韦友欢副校长的大力支持和指导，校长办公会议曾为此讨论教材立项问题。2020 年 12 月 24 日，我主编的教材《东盟人力资源概况》获得了广西民族师范学院教材建设项目立项，云南大学出版社蔡红华副社长对本教材的出版也给予了鼓励和指导。2021 年 3 月，我正式给人力资源管理专业 191、192 班讲授"东盟人力资源概况"课程，这也是国内高校首次开讲专门的东盟人力资源课程。

"东盟人力资源概况"课程历经上述四个阶段的持之以恒地建设，在"校政企行（业）生"的联合支持和帮助下，其教材终于编撰完成并形成了如下几个特色和优势：（1）东盟人力、跨境民族、华侨华人交叉"融入"教学内容。专家评价《东盟人力资源概况》教材开辟了从人力资源视角来进行东盟国家研究的新路径，基于新文科建设要求把不同学科知识和行业技能交叉融合、把中国文化和东盟国家文化交叉融合，从而把东盟人力、跨境民族、华侨华人交叉"融入"教学内容，符合"一带一路"下中国—东盟企业跨境劳务、人力资源交流和侨务工作的实际需要，教材内容的广度和深度得到了加强，提升了本课程教材的高阶性。本教材能够给高校及教师提供一个具有东盟特色的人力资源研究和教学方向，给在校学生和社会人员拓展一条东盟人力资源管理职业发展的通道。（2）情境教学方法促进课程思政"融入"学生言行。本教材的东盟国家人力资源管理实训方法，从中国—东盟交通贸易、跨境劳务和侨务实践工作，华侨华人和跨境民族研究的实际需要出发来设置相应的教学情境。通过东盟人力或侨务论文写作、东盟论文团队竞技训练、东盟人力及华侨华人知识竞赛等三类情境教学方法，学生成为整个课堂的主角和中心，能够把课程思政融入"学生的言行"，从而构建一种人人出谋划策合作学习东盟人力资源知识和课程思政的良好氛围，突出了本课程的创新性。通过本教材情境教学方法认清西方国家污名化"一带一路"倡议和挑拨中国东盟关系的面目，讲好中国故事；揭示华侨华人移民与西方殖民统治东盟国家的本质区别，讲好华侨华人故事；认识到华侨华人在中国与东盟合作发展中发挥的重要作用；摸索构建中国—东盟命运共同体的路径和方法。（3）一流课程、新文科和课程思政"三建设"融入过程性成绩评价体系。本教材配套的课程考核的评分表，由"校政企行生"多"角色"联合编写，并且每类评分表都包含"课程思政"评价指标，对"团队成绩"进行考核，教师在"团队成绩"基础上结合组长对本组成员的排名得出个人成绩，注重学生平时的"过程性评价"，平时成绩占总成绩的55%。将教学内容的高阶性、教学方法的创新性贯穿于严格成绩评定所形成的挑战度，使得一流课程、新文科和课程思政"三建设"融入过程性成绩评价体系。

《东盟人力资源概况》由广西民族师范学院人力资源管理专业鲍立刚教授负责第一、二、三、六、七、八、九、十、十一章的编写，并对全书进行设计、修改和定稿。云南省交通投资建设集团有限公司党委组织部肖应明部长负责第四、五章的编写。广西中泰崇左产业园管理委员会社会事务局贾果强副局长、中共广西崇左市纪律检查委员会覃盛华常委、广西崇左市民族宗教事务委员会陈志鹏主任、西南交通大学希望学院刘霞博士、广西河池学院经济与管理学院公共管理系刘智主任、广西桂林理工大学商学院沈鸿教授、贵州民族大学社会学与公共管理学院张念东副教授、广西师范大学经济管理学院秀英副教授等协助鲍立刚教授编写，云南大学滇池学院郑媛副教授协助肖应明部长编写，各位参编人员负责组织"校政企行（业）生"进行东盟人力资源研讨，并提出修改建议。

本教材由2020年度广西民族师范学院教材建设项目"东盟人力资源概况"（民师院教务〔2020〕77号文附件第3序号）资助出版，广西民族师范学院韦友欢副校长给予了指导和帮助。本教材是本人主持的广西壮族自治区2022年自治区级新文科研究与实践项目"新文科下'三性融合，五方共建'人力资源管理实训课程和教材体系的研究与实践"（XWK2022029）的部分研究成果，也是本人主持的2022年广西民族师范学院一流本科课程建设项目线下课程"东盟人力资源概况"（YLXXKC202201）的配套教材。国内著名人力资源管理专家、中山大学博导陈天祥教授给予了专业指导并为本教材作序，广西民族大学民族学博导、《八桂侨刊》主编郑一省教授也对本教材给予了专业指导和帮助。教材在编写过程中还得到了广西崇左市归国华侨联合会杨伟东副会长、越南社会科学翰林院NGUYỄN THỊ MAI QUYÊN（阮氏梅娟）研究员、老挝苏发努冯大学Beauchene CHITPANY（林丽金）老师的专业帮助，广西民族师范学院越南语专业潘能梅博士、跨境物流专业曹志强副教授等老师则参与了东盟人力资源部分资料的收集和翻译工作。本教材的编著还得到了云南大学出版社蔡红华副社长、吕君编辑的指导和帮助。另外，我校国贸172班柬埔寨留学生វីវនី（李婉妮）、ភាពស្រីបូរ（司蕊宝）、កែវប៊ុនថេង（柯盛兴）、មឿងសុដាត（蒙硕发），国贸161、171和173班的老挝留学生BOUACHANH LAOPER（白云玲）、XAETOR LIHACKLAO（李宝成）、SYCHANH LAOLEE（李建德）、SOMBOUN TOULAVONG（刘宇航）、BOUNCHER XIONGXAI（宋本）和VONGKHAM LAOLY（李正富）等也参与了东盟人力资源部分资料的收集和翻译。人力161班于锦玲、杨奇英、刘小妹、黄亚珍、韦美姿，人力162班杨婷、郭燕双、聂石梅、谢颖、麻秋迎、邓莉君等同学，参与了东盟人力资源部分资料的收集和整理工作。人力171班褚珊瑚、张丽春、马丽、陈艺华，人力172班李盈、黎淦、李菲菲、叶红星，人力191班季晓莉、李菊莉、刘秀坪、潘明珠、严子森、韦燕冬，人力192班祝琪琪、韩美金、刘国梁等同学，参与本教材的校对工作。本教材的出版有赖于上述专家、学者们的指导和老师、同学们的帮助，在此向他们表示衷心的感谢。

此外，在编写本教材的过程中，我们参考了很多书籍、教材、网站、各国使领馆资料，由于一些资料不知出处，无法在参考文献和注释中列出，在此向原作者表示真诚的感谢！

由于本教材开辟了从人力资源视角来进行东盟研究的新路径，行业内没有专门的东盟人力资源成果可以借鉴，加上本人2016年才开始研究东盟人力资源、2018年才开始研究东南亚民族和华人华侨，虽然我们已经尽了很大的努力，但限于水平，教材中的疏漏和不足在所难免，敬请各位老师和读者批评指正，也欢迎高校、政府、行业和企业相关人士与我一起探讨。另外，本教材实训和作业的评分表中融入了课程思政元素的评价指标，如需要课程思政的评分表，请与作者联系。（手机兼微信号：15977474085，电子邮箱：1870469152@qq.com）

鲍立刚
2022年3月于广西崇左思可睿书斋

目 录

第一章 越南人力资源 ·· 1
　第一节 越南的人口及民族 ·· 1
　第二节 中国人迁移骆越地区、移民越南及贡献 ······················ 6
　第三节 越南行政区划及人力资源官方机构 ···························· 11
　第四节 越南外企适用的劳动法规 ··· 14
　第五节 越南劳动法规的其他规定 ··· 20
　第六节 中国人到越南经商和工作的机遇 ······························ 22
　第七节 中越跨境劳务合作问题及应对策略 ··························· 24
　第八节 越南人力资源管理问题及对策 ·································· 25

第二章 泰国人力资源 ··· 30
　第一节 泰国的人口及民族 ·· 30
　第二节 中国人移民泰国及贡献 ··· 32
　第三节 泰国行政区划及人力资源官方机构 ··························· 38
　第四节 外国人在泰国工作的规定 ··· 43
　第五节 在泰外籍劳工证的获取要求 ····································· 44
　第六节 泰国劳动法规的核心内容 ··· 47
　第七节 中国人在泰经商和工作的机遇 ·································· 50
　第八节 中国人在泰经商和工作风险及应对措施 ···················· 51
　第九节 中泰两国人力资源管理的比较分析 ··························· 54

第三章 柬埔寨人力资源 ··· 60
　第一节 柬埔寨的人口及民族 ··· 60
　第二节 中国人移民柬埔寨及贡献 ·· 64
　第三节 柬埔寨行政区划及人力资源官方机构 ······················· 68

  第四节 外国人在柬埔寨就业的规定 ………………………… 70
  第五节 柬埔寨《劳工法》的核心内容 …………………………… 71
  第六节 中国人在柬经商和工作的机遇 …………………………… 74
  第七节 中国人在柬经商和工作的风险及应对措施 …………… 75
  第八节 在柬企业人力资源管理 …………………………………… 77

第四章 老挝人力资源 ……………………………………………… **83**
  第一节 老挝的人口及民族 ………………………………………… 83
  第二节 中国人移民老挝及贡献 …………………………………… 86
  第三节 老挝行政区划及人力资源官方机构 …………………… 90
  第四节 外国人在老挝就业的规定 ………………………………… 92
  第五节 老挝《劳动法》的核心内容 …………………………… 94
  第六节 中国人在老经商和工作的机遇 …………………………… 96
  第七节 中国人在老经商和工作的风险及应对措施 …………… 97
  第八节 老挝万象中资企业人力资源本土化现状 ……………… 99

第五章 缅甸人力资源 ……………………………………………… **103**
  第一节 缅甸的人口及民族 ………………………………………… 103
  第二节 中国人移民缅甸及贡献 …………………………………… 109
  第三节 缅甸行政区划及人力资源官方机构 …………………… 113
  第四节 外国人在缅就业经商的规定 …………………………… 116
  第五节 缅甸《劳动法》的核心内容 …………………………… 118
  第六节 中国人在缅经商和工作的机遇 …………………………… 119
  第七节 中国人在缅经商和工作的风险及应对措施 …………… 120
  第八节 中国在缅投资基建项目人力资源属地化管理 ……… 122

第六章 印度尼西亚人力资源 …………………………………… **130**
  第一节 印度尼西亚的人口及民族 ……………………………… 130
  第二节 中国人移民印度尼西亚及贡献 ………………………… 133
  第三节 印尼行政区划及人力资源官方机构 …………………… 139
  第四节 外国人在印尼就业经商的规定 ………………………… 145
  第五节 印尼《劳动法》的核心内容 …………………………… 146
  第六节 中国人在印尼经商和工作的机遇 ……………………… 148

第七节　中国人在印尼经商和工作的风险及应对措施 …………………… 149
　　第八节　印尼劳动关系协调和劳动争议处理 …………………………… 152

第七章　马来西亚人力资源 …………………………………………………… **157**
　　第一节　马来西亚的人口及民族 ………………………………………… 157
　　第二节　中国人移民马来西亚及贡献 …………………………………… 160
　　第三节　马来西亚行政区划及人力资源官方机构 ……………………… 163
　　第四节　外国人在马来西亚就业经商的规定 …………………………… 167
　　第五节　马来西亚《劳动法》的核心内容 ……………………………… 169
　　第六节　中国人在马来西亚经商和工作的机遇 ………………………… 170
　　第七节　中国人在马来西亚经商和工作的风险及应对措施 …………… 172
　　第八节　中资企业马来西亚公司人力资源属地化管理 ………………… 173

第八章　新加坡人力资源 ……………………………………………………… **178**
　　第一节　新加坡的人口及民族 …………………………………………… 178
　　第二节　中国人移民新加坡及贡献 ……………………………………… 180
　　第三节　新加坡行政区划及人力资源官方机构 ………………………… 184
　　第四节　外国人在新加坡就业经商的规定 ……………………………… 186
　　第五节　新加坡《劳动法》的核心内容 ………………………………… 188
　　第六节　中国人在新加坡经商和工作的机遇 …………………………… 189
　　第七节　中国人在新加坡经商和工作的风险及应对措施 ……………… 191
　　第八节　淡马锡经验对我国国企人力资源管理创新的借鉴 …………… 193

第九章　文莱人力资源 ………………………………………………………… **197**
　　第一节　文莱的人口及民族 ……………………………………………… 197
　　第二节　中国人移民文莱及贡献 ………………………………………… 199
　　第三节　文莱行政区划及人力资源官方机构 …………………………… 202
　　第四节　外国人在文莱就业经商的规定 ………………………………… 205
　　第五节　文莱《劳动法》的核心内容 …………………………………… 206
　　第六节　中国人在文莱经商和工作的机遇 ……………………………… 207
　　第七节　中国人在文莱经商和工作的风险及应对措施 ………………… 208
　　第八节　文莱劳工受伤时雇主赔偿的情形 ……………………………… 209

第十章 菲律宾人力资源 212
第一节 菲律宾的人口及民族 212
第二节 中国人移民菲律宾及贡献 214
第三节 菲律宾行政区划及人力资源官方机构 219
第四节 外国人在菲律宾就业经商的规定 222
第五节 菲律宾《劳动法》的核心内容 223
第六节 中国人在菲律宾经商和工作的机遇 225
第七节 中国人在菲律宾经商和工作的风险及应对措施 226
第八节 菲律宾的海外劳务管理模式 228

第十一章 东盟国家人力资源管理实训 233
第一节 东盟国家人力资源或东盟侨务工作论文写作 233
第二节 东盟国家人力资源发展及东盟侨务工作竞技训练 235
第三节 东盟国家人力资源及华侨华人知识竞赛 236

第一章 越南人力资源

第一节 越南的人口及民族

一、越南人口概况

越南社会主义共和国（Socialist Republic of Vietnam）首都河内（Ha Noi），官方语言为越南语。越南人口和住房普查每10年进行一次，根据2019年7月13日《经济日报》转载越南官方公布的2019年人口和住房普查结果，截至2019年4月1日，越南总人口达9620万人，在东南亚地区排名第3位，世界排名第15位。在越南总人口中，男性约4788万人，占49.8%；女性约4832万人，占50.2%。伴随城市化进程的发展，目前越南城市人口比重较10年前增长了4.8个百分点，占总人口的34.4%，男女比例为96.5∶100；农村人口占65.6%，男女比例为100.5∶100。10年来，越南人口密度也在逐渐增加，成为世界上人口密度较高的国家，2019年每平方千米人口密度为290人，人口密度在东盟十国中排名第3位。其中，河内和胡志明市是越南两个人口密度最大的城市，分别达到每平方千米2398人和4363人。据统计，目前在越南15岁以上的人群中，有95.8%的人具备读写能力。

劳动力方面，截至2016年，越南15岁以上的劳动人口总数为5440万人，其中城市劳动人口为1750万人，占15岁以上总人数的32.2%；农村劳动人口为3690万人，占15岁以上总人数的67.8%。按产业来划分，农林水产业人口、工业及制造业人口和服务业人口，分别占15岁以上的劳动人口总数的41.9%、24.7%和33.4%；接受过职业教育的人口占15岁以上的劳动人口总数的20.6%。就业方面，2016年，越南的平均失业率为2.3%，其中城市为3.18%、农村为1.86%；男性劳工（15~24岁）的失业率为7.34%，其中城市男性劳工失业率为11.3%，农村男性劳工失业率为5.74%。2015—2016年，越南全国约有11.5万劳动者出国务工。其中，中国台湾和日本是越南劳务输出的重点劳动力市场。

据thegioibantin.com网站，2017年越南人口为9541万，人口增长率为1.03%，平均年龄为30.8岁，人口数占世界人口总数的1.27%，在世界多人口国家中排名第14位。2017年越南城镇居民比例为34.7%，越南人口排名前3位的城市分别是胡志明市、河内、岘港。2017年，越南平均人口密度为308人/平方千米（注：人口密集度大于100人/平方千米属于第一级人口密度）。越南历年人口统计详见表1-1，未来30年内越南人口预测详见

东盟人力资源概况

表 1-2[①]。

表 1-1 越南历年人口统计

年份	人口数	人口增长率	平均年龄	人口密度	城镇居民比例	占全球人口比	全球排名
2017	95 414 640	1.03%	30.8	308	34.7%	1.27%	14
2016	94 444 200	1.07%	30.8	305	34.1%	1.27%	14
2015	93 447 601	1.13%	30	301	33.6%	1.27%	14
2010	88 357 775	0.97%	29	285	30.6%	1.28%	13
2005	84 203 817	0.96%	26	272	27.5%	1.29%	13
2000	80 285 563	1.32%	24	259	24.6%	1.31%	13
1995	75 198 975	1.97%	22	243	22.4%	1.31%	13
1990	68 209 604	2.24%	21	220	20.5%	1.28%	13
1985	61 049 370	2.34%	20	197	19.8%	1.26%	13
1980	54 372 518	2.22%	19	175	19.4%	1.22%	15
1975	48 729 397	2.34%	18	157	19%	1.2%	17
1970	43 407 291	2.77%	18	140	18.5%	1.18%	17
1965	37 860 014	2.99%	24	91	16.6%	1.14%	18
1960	32 670 623	3.03%	22	105	14.8%	1.08%	17
1955	28 147 785	2.56%	24	91	13.2%	1.02%	18

表 1-2 越南人口预测

年份	人口数	人口增长率	平均年龄	人口密度	城镇居民比例	占全球人口比	全球排名
2025	102 092 604	0.79%	35	329	39.1%	1.25%	16
2030	105 220 343	0.61%	37	339	41.6%	1.24%	16
2035	107 772 569	0.48%	39	348	43.8%	1.22%	16
2040	109 925 372	0.4%	40	355	45.9%	1.2%	16
2045	111 641 853	0.31%	41	360	47.7%	1.18%	16
2050	112 783 209	0.2%	42	364	49.4%	1.16%	16

来源：综合越南计划。

---

① 越南网站：http://thegioibantin.com/dan-so-viet-nam-2017.html。

二、越南的民族概况

越南是一个多民族国家。越南的民族按人口从多到少排列如下：越族（京族）、岱依族（壮族）、泰族（傣族）、芒族、高棉族、华族（汉族）、侬族（壮族）、赫蒙族（苗族）、瑶族、嘉莱族、艾族（汉族）、埃地族、巴拿族、山泽族、色当族、格贺族、占族、赫耶族、山由族、拉格莱族、墨侬族、斯丁族、布鲁－云乔族、土族、热依族、戈都族、叶坚族、麻族、克木族、戈族、达渥族、遮罗族、抗族、欣门族、哈尼族、朱鲁族、佬族、拉基族、拉哈族、夫拉族、拉祜族、卢族、倮倮族（彝族）、哲族、莽族、巴天族、仡佬族、贡族、布依族、西拉族、布标族、布娄族、俄都族和勒曼族。以上民族分别属于三个语系，即南亚语系、汉藏语系和南岛语系，各语系又包括不同的语族。1979年，越南政府正式划分并公布了《越南各民族成分名称》确定全国共有54个民族。越南多民族国家的形成，是由其特定的地理位置和历史条件所决定的。根据中国外交部网站2020年5月公布的资料，越南有54个民族，京族占总人口的86%，岱依族、泰族、芒族、华族、侬族人口均超过50万[1]。根据中国商务部国际贸易经济合作研究院撰写的《越南对外投资合作国别指南（2019年版）》统计数据，越南共有54个民族，京族（也称越族）为主体民族。各民族人口的比例分别是：京族占86.2%、岱依族占1.9%、泰族占1.7%、芒族占1.5%、高棉族占1.4%、华族占1.1%、侬族占1.1%、赫蒙族占1%、其他民族占4.1%。越族主要分布在经济文化较发达的平原和沿海地区。少数民族主要居住在北部和西部，靠近越中、越老、越柬边境的高原山区和河谷盆地，其分布特点是：在北方多交错杂居，有的山区一个乡就有六七个民族；在南方，多形成单一的小块民族聚居区。许多少数民族跨国境而居。

三、越南与中国相关的民族

越南有12个民族属于与中国跨境而居的同一民族，即华族、艾族、山由族、岱依族、侬族、泰族、苗族、瑶族、倮倮族、哈尼族、拉祜族和布依族。

1. 华族、艾族、山由族

华族、艾族和山由族均是汉族，属于同一民族在越南的不同划分。华族人口约80万人，山由族有10多万人，艾族只有几千人。其中，华族在越南全国各地均有分布，他们主要为近代中国南下劳工的后人，也有部分是先秦至明清时期南迁汉人的后代（血统、文化未被同化），越南汉族保留了中国南方汉族原汁原味的习俗和较为纯正的血统。

2. 岱依族和侬族

越南的岱依族和侬族与中国的壮族有着密切的亲缘关系，虽然现在已逐渐分化并有了不同的族称，但他们在语言、风俗习惯、文化传统等方面仍保持着共同的特征，总的来说共同性多于差异性。岱依族和侬族有200多万人，主要居住在与中国交界的越南高平、谅山、广宁、河江、宣光、老街等省的平坝丘陵地带，主要种植稻谷和玉米，家庭手工业和饲养业较发达。岱依族迁入越南的时间较早，受越族的影响较深；侬族迁入越南的时间较晚，有的至今不过八九代人，约有二三百年的历史，与中国壮族的共同性更多一些。

---

[1] 中华人民共和国外交部网站：https://www.fmprc.gov.cn。

3. 泰　族

越南的泰族有 100 多万人，是越南第二大少数民族，主要分布在越南莱州、山罗、河山平等省，内部又分为黑泰、白泰、红泰三大支系。越南泰族系从中国云南迁来的，与中国傣族同源并有着相近的民族特征。其中，白泰人迁入越南的历史最早，黑泰人则是在 10 世纪后从云南西双版纳迁入红河三角洲的，红泰人是后来黑泰人和白泰人中的一部分融合而成的。泰族多居住在肥沃的河谷平坝，以种植水稻为生。

4. 苗　族

越南的苗族又称赫蒙族，分布在越南河江、宣光、高平、老街、莱州、山罗、北太等省的山区。越南苗族系从中国的云南、广西迁来的，时间距今仅二三百年。内部分为白苗、黑苗、红苗、花苗和汉苗等支系。主要以耕种山地为生，其中刀耕火种的轮荒地占大部分。其语言和风俗习惯与中国苗族基本相同，两者系跨境而居的同一民族。

5. 瑶　族

越南的瑶族有 40 多万人，分布地域较广，沿越中、越老边界一直延伸到北部沿海的一些省份。他们系明代以来从中国两广和贵州、云南迁入的，至今还流传着许多关于这一迁徙过程的传说和民间文献记载。其内部根据服饰特点又分为红瑶、白裤瑶、蓝靛瑶等支系，其语言、风俗习惯与中国瑶族大体相同。以山地农业为生，大部分仍处于游耕游居状态。

6. 倮倮族

越南倮倮族有 3000 多人，居住在越南河江省的同文县和高平省的保乐县。他们系 16 世纪后从中国云南迁来，与中国的彝族有亲缘关系。倮倮族从事山地农业，但已定耕定居，其语言和习俗与中国的彝族大体相同。

7. 哈尼族

越南的哈尼族有 10000 多人，主要聚居于越南莱州省孟碟县和老街省的巴沙县，莱州省的封土县也有少量分布。他们系 300 多年前从中国云南省金平、绿春两县迁来的，其语言和风俗习惯与中国哈尼族相同。其耕地分为山地和梯田两种。以善筑梯田而著称。

8. 拉祜族

越南的拉祜族有 5000 多人，聚居于越南莱州省的孟碟县的巴维苏、巴乌、哥朗、布得等乡。其祖先系从中国云南省的金平、绿春两县迁来，距今不过二三百年。内部分为黄拉祜、黑拉祜、白拉祜三个支系，主要从事山地农业，并辅以采集和狩猎。

9. 布依族

越南的布依族有 1000 多人，分为布依、都依两个支系，居住在越南河江省官坝县和老街省的孟康县。其祖先系 19 世纪从中国贵州经云南迁来，由于人数较少和居住分散，越南布依族已逐渐融合于其他民族，并成为新的民族。如越南的热依族就是从布依族中分化出来融合其他民族而形成的。

中越两国的跨境而居的民族是在历史上经过长期的迁徙和融合而形成的。虽然他们居住在不同的国家，但分布地域基本上连成一片，语言、宗教、风俗习惯大体相似，相互之间保持着密切的联系，探亲访友、通婚互市、节日聚会等从未间断。直至今天，其内部的共同性仍多于差异性。越南的佛教以大乘佛教占优势，受中国大乘佛教影响，至今一直使用汉字大藏经,受戒仪式也与中国的相同。南传上座部佛教只在南部高棉族中流行。20世纪初,在越南南方又出现了高台教、和好教。天主教巴地教区是1975年越南统一后30年来梵蒂冈首次在越南设立的新教区。

四、越南的民族及其语言文字

1. 越南民族语言

越南是一个多民族、多语言的国家,官方正式认定公布的民族共有54个。京族人是狭义上的越南人,其母语就是越南语(越南语称为 Tiếng Việt),越南语是越南的官方语言、通用语言。

从语言分类的角度来看,越南的民族数量远多于54个。根据 Ethnologue(Lewis 2009:537)记录,越南共有105种语言。越南政府认定的54个民族分属以下5个语系:南亚语系(Austro-Asiatic)、壮侗语系(Daic)、苗瑶语系(Hmong-Mien;Miao-Yao)、南岛语系(Austronesian)和汉藏语系(Sino-Tibetan)。属于南亚语系的越南语被采用为全国性官方语言,用于教育体制及大众媒体。

21世纪以来,随着少数民族语言意识的增强,民族母语的教育权与传播权逐渐受到重视。譬如,在越南之声广播电台已经使用一些少数民族语如苗语、泰语、高棉语等播音。越南语因为过去用汉字且有许多汉越词,在20世纪初被误认为汉藏语系的成员,后来经过深入研究,才发现越语应该分类在南亚语系下较适当。越南语基本上可以分为北、中、南三大方言群,除了少数腔调及词汇的差异外,三大方言之间基本上可以互相沟通交流。建国后,越南语以位于北方的首都河内的腔调为标准。

2. 越南民族文字

从西汉末年开始,汉字逐渐通过中原移民传入越南,并在12世纪成为越南国家的通用文字。13世纪,出现了越南文字,它是以汉字为基础,用形声、会意、假借等造字方法而创造出的文字,即"喃字"。17世纪,越南文拉丁化,但在中国文化长期深远影响下,汉语词汇已经进入了越南语的词库,在当今越南语中,汉语借词约占全部词汇的60%,在某些领域,这一比例甚至高达70%~80%。越南古代典籍《大越史记全书》《钦定越史通鉴纲目》《大南实录》及家喻户晓的《南国山河》《平吴大诰》等作品均用汉文写成。封建时期的越南发展出民族文字"喃字",越南著名的喃文小说《金云翘传》(阮攸著)便大量采用了喃字。此间的胡朝(1400—1407年)和西山阮朝(1788—1802年)的统治者曾经比较重视喃字并且将其提升到官方文字的地位。

16世纪末,西欧传教士传入罗马字并用来书写越南语。经过不少传教士的努力,法国籍传教士亚历山大·德罗(Alexandre de Rhodes)在1651年出版了第一本越南罗马字辞典《越葡拉辞典》。亚历山大·德罗的罗马字方案经过不同时期微幅修改后,才发展成越南普遍使用的正式文字——国语字。19世纪后半期至20世纪上半期,越南沦为法国的殖民地。在法国殖民统治时期,法语取代汉文及越南语成为越南的官方语言。1945年,胡志明宣布越南独立并成立"越南民主共和国"后,随即宣布了采用越南语和越南罗马字为官方语言的政策。自此,越南语和越南罗马字取代法语、汉字成为当今越南唯一的口语和书面语标准。

第二节　中国人迁移骆越地区、移民越南及贡献

华族是一个较为特殊的共同体。越南政府将华裔越南居民统称为华族，在20世纪70年代以前，则分为华人和华侨两部分。中华民族向南迁徙的历史可追溯至秦汉时期，自19世纪中叶以来出现了新一轮移民高潮，其中大部分迁移至越南南方，他们对越南经济、文化的发展做出了巨大的贡献。华族祖籍地多以中国广东、福建为主，方言也多为闽粤一带方言，还有部分祖籍地为云南和广西等地。据中国商务部《越南投资指南（2019版）》统计数据，截至2018年，在越南的华人约90万，主要分布在胡志明市及同奈、平阳、海防、林同、广宁、茶荣、坚江、后江等省。其中，胡志明市第5郡（堤岸）是华人相对集中的地方。

越南华侨华人的祖先都是在历史上不同时期从中国迁徙到骆越国（地区）及越南的，有史可稽者最早可上溯至秦代。骆越国存在的时间为远古至秦汉时期，是由部落联盟组成的方国，是中国百越众支系下的其中一支。骆越国是由先秦中国壮侗语族民族祖先在岭南建立的，学术界公认，骆越国的范围北起广西红水河流域，西起云贵高原东南部，东南至越南的红河流域。骆越文化的源头和中心在中国，主体部分也在中国，这个中心和最早的国都就在中国广西壮族自治区的武鸣。

一、唐朝以前中国人迁移交趾郡、九真郡、安南府等骆越地区的情况

从中国秦代至公元968年越南独立建国止，中国人逐渐迁移至骆越地区的交趾郡、九真郡等地，唐代的安南都护府也地处历史上的骆越地区。秦在统一中原后进一步向南征服百越之地，包括桂林、象郡、南海等地，其中象郡就包括今越南北部地区。征服完成后，大多数士兵留于当地屯戍边疆，成为早期进入原中国边疆今越南属地的中国人。汉朝时，武帝在越南北部、中部地区设立交趾郡（后范围扩展到广东，东汉更名为交州）、九真郡、日南郡。西汉末年，王莽篡政，众多士子到越南避难，后来又将许多罪犯流放到交趾。公元40年，交趾爆发二征叛乱（越南称二征起义），东汉任命马援为"伏波将军"前往平乱。平定叛乱后，"援所过辄为郡县，治城郭，穿渠灌溉，以利其民。条奏越律奉行马将军故事"[①]。而随征交趾的两万名军士中的大部分士兵被留在了交趾、九真等地，逐渐融入雒越（骆越）地区的居民之中，历史上称这部分人为"马留人"[②]。东汉末年，董卓之乱，"中国士人往交趾避难者以百数"[③]，当时中原名士桓晔、许靖、许慈、刘熙、程秉、薛综等均寄寓交趾。在交趾，他们或以学问或以德行或以治绩而传颂于世。六朝时（指三国东吴、东晋和南朝），中原变乱，国内居民大批移居安南。安南自公元前3世纪的中国秦朝开始成为中国领土，安南这个名称来自唐代的安南都护府，至五代十国时逐渐独立。唐朝文人学士旅居安南者，更不乏其人。如诗人杜审言作有《旅寓安南》

---

① 《后汉书》卷二十四《马援列传》。
② 《水经注》卷三十六《温水》。
③ 《三国志·吴书·士燮传》。

诗、沈佺期曾有10余首咏安南的诗、刘禹锡作有《经伏波神祠》诗等。他们对安南文化的发展产生了较大的影响，使得安南士人"近来颇习文儒"①。

二、宋、明、清时期中国人移民安南国、交趾布政使司、安南都统使司

宋、明、清时期，中国人移民越南是从越南独立建国开始至1885年沦为法国殖民地为止。宋朝初年（968年），越南丁部领统一安南后称帝建立独立的封建国家"大瞿越国"，中越形成宗藩关系。研究越南华侨华人移民史，应该从968年越南独立建国开始，在此之前的1000多年，越南是中国版图的一部分，当时移民越南的中国人都不算华侨。1009年，李公蕴开创了越南历史上最强盛的王朝——李朝，1174年南宋孝宗正式"诏赐国名安南，封南平王李天祚为安南国王"。此时期中国航海及商业贸易有了极大的发展，但宋代却是一个军事上较弱的朝代，因此出于经济及政治的原因，移民海外及越南的中国人逐渐增多。据宋代洪迈《夷坚志》记载，泉州人王元懋"尝随海舶诣占城，国王嘉县兼通番汉书，延为馆客"。宋朝末年，由于中原动荡，遗臣义士也多逃奔越南，如1274年，有一批中国人"以海船30艘，装载财物妻子，浮海来（越南）萝葛原"，不久被安置于京都附近的"街姥坊"②。

15世纪明成祖永乐年间，越南陈朝君主遭外戚胡季犛篡位，1407年明朝应越南陈朝遗臣的请求推翻了胡氏政权。明朝顺势收复了越南，改安南国为交趾布政使司。明宣宗（1425—1435年）撤销交趾布政使司，恢复安南国。明世宗嘉靖十九年（1540年），越南莫朝开国君主莫登庸向明朝官员纳地请降，于是明朝将安南国降为安南都统使司，自此至明亡，越南始终是作为明朝版图内的一个行政自治单位存在。明成祖时期，出于政治及经济文化的原因，明政府曾遣郑和七次远航西洋，占城为首站必经之地，这次航行加强了两地相互的往来，对华侨移民也产生了重大影响。到明中叶，中越两国互舶贸易极盛，广东、福建人士赴越南经商者日渐增多。另外，应越南陈朝遗臣的请求，明成祖时调滇桂兵80万入越平乱，到明宣宗放弃越南时，大部分士兵随员留居在了安南国（今越南），从事农业、开矿、商业等行业。明末，一些遗臣因抗清失败而流落安南都统使司（今越南）。

公元1644年，清兵入关，建立了清王朝。随着清兵长驱南进，明朝官兵余部或撤往缅甸，或避往东南亚其他国家，其中一支官兵退走安南国（今越南）。清康熙十八年（1679年），明朝龙门总兵杨彦迪、副将黄进、高雷廉总兵陈上川以及副将陈安平率兵5000人、战船50艘最先泊入越南中部岘港一带，并派部将黄进、郭三到越皇都顺化，请求越贤王给予容身之所，得到贤王准许后，前往南方定居。于是，他们兵分两路：一路以杨彦迪为首，经柴腊、小海和大海口定居美获；另一路以陈上川、陈安平为首，经芹耶海口进入同奈的盘麟（今属边和）定居。这些明朝遗民与当地越人加起来有4万户之众，他们垦地开荒，建城立市。与此同时，另有一批华人以莫玖为首，由另一途径前往越南南部。清康熙十九年（1680年），广东雷州府海康县商船船主莫玖，"不服大清初政，留发南投"，率众来到安南国（今越南）南部河仙、富国、迪石及金瓯一带定居屯垦，还反击

---

① 《唐会要》卷七十五《南选》。
② 《大越史记全书·本纪》卷五。

了入侵的暹罗（今泰国）军队，被越朝廷封为河仙总镇。莫玖的开发地吸引了众多的越人、华人和高棉人来此建立乡村，他们开掘河泾、兴修水利、广辟良田、发展农渔业以繁荣当地经济。张文和先生的《越南华侨史话》一书是这样评价莫玖父子的："惟莫氏父子，毫无野心，开发成果，均奉献越廷，使越南疆土，扩展至南中国海暹罗湾。"为了纪念这些开拓越南疆土、繁荣越南经济的华人先辈，越南当地人在边和省建有"陈上川将军（胜才侯）庙"，在堤岸设立了莫玖街。清时，孙士毅率师伐越，"士马还者不及半"，大多流落越境内，与此时期移居越南的矿工、商居人等，"悉为编户也"。1778年，部分华人南迁至安通河、边曦河一带，开辟荒野，使西贡和堤岸逐步成为繁华的市镇，特别是堤岸，成为华人集中居住之地和南部重要的商业枢纽。

胡志明市的华人于明末清初陆续迁入越南南部，大多数为反清复明的人士。一开始，他们在铺洲、同奈江建立了买卖区域。1778—1782年，越南历史上著名军事家、民族英雄、西山朝第二代皇帝阮文惠率领西山军队进攻越南阮朝开国君主阮福映的军队。由于铺洲华人帮助阮福映，所以铺洲被西山军抢夺、残杀，铺洲华人则迁至离铺洲30千米的堤岸（胡志明市），此后堤岸再度成立买卖区。由于贸易蓬勃发展，堤岸成为一个热闹的商业城市。

三、近现代中国人移民越南法日美殖民地、北越、南越

近现代中国人移民越南的时间是从法国殖民统治时期到越南民族独立以后。嘉庆八年（1803年），清朝改"安南国"为"越南国"，册封阮朝创立者阮福映为"越南国王"，"越南"这一名称一直沿用至现代。进入近代后，一方面法国殖民开发越南，掠夺资源，开矿山、修铁路需要大量劳动力，所以采取免税等多种优待手段吸引中国劳力到越南。1940年，日本入侵越南，1945年8月"八月革命"取得胜利，日本被逐出越南。1945年9月23日，法国殖民军卷土重来，侵占西贡。法国统治时期，法国政府把离堤岸15千米左右的西贡规划成西贡市（今天的胡志明市的中心），当时该城市大约有50万人口。此时期，华人经济地位最高，华人商人跟法国人关系友好。另一方面，自鸦片战争后，西方外强的入侵导致中国社会动荡，人民生活更加贫困，很多人被迫流亡海外。因此，自19世纪中叶后，移居越南法国殖民地的华人迅速增加。到一战前后十年间，移居越南的华人达到12万，1921年增加到19.5万人，1931年为26.7万人。抗日战争爆发后，中国东南沿海人民纷纷到越南避难，人数曾达到10万人以上。1949年冬，国民党军黄杰部3万余人，夹带大批百姓入越，到1953年军队撤往台湾，随军百姓则多数留在了越南，其中许多人到越南广宁省的东潮、鸿基矿区谋生。到1951年，越南华人猛增至150万人，其中分布在南越135.7万人、北越9万人、越南中部5.3万人[1]。

1954年，北越在奠边府战役中赢得对法军的决定性胜利，法国撤出越南北部，第一次印度支那战争结束。根据日内瓦会议的决议，南北越以北纬17度线分治，越南北部由北越的胡志明统治，南部由南越保大皇帝控制。1955年7月17日，美国撕毁了《日内瓦协议》，取代了法国在越南南方的地位。同年，吴廷琰在美国支持下发动政变，废黜保大帝，

---

[1] 郭明：《华侨华人在越南的沉浮与前途》，《中国东南亚研究通讯》1996年第4期，第4~6页。

自己当了总统，建立越南共和国（即所谓"南越"），首都为西贡市。此时，华人与南越政府维持特别关系。政客常靠华人商人金融协助夺得政治权力。1975年4月30日南越战败，西贡沦陷，共产党军队战胜，越战结束。1976年，越南（原北越）国会决定改西贡为胡志明市，实施国有化政策。1979年，中越战争爆发，很多华人逃离越南前往东南亚或美国。由于越南施行计划经济政策，禁止私人买卖，使得华人经济艰困。1986年，越南共产党第六届大会决定改革经济，废除闭关锁港政策，由此华人商业获得新动力。现在，虽然华人人口仅占胡志明市的50%，但是他们占该市经济的比例高达30%。同时，华人也使胡志明市出现具有特色的传统文化。2007年，胡志明市文化厅举办了华人文化日。

华人移居越南历史悠久，以上各个历史时期移居的情况仅为史籍所载，而史籍未记载的移居，每个时期都有。华人移居越南后，其中一部分又在不同程度上同当地越族居民融合，成为越南民族的重要组成部分。正如越南史学家陈重金先生在《越南通史》中所说："无论我们属于哪一种类，但由于后来中国统治我国一千多年，有时还有40多万兵，则必然使我们旧的苗裔已与中国人混血之后，才形成今天的越南人。"

四、华人对越南的贡献

1. 极大地促进了当地早期经济的开发

早期移民的华人，带去了中国当时较为先进的农业技术，在航海及贸易等方面也积累了丰富的经验。众多的华人就是凭借着这些知识技能和经验，与当地人民一道开发建设越南家乡。据越南史籍记载：1671年，莫玖率众开发河仙地区。1679年，龙门总兵杨彦迪、副将黄进率部经越南中部岘港进入美萩(定祥)进行开发；高雷廉总兵陈上川、副将陈安平率部进入边和地区。他们"辟田地，构铺舍，清人及西洋、日本、阇婆（爪哇）诸国商船得凑集，由是汉风渍于东埔矣"。1778年，华人开发西贡、堤岸一带，并于1819年开浚安通河和边曦河。早期华人在开垦荒地、建造港口、开发矿山、修建道路等方面，做出了重要的贡献。为纪念华人的功绩，安通河改称西贡河，边曦河改称中国河。

2. 促进了越南各个时期工农业及商业贸易的发展

随着华人不断移居越南，各种中国先进的农耕技术和经验也得到了广泛传播。如越南河仙省和富国岛的胡椒园堤岸和西贡等城市周围的蔬菜种植等都是在华侨的精心耕作下得到发展的。在手工业上，越南的陶器制造、蚕丝业也是由华侨把整套技术传入后才不断发展起来的。其他如印刷、冶金、编织、木器、雕刻等也是如此。采矿业、交通运输业也倾注了华侨的心血，如越南最大的煤矿鸿基煤矿，曾有1.2万华人在此工作过。而近代滇越铁路南段的建成就有1.8万多名华人付出了艰辛的劳动。在商业贸易上，移居越南的华人不仅经商得多，而且在当地经济生活中占有重要地位。据统计，1951年越南北部有华侨商号3821家，主要集中于河内和海防；中部有华侨商号千余家，主要集中于岘港、归仁、顺化、藩切等地。华侨主要经营工商业，包括碾米、制糖、轧棉、纺织、造船、酿酒、榨油、烟草、陶瓷、药材、采矿、蚕丝、茶叶、塑料、化工、炼钢、电器、食品、机械等行业，活动范围十分广泛。据1953年统计，当时越南的工商户数为100789家（未包括中部），其中华侨工商业户25564家，占25.36%。在华侨最集中的西贡、堤岸（胡志明市），华侨工商业户则占堤市的62.4%；南部的华侨商号1955年有11790家，其中西贡、堤岸联区就高达8225家[①]。1974年底，西贡的纺织、钢铁、化工等较大行业中，华人资本就占80%左右，造纸业占60%；在18家年经营额超50亿越币的企业中，华人的占10家。据越南1985年内部统计，胡志明市华人的生产单位占全市的31.5%，小手工业中华人劳动力占29%，华人创造的产值占全市总产值的38%[②]。另外，在生产的各条战线上，广大华侨辛勤工作，涌现出许多"劳动模范""劳动英雄""先进工作者"，如1957年越南工业战线"劳动模范"中华侨占6.45%，1961年海防港口第一装卸大队有171名华侨工人、局秋煤矿有241名华侨工人、海防"八一九"机器厂有60名华侨工人被评为"先进作者"[③]。

3.华人传播的中国传统文化对越南产生了深远影响

从古代到近代移居越南的华人不断将中国先进的文化传入越南，对越南社会生活产生了重大影响。约公元前207年，南海尉赵佗建立南越政权，实行秦制，"越王令二使者典主交趾、九真二郡民"[④]。赵佗在位时，从中原地区吸收大批有汉文知识的"徙民"，"与越杂处"，大力推行汉诗书，奖励发展汉文化，设立学校教授汉学。汉唐以来，许多文人学士旅居越南，促进了两地文化的交流，加速了越南地区文化的发展。如著名诗人王勃之父王福畤在交趾大开文教，士民德之，立王夫子祠。伴随着汉文化的输入，汉语词汇也在唐代系统地、全面地融入越语。宋时，一些中国艺人流徙到越南传播中国的音乐、舞蹈与戏剧。如宋朝的廖守忠、陶娘，元时的李之吉、丁宠德等。"明乡人"郑怀德著有《嘉定通志》《北使诗集》《历代纪年》等多部著作，"明乡人"潘清简主持编修了《越南通鉴纲目》。还有，越南后黎朝吴士连著《大越史记全书》，阮朝的《大南列传》《大南实录》，黎嵩著《越鉴通考总论》等都是用汉字汉文撰写的。上述著作在越南史学和文学上占有重要地位。正如越南阮朝嗣德皇帝所说："盖上自朝廷，下至村野，自官至民，冠、婚、丧、祭、数理、医术，无一不用汉字。"[⑤]越南著名学者阮文辉也说："中国书面语言在越南起了重要的作用，它对越南各项制度和越南人民精神生活的一切方面，都留下了抹不掉的印记。"[⑥]

此外，在越南的医药卫生、建筑艺术、绘画雕刻、民间工艺等方面，华人都做出了重要贡献。同时，在中国文化的影响下，其宗教信仰、道德观念、社会风尚无不打上儒家文化的烙印。到现代，华人创办的教育、社团及报刊都对传播中华文化、加深中越关系起到了促进作用。

4.华人为越南民族独立和民族解放做出了巨大贡献

作为法国殖民地的越南，近代以来不断掀起民族解放斗争的高潮，旅居越南的华人积

[①] 张文和：《越南华侨史话》，台北：黎明文化事业股份有限公司1975年版，第46页。
[②] 《东南亚年鉴》（香港）1977年版，第153页。
[③] 《云南边贸实录》卷五，第182页。
[④] 《水经注》卷十四。
[⑤] 何九盈、胡双宝、张猛：《中国汉字文化大观》，北京：北京大学出版社1995年版，第392页。
[⑥] 阮文辉：《越南古代文明》（英文版）（河内），1995年，第279页。

极参加越南人民的解放斗争。近代刘永福率领黑旗军在越南抗法、冯子材领导的部队取得镇南关大捷,都沉重打击了法国殖民统治。二战中,广大华人和越南人民一道英勇抗击日本法西斯侵略者,华侨成立了"越南华侨救亡会""越南友谊会"等抗日救亡组织。1945年,法国重返越南后,许多华侨积极参加抗法战争,其中由华侨组成的"独立中团"立下了不少战功,1949年被授予集体军功勋章一枚,教导员昊日生(陈生)获个人一等功勋章一枚,指导员吴林扶、政治员谢华获个人二等军功勋章各一枚,班长黄业新获三等功勋章一枚[①]。在越南南方,许多华侨为越南革命献出了生命,如堤岸华侨17岁姑娘李英、19岁姑娘陈佩姬等,其中陈佩姬被授予"二等功臣"称号。同时,在著名的奠边府战役中,华侨踊跃参战、护路、运输,以力所能及的方式支援抗法斗争。其中,西贡华运工作单位荣获"二级铜墙勋章"、华运委员会荣获"二级解放勋章"。在越北的华侨积极参军参战,仅广宁省,1964—1975年有22000名华侨参军。1966年,海防市鸿庞区有300名华侨申请参军。海防市一华侨民兵自卫队,从1965—1967年间参加战斗100多次,配合越南人民军作战,先后击落美机22架,集体荣获"一级战斗"勋章,3名队员获"三级战功"勋章,其他队员均获越南团中央、海防军区司令部、海防市民兵自卫队指挥部颁发的奖状[②]。

5. 越南举办华人文化盛会以表彰华人为社会所做的贡献

2007年2月28日到3月4日,由越南文化通讯部和胡志明市人民委员会联合举办的"2007丁亥年春华人文化盛会"在胡志明市隆重举行,表彰越南华人为社会所做的贡献。这是越南首次举办华人文化盛会,该盛会由一系列庆祝活动组成。在活动举办期间,"四·三〇"公园举行了华人民族歌舞表演、民族服装展、舞龙舞狮及武术表演,并专门介绍华人的饮食文化、华人书法、绘画以及中华经济、文化、社会等方面。3日晚,元宵会在第5郡文化中心拉开帷幕。中国人耳熟能详的七仙女、八仙等人物形象在观众席前姗姗走过,舞龙舞狮队也拿出了自己的绝活。另外,在《男儿当自强》的音乐声中进行的武术表演,以及踩高跷、叠罗汉等节目精彩纷呈,掌声一浪高过一浪。据组织活动的有关人士说,越南举办此次华人文化盛会,旨在介绍和表彰越南华人在革新时期的文化生活建设与社会经济发展成就,继承和发扬越南华人的文化传统,以促进和加强各民族的团结。

第三节 越南行政区划及人力资源官方机构

一、越南的行政区划[③]

越南设有5个直辖市和58个省,其中5个中央直辖市分别为:首都河内、南部工商业重镇胡志明市、北方工业港口城市海防、中部工业港口城市岘港和南部农业中心芹苴。结合地理环境、族群构成、历史沿革及行政区划现状,越南63个省市从北到南可以划分

---

① 李白茵:《越南华侨与华人》,南宁:广西人民出版社1990年版,第15页。
② 黄国安等:《中越关系史简编》,南宁:广西人民出版社1986年版,第235页。
③ 古小松等:《越南文化》,北京:科学出版社2018年版,第20~22页。

为如下六大行政区。

1. 红河平原地区

红河平原以红河三角洲为主，位于红河的出海口和沿海，是京族的发祥地，交通便利，工农业和服务业发达，是越南的政治、文化集中区域。该地区面积21060平方千米，人口2093万人，人口密度为每平方千米994人（2015年，下同）。红河平原地区共有11个省、直辖市，包括河内市、海防市、永福省、北宁省、兴安省、海阳省、河南省、太平省、南定省、宁平省、广宁省等。历史上中国汉朝设立郡县时，该地区为交趾郡，一直到宋朝初年都是今越南北中部的政治经济文化中心。

2. 北部山丘地区

北部山丘地区位于越南北部、红河三角洲周边的山区，少数民族众多，共有14个省，面积95267平方千米，人口1180万人，人口密度为每平方千米124人。基于区域文化，该区可以一分为二，分别是越北9个省和西北5个省。

越北9个省为谅山省、高平省、河江省、北件省、北江省、太原省、宣光省、安沛省、富寿省，该区的北面与中国广西、云南接壤。历史上，中越边境地区是百越部落中西瓯与雒越（骆越）杂居的地区。如今该区人口中岱依族、侬族占比较大，他们与中国的壮族是同根生的民族，语言、生活习惯相近。越南公认的民族鼻祖雄王的庙坐落在富寿省越池市，紧靠河内西北，从历史文化角度看，该处与红河三角洲地区文化关系更为密切。西北5个省为老街省、莱州省、奠边省、山罗省、和平省。该区的北面为中国云南，西面为老挝，属于中老越三角地区，多崇山峻岭，交通不便。该区人口中芒族人、泰族人、苗族人占比较高。芒族与京族是同根生的民族，源自雒越，自从秦汉设立郡县后，中原族群南下，部分雒越人不断往西北山区迁徙，成为今天的芒族。该区的泰族与老挝的佬族是同根生的民族，其祖先都是百越中的西瓯，是秦汉王朝在岭南设置郡县后，西瓯人往西南迁徙的后裔。

3. 中部沿海区

中部沿海区南北跨度大，共有14个省，面积95832平方千米，人口1966万人，人口密度为每平方千米205人。从文化方面，该区可以一分为三，分别是北面3个省、中间3个省和南面8个省。

北面3个省分别是：清化省、义安省、河静省。在南越国时期，该地就称被为九真郡。这里文化比较发达，人才辈出。中间3个省分别是：广平省、广治省、承天顺化省。该地区是阮氏王朝发迹的地方，从后黎朝的阮主到越南最后一个封建王朝主要的根基及阮朝的国都都在这里。南面8个省（中央直辖市）分别是：岘港市、广南省、广义省、平定省、富安省、庆和省、宁顺省、平顺省。历史上该地区是占婆国所在地，如今仍保留有显著的占人文化特色遗迹，如美山等；过去受到印度文化的影响。

4. 西 原

西原位于越老柬三角地带，海拔1000~2000米，虽处热带，但气候比较凉爽，有著名的避暑胜地大叻。西原共有5个省：昆嵩省、嘉莱省、多乐省、多农省、林同省，面积54641平方千米，人口561万人，人口密度为每平方千米103人。该地区居住着诸多土著族群，如嘉莱族、埃地族、巴拿族、格贺族、色当族、墨侬族等。

5. 南部东区

南部东区包括胡志明市、平福省、西宁省、平阳省、同奈省、巴地头顿省6个省，面积23591平方千米，人口1613万人，人口密度为每平方千米684人。该地区在近现代先后受到法国文化和美国文化的影响，吸收了很多西方文化，经济比较发达。

6. 湄公河三角洲平原

湄公河三角洲平原有13个省：隆安省、前江省、槟椥省、茶荣省、永隆省、同塔省、安江省、坚江省、后江省、朔庄省、薄寮省、金瓯省，以及芹苴市，面积40576平方千米，人口1759万人，人口密度为每平方千米434人。该地区水资源丰富，农业发达。历史上湄公河三角洲属于柬埔寨，如今仍有部分居民为高棉人。

二、越南主要城市

河内（越南语 Hà Nội）为越南首都、历史名城、5个中央直辖市之一，面积3040平方千米，截至2017年人口达765万，是越南面积最大和人口第二多的城市，位于红河三角洲西北部，是越南政治、文化中心，水、陆、空交通便利。河内旧称"升龙"，具有千年历史。城市地处亚热带，临近海洋，气候宜人，四季如春，降雨丰富，花木繁茂，百花盛开，素有"百花春城"之称。河内的名胜古迹较多，如位于市中心的还剑湖、胡志明主席宣读《独立宣言》的巴亭广场、见证中越两国文化交流的文庙等。

胡志明市（越南语 Hồ Chí Minh），旧称柴棍，为5个中央直辖市之一，是越南的经济中心，最大的城市、港口和交通枢纽。胡志明市由原西贡、堤岸和嘉定三市组成，面积2095平方千米。截至2014年，胡志明市人口约1200万，常住人口约800万，华人40余万。胡志明市位于湄公河三角洲的东北侧、南临南中国海。东南距海口80千米。铁路可通往河内及其他大、中城市，公路可通往全国各地，经公路或水路可通往柬埔寨和老挝。著名景点有仙泉旅游公园、红教堂、总统府、西贡邮局。

海防市（越南语 Hải Phòng）是越南的中央直辖市之一，为越南的第三大城市，北方最大的港口城市和最大的工业城市之一。截至2011年12月，海防市人口为190.7705万，其中城市人口占了46.1%，农村人口占了53.9%[1]。海防位于红河三角洲上，北接广宁省，东临北部湾，西距河内104千米。海防市区沿京泰河左岸向两头延伸，除了陆地部分外还包括一部分海岛，面积为1519平方千米。海防市是一个有着众多名胜古迹的现代化旅游城市，大部分名胜古迹都坐落在郊区，如避暑胜地涂山、国家森林公园吉婆岛和著名古刹仁寿祠等。

岘港市（越南语 Đà Nẵng），是越南重要的工业城市和海港，为越南的第四大城市，1997年单列为中央直辖市，面积1256平方千米，2017年人口144.6876万。岘港位于越南中部，属中南沿海地区，在韩江左岸，北邻观港湾，北连顺化、南接芽庄，背靠五行山，东北有山茶半岛作屏障，海湾呈马蹄形，港阔水深，地势险要，为天然良港，现为海军基地，可停靠万吨级军舰。西南69多千米的美山有古代占婆塔群遗址，东南35千米则为联合国

---

[1] 越南海防市政府网站：http://www.haiphong.gov.vn。

世界文化遗产会安古镇。岘港曾被美国《国家地理》杂志评为人生必去的50个地方之一，被誉为"东方夏威夷"。

芹苴（越南语 Cần Thơ）于2003年单列为中央直辖市，在后江省南面，是湄公河三角洲上最大的城市，下辖4郡4县，面积1390平方千米，离胡志明市约160千米，是南部湄公河三角洲农产品集散地和轻工业基地。芹苴渔产、水果种类丰富且价格便宜。芹苴是九龙江平原重要的政治、经济、文化中心，也是越南人口稠密、经济发达的地区。

三、越南人力资源管理及教育部门

1. 越南人力资源管理部门

越南人力资源管理的最高官方机构为越南劳动荣军与社会部，曾叫社会伤兵劳动部，在河内市还剑郡吴拳路12号，下属机构为分布在各地的劳动荣军与社会厅。劳动荣军与社会部网站为 http://www.molisa.gov.vn，现任部长为陶玉容（Dao Ngoc Dung），2016年7月开始任职。越南社会保险局在河内市还剑郡长诗路07号，网站为 http://www.baohiemxahoi.gov.vn。根据2016年9月1日越南政府第123号《关于规定劳动荣军社会部的职能、任务、权限及组织机构的议定》，劳动荣军与社会部执行以下领域的国家管理职能：全国范围内的劳动，薪酬，就业，职业教育，社会保障，安全，劳动卫生，有功之臣，社会扶助，儿童，性别平等，预防和抵制社会陋习；管理各行业的公共事业服务，本部管辖范围内的国家管理领域。劳动荣军与社会部的副部长主管的事务有些比较具体，例如：主管国际商贸人力供应股份公司（Sona）、国际人力股份公司 Sovilaco、劳动和社会报、劳动和社会杂志、家庭与儿童杂志、一人有限公司、劳动与社会出版局、劳动社会大学、南定技术师范大学、荣市技术师范大学、技术职业学校、融桔职业技术学校、第二职业技术学校等等。

2. 越南教育部门及主要高校

越南教育培训部在河内市二征夫人郡大瞿越路49号，网站为 http://www.moet.gov.vn/，现任部长为冯春雅（Phung Xuan Nha），2016年7月开始任职[①]。越南全国共有376所高等院校，著名高校有河内国家大学、百科大学、胡志明市国家大学、顺化大学、岘港大学等。越南的学历文凭系统分为小学毕业证、初中毕业证（中专毕业证）、高中毕业证、大学毕业证、硕士和博士毕业证。学位系统包括秀才（高中毕业）、举人（学士）、硕士、进士（博士）四个等级，学士、硕士、博士通过由国家学位委员会确认的学位授予单位组织的论文答辩后，获得由其颁发的学位证书。

第四节　越南外企适用的劳动法规

一、外籍劳工越南工作许可证申请手续程序

1. 雇佣外籍劳工的企业及组织

越南国营企业和其他类型企业、按越南外国人投资法规定取得投资执照的外资企业、

---

① 越南社会主义共和国中央政府门户网站：http://baodientu.chinhphu.vn。

在越南外籍承包商(含正及副承包商)、各类组织的分支机构及代表办事处、政治社会组织、政治社会职业组织、社会组织、社会职业组织、非官方组织、政府事业单位、医疗单位、文化单位、教育单位、体育单位、在越南执行国际或外国投资计划的办事处、在越南履行合作经营合约外资方的管理办事处、依越南法律规定在越南执业的律师的组织、依合作法规定设立并营运的合作社及联盟合作社等企业及组织均简称为雇主。

2. 企业雇佣外籍劳工的申请

拟雇佣外国员工须至少提前30天向雇主公司所在地劳动荣军与社会厅提交外籍劳务雇佣需求书面报告，报告内容包括工作岗位、外国人聘用人数、专业水平、工作经验、工资水平、工作期限等。若有变化，雇主应在拟招聘或聘用新人替代前至少30天向雇主公司所在地劳动荣军与社会厅提交外籍劳务雇佣需求调整(书面)报告。劳动荣军与社会厅应在收到雇主的外籍劳务雇佣需求报告或外籍劳务雇佣需求调整报告后15天内将其决定向雇主反馈。

3. 外籍人士应聘必备要件

年满18岁；身体状况符合工作要求；填写应征登记书；外籍人士所在国权责机关核发无犯罪记录证明，对已在越南居留满6个月以上的外籍人士，仅须检具居留地省市司法厅核发的无犯罪记录证明；外籍人士个人履历表，并粘贴近照；按越南卫生部规定的外国或越南核发的健康证明；外籍人士专业或高科技学历证明，包括符合雇主业务及专业要求的学士、硕士及博士学位证明；3×4厘米彩色近照3张。

4. 雇佣公告及签订合约

雇佣劳工的公告时间应至少在雇佣前30天进行公告。雇主应于取得其外籍劳工工作许可证后，依越南劳动法令规定与该外籍人士签订书面劳动合约，并负责自签订劳动合约起的5个工作日内，寄送劳动合抄本予工作证签发的机关。

赴越南推销劳务的外籍人士，应至少于抵达前的7个工作日，书面(可直接寄送、邮寄及电传等方式)通知拟抵达地的劳动厅，并详列其姓氏、年龄、国籍、护照号码、推销起讫及结束日期、具体推销项目。

5. 工作许可证申请的对象

在越南工作3个月以上的外籍劳务人员须向所在省(直辖市)劳动部门申请工作许可证。无须办理工作许可证的人员如下：工作期在3个月以下；公司董事会成员、总经理、副总经理、经理、副经理；驻越南代表处代表、分公司领导；已取得越南司法部颁发的行业许可的律师。

6. 工作许可证申请核发要件

劳动部就业局编拟并印制统一的工作许可证范本；雇主或越南合伙方按要求填写工作许可证申请书。

前述规定外籍劳工的应聘登记类别文件(不适用于企业内部调动人员)，须具备外国公司指派其前来越南商业据点任职的文件，文件上须详列外国企业雇佣该人员的时间，该文件均须译为越文并公证。

7. 工作许可证申请核发程序

雇主或越方合伙人应至少在外籍劳工或人士任职越南 20 个工作日前，向其当地劳动厅递送 1 套申请工作许可证文件。劳动厅自接获齐全合格文件起的 15 个工作日内，核发工作许可证，若不予签发时，应书面回复申请人并详列理由。雇主或越方合伙人负责向劳动厅领取工作许可证后交付外籍劳工。

二、外资企业雇佣越南当地劳务的规定

《越南之外资企业的劳动法》适用于根据越南外国投资法在越南领土上成立的外国投资企业使用劳动力问题。除了有关法律文件有其他规定以外，本规定也适用于外国劳动者。

1. 招聘越南工人的规定

外资企业必须按如下方法选用 18 岁以上的越南工人：（1）根据外资企业的标准和要求，从越南地方劳动机关介绍的人员当中挑选。（2）委托越南劳动供应公司或投资服务公司，根据外资企业的标准、要求进行挑选。（3）如果上述方法满足不了外资企业的用人要求，外资企业有权通过招聘广告选用包括住在其他地方的人员，并通报地方劳动机关。

2. 培训越南工人的规定

外资企业有权挑选 16 岁以上的人员培训。培训后，如果这些人仍未满 18 周岁，企业需要使用他们，就须得到其父母或其监护人的同意。如果他们没有父母或别的监护人，则必须得到当地劳动机关的同意。在使用未满 18 周岁的劳动力时，企业要遵守保护未成年人员的规定。

如果越南员工胜任不了技术和管理工作，那么外资企业可以根据越南规定的手续选用外籍员工担任，但是要对越南员工制订培训计划，以便让他们尽快能够胜任这项工作。外资企业制订培训计划，有权用自己的经费开设培训班、学校或送越南员工到国内外学习，以便提高外资企业各层次越南员工的业务水平。如果培训计划对越南地方发展也有帮助，可能会得到地方政府部门负责人的支持和合作。

3. 法定休假日

劳动者在下列休息日可以享受原薪：元月 1 日的元旦休息 1 天，阴历年的最后一天和新年的头两天的春节休息 3 天，4 月 30 日下午和 5 月 1 日的国际劳动节休息 1 天半，9 月 2—3 日越南社会主义共和国的国庆休息 2 天。

产妇至少休息 12 周，并且享受相当于工资 100% 的补贴，其中产后至少要休息 6 周。如果产妇用完上述休息时间仍不能工作，并有医生开具的证明，企业可以多给一些休息时间，但不超过 12 周。产妇在多休息时间里的权益按社会保险规定的病休补助制度保障。哺育 12 个月以下的婴儿的妇女每天至少可以休息 1 个小时。

劳动者在遇到下列情况时至少可以休息 3 天：本人结婚，父母、岳父母、妻子、丈夫、小孩等的丧葬。

4. 带薪休假

在外资企业连续工作了 11 个月的劳动者每年可以带原薪休息至少 18 天，下列时间算

为工作时间：

（1）带薪休息时间，为了终止劳动合同事宜事先报告或通知的时间。

（2）妇女怀孕、产休时间。

（3）得到企业经理批准的、因私事休息的时间。

（4）病休时间、获得企业同意休息的时间。

如果合同被终止时，劳动者已工作满6个月，每年休息天数的薪酬则按工作时间的比例来计算。

下列情况可以带薪多休息至少6天：在企业工作10年以上者，在穷乡僻壤、气候恶劣地区工作者，从事有毒、繁重、危险工作的人员，未满18周岁者。

5. 劳动安全健康保护

外资企业有义务执行符合劳动保护、健康保护、越南环境保护和国际标准等方面的法律的劳保制度、劳动安全和卫生措施。外资企业在完善各种规程、安全技术，确保劳动卫生标准，保护生态环境、劳动环境，处理企业内外废品并交当地劳动机关以后，才能进行生产经营。如果因外资企业过失造成劳动事故，外资企业要根据越南国家规定的制度承担给劳动事故受害者或因劳动事故死亡者的亲属赔偿。

禁止安排妇女和未满18周岁者去从事有毒、繁重、危险的工种和工作；禁止安排怀孕、正在抚养12个月以下婴儿的妇女和未满18周岁者上夜班或加班。有毒、繁重、危险的工种和工作由越南劳动荣军与社会部公布。

外资企业要经常宣传和执行劳动安全和卫生措施，向劳动者提供充足的劳保服、劳保设备；要有保护身体计划，做到定期给劳动者检查身体和采取办法给劳动者预防疾病；防止、消除给劳动者带来生命危险的因素。外资企业要定期向当地劳动机关报告企业里的劳动安全情况。劳动者有责任严格执行劳动安全和卫生的措施和办法。在工作过程中，如果发现对自己的性命或健康造成危险的情况，劳动者有权离开工作地，并立即向直接负责人报告。

6. 劳动检查

越南劳动荣军与社会部统一管理执行本规定的监察和检查工作，通过劳动检查系统，检查与外资企业中的工作、劳保条件有关的问题。劳动检查的任务是确保劳动法律的各项规定的执行，调查劳动事故，提出意见，指引企业和劳动者向越南劳动荣军与社会部汇报情况。

劳动检查员有如下权利进行劳动检查：随时进入属于自己检查范围的工作地方进行检查。查问有关人员，要求公司和部门负责人出示与劳动者有关的档案、材料，以便审阅、抄录和取样。要求公司和部门负责人张贴关于劳动法律的公告。要求公司和部门负责人立即采取必要的措施，包括暂停运转机器，以消除对劳动者性命和健康造成的危险，或在一定时间内进行必要的修理，以确保劳动安全卫生规定的严格执行。

劳动检查员有义务对自己检查过的生产情况进行保密，对上诉者的名字进行保密，执行好国家劳动检查条例、处罚条例，履行好自己的职责。外资企业有责任满足劳动检查员的合法要求，不给清查活动、劳动检查带来障碍。对违反清查和检查的处罚，要根据违反越南行政处罚法令来进行。

三、外资企业劳动合同的相关规定

1. 外资企业劳动合同类别

凡是在外资企业工作的劳动者,都要与企业负责人(或授权者)签订书面劳动合同。劳动合同须按照越南劳动荣军与社会部印发的统一格式来签订。劳动合同有无期限劳动合同、有期限劳动合同和季节性劳动合同三种,只要签订其中一种即可。合同期满后,若双方都不提出结束合同,有期限劳动合同则变为无期限劳动合同。

2. 劳动合同必备内容规定

从双方商定的那天起,劳动合同就有效力,如果双方尚未商定有效力的合同日期,那么劳动者正式工作或试用的那天就算为劳动合同开始生效的日期。由双方协商签订的劳动合同,要符合劳动法律、集体劳动条约,并且一定要包括下列内容:所要做的工作、合同期限、工作地点、工资,确保的劳动保护权,根据法律规定进行缴纳的社会保险,有需要还要规定试用条件。劳动合同一式两份。

3. 劳动合同试用期规定

签订劳动合同时,双方可就试用条件和试用期问题进行协商。根据工作性质,试用期不得超过30天;对于较为复杂的管理、技术工作,试用期可以适当延长,但不得超过60天。双方可以协商签订试用合同。试用合同的内容也要包含劳动合同必备的主要内容,工资不得低于该项工作应得报酬的70%。在试用期间,双方均有权不用事先报告就可以结束合同,也不用赔偿。试用期满前,外资企业要把结果告知劳动者。如果试用期满了,外资企业仍然不作通报,劳动者仍然继续工作,劳动合同就自动正式签订了。

4. 工作岗位调动的规定

因生产经营需要,外资企业可以调动劳动者到其他地方工作或做其他岗位工作,但时间最长不得超过30天,并且要事先通知。如果调动工作时间超过30天或者调到其他地方工作,要征得劳动者同意,并由双方协商条件;如果劳动者不同意,就不允许调动。

当外资企业遇到不可抗力因素引起的紧急、突然情况,劳动者不能按劳动合同继续工作时,可以调动劳动者岗位或到其他地方工作,但时间不得超过60天。如果调动工作时间超过60天或者调到别的地方工作,需要征得劳动者的同意,并由双方协商条件。如果劳动者不同意,除了发放不低于以前岗位的工作报酬以外,外资企业要发给其相当于工资50%的补助。

5. 劳动时间、加班、休息及保护

外资企业一天正常工作时间不超过8个小时,一周不超过48个小时,22点至次日6点为夜班时间,该工作期间的休息时间不少于30分钟。给下列人员每天至少减1个小时的工作时间:从事有毒、繁重、危险工作的人员;有7个月身孕的妇女;正在抚养12个月以下婴儿的妇女;未满18周岁者。

外资企业需要加班,要与劳动者商定,但在下列情况下则可要求员工必须加班:克服自然灾害、不幸或防止发生灾难;因转移外资企业地点的紧急工作;弥补外资企业因不可抵抗因素停止活动所损失的时间。一年中加班时间不能超出 150 小时。劳动者每周可以固定休息一天（连续 24 小时），若本周无法休息时企业要在下周内安排补休。若得到企业同意，劳动者可以因其他私事不带薪休息，休息时间由双方商定。对于一些有特别工作条件的工种和工作，可以延长正常工作时间，但在集体劳动条约中要注明有适当的补休制度。

6. 劳动报酬

劳动合同要注明工资计算办法（可以是按时、日、周、月、承包额计算）。工资要符合集体劳动条约，最低不得少于越南劳动荣军与社会部每年公布的外资企业的最低工资幅度。

外资企业要根据工作效率、工作质量、生产经营领域、工种、劳动条件、当时的物价，但不分性别、不分年龄地给予劳动报酬。

上夜班的报酬至少要比上白班的报酬高 50%，加班费至少要高于正常上班时间报酬的 50%。外资企业安排劳动者暂时到其他地方工作或干其他的工作，劳动者的工资不得低于以前的工作报酬；不是因劳动者过失而暂时停工，企业要发给其相当于工资的 50% 补助。

要让劳动者知道自己工资中被扣除的款项。要遵照劳动法律、集体劳动条约或法院的决定扣除工资。当企业破产解散、清算时，要优先结算员工的工资。

7. 社会保险

外资企业每月有义务交纳相当于在企业工作的劳动者工资总额的 10% 的社会保险金。其中把 2% 交给当地劳动机关用作失业补助费；8% 用作企业保险基金，由企业代表与劳动者代表共同管理，以作如下社会保险开支：给病痛、劳动灾难、职业病补助，怀孕、生育补助，工作期间死亡者的埋葬费。

劳动者每月有义务把工资中的 10% 交给当地社会保险基金会，以作如下社会保险开支：养老金，因疾病、职业病、劳动事故或不幸造成永久失去劳动能力的人补助费，正在享受养老金或永久失去劳动能力者死亡丧葬费，给死者亲属抚恤金。

8. 劳动合同终止的客观条件

遇到下列情况之一时即可终止合同：劳动合同期满或合同协商工作已完成。投资许可证期满或被毁，外资企业被迫停止活动，被解散、被清查。劳动者被判刑 6 个月以上或被法院处以刑罚，使得劳动者不能继续工作。劳动者死亡。劳动合同终止除了上述客观条件，双方协商也可以终止劳动合同。

9. 劳动者随时单方终止劳动合同的条件

外资企业故意拖延发工资或少发工资和补贴、虐待劳动者，劳动者因身体状况或家庭境况确实有困难无法继续履行劳动合同，如有以上情况发生，劳动者可以随时单方终止合同。外资企业不遵照劳动合同安排工作，员工也可以单方终止劳动合同，但是，无期限劳动合同的员工最少提前 60 天向外资企业报告终止劳动合同事宜，有期限劳动合同的员工要提前 30 天，临时劳动合同的员工要提前 1 天。在事先报告期限结束之前，双方均可收回单方终止劳动合同的决定，事先报告期限结束后，对方不作答复，即终止劳动合同。

10. 外资企业有权单方停止劳动合同的条件

外资企业遇到下列情况之一时,有权单方停止劳动合同:

(1) 劳动者经常不完成根据合同所规定的工作。

(2) 劳动者有偷窃、欺骗行为或其他严重危害企业财产、利益的违法行为,或严重违反劳动纪律、企业的规章制度。

(3) 劳动者因患病或工作受伤,送治6个月仍无法恢复,失去劳动能力。

(4) 企业因天灾遭受损失,或者因客观原因被迫压缩生产和停止活动。

(5) 企业因采取新技术、新工艺改变生产结构,要减少工作岗位(人员)。

除第(2)种情况以外,外资企业终止劳动合同时,对无期限劳动合同的员工,最少要提前60天通知终止劳动合同事宜,有期限劳动合同的员工要提前30天通知,临时劳动合同的员工要提前1天通知,而且要参考外资企业里的劳动代表的意见。外资企业因遇到第(4)种、第(5)种情况终止劳动合同,要事先报告越南当地劳动机关。

除第(4)种情况外,外资企业对下列劳动者不能单方终止劳动合同:孕妇、产妇、正在抚养12个月以下的婴儿的妇女;病休、遭受劳动事故、患上职业病,正按医嘱在6个月期限内医治疗养的劳动者;正在工休的劳动者。

11. 终止劳动合同的工资结算和赔偿

从终止劳动合同那天起,最迟不能超过一个星期,双方有责任结算各种款项、工资、离职后的补助金以及可能的赔款。外资企业负责把劳动者的劳动档案等其他证件发回,根据劳动者的要求发给必要的证书、证明。

如果违反终止劳动合同的条件或者违反上述事项报告或通知期限,违反一方要承担向对方赔偿的责任。赔偿数额按越南劳动荣军与社会部的规定来确定。

12. 劳动争议的解决途径

外资企业和劳动者均有权向越南各级劳动机关包括劳动荣军与社会部就劳动问题提出申诉。相关部门在收到申诉15天内要对申诉予以答复。

劳资双方要本着和解、公平合理、维护相互利益的精神,先通过双方直接协商的方式解决争执。如果协商不下,双方可选择下列调解和仲裁方式之一:

(1) 双方代表人数相等的,由当地劳动机关做中间人的调解委员会。

(2) 由当地劳动机关成立主持的仲裁委员会或由双方商定的仲裁人。

(3) 由劳动伤兵社会部选派的仲裁人。

调解成功则由双方商定的调解和协商方式记入集体劳动条约。如果调解不成,仲裁没有效果,可以把劳动争议交由人民法院审理。审理申诉、调解和仲裁程序由劳动荣军与社会部规定。

第五节　越南劳动法规的其他规定

一、越南劳动用工方式

根据越南《劳动法》规定,越南劳动合同应以书面形式订立,订立形式一般按照劳动荣军与社会部的标准形式完成,工作时间未到3个月的临时工除外。越南劳动用工方式主要有四种,分别是无限期劳动合同用工、期限12~36个月的一定期限劳动合同用工、不超过12个月的季节性劳动合同用工和劳务派遣用工。

二、越南企业用工规章制度

《劳动法》规定,雇佣超过10名雇员的雇主必须制订内部劳动条例(相当于中国企业劳动方面的规章制度),包括员工的工作时间、休息时间、劳动安全规则、商业秘密和纪律处分程序等。该条例必须事先咨询有关企业的基层工会,并向省级的劳动荣军与社会部门备案。工会可以与雇主签署集体劳动协议,规定雇员的工作条件和福利必须达到或优于法律的相关规定。在协议签署时,雇主必须将协议向所有雇员公开。

三、越南企业最低工资标准

企业雇员的工资不得低于政府规定的最低工资标准,根据国家工资委员会的建议,基于地区和行业分类,按照雇员的最低生活条件确定最低工资。越南的区域最低工资水平由劳动荣军与社会部、劳工总局(VGCL)和越南工商会代表组成的国家工资理事会决定。2017年1月1日起,越南的最低工资从每月257万越南盾(约116美元)[①]到376万越南盾(约169美元)不等,最低工资水平因地区而异。

四、越南社会保险规定

越南的雇主和雇员必须参加健康、失业和工作强制性保险。从2009年10月1日起,外籍雇员与越南企业签订3个月或以上的雇佣合同者,必须按照适用于越南雇员的相同税率缴纳医疗保险费。根据2014年签发、2016年施行的越南《社会保险法》规定,外籍雇员适用于强制性社会保险制度。

五、越南工会组织规定

《劳工守则》赋予越南劳工总局确定工会法定认可的权利,并赋予越南劳工总局上级工会负责建立职工会的权利。《越南工会章程》作为越南劳工总联合会(SVTU)的章程,具有法律效力。《工会法》要求所有工会组织遵守越南劳工总联合会的规定,赋予越南劳工总局对工会财产所有权的权利,包括所有工会财产和工会成员会费,并赋予越南劳工总局上级工会代表下级工会的权利。法律规定在某个组织的职工会不存在的情况下,上级工会必须履行基层工会的职责。主要职责包括集体谈判协商、制定其他工作场所规章制度、参与解决劳资纠纷、与雇主进行社会对话和其他合作等。对于非工会雇员组织的罢工,雇主必须向上级工会组织提出罢工申请。法律规定只有越南公民可以依法成立工会或参加工会。

[①] 越南货币为越南盾,不可自由兑换。人民币与越南盾不可直接兑换。2019年5月20日,越南央行公布的美元兑越南盾的汇率参考中间价为1美元兑换约23200越南盾,人民币对越南盾汇率为1人民币兑换约3357.36越南盾。最近4年越南盾兑美元比价年均贬值1%~2%,2018年总体贬值幅度约2.14%。

六、越南劳工保护

2016年，越南第一部《职业安全与健康法》正式生效。法律规定了职业安全卫生保障制度，制定了劳动事故和职业病受害者的维权程序，界定了职业安全卫生中组织和个人的责任，规定雇员有权离开危及其健康或安全的工作环境。

第六节　中国人到越南经商和工作的机遇

一、越南经济形势及竞争力

1986年以来越南坚持革新开放，1996年提出推进越南工业化和现代化的发展战略规划，2001年越共九大确定建立社会主义定向的市场经济体制，2006年越共十大提出"全民齐力，推动改革，摆脱贫困，拉动经济增长"。2011年，越共十一大通过《2011—2020年经济社会发展战略》，提出近五年内平均每年经济同比增长7个百分点，2015年实现人均GDP达2000美元目标，2020年实现人均GDP增至3000美元。特别是在2007年1月加入世界贸易组织（WTO）后，越南给予外资企业国民待遇，大力清理国内法律法规，力求与国际接轨。为加大吸引外资力度，越南第五次修订《投资法》，并于2015年7月1日起正式实施。2016年11月22日，越南国会通过《关于〈投资法〉附条件投资经营行业4号目录的修订草案》，决定自2017年1月1日起正式取消20项业务的投资经营限制条件，国内市场进一步开放，营商环境不断改善。

2017年越南国内生产总值（GDP）同比增长6.81%，高于国会提出的6.7%计划指标，创10年来最高年增幅。根据越南国会通过的《关于2016—2020年5年经济社会发展规划》，5年内越南GDP年平均增幅为6.5%~7%，到2020年人均GDP达3200~3500美元，工业和服务业占GDP比重合计达85%，城市失业率控制在4%以下。世界银行发布的《2019年营商环境报告》显示，越南在全球190个经济体中排名第69位，较上年下降1位。世界经济论坛《2019年全球竞争力报告》显示，越南在全球最具竞争力的141个国家和地区中排名第67位，较上年下降12位。

二、中越国际合作面临新的历史机遇

2015年11月5—6日，中共中央总书记、国家主席习近平首次访问越南，实现两国最高领导人年内的首次互访，两国领导人达成了积极推动中国"一带一路"倡议和越南"两廊一圈"的战略对接等一系列重要共识。近年来，中越经贸合作稳步发展。据中国海关统计，2019年中越双边贸易额达到1620亿美元，越南已连续4年成为中国在东盟的最大贸易伙伴。中国大陆对越南直接投资近3000个项目，协议金额累计超过160亿美元，在近130个对越南投资的国家和地区中名列前茅。2020年第一季度，东盟超越欧盟成为中国最大的贸易伙伴，越南在促进中国与东盟贸易中发挥了"龙头"作用，其占比达25.8%。中越经贸合作潜力很大，前景广阔。目前，中方对越南投资主要集中于加工制造业、房地产和电力生产行业。较大的投资项目包括：铃中出口加工区、龙江工业园、深圳—海防经贸

合作区、赛轮（越南）有限公司、百隆东方、天虹集团、申州国际、河内新希望集团有限公司、永兴一期火电厂、越南光伏等。据不完全统计，高峰期中国有逾13万人在越南从事商务等活动，仅越南芒街市就有超过1000家中国各类贸易商户，中国人力资源流向越南从事商务活动和从事中资企业技术管理岗位的趋势也十分明显。

据越海关统计，2018年中越双边贸易额为1067.1亿美元，同比增长14.8%，越南对华出口412.7亿美元，自华进口654.4亿美元，分别比上年增长16.6%和11.7%。越方贸易逆差241.7亿美元，同比增长4.2%。中国是越南的最大贸易伙伴、第一进口市场和第三大出口市场。中国对越南出口的商品主要类别包括：①机械器具及零件；②电机、电器、音像设备及其零附件；③钢铁制品；④针织或钩编的服装及配件；⑤车辆及其零配件，但铁道车辆除外；⑥矿物燃料、矿物油及其产品等。中国自越南进口的商品主要类别包括：①矿物燃料、矿物油及其产品、沥青等；②手机及手机零配件；③食用蔬菜、根及块茎；④橡胶及其制品；⑤机械器具及零件；⑥电机、电器、音像设备及其零附件；⑦棉花等。

三、中国对越工程承包及劳务输出

越南是中国在东盟的重要工程承包市场。目前，中方承建的部分大型项目陆续建成投产。其中，锦普热电厂一、二期项目于2011年9月正式移交越方；金瓯化肥厂于2012年1月30日建成投产；宁平煤头化肥厂于2012年3月30日建成投产；新莱氧化铝厂于2012年12月建成投产。"三线一枢"一期和"荣市—胡志明市"通讯信号改造于2014年8月完工、永兴二期火电已移交越方、沿海三期火电厂等项目进展顺利。

据中国商务部统计，2018年中国企业在越南新签承包工程合同289份，新签合同额为66.66亿美元，完成营业额28.02亿美元；累计派出各类劳务人员4074人，2018年末在越南的中国劳务人员有9732人。中国各类承包工程、生产经营技术和管理人员为越南的各项建设发展贡献了智慧，也为自身的职业生涯发展带来施展才华的空间和机会。新签大型工程承包项目包括中国建筑集团有限公司承包的越南胡志明大运河城项目；中国电建集团华东勘测设计研究院有限公司承包的越南油汀350MWac光伏项目；中国葛洲坝集团股份有限公司承包的越南南定一期燃煤电站项目等。

为保障本国劳动力就业，越南对外籍劳务输入本国设置了较高门槛，严格限制普通劳务输入。2018年底，越南全国的外国劳务人员超过8万人，主要来自中国、韩国、日本、泰国、印尼、中东等国家和地区，其中中国劳务人员（工程承包和劳务合作项目下）约1万人，主要从事工程承包项目建设及中国大陆、香港特区和台湾地区投资企业的生产经营技术和管理工作。

四、中国商人和企业雇佣越南员工的最低工资标准

中国人到越南经商和办厂必须了解越南的最低工资标准，这样才能规划人力资源成本。越南将全国分为四个类别区，实施不同的最低工资标准。一类区为河内和胡志明市区；二类区为河内和胡志明市的农村地区以及芹苴、岘港和海防市区；三类区为省级城市及北宁、北江、海阳和永福市区；四类区为其他区域。根据越南政府关于劳动者最低工资标准规定，2018年1月1日起最低月工资标准平均上浮6.5%，即一类地区最低月薪标准

为398万越南盾；二类地区为353万越盾；三类地区为309万越南盾；四类地区为276万越南盾。上述工资标准是在正常的劳动条件及工作时间提供正常劳动的前提下，企业向劳动者支付的最低劳动报酬。企业在支付月薪时，还需包含加班工资、夜班工资、职业危害防护费及其他费用。

2017年，越南劳动力人均月工资收入660万越南盾（约合292美元），同比增长9.3%。其中，国有企业员工人均月工资收入790万越南盾（约合349.6美元），国有控股企业730万越南盾（约合323美元），外资企业670万越南盾（约合296.5美元），民营企业560万越南盾（约合248美元）。部分行业收入较高，如矿山、冶炼、电力、金融和电信等，人均月收入1000万越南盾（约合443美元）以上。2017年越南国内通胀率不高，物价涨幅控制在预期范围内，员工工资涨幅远高于物价涨幅，生活改善较为明显。员工社会保险来源包括：企业交纳工资总额的17%、员工交纳工资总额的8%、政府补贴、基金本身收入及其他来源。

第七节 中越跨境劳务合作问题及应对策略

一、越南人力资源现状分析

根据越南公布的2019年人口和住房普查结果，截至2019年4月1日，越南总人口达96208984人，在东南亚地区排名第3位，世界排名第15位。截至2016年，越南15岁以上的劳动人口总数为5440万人，2017年越南人口平均年龄为30.8岁。结合"表1-2：越南人口预测"的数据，到2022年越南人口将突破1亿，而且未来30年内越南人口的平均年龄为42岁，这对越南来说不仅意味着人口资源丰富，还表明其将来的人口红利潜能巨大，这将为越南国内经济建设和企业用工提供充沛的精壮人力资源，也能为中国与越南的跨境劳务合作提供广阔的舞台。

虽然越南上过小学的人口占总人口的90%，但受到专业培训和高等教育的人口比例还较低，不到20%，表现为劳动力资源丰富但劳动效率不高，缺乏高水平的人才，外语水平不高和工作态度不专业。原因是越南教育培训和人员供应使用率不足，缺乏使用和锻炼人力资源的机会，导致人力资源的浪费。

二、越南劳工来华工作的跨境劳务合作

随着中国"一带一路"倡议的实施，广西边境地区用工需求成倍增长。而与广西相邻的越南有大量的精壮劳动力，越南政府和民间都非常希望越南剩余劳动力能来中国广西务工。之前，大量越南劳工通过各种非法途径来华工作，给中越边境管理带来诸多问题。作为中越口岸城市，广西凭祥从2016年7月开始试点跨境劳务合作，越方边民在办理旅游签证后通过劳务公司可以在崇左务工一个月，之后半年时间进入中国境内务工的越南劳动力就达到6.7万人，大部分从事砍甘蔗、装卸、纺织与红木加工工作，缓解了当地用工紧缺之困。在试点中，因越南劳动力停留在中国境内的时间很短导致工作稳定性不够，同时签证成本增加制约了中国与越南跨境劳务合作。

2017年2月11日，崇左、防城港、百色三个中国广西边境市与越南边境广宁、谅山、高平、河江四省签订跨境劳务合作协议，中越跨境劳务合作机制正式建立。根据中越跨境劳务合作协议，广西凭祥市在2017年2月挂牌成立境外边民劳工管理服务中心，为劳工提供一站式服务，边民出入境证、中国临时居住证、务工证、健康证等四证一天内即可办结。之后，劳务公司根据企业用工需求通过人社部门进行技能培训，并购买意外伤害、工伤保险。为了顺应需求，凭祥市建设跨境劳务培训总部基地，培养技术型劳工。

三、中资企业招聘中方人员去越工作的问题及对策

由于越南人力资源素质相对较低，特别是越南需要中方的专业技术人员和高层次管理人员参加越南经济建设，越南出于本国就业考虑，对中方普通工人来越工作加大限制和管控。中方人员去越南工作除了在越投资和经商以外，主要还是在越南当地的中资企业进行专业技术和管理工作，也有部分在中资企业从事普通的操作性工作。部分在越投资的中资企业，因为投资项目工期短、办理去越工作的劳动许可证手续繁杂等原因，抱着侥幸心理，未给部分中方人员依法办理劳动许可证，而是让其使用有效期为3个月的商务签证在越南工地工作。所以，在越方组织的突击检查中这类人员将被处以每人约7000元人民币的罚款，并限期离境，这给中方投资的项目施工和中资企业形象带来了负面影响。还有中资企业在越南承包工程，为赶工程进度，招聘了一部分由非法中介介绍的中国工人。在给中国工人支付工资时，该中资企业将工资直接支付给非法中介的工头，该工头携款失联，于是未领到工资的中国工人在向该中资企业讨薪时与对方发生冲突，导致越南当地公安机关介入，对项目正常施工产生消极影响。目前一些非法中介以收费较低为诱饵，擅自招收中国劳务人员并输往越南，不与劳务人员签署劳动合同，也不协助其办理越南当地劳动许可证，导致劳务纠纷频频发生，给劳务人员造成较大损失。

为解决在越中资企业招聘中方人员去越工作出现的问题，建议：①通过正规的中越劳务中介公司进行跨境劳务合作。根据中国商务部、外交部等相关部委规定，只有获得外派劳务人员资格的公司才可对外派出劳务。②必须在越南当地办理劳动许可证。越南法律规定，不允许外籍人员持旅游签证在越南务工。在越南工作3个月以上的外籍劳务人员须办理劳动许可证。中国劳务人员办理许可证时，需提供省级以上或国家级医院开具的健康证明、所在地派出所出具的无犯罪记录证明、技术能力证明等文件，并经国内公证机关公证、中国外交部和越南驻华使馆认证。整套手续办下来约需2个月时间，其中包含国内公证和认证时间。③一定要检查中方劳务人员是否合法入境，是否持有合法证件。在给中方工人支付工资时，应直接交给工人，避免出现工人工资被克扣或者中介恶意欠薪等劳资纠纷事件发生。

第八节 越南人力资源管理问题及对策

一、越南人力资源管理宏观问题及应对策略

越南较早就设立人力资源局，人力资源局最早的职能主要是档案管理、员工内部管理，之后政府部门公务员的开发、招聘、培训、绩效、工资福利管理都成为其职能。越南高层

次的人才较少且分布不合理,绝大部分在国家机关工作,而在企业直接从事生产的技术性高层次人才比例很小。

越南劳动社会科学院原院长阮友勇博士认为,越南人力资源质量不高,经过3个月以上培训并获得文凭与证书的劳工比例仅占23%~23.5%,与其他国家相比是比较低的,在职业知识、技能、业务水平,尤其是外语、团队协作能力、多元文化环境下的专业性等软技能方面越南人员仍存在许多短板和不足之处。高科技在劳动活动中的推广和应用,劳动者在需要创新的竞争压力大的环境下工作等能力仍存在短板且薄弱。依法解决劳动过程中发生的权益分歧和纠纷的能力仍存在不足,现代工业生产的企业文化、劳动文化的形成和发展情况与加快国家工业化、现代化进程仍不相称。

为此,阮友勇博士提出了如下对策:①和谐解决满足使用高科技(高端)和劳动密集型技术(中低端)劳动力市场需求的人力资源发展之间的关系。越南要选择过渡步骤,一方面优先发展适应第四次工业革命的高水平和高素质的人力资源;另一方面注重发展中等水平人力资源并对劳动者尤其是农村和非正式部门的劳动者进行就业普及。②在发展和使用人力资源中确保公平,把国家利益与使用市场经济机制和工具有机结合起来。在市场经济中,要在人力资源发展中把国家利益和个人的利益相结合,旨在确保公平和国家利益,国家对人力资源发展发挥主导作用;但在发展和使用人力资源中也要使用市场经济的机制和工具,尤其是通过职业培训、就业、招聘等政策,根据劳动价值、劳动生产率和工作效果支付工资。③可持续发展人力资源,确保2021—2030年的人力资源数量和素质。因此,目前面对的问题是发展人力资源不应带有自发性,必须真正主动,领先一步,增加具有高水平和高素质的人力资源,并符合创新增长模式(深度发展)和发展知识型经济;人力资源利用要确保合理性和有效性,一方面符合国家不同阶段的发展要求,另一方面在分配关系中实现社会公正,确保就业安全、社会保障,旨在控制社会分层、贫富分化。

二、中越两国人力资源管理的差异及应对策略

1. 工作文化的差异

越南和中国虽然都受儒家文化的影响,但越南的工作文化与中国截然不同。越南工人很勤奋且不辞辛苦,但他们同时又很珍惜自己的空闲时间。因此,他们并不像中国的产业工人那样愿意加班加点地工作。这种生活态度有其历史渊源,越南曾是法国的殖民地,因此越南人的生活态度深受法国文化的影响,他们崇尚放松,享受生活。越南人的生活和工作节奏慢,大部分越南人宁愿少赚钱也要休息和放松,甚至给他们2~3倍的加班工资,他们也不愿意加班。因此,在越南企业的激励机制中,更多的是为员工创造更多休闲的机会,比如带薪休假、旅游等。同时,越南工人的工作效率比较低下。而中国近些年来由于经济发展迅速,工作节奏比较快,人们的竞争意识较强,因此在人力资源管理上更强调以效率为主的激励机制。

2. 劳资关系的差异

越南的用工制度很规范,相关的劳动法规也很严格。例如,早在1995年越南就鼓励签订无固定期限合同,企业在特定条件下也能单方面终止无固定期限劳动合同,但必须事

先通知或者参考企业里劳动代表的意见,或报告当地劳动机关。进行经济性裁员时,雇主只有在通知地方劳动局后才能裁减工人,其他方面的规定也比中国严格。另外,越南的工会实力很强大,罢工现象在越南并不少见,原因通常是工作量太大或工资太低。罢工时间通常少则几小时,多则几天或者更长时间。解决的途径一般由公司与工会协商或政府派出调解人员出面调解。这些方面与中国相比较,有明显的不同。中国的工会维权的理念是强调与企业保持合作共赢,寻求的是劳资两利、共谋发展,是在发展中维护职工权益。因此,中国的人力资源管理与越南相比,在应对劳资关系方面的成本较低。

三、中越两国人力资源管理的相似之处

1. 人力资源管理方式相似

中越两国企业人力资源管理的一个共同基础是:均重视人际关系,强调集体利益。在管理过程中倾向于以人情关系等感情因素来用人、留人。这种方式的优点在于能够增强员工的归属感与合作意识,调动和发挥员工潜在的积极性和创造性,尤其是在危急时刻,这种管理方式下的员工对企业的忠诚度和高度的组织承诺感能够帮助企业渡过难关。然而,这种管理方式容易在企业内部形成家庭主义纠纷、姑息迁就、公私混同等弊端,降低管理效率,增加管理成本。

2. 绩效考核方式相似

中国与越南的人力资源管理都比较注重长期的考核。对个人而言,为了取得更多的收入和实现更快的提拔,需要努力地工作以保持较高水平的长期绩效;对企业而言,若只注重短期绩效而轻易解雇员工,会使其社会形象受到损害,难以留住和招聘到优秀员工。因此,长期的绩效考核方式成为两国人力资源管理的相似之处。然而,这种考核方式也要配以适当的奖惩制度,否则员工容易形成"吃大锅饭"和"搭便车"的工作态度,导致企业内部缺乏竞争意识。一些高层员工凭借资历、辈分而不再继续挖掘自身潜力,不再注重自身技能的提高,这会给一些年轻的员工造成消极影响,使他们认为自己在短期内无望获得理想的职位,容易丧失斗志。

四、在越中资企业人力资源管理策略

1. 将人力资源管理提升到战略高度

随着外部环境的变化以及我国企业越来越多地走出国门到越南开展跨国经营,人力资源管理的职能也必须随之发生变化,为企业创造出更多的价值。因此,人力资源管理不能只停留在传统的人事管理职能上,不能仅仅局限在工资发放、招聘、档案管理、培训等基础的操作层面。中国企业到越南投资经营,战略决策举足轻重,人力资源作为企业发展越来越重要的要素,应该将其纳入企业的发展战略,将人力资本和商业信息相结合作为企业战略制定的有效依据,成为企业的"战略商业单元",为企业效益的提高提供服务。因为只有充分考虑了人力资源管理的战略才能有效地执行,"企业最宝贵的资源是人、最危险的因素也是人",确保了人力资源这个重要因素,就掌握了解决问题的核心。

2. 重视对本土人才的培训,引进高素质的跨国经营人才

越南的劳动力素质普遍偏低,非熟练工在劳动力总数中占的比例很大。企业中的管理

人员多数未经过专业培训，对外企的管理缺乏经验，思想较保守；工人技术水平普遍较低，还谈不上技术创新；销售人员缺乏开拓进取精神。因此，中国企业到越南投资应该重视对当地员工的培训，针对不同员工的技术和能力水平，进行多样化的培训，以提高员工的技术水平及整体素质。在加强对当地员工培训的同时，还要善于引进高素质的跨国经营人才，主要是指既懂越南语，又熟悉当地政治法律环境，懂经营、会管理的复合型人才。只有从内部和外部两个方面入手，才能真正做好人力资源工作。

3. 尊重产业工人

根据上述分析我们知道，中越两国在人力资源管理方面有一些显著的差别，因此中国企业到越南经营要注意文化的差异，在设计激励模式时要充分考虑越南人独有的生活态度和行为方式，在尊重他们文化的基础上实现对其的激励。同时建立良好的劳资关系，一方面尽可能避免与工会发生冲突，以免影响企业的正常运作；另一方面争取政府和各利益相关者的支持。

参考文献

1. 赵青. 越南总人口增至9620万，经济日报，2019-7-13.
2. 杨伟国，代懋. 中国人力资源法律审计报告——从东盟十国看"一带一路"国家的劳动与雇佣管制 [M]. 北京：中国人民大学出版社，2018.
3. 中华人民共和国外交部网站：https://www.fmprc.gov.cn.
4. 百度百科：https://baike.baidu.com.
5. 云南省东南亚南亚西亚研究中心：语言文化，http://ymuseasarc.ynni.edu.cn/YueNan/contentusyhz113.html.
6. 颜星，张卓梅. 越南华人：历史与贡献 [J]. 文山师范高等专科学校学报，2002（1）.
7. 佚名. 晚明华人旅越大移民（侨史珍藏）[N]，载《人民日报》海外版，2007-5-18，第6版.
8. 中国社会科学网：客家人 海上丝绸之路重要参与者和建设者，http://www.cssn.cn/zt/rwln/wh/tswh/201504/t20150424_1601770.shtml?COLLCC=2447114017&，2015-4-24.
9. 王士录. 当代越南 [M]. 成都：四川人民出版社，1992：265.
10. 谭志词. 汉语汉字对越南语言文字影响至深的原因初探 [J]. 东南亚，1998（2）.
11. 广西民族报网：四论岭南先秦就是中国的领土，http://www.gxmzb.net/content/2015-07/17/content_9450.htm，2015-7-17.
12. 中国网：越南办首次华人文化盛会 表彰华人为社会的贡献，http://news.china.com.cn/txt/2007-03/06/content_7909220.htm，2007-3-6.
13. 罗文卢，王连清. 越南的少数民族 [J]. 世界民族，1982（3）：69-72.
14. 人民网广西频道：http://gx.people.com.cn.
15. 中国临沂网：临沂国际机场开通临沂＝越南（岘港）国际航班，http://www.lytoday.com/jrly/2019-07/02/content_18625.htm，2019-7-1.

16. 越南华人网：http://www.vnhuaren.com.

17. 商务部国际贸易经济合作研究院，等. 对外投资合作国别（地区）指南——越南，2019.

18. [越南] 范氏水. 东盟自贸区发展背景下越南外向型企业发展战略研究 [D]. 重庆：重庆理工大学，2015.

19. 莫迪，黄聪. 崇左借力跨境劳务壮大边贸加工业，广西日报，2017-3-2.

20. 越南《共产主义杂志》网站：http://www.tapchicongsan.org.vn.

21. 陈胜军，贾天萌，周云. 中越两国人力资源管理比较研究——基于投资视角 [J]. 华东经济管理，2009（1）：122-126.

第二章 泰国人力资源

第一节 泰国的人口及民族

一、泰国的人口概况

泰王国（The Kingdom of Thailand），首都曼谷（Bangkok），泰语为国语。根据中华人民共和国外交部网站 2020 年 9 月的泰国国家概况资料，泰国人口当时达 6900 万。泰国官方统计注册系统（Official Statistics Registration Systems）数据显示，截至 2017 年 12 月，泰国总人口约为 6619 万人；在全国 77 个府级行政区中曼谷人口最多，约为 568 万人，人口超过百万的府共有 21 个。根据泰国统计局的数据[①]，截止到 2017 年 6 月，泰国劳动人口约为 3882 万人，失业人口约为 41.5 万人，失业率为 1.1%。在人口结构中，约有 14.5% 的人口年龄在 15~24 岁，46.5% 的人口年龄在 25~54 岁，11.6% 的人口年龄在 55~64 岁，11% 的人口年龄超过 64 岁。按产业划分，泰国农林水产业人口占 34.2%，工业及制造业人口占 15.5%，服务业人口占 50.3%。根据中国—东盟自由贸易区商务门户网站统计数据，泰国 2016 年男性人口占 48.8%，女性人口占 51.2%。2016 泰国城市人口占 52%，农村人口占 48%。2007—2016 年泰国人口增长率逐年递减，到 2016 年人口增长率只有 0.3%。2016 年泰国人口密度为每平方千米 131 人，人口密度在东盟十国中排名第 5[②]。

二、泰国的民族概况

1. 泰国民族数量

泰国是以泰族为主体的多民族国家，但是泰国究竟有多少个民族，泰国官方与学界并未达成一致，也没有十分准确的官方正式发布的权威资料。官方与学界基于不同的视角和方法，使得民族种类的统计存在差异。学界主要从保护族群多样性和民族语言文化方面进行识别和统计，政府部门则主要以方便管理和实施泰化政策来界定民族种类。具体到民族名称上仍然比较模糊，部分民族称谓政府采用的是他称，而学界采用的是自称，同时部分民族的语系归属问题也存在争议。

泰族人曾被称为"暹罗人"，属汉藏语系壮侗语族，和中国的傣族、壮族族源相近，

[①] National Statistical Office of Thailand: http://web.nso.go.th/，2017-8-30。
[②] 中国—东盟自由贸易区商务门户网站：http://www.cn-asean.org。

在全国都有分布。根据中华人民共和国外交部网站2020年5月公布的泰国国家概况资料，泰国共有30多个民族。泰族为主体民族，占人口总数的40%，其余为佬族、华族、马来族、高棉族，以及苗族、瑶族、桂族、汶族、克伦族、掸族、塞芒族、沙盖族等山地民族。泰国虽然是多民族国家，但其一贯采取的是单一民族国家建构的政策取向，为此泰国政府始终主导着少数民族泰化的相关政策。为了方便管理少数民族事务和推行泰化政策，泰国社会发展和人类安全部借鉴了玛希隆大学和泰国社会发展福利厅的研究成果，将泰国少数民族分为56个民族，加上泰族有57个民族。这些少数民族分布于泰国77个府，总人口为610万人[①]。根据泰国国家文化委员会2004年出版的《泰国民族语言地图》（泰文版），加上泰族全国共有62个民族。

泰国多民族国家形成的最重要历史阶段是曼谷王朝时期。泰族经过素可泰王朝和阿瑜陀耶王朝的发展，进入曼谷王朝后，成为泰国中部的强大民族，周围的泰阮人、马来人、佬人都向其称臣纳贡，并与之建立宗藩关系。19世纪后期，五世王朱拉隆功大帝即位，对泰国进行了一系列改革，中部泰族拥有了更加强大的军事力量和政治力量，并开始向周围其他民族地区扩张势力，逐渐形成现在多民族统一的泰国。泰国90%以上的民众信仰佛教，马来族普遍信奉伊斯兰教，有些少数民众信仰基督教、天主教、印度教和锡克教。

2. 泰国民族的地域分类

泰国根据少数民族的居住地区特点将其分为四类：居住在平地的少数民族共有38个、居住在山地的少数民族（山地民族）共有13个、居住在海边的少数民族（Chao lay）共有3个、居住在森林的少数民族共有2个。

（1）居住在平地的少数民族（38个）

孟族（Mon）、泰鲁族（Tai Lu）、泰松鞑玛族（Taisong dam）、泰雅伊族（Tai Yai）、泰昆族（Tai Khun）、泰雍族（Tai Yong）、泰雅族（Tai Ya）、泰渊族（Tai Yuan）、普泰族（Phu Thai）、佬康族（Lao Khrang）、佬纳嘎维族（Lao Ngaew）、佬嘎族（lao ga）、佬媞族（Lao ti）、佬威昂族（Lao Wiang）、塞卡族（Saek）、萨玛惹族（Samre）、帕朗族（Plang）、布汝族（Bru）、嗦族（So）、颂族（song）、塔邬翁族（Thavuang）、玛毗族（Mpi）、贡族（Guong）、钴拉族（gu la）、撒瓯茨族（sa-oc）、库伊族（Kuy）、召汶族（Chaobon）、纳雅鞑族（Nyaw）、约伊族（Yoy）、高棉族（Khmer / Northern Khmer）、越族（Vietnamese）、彼苏族（Bisu）、纳耶尤族（Nyeu）、嘎松族（Kasong）、崇族（Chong）、马来族（Malayu）、嘎楞族（Kaleung）、泰鞑玛族（Tai Dam）。

（2）居住在山地的少数民族（山地民族）（13个）

克伦族（Karen）、蒙（苗）族 Hmong（Meo）、勉（瑶）族 Mien（Yao）、拉祜族（Lahu）、傈僳族（Lisu）、阿卡族（Akha）、拉瓦族（Lawa）、云南人/贺族（Yunnannese Chinese）、克木族（Khmu）、玛拉帕伊族/丁族（Mal-Pray/Tin）、克钦族（Kachin）、崩龙族/德昂族（Palaung/Dala-ang）和桐苏族（Tong su）。

---

① [泰]泰国社会发展和人类安全部：《泰国族群发展总体规划2015—2017》（泰文版），2017年。

（3）居住在海边的少数民族（Chao lay）（3个）

莫肯族（Moken）、摸克楞族（Moklen）和尤绕老挝族（Urak Lawoi）；

（4）居住在森林的少数民族（2个）

黄叶族（Mlrabri/Tongluang）和萨垓族（Sa gai）。

泰国社会发展和人类安全部认为居住于平地的族群，虽然有自己独特的语言文化，但因为其语系和文化跟主体民族差异不大，所以他们的语言文化几乎可以融合到主体民族社会之中。居住在高地的族群（山地民族）、海边的族群（莱族，Chao lay）和森林的族群是有较大的语言文化和宗教信仰差异的，目前属于正在融入泰国主流社会中的族群[①]。

3. 泰国民族语言的使用状况

泰语为国语，官方语言为泰语和英语，全国有85%以上的人使用泰语，泰国其他主要语言有汉语和马来语。按照不同的地理位置，泰语有中部、北部、东北部和南部四种主要方言，泰国政府规定，以首都曼谷为主的中部泰语为标准泰语。在泰国，英语也被广泛使用，特别是在曼谷，英语几乎成为主要的商业语言。在主要的旅游城市，大多数旅馆、商店和饭店都使用英语和一些欧洲语言，并且泰、英双语的路标和街道标志在全国各地随处可见。

第二节 中国人移民泰国及贡献

根据中国商务部国际贸易经济合作研究院撰写的《泰国对外投资合作国别指南（2019年版）》统计数据，泰国的华族在人数上仅次于泰族，大约900万人，占总人口的14%左右，潮州话、海南话、广东话在泰籍华人中使用较为普遍。泰国华人多数居住在首都和外府城市。据统计，首都曼谷的居民中华人占40%。华人华裔在泰国政治、工商、金融、旅游业、传媒业中有着举足轻重的地位和影响，对泰国社会发展做出重大贡献。目前，绝大多数泰国华人已加入了泰国国籍或依泰国法律自然地成为泰国籍人，而且大多数已经融入当地的主流社会，成为泰国大家庭中的组成部分。泰国政府采取不歧视华人、给予同泰人"一视同仁"的同化政策，使泰国华人及其后代比较自然地融合、同化而为人们所赞誉和肯定。

一、唐、宋、元时期中国人移民暹罗国素可泰王朝

泰国已有700多年的历史和文化，原名暹罗。在我国南宋时期，泰国在公元1238年建立了素可泰王朝，开始形成较为统一的多民族国家。暹罗国先后经历了素可泰王朝、阿瑜陀耶王朝（大城王朝）、吞武里王朝、却克里王朝（曼谷王朝）四个朝代。根据现有中国文献资料，中国人移民泰国地区，至少可以追溯至唐宋时期。泰国的泰族发源于中国西南的云南、四川等地，于唐宋年间开始南迁（今云南西双版纳傣族即为泰族中的一支），逐渐沿着湄公河及怒江（在缅甸境内称萨尔温江）向湄南河流域移动。在泰族进入现在泰国境内之前，泰境之内有过一些小古国。到了中国的宋元时期，泰族在现今泰国的版图内

---

① ［泰］泰国社会发展和人类安全部：《泰国族群发展总体规划2015—2017》（泰文版），2017年。

建立了几个古国：八百媳妇国（或称兰那泰、清迈王国）、暹国（素可泰王朝）、罗斛（大城王朝前身）。后来，素可泰王朝被阿瑜陀耶王朝所灭，暹国与罗斛两国合并，成为由大城王朝统辖的"暹罗国"。在素可泰王朝之前，在现在泰国的版图内就已经有华侨，罗斛国国都华富里已有华侨居住。华侨称自己的祖国为"唐山"，自称"唐人"。

到南宋时期，素可泰地区已有华侨。华侨，由陆路和海路进入泰国境内。陆路从中国西南地区的云南经缅甸进入泰国的边境重镇夜柿，或由广西过安南（越南），再从安南渡湄公河到泰国；海路则多乘"红头船"从海上漂泊而至。有的随商贸帆船到泰国南部马来半岛东海岸的春逢、素叻、洛坤、北大年进行贸易活动而留在泰国。《宋史》载，宋丞相陈宜中先到占城（今越南中部），原拟部署迎益王，"度事不可为，遂不返"。至元十九年（1282 年），元兵伐占城，乃逃暹国（素可泰王朝），终老于其地①。

素可泰王朝建立时，正值中国南宋末期和元朝初期。元朝时是蒙古族统治中国，东南沿海的老百姓漂流异国的人数大大增加。素可泰王朝初期，旅居泰国的中国人人数也大大增加。素可泰王朝第三位君主兰甘杏（《元史》称他为敢木丁）在位时（1277—1317年），中国人很受兰甘杏重视，他甚至任命华人担任某些职务。当时在泰国居住的外国侨民，除了华人，还有其他国家的人。在这些外国侨民中，华人的生产技术、手工工艺和经营管理水平较高，这是华人在泰国谋生的有利条件。当时华人出国主要是为环境所迫，谋求生存，这些人都是劳动群众。这一点，与西方移民多属殖民主义侵略有本质的区别。据说，暹国王兰甘杏曾聘请中国数百名陶瓷技术工人来到素可泰设窑烧制陶瓷，这些陶瓷工人就成了旅居泰国的早期华人。

二、明朝中国人移民暹罗国大城王朝

泰国大城王朝建立于中国元朝末期，历经中国的元末、明朝和清朝前期，是泰国有史以来历时最长的王朝，共 416 年。从素可泰王朝至大城王朝的 600 多年间，中国人的足迹几乎遍布现在泰国版图内 77 府。

明代黄衷曾任广西参政、云南布政使，终任兵部侍郎，嘉靖十五年（1536 年）其编撰的《海语》一书，对于研究 16 世纪东南亚史地和中国南洋交通关系很有参考价值。黄衷在《海语》中谈到当时大城王朝首都华人集居区"奶街"。《海语》说："有奶街，为华人迁移者之居。"②"奶街"是泰语 NAIGAI 的汉译。汉字"街"古代读"GAI"，现代广东话仍读"GAI"。"奶街"原是一条小河的名称，后为华人沿河岸构屋而居。

北大年是泰国西南部港口城市，古为马来半岛上一个土邦，现为泰国南部北大年府首府，亦称佛打泥、太泥、大泥或大泥湾。明代张燮所撰《东西洋考》（卷三）"大泥"（今泰国北大年）条载："华人迁移者甚多，趾相踵也。"还说："初漳州人张某为哪督，哪督者大酋之一号也。"③说明此处汇集许多华人，福建省漳州人张某被当地统治者任命为华人领袖。《明史》记载万历八年（1580 年）中国著名"海盗"（海商）林道乾率众到

---

① 《宋史》卷四一八《陈宜中传》。
② （明）黄衷：《海语》卷三，北京：中华书局 1991 年版。
③ （明）张燮：《东西洋考》卷三，北京：中华书局 2000 年版。

北大年寓居，林道乾本人被招为国王女婿，属下亦大都与当地妇女婚配，繁衍子孙。《明史》说，他"扬帆直抵渤泥湾（大泥湾），攘其边地以居，号道乾港"。据考，林道乾来到北大年后，更名林语梁。他被任命为该地关税官吏，曾为大泥国王后铸造大炮。

大城王朝时期的华人主要聚居在京都以及沿海城镇港市，从事航运、造船和商业贸易，以及各种手工作坊和小商小贩活动。早期移民泰国的中国人以福建人为多，福建的一些族谱资料也证明了这一点。福建莆田城关林氏族谱载，其先人早在明永乐元年（1403 年）就来暹罗经商寓居。14 世纪中叶，虽然已有欧洲人到此，但华人在阿瑜陀耶城有显著的地位，表现为：①居住在阿瑜陀耶的华人数量相当多，他们在城中经营商贸，城内大马路两旁销售布匹绸缎、碗碟、猪肉、鱼类、禽类、糖果以及经营餐饮业。②城中建筑工匠、造船工匠、出海贸易的大帆船船员中，华人数量相当多，且系技术水平较高者。阿瑜陀耶城的宫殿、佛庙等建筑，以及雕刻、绘画、漆金等，不少是华人工匠所建造和完成的。明朝航海家郑和（三保太监）自永乐三年（1405 年）开始，在 28 年间七下西洋，其中他的船队曾两次访问暹罗：1408 年访问阿瑜陀耶城，1413 年访问泰南洛坤府。在阿瑜陀耶城访问时，郑和船队受到大城王朝的优待和城内华人的热烈欢迎。当地华人尊称郑和为"三保太公"，并建"三保公寺"纪念，数百年香火不断。华人主要居住于阿瑜陀耶城三蒲一带，以及后来所建的三保公寺一带。在这里，华人还创立了泰国历史上第一所华文学堂。

三、清朝前期中国人移民暹罗国（吞武里王朝）

1644 年，李自成率领的大顺军攻陷北京，崇祯帝在煤山自缢，驻守山海关的明将吴三桂降清，明朝灭亡。据《西山杂志》载：明亡之际，明朝的岷王子等 98 人，由厦门到暹罗国。陈春生《丁未黄冈起义记》载，1863 年一群达三千多人的反清志士携家眷，分搭九艘船赴东南亚各地，其中一艘到了暹罗。

1767 年，阿瑜陀耶城被入侵的缅甸军队攻陷，大城王朝灭亡。大城王朝灭亡后，当时任哒府侯王的华裔广东潮汕人郑信（其父郑镛，从广东澄海来到泰国）在暹罗国东部招兵买马击退缅军，并平定了各地的割据势力，将首都南迁至吞武里，建立了暹罗国第三代王朝吞武里王朝。随后郑信统一了暹罗，奠定了现代泰国的基本版图。1767 年 12 月 28 日，郑信（泰国名郑旦）被拥立为吞武里大帝，历史上称郑皇。郑信是历史上首位在海外当皇帝的华人，在位 15 年，于 1782 年亡故。泰国政府在曼谷市吞武里广场中央建立了"郑皇达信纪念碑"供人瞻仰。据说，郑信大帝优待家乡民众，鼓励潮州民众驾驶红头船、闽南民众驾驶青头船到暹罗谋生。历史上，潮汕民众到泰国谋生较多，祖籍广东的泰国华侨占泰国华侨总数约八成。吞武里王朝建立时，以吞武里府为中心的湄南河东西两岸已聚居数量众多的华人。

郑信登基后，首先册封一簇功臣的首领披耶拉差悉蒂为侯爵，同时赐给他及他的部属吞武里东面一块地皮（今曼谷大皇宫所在地）为其居住和生息的地方。原住在故都大城的华人纷纷迁移到曼谷来。同时也吸引着故乡潮州人和已经流居越南、柬埔寨的潮州人涌来泰国曼谷，于是在曼谷空翁河和昭披耶河（华人俗称湄南河）河岸出现了多处新的华人居民点。此后，泰国的潮州籍华人越来越多，人数超过了福建籍华人。

四、清朝中期及近现代中国人移民暹罗国曼谷王朝

曼谷王朝拉玛一世 1782 年登基后，决定另建新王城，原华人功臣披耶拉差悉蒂侯爵及部下驻地被规划为新王宫和政府机关所在地。于是拉玛一世让他们搬迁到新都南面城外的一块新赐地。其范围自河溪之南的三聘佛寺（即扎卡瓦拉差哇瓦寺）至河溪北面的三聘佛寺（巴吞空卡沸寺），即今著名的唐人街三聘一带。这是一处范围广阔、有利于发展商业贸易的处女地，地处昭披耶河岸，海外交通便捷；又有支流辐射各地，便于与内地联系。而当时新都正在建设，各项工程急需大量劳工，于是 19 世纪下半叶华工接踵而来，尤以潮州人居多。三聘遂成为潮州人的主要社区，并成为南来潮州人的主要立足点。据载，19 世纪 30 年代，40 万曼谷居民中就有 20 万是华人。

1873 年，朱拉隆功国王加冕后，励精图治，逐步进行各种改革运动，向西方学习。为发展生产，暹罗国急需有技术的劳工，勤劳的华工便成为受欢迎的对象。而此时的清朝正值多灾多难的时期。清道光年间（1821—1850 年）几乎年年有灾，而且人口增长快、耕地严重不足。为此，一些人不得不逃往南洋求生，而暹罗成了粤东潮州人的主要求生目的地，出国务工成了这一时期华人出国的特色。19 世纪末，移民到泰国的华人就开始以宗族为单位成立侨社、宗亲会和宗族自治会等组织，以保障宗亲福利、守望相助为目的。二战之后，这些宗亲组织有很多都转变为公司，主要从事商业活动。它们虽然冠有"公司"之名，但本质上依然是具有同族相助目的的宗亲组织。

华人大批移民泰国是在 19 世纪下半叶到 20 世纪 40 年代。自曼谷王朝至今，华侨迁移泰国有过几次高潮：清道光年间中国国内天灾不断，而后第一、二次鸦片战争，太平天国和捻军起义，义和团运动，中日甲午战争和八国联军侵华战争等一系列战乱接踵而至，导致百姓流离失所，流亡他国谋生。太平天国运动失败后，一部分革命志士和老百姓流亡海外。辛亥革命失败后，军阀混战，东南沿海地区百姓因生活所迫纷纷背井离乡，漂泊海外寻求活路。1927 年第一次国内革命战争失败后，国民党蒋介石集团对革命志士的大规模迫害和对百姓的横征暴敛，又迫使大批革命志士和人民群众流落海外。抗日战争胜利后，国民党蒋介石集团又挑起内战，中国社会又一次陷入大动荡，更多东南沿海的百姓到海外谋生。1980 年后，可能有近 50 万中国新移民前往泰国，他们中的很多人以各种方式在泰国定居。以上各个不同时期，都有相当数量的华人移居泰国。

究竟有多少中国劳工到了泰国？目前还未发现完整的统计数字。美国康奈尔大学史金纳教授在其《泰国华侨社会》一书中有一个统计数字，即 1882—1944 年的 63 年中，进入和离开泰国的华人数量两数相抵后，有 1042400 人留居泰国，年均 16546 人。而第二次世界大战后至中华人民共和国建立，即自 1945 年至 1949 年，据江白潮先生引自泰国内务部移民局的统计，这 5 年中，华人移居泰国者共有 167370 人，年均 33474 人。把史金纳和江白潮提供的统计数字合计，1882—1949 年的 68 年中，总共有 1209770 位华人留居泰国，年均 17790 人。汕头市地方志编委和中国海关学会汕头分会编的《潮海关史料汇编》附表（10）记录有 1882—1928 年进入和离开曼谷的汕头旅客的统计数字，两数相抵后，潮州人留居泰国者共有 669441 人，年均 14243 人。以年均约占移居泰国华人的 80% 来推算，移民泰国的华人中潮州人约占 80%。

曼谷王朝早期，从中国来泰国的移民几乎清一色为男子，绝少妇女移民，而且不少是十二三岁的少年。由于中国人勤劳、朴实、可靠，很受当地妇女的青睐，所以这些少年成年后大多与当地妇女结婚。华泰通婚，子孙繁衍，自然而然地融合同化。华泰两族交流融合不限于平民百姓，连王族也同华人有通婚交融关系。据泰国学者那隆·普旺披研究结果，早在曼谷王朝建立之前，拉玛一世的父亲拍拉阿桑顺通任职于大城王朝王室文牍厅时，就同一位华人富商的女儿（名叫"玉"）结婚，所以拉玛一世就具有华人的血统。而拉玛一世的妹妹又嫁给一位名叫昭柯恩的华人富商，他们的女儿雯罗公主是拉玛四世的母后。拉玛二世也娶了一位殷姓华商的女儿（安笆王妃）为妃。在拉玛一世、二世国库亏空时，都得到华人大帆船贸易所得收入来补缺。拉玛三世也因国库空缺而受到困扰，于是拍耶殷特拉阿功伯爵建议采取税收承包制和允许经营花会增加国家收入。所以，有人形容泰、华两族的亲密关系，"就像是两颗红心融为一体"①。泰皇拉玛七世于1958年驾临曼谷培英学校时说："究其实，暹罗与中国之民族，固兄弟之亲也。即以现在为论，暹人血统已与华人混而为一，而至不可分化。暹之高级长官，无论为已往还是现在，多属华裔。其由中国来暹之华侨，其成家立业终于归化于暹者，亦复不少。即以联躬而言之，亦含有华人血分在焉。是故，暹人与华人所以素来相安，且因此得和洽无间。"②

五、泰国的华人同化政策

1909年清政府颁布的《国籍法》是以血统主义为准则的立法，认为"无论去国几百年，距国几万里，凡为其国之血系，即皆为本国之民"。加之清末维新派和同盟会为争取海外华人的支持，在华人中进行宣传、鼓动，使华人的民族主义情绪更为高涨。这就引起泰国当局的警觉和忧虑。针对清政府1909年的血统主义的《国籍法》，1913年泰国拉玛六世王颁布了一部出生地主义的《国籍法》，宣布凡在泰国出生的人，不论其父母属于何国国籍，都属泰国人。这就造成了海外华人双重国籍的问题。

1918年，拉玛六世皇颁布《民校条例》，目的是预防华校成为中国思想的传播场所。这是泰国政府对华文学校控制的开始，但此时泰国政府的同化政策仍然是比较温和的。1939年6月24日暹罗国改国号为"泰国"，1945年复名"暹罗"，1949年再度改名为"泰国"，沿用至今。1939年上台的泰国立宪政府总理銮披汶，他依附日本法西斯，推行狭隘的民族主义，实行排华政策：颁布管制华人商业的法令、划定华人禁区、封闭华校和华文报纸。1945抗日战争胜利后，中国是世界"五强国"之一，华人的民族主义又高涨起来，又引起泰国当局的不安，1948年銮披汶再次上台，变本加厉地推行排华政策：规定华人不能从事的职业有八九十种，不准华商经营的行业有21种。由于双方民族主义作祟，引起泰华两民族的矛盾冲突，破坏了原来泰华两个民族的和谐与团结。这一时期华人人心惶惶不可终日，受害最大的是华人中下层人士，深陷失业、破产、流离失所或遭驱逐出境的困境。

中华人民共和国成立后，中国政府关心海外华侨的切身利益，为了有利于海外华人的生存和发展，赞成和鼓励居住在国外的华侨按自愿的原则选择加入居住国国籍。20世纪

---

① 那隆·普旺披：《华人与泰国王室的关系》，《东南亚学刊》1990年第7期。
② ［泰］《培英学校六十周年校庆纪念特刊》，1989年5月4日。

60年代以后泰国排华情况有所缓和，泰国政府加强对旅居泰国华人的同化措施。1975年中泰建交，泰国政府随即解除对华侨入籍的限制。泰国总理克立·巴莫还宣布，华侨入籍不必改为泰国人的名字。1975年后，泰国政府的华人政策由排斥转向宽容同化，并认为将华人同化并融入泰国社会是最为有利的。泰国政府的宽容同化政策具体表现在两方面：一方面鼓励华侨入籍泰国。依照泰国《国籍法》，华侨在泰国所生的子女都是泰国国民。民族识别仍为华族，但一律被认为是泰籍人，即"华族泰籍人"。到了第三代，即这些华族泰籍人所生的子女及其后裔则都被视为"泰族泰籍人"。另一方面，逐渐给予入籍华人与泰人同等的各项权利。为此，泰国当局不断修改选举法，鼓励华人参加政治活动，也取消了对华人从事职业的限制，华人经济因此得以迅速发展。同时，只要对泰国社会有重大贡献的华人，都得到国王授勋封爵。郑午楼先生曾表示："生在皇上圣泽荫庇下的泰国华人，大家得到安居乐业，所以人人以此而觉自豪，并给予社会以报答。"①

六、华人对泰国的贡献

泰国华人已有1000多年的历史，他们在整个泰国社会历史发展的过程中，与泰国境内的所有民族一道，为泰国社会的进步做出了不可磨灭的贡献。在泰国的城镇和大部分农村中，都有华人。他们和泰国各民族人民有着水乳交融的亲密关系，在泰国各府的开发和经济建设中，华人和泰国各族人民一起洒下了自己的血汗。自素可泰王朝开始，华人就在泰国的商贸方面起重要作用，从提供皇家和大臣贵族需要的中国货物，到满足大众市场的需要，以及对泰国境内各种土特产等产品的推销，沟通有无，华人以其经营贸易的才能，对整个泰国经济的发展发挥了重大的促进作用。华人从中国带去生产技术和工艺技术以及经营管理的经验，对泰国的农业、手工业、商品和服务业的发展起了重大的促进作用。

华人在语言文化方面对泰国社会也有很大的影响。在泰语中，有大量的汉语语汇，多以潮州、海南、福建、广州等地口音为读音。据中泰文翻译专家研究，泰语从汉语借用的词汇在30%左右（见《星暹日报》，1987年2月21日）。现存素可泰王朝的碑铭可以证明，当时泰人曾经使用五种方法纪年（大历即公元、小历、佛历、十二生肖纪年、干支），其中十二生肖纪年和干支为华人纪年方法。至今，在泰国人民中，还普遍使用十二生肖纪年。中医中药在泰国普遍流行，在大城王朝最受尊敬的医师是中医，皇家的御医中有中医。泰医使用的药物中，有30%是中药，而且也采用中医的望、闻、问、切的诊治方法。曼谷王朝时期，华文古典文学作品在泰国有很大影响。曼谷王朝一世皇柏佛陀（约公元1802年）御令臣下翻译的《三国演义》和《西汉通俗演义》（明朝甄伟撰著）两部华文古典文学作品泰译本的问世，对泰国文化产生很大的影响，形成泰文的"三国文体"。《三国演义》被泰国列为军事将领学习战略战术的必读物，也被当作历史教科书和学生写作的范本。二世皇柏佛陀律哈拉纳帕莱（1809—1824年）御令翻译的华文文学作品有《东周列国志》《聊斋志异》《红楼梦》《西游记》《金瓶梅》《水浒传》《说岳全传》《东汉通俗演义》《封神榜》等。三世皇到六世皇时期，又翻译了大批华文小说和史学著作。

---

① ［泰］陈振泰：《泰华侨团史略》，曼谷：四海出版社1975年版，第27页。

由于华人在泰国艰苦创业、勤俭节约、待人友善、成绩斐然，因此与泰国各族人民的感情很融洽。而且历代的泰国皇家贵族或官员都会挑选一些在经济上有突出成就或在政治上有管理能力的华人委以重任，使其成为经济或政治管理某一方面的首领人物。华人许泗漳是泰国拉郎府的第一个拓荒者，也是泰国锡矿业开发的大功臣。泰国的橡胶种植业的创始人就是许泗漳的第六个儿子许心美，他亲自从马来亚引进橡胶种子，种植培育，传播栽培技术，开创了暹罗种植橡胶业的历史。许心美当过甲咪府府尹，因政绩优异，晋升为普吉省省长。许心美虽识字不多，但能说8种语言，被誉为优秀的政治家、建筑家、农业家和商业家。他于公元1913年逝世，时年57岁。泰国政府于公元1950年铸造"许心美铜像"立于董里府之东郊，以纪念和表彰他对泰国的贡献。华商郑信起兵赶走入侵的缅甸军队，在危难中挽救了泰国，成为泰国历史上著名的民族英雄，被拥立为吞武里大帝。郑信是作为暹罗华人起来保卫自己的祖国的，他所建立的吞武里王朝是暹罗人的王朝。现今，郑(信)皇的"骑马铜像"英姿勃发地屹立在吞武里府，让后世瞻仰。

第三节　泰国行政区划及人力资源官方机构

一、泰国行政区划

泰国全国分北部、东北部、中部、东部、西部和南部六个地区，共有77个府(包括曼谷)，府下设县、区、村。曼谷是其唯一的府级直辖市。各府府尹为公务员，由内政部任命。曼谷市长由直选产生。

1. 北部9府

（1）清迈府（Chiang Mai）

（2）清莱府（Chiang Rai）

（3）喃邦府（Lampang）

（4）喃奔府（Lamphun）

（5）夜丰颂府（Mae Hong Son）

（6）难府（Nan）

（7）帕夭府（Phayao）

（8）帕府（Phrae）

（9）程逸府（Utta Radit）

2. 东北部20府

（1）孔敬府（Khon Kaen）

（2）安纳乍能（Amnat Charoen）

（3）武里喃府（Buri Ram）

（4）猜也奔府（Chaiyaphum）

（5）加拉信府（Kalasin）

（6）黎府（Loei）

（7）玛哈沙拉堪府（Maha Sarakham）

（8）莫拉限府（Muk Dahan）

（9）那空帕农府（Nakhon Phanom）

（10）呵叻府（Nakhon Rajcha Sima）

（11）廊磨喃蒲府（Nong Bua Lamphu）

（12）廊开府（Nongkai）

（13）黎逸府（Roi Et）

（14）沙功那空府（Sakon Nakhon）

（15）四色菊府（Si Saket）

（16）素林府（Surin）

（17）乌汶府（Ubon Rajchathani）

（18）乌隆府（Udon Thani）

（19）益梭通府（Yasothon）

（20）汶干府（Bueng Kan）

3. 中部 22 府

（1）曼谷直辖市（Bangkok）

（2）红统府（Ang Thong）

（3）大城府（Phra Nakhon Sri Ayutthaya）

（4）猜纳府（Chai Nat）

（5）甘烹碧府（Kamphaeng Phet）

（6）华富里府（Lop Buri）

（7）哒叻（Nakhon Nayok）

（8）佛统府（Nakhon Pathom）

（9）那空沙旺府（Nakhon Sawan）

（10）暖武里府（Nontha Buri）

（11）巴吞他尼府（Pathum Thani）

（12）碧差汶府（Phetchabun）

（13）披集府（Phichit）

（14）彭世洛府（Phit Sanulok）

（15）素可泰府（Su Khothai）

（16）北榄府（Samut Prakan）

（17）龙仔厝府（Samut Sakhon）

（18）夜功府（Samut Songkhram）

（19）北标府（Sara Buri）

（20）信武里府（Sing Buri）

（21）素攀府（Suphan Buri）

（22）乌泰他尼府（Uthai Thani）

4. 东部 7 府

(1) 北柳府 (Cha Choeng Sao)

(2) 尖竹汶府 (Chantha Buri)

(3) 春武里府 (Chon Buri)

(4) 巴真武里府 (Prachin Buri)

(5) 罗勇府 (Rayong)

(6) 沙缴府 (Sra Kiao)

(7) 桐艾府 (Trat)

5. 西部 5 府

(1) 北碧府 (Kanchana Buri)

(2) 佛丕府 (Phetcha Buri)

(3) 巴蜀府 (Prachuap Khiri Khan)

(4) 叻丕府 (Rajcha Buri)

(5) 达府 (Tak)

6. 南部 14 府

(1) 宋卡府 (Songkhla)

(2) 春蓬府 (Chumphon)

(3) 甲米府 (Krabi)

(4) 洛坤府 (Nakhon Sri Thamaraj)

(5) 陶公府 (Nara Thiwat)

(6) 北大年府 (Pattani)

(7) 攀牙府 (Phang Nga)

(8) 博他仑府 (Phatthalung)

(9) 普吉府 (Phuket)

(10) 拉农府 (Ranong)

(11) 沙敦府 (Satun)

(12) 素叻他尼府 (Surat Thani)

(13) 董里府 (Trang)

(14) 也拉府 (Yala)

二、泰国主要地区及城市

1. 北部地区及城市

北部地区主要地形为山地和盆地等，遍布热带森林。他念他翁山脉的"因他暖峰"海拔 2565 米，为泰国第一高峰。湄南河的四大支流宾河、旺河、雍河和难河就发源于北部山地。全年分为凉季（11—1 月）、热季（2—4 月）和雨季（5—10 月）。热季平均最高气温为 35.8℃、最低气温为 21.4℃；凉季平均最高气温为 30.8℃、最低气温为 17.1℃。北部面积占全国总面积的 18%，设有 9 个府。

佛教圣地清迈是北部的政治、经济、文化教育中心，交通枢纽和旅游胜地，也是泰国第二大城市，这里的绢织品、漆器、木刻、银器等精致优美。清迈市人口约20万，农业、手工业、旅游业是清迈的三大支柱产业。领区内社会治安良好，民风淳朴，华人华侨人数众多，中华人民共和国驻清迈总领事馆于1991年4月10日在清迈市开馆。清莱是泰国最北的府治，地处泰国、老挝、缅甸三国交界处的"金三角"就在清莱，清莱府的清盛港是湄公河上的重要港口。泰国为东七区，比北京时间晚1小时。

2. 东北部地区及城市

东北部地区是"呵叻高原"，海拔150~300米。区域内主要河流为孟河和齐河，湄公河为泰老界河。其西边和南边为山脉，北边和东边有湄公河环绕，整个高原由西向东倾斜，横贯高原的蒙河顺山势流入湄公河（其上游即中国的澜沧江）。热季平均最高气温为35℃、最低气温为23℃；凉季平均最高气温为30.3℃、最低气温为18.3℃。东北部面积占全国总面积的33%，设有20个府。其中，孔敬、呵叻、乌隆、乌汶是泰国东北部的主要城市。

孔敬是东北部商业、交通、教育和医疗中心，该区的中国总领馆办公地点设在孔敬。孔敬府为泰国第四大府，人口约180.59万，下辖26个县（区）。孔敬府历史文化悠久、古迹众多、传统田园风光秀丽。孔敬府的泰丝制品和手工织的棉布等非常有名。作为泰丝制品的重要买卖与集散地，孔敬每年11月底—12月初举办泰丝节，影响较大。每年泰历新年（4月中旬）的宋干节（泼水节）非常喜庆热闹，充满了浓郁的传统民族风情和现代狂欢元素。孔敬府作为东北部的地理中心，也是规划中的东盟中南半岛"东西走廊"和中泰高铁交汇之处，位置得天独厚。随着大湄公河次区域合作与东盟共同体建设的深化，以及中国—东盟自贸区打造升级版，孔敬府经济发展的区位优势将会更加明显。呵叻府位于泰国东北部，府会呵叻市是泰国东北部重要的交通枢纽和经济中心。该府下辖32个县，人口264.64万，排名全国第2，仅次于曼谷。呵叻府是泰国面积最大的府，主要经济产业为工业、农业、教育业和批发零售业。

3. 中部地区及城市

中部地区是泰国最大的平原，范围包括湄南河及其支流以及夜功河、他真河和挽巴功河流域中下游的广大地区。热季平均最高气温为35.5℃、最低气温为24.6℃；凉季平均最高气温为31.7℃、最低气温为21.1℃。土壤为掺有少量沙土的黏土，保水性好，是泰国主要的稻米产区。中部面积占全国总面积的18%，设有22个府。

泰国首都曼谷地处中部平原，位于湄南河下游，北边濒临暖武里府和巴吞他尼府，东侧濒临北柳府，南临北榄府和泰国湾，西部与龙仔厝府和佛统府相邻，距泰国湾3千米。曼谷全市人口800万，下设50个区。曼谷气候炎热，最高气温高达40.8℃，年平均气温在30℃左右。曼谷是泰国最大的城市和政治、经济、金融、贸易、科技、教育、文化、交通中心，也是举世闻名的旅游城市，拥有"天使之城"的美誉。大城的泰文名叫阿瑜陀耶，英语名Ayutthaya，梵语意为"金汤城池或不可破灭之城"。大城是泰国故都，文物古迹众多，被列入联合国教科文组织世界遗产名录。这里的佛寺佛像世界闻名，玛哈泰寺是大城的招牌景点。北榄府又叫作"河口城"，湄南河的入海口就位于北榄府。

北榄已有不少工业区，大工厂林立，是泰国重要的工业基地。北榄府古迹城是世界最大的户外博物馆之一，仿制泰国地形把全国77府的知名建筑物、纪念碑及古刹庙宇等复制塑造，成为泰国的缩影。

4. 东部地区及城市

东部地区地形为山地和沿海平原。河流从北向南流入泰国湾。近海有许多大大小小的岛屿，岛上沙滩环绕，森林密布。热季平均最高气温为33.9℃、最低气温为25℃；凉季平均最高气温为31.7℃、最低气温为21.8℃。东部面积占全国总面积的6.7%，设有7个府。春武里是东海岸的门户、东部的经济中心和教育中心。著名的海滨度假城市芭堤雅和深水大港廉差邦就坐落在春武里府，芭堤雅有"东方夏威夷"之称。罗勇是著名渔港并盛产水果，是泰国重要的工业基地，因跨国汽车公司聚集而被称为"东方底特律"。

5. 西部地区及城市

西部地区地形为山地，山脉从北向南部绵延，河流从西北流向东南。面积占全国总面积的10.46%，设有5个府。叻丕是西部地区的工商业中心，叻丕的考苍攀山位于波它榄县，该县有一个美丽的卧佛洞，洞内有逾百尊佛像，其中有一尊大卧佛像，长逾9米，高逾1米，还有一个"蝙蝠洞"，约有200万~300万只蝙蝠栖居洞内，黄昏时分常成群结队地飞出，蔚为壮观。北碧拥有泰国境内最美的瀑布及国家公园洞穴奇景、著名的桂河大桥和惊险有趣的竹筏探险。佛丕的探考銮洞距"考旺山行宫"约5千米，高约92米，为一大型山洞，可容纳数千人，洞壁上有无数美丽的钟乳石，洞内供奉由拉玛五世献给拉玛一世至拉玛四世的多尊佛像，山麓附近有一座"汶它威寺庙"，寺内雕刻精美。

6. 南部地区及城市

南部地区地形为山区和平原，东西两面临海。西濒临安达曼海，海岸线曲折，多为岩石。东邻泰国湾，海岸线平直开阔，多沙滩。热季平均最高气温为33.4℃、最低气温为23.45℃；凉季平均最高气温为30.9℃、最低气温为22.45℃。南部面积占全国总面积的17.9%，设有14个府。

普吉是泰国最大的岛屿，以风景优美而举世闻名，被称为"安达曼海上的明珠"，也是南部最重要的贸易和服务业中心。宋卡市是南部经济中心、交通中心和主要港口，也是中华人民共和国驻宋卡府总领事馆所在地。宋卡府内的主要城市合艾市是南部商业、交通、经济快速增长的中心。该府拥有古建筑的宋卡市和发达现代的合艾市两市仅相隔30千米，是理想的旅游景区。南部地区面积最大的是素叻他尼府，主要农作物为椰子和红毛丹。素叻他尼府有特别的猴子训练学校，训练它们爬到高高的椰子树上把椰子摘下来，为此地一特色。每年8月府城内外举行红毛丹节，节日中的最大盛况就是他彼河上的竞赛彩船。南部地区还是"泰南海岸经济发展计划"（SSB）和"泰、马、印尼经济'成长三角'发展计划"（IMT-GT）区域。

三、泰国人力资源管理及教育部门

1. 泰国人力资源管理部门

泰国人力资源管理和劳动管理最高官方机构为劳工部，也叫劳动部，原称劳动和社会福利部，其网站为 www.mol.go.th。泰国劳工部下属部门包括劳工局常任秘书长办公室、技能发展部、劳动保护和福利部、就业部、职业建设与发展部、社会保障办公室、职业安全健康与环境研究所等。

2. 泰国教育部门及主要高校

泰国教育部网站为www.moe.go.th，泰国中等专科职业学校为3年制，大学一般为4年制，医科大学为5年制。著名高等院校有：朱拉隆功大学、法政大学、玛希隆大学、农业大学、清迈大学、孔敬大学、宋卡纳卡琳大学、诗纳卡琳威洛大学、易三仓大学和亚洲理工学院等。此外还有兰甘亨大学和素可泰大学等开放性大学。其中清迈大学在泰北及整个泰国具有重要影响，已开设中文课程，并于2006年与云南师范大学合作成立孔子学院。

2003年，清莱皇太后大学开设"诗林通中国语言文化中心"，并与厦门大学合作成立孔子学院。宋卡王子大学已成为泰国的重点高等学府，2006年与广西师范大学、上海大学合作分别在合艾主校区和普吉分校成立了孔子学院。合艾大学与云南大学、云南师范大学、广西柳州城市职业学院等院校有校际交流和良好合作。也拉伊斯兰大学外国留学生较多，中国留学生主要来自陕西、山西、山东、安徽、河南、内蒙古等省（区）。

3. 开设人力资源管理专业的泰国高校

以下高校和二级学院开设了人力资源管理本科专业：斯巴顿大学春武里校区工商管理学院、纳瑞宣大学国际学院、玛哈沙拉堪皇家大学会计与管理学院、宋卡王子大学管理科学学院、庄甲盛皇家大学管理科学学院、猜也贲皇家大学政治学院和文理学院、清迈皇家大学管理科学学院、天素谛皇家大学管理科学学院、呵叻皇家大学管理科学学院、北榄坡皇家大学管理科学学院、曼松德昭帕亚皇家大学管理科学学院、武里喃皇家大学管理科学学院、潘纳空皇家大学管理科学学院、大城皇家大学师范学院、皮普松昆皇家大学管理科学学院、碧武里皇家大学管理科学学院、碧差汶皇家大学人文与社会科学学院和管理科学学院、普吉皇家大学管理科学学院、北柳皇家大学管理科学学院、兰帕帕尼皇家大学管理科学学院、宋卡皇家大学管理科学学院、宣素南塔皇家大学管理科学学院、乌隆皇家大学管理科学学院、乌汶皇家大学工商管理学院、他信大学人文与社会科学学院、东方大学管理与旅游学院、东方大学瓦塔纳空沙缴校区社会科学学院、川登喜大学管理科学学院、蓝康恒大学工商管理学院、科克大学工商管理学院、西北大学工商管理学院、兰实大学工商管理学院、泰国商会大学工商管理学院、东亚大学工商管理学院、东硕学院公共行政学院、曼谷大学。另外，东方大学管理与旅游学院和工商管理学院都开设了人力资源管理专业硕士点。

第四节　外国人在泰国工作的规定

一、外籍人员在泰国工作的法律依据

《外籍人工作法》是泰国政府管理外籍人员在泰国工作的基本法，于1978年制定，2008年修订。劳工部就业厅于1979年颁布的《外籍人工作从业限制工种规定》和2004年颁布的《外籍人工作申请批准规定》是泰国官方受理、审批外籍人员在泰国工作申请的主要依据。泰国劳工部就业厅是外籍人员在泰国工作许可的归口管理部门，该厅下属外籍人员工作许可证管理局，直接负责外籍人员在泰国工作许可申请的受理与审批。劳工部外籍劳工监察局与泰国警察总署下属移民局、旅游警察局共同协调处理非法外籍劳工问题。此外，劳工部劳动稽查管理局负责受理公众对外籍人非法打工的申诉和举报，并进行调查取证和最终的处理。

二、外籍人员在泰国就业的规定

1. 泰国雇主欲雇佣外籍人士在泰国境内工作，均须向泰国劳工管理部门申请工作许可。
2. 工作许可有效期限为一年，到期前须及时提出续延申请。
3. 劳工证持有者须随身携带劳工证。
4. 在劳工管理部门官员（挂有身份证件）到业主住地履行公务时，向被检查者查验证件时，雇主要予以适当协助。
5. 许可证不能异地使用，在申请工作场所时要将总公司、分公司场所分别加以注明。分公司以总公司名义申请时，要在分公司所在地申请。

三、外籍人员在泰工作的限制性要求

之前，泰国政府对外国人在泰投资、经商、从教等申请工作许可基本持积极态度，鼓励在泰外国人通过合法程序申请工作许可，但对于一般性劳务，泰国政府持消极态度，并限制外籍人员涉足39类工种。任何外籍人员违法打工，将视情节轻重被处以不超过5年的监禁，或处以2000至10万泰铢的罚款[①]，或两者并罚。2017年1月，泰国总理巴育在巡视劳工部时签署了一项总理特赦令，将全面放开在泰国外籍劳工从业工种限制。即在泰国外籍劳工今后将和泰国人享受同等的择业机会，但对外籍劳工流动性方面的限制仍未全面放开，须就近选择就业。

第五节　在泰外籍劳工证的获取要求

申请泰国劳工证（也叫工作许可证）时，申请者需要持有有效的非移民类签证。以下是几种允许签发劳工证的情况，政府部门工作人员会在签发劳工证时考量这些情况和员工的适合条件。

一、聘用普通外籍员工的单位需要达到的条件

1. 聘用外籍员工的公司需要达到200万泰铢的注册资本，每增加一个外籍员工就需要增资200万泰铢；
2. 注册资本不足200万泰铢的公司如果在过去三年缴纳收入税超过500万泰铢，也有权利招聘外籍员工。每多纳税500万泰铢可以多招聘一名外籍员工；

---

① 泰国货币单位为铢（Baht）。1铢等于100士丁（Satang）。泰铢为可自由兑换货币。2019年4月1日，泰国中央银行公布的美元对泰铢的汇率中间价为1∶31.86，人民币对泰铢的汇率中间价为1∶4.78。

3. 从事出口业务的公司，在上一个财政年度创收 300 万泰铢的允许招聘外籍员工，每增加 300 万泰铢允许多招聘一名外籍员工，至多招聘三名外籍员工；

4. 外籍员工需要在上一个税收年度支付 18000 泰铢的个人所得税，如果该外籍员工上一个税收年度不在泰国工作，招聘该员工的公司需提供证明文件，保证给单身外籍员工的月工资不低于 5 万泰铢，给已婚的外籍员工月工资不低于 6 万泰铢；

5. 有 50 名泰国员工的公司可以拥有一名外籍员工，每多 50 名泰国员工可以增加一名外籍员工，最高不超过五名外籍员工。

二、达到豁免上述条件的特殊外籍员工类别

如果外籍员工符合下面的要求，泰国劳动部门亦可豁免上述要求而签发或更新劳工证。

1. 外籍员工从事的是国际贸易代表、质检员、购买员或者从事市场调研的；
2. 外籍员工从事的是科技调查管理顾问或者内部审计员；
3. 外籍员工从事的是带入外籍游客的旅游代表或者向导；
4. 外籍员工在由泰国银行认可的国际财务机构任职的；
5. 外籍员工在非营利机构临时任职的；
6. 外籍员工在国家机构或者公众公司担任项目承包人的；
7. 外籍员工任职于主营业务大量使用泰国本地原材料的公司；
8. 外籍员工任职于泰国出口部门的；
9. 外籍员工从事的业务能引进高新技术到泰国的；
10. 外籍员工任职于泰国员工所不能从事的部门的。

三、泰国劳工证的办理手续

一般外籍劳动者进入泰国之后，申请人或者他指定的代理人需要在 90 天内向泰国劳动部门劳工管理处外国人员工办公室申请劳工证。如果申请人在曼谷圈外的府内工作，则需要在公司所在地的劳工管理处申请劳工证。达到一定条件的申请人可以在一站式政府服务中心申请劳工证与延展签证。一站式政府服务中心在办理劳工证与签证服务时，相比起上述移民局与劳动部门劳工管理处要更高效。一站式政府服务中心在曼谷帕图挽区香楚里广场大厦 18 楼，靠近地铁 Sam Yan 站。达到以下条件的外国人可以在一站式政府服务中心申请签证延展与办理劳工证。

1. 泰国《投资促进法》《石油法》或者《泰国工业园区管理局法案》规定的拥有此种权利的执行人员或专家；
2. 来泰投资的外国人，投资额超过两百万泰铢的可以获得一年期限的劳工证，超过一千万泰铢的可以获得两年期限的劳工证；
3. 聘请外籍员工作为执行人员或者专家的公司的注册资本或所拥有的资产需要达到三千万泰铢；
4. 外国媒体机构的外籍记者需要出示外事部提供的信函以及外交部提供的身份证复印件；

5. 从事科学技术研究开发的外国人；

6. 任职于外国银行在泰分行、外国银行办事处、省际外国银行办事处或者由泰国银行认可的外国银行代表处的外籍员工；

7. 在必要岗位与紧急岗位临时任期不超过15天的外籍员工；

8. 就职于符合外商经商法规定的国际贸易公司或者翻译机构的官方代表处或者地区办事处的外籍员工；

9. 外籍信息技术专家；

10. 就职于公司区域营业总部的外籍员工。

四、申请人需要向劳动部门呈交的文件

在下列需要向劳动部门呈交的文件中，政府工作人员可能会要求提供的大学毕业证书、学术证明、资格证明或者申请人持有的执照证书得到申请人国籍大使馆的认证。申请人需要将学位证、简历、执照等送去本国大使馆认证为真实有效的原件，并且由申请人向大使馆支付相关认证费用。政府工作人员一般可以接受英文文本的文件，但是其他语言的文件需要翻译成泰文文本。

1. 护照及护照复印件，复印每一页并由申请人在每一页上签名；

2. 非移民B类签证；

3. 入境卡；

4. 大学毕业证书（有申请人签名的复印件）；

5. 学术证明、资格证明或者申请人持有的执照（有申请人签名的复印件）；

6. 个人简历，内容需要写明申请人的工作经历、工作表现、工期年限以及工作地点；

7. 三张6个月内拍摄的3×4厘米近照（非护照尺寸），要有申请人面部全貌以及职业装扮（免冠，最好穿着正装与领带）；

8. 结婚证明（与泰籍人士结婚的）。包括原件与有签名的复印件，同时需要配偶的身份证、子女的出生证明与房屋注册证明文件；

9. 泰国医院提供的健康证明，需要表明申请人的健康状况良好并且在最近6个月内没有患上禁止入境的疾病。禁止入境的疾病有：麻风病、肺结核、毒瘾、酗酒、象皮病、三期梅毒。健康证明中需要写明申请人血型；

10. 申请人上一个任职的公司发出的推荐信，写明申请人职位、任职期间等信息。推荐信需要使用正式格式文本以及公司签章；

11. 填写好并签字的劳工证申请表；

12. 拟任职意向公司提供有授权董事签名的业务协定书。

五、公司需要向劳动部门呈交的文件

在下列公司需要向劳动部门呈交的文件中，政府工作人员要求这些文件每一页都盖有公司公章并且由执行总裁或董事在公章旁亲笔签名。

1. 泰国工商登记部门认证，证明该外籍员工即将工作的公司已经是合法注册的法人，载明该法人的执行总裁或董事以及注册资金；

2. 泰国工商部门登记的股东名册；
3. 泰国工业部工厂局签发的工厂执照（如有此需求）；
4. 泰国增值税缴款书；
5. 泰国工作地址地图；
6. 之前三年的泰国审计报告和资产负债表。如不能提供，需要出示解释信函说明原因，解释信函需要授权董事签名。

六、办理劳工证其他注意事项

1. 劳工证办理时限：一般情况下，注册资金达到 200 万的泰国公司在曼谷申请劳工证大约需要 7 个工作日，而在别的府耗时可能较长。如一大早带齐材料到一站式政府服务中心申请劳工证和签证延展，则可以在一日之内完成。申请人要本人亲自到场并在拿到劳工证时在劳动部门当面签字。

2. 劳工证备查要求：获得劳工证后，外籍员工需要在工作时间将劳工证放在工作场所以待政府工作人员检查，违反此项规定的将会被处以罚款。

3. 更换工作及相关信息要求：持有劳工证的外国人只有权从事劳工证中所规定的职务，如果需要更换工作或者更换工作场所的，需要提前经过劳动部门官员同意。如果持有人要更换名字、国籍、地址或者工作场所名称的，劳工证持有人需要向政府劳工服务办公室报告并及时更新信息。

4. 续期和辞职要求：如果劳工证持有人在劳工证过期后仍然有意向在泰国工作，他们就需要在劳工证到期前申请劳工证延期。最后，如果劳工证持有人希望从所在公司辞职，他们必须归还并且在辞职后 7 日内吊销劳工证。

第六节　泰国劳动法规的核心内容

泰国目前实施的《劳动保护法》（Labour Protection Act）于 1998 年 8 月开始实施，并于 2008 年 2 月 27 日公布增修部分内容。该法明确了雇主和雇员的权利及义务，建立了关于一般劳动、雇佣女工和童工、工资报酬、解除雇佣关系和雇员救济基金等方面的最低标准。同时，《劳动保护法》也赋予了政府干预管理的权力，以确保雇主和雇员双方关系的公平、健康发展。该法适用于所有雇佣至少一名雇员的企业。该法还规定，违法雇主将受到 5000 至 20 万泰铢的罚款和一年以下的监禁。应当说明的是，政府机关公务人员、国营机构员工、家庭雇员（保姆）未包含在《劳动保护法》定义的"雇员"范围之内，因此不适用该法。其他所有类型的雇员，不管是全时工、半时工、季节工、临时工或合同工都适用该法。

此外，相关立法还有《劳动关系法》（labor Relation Act）（1975 年）、《工会法》（Act on Establishment of Labor Courts andLabor Courts Procedures）（1979 年）、《社会保险法》（Social Security Act）（1990 年）和《工人抚恤金法》（Workmen's Compensation Act）（1994 年）等。上述泰国劳动法规的核心内容概括如下。

一、聘雇合约及相关要求

雇主与雇员签订的聘雇合约、工作规定、规则或雇主的命令，若造成雇主明显占雇员便宜时，法庭可以决定只采用合约、工作规定、规则或雇主命令中的部分合理内容。聘雇合约必须载明工作期限，若聘雇合约没有列明期限，则试用聘雇合约视为无期限聘雇合约。

雇佣10人及以上的雇主自雇员达到10人之日起15天内必须制订劳动管理章程（企业用工管理规章制度）并公示，管理章程应在宣布或公示之日起7天内提交给劳工部劳动福利保护厅。雇佣10人及以上的雇主还必须建立雇员记录，包括雇员工资发放、加班和假日工作等情况，上述雇员记录和证明材料在雇员离职后还要保存至少两年。

二、雇员工作时间及延时加班费

雇主须向雇员公布正常工作时间，列明雇员的每天上班时间和下班时间，按照法律规定不超出该类工作的工作时间，基本上每天工作应不超过8个小时，每周累计不应超过48个工时，雇主与雇员可以共同决定将超出的工作时间计算在正常工作日里，但每日不该超过9小时，每周合计不超过48小时。法律规定对身体健康及安全有影响的工作类型，每天工作时间不应超过7个小时，每周累计不逾42个小时。

禁止雇主要求雇员在工作时间外加班，除非获得雇员的同意。若有些工作需持续工作，因一停下来就会造成损失或突发紧急工作或由法律规定的其他工作，雇主可以安排雇员进行适当的加班。

上述的工作超出时间，超过8小时的部分，雇主必付给雇员正常工作日计算出时薪的1.5倍以上的工资，日薪、时薪制的临时工则以所得单位小时工资的1.5倍计算。

三、雇员休息、假期及加班、补休

雇主须在工作日内安排雇员在连续工作超过5个小时之前小休，即雇员每天至少要有不少于1个小时的休息时间。雇主和雇员也可双方协议决定每次休息时间的长短，但1天内合计的休息时间不应少于1个小时。

雇主必须安排雇员每周均有假日，一周中的假日不能少于1天，每周的例行假日期间，相隔不能超过6天。雇主可和雇员双方协商，确定一周内哪天作为假日。雇主须提前1年公布，让雇员知悉每年按照风俗习惯的公共假期，一年内的公共假日不得少于13天，包括劳工部规定的五一劳动节。若因雇员的工作性质按照劳工部的规定不能停止工作，造成假日不能休假时，雇主可让雇员在日后补休，或由雇主支付假日工作工资的1.5~3倍给雇员。

若雇员已连续工作满一年以上，则雇员有权享受另外的年假，不少于6个工作日。在雇员工作第2年后，雇主可规定雇员享有超过6个工作日的年假。雇主可与雇员双方协商，决定将累积的该年度"常年假日"移到下一年度来休。若雇员的工作期限未满一年，雇主可按照工作时间的长短来规定雇员应有的年假天数。

雇员有权按实情请病假，若病假超过连续3个工作日时，雇主可要求雇员出示由一等西医师或政府医院开具的医生证明。若雇员无法出示一等西医师或政府医院开具的医生证明时，雇员须向雇主说明理由。若雇主有聘雇驻厂医生，则由该医生为雇员开具医生证明，除非该雇员无法让该医生诊病。

雇员有权请节育手术假，且可按照一等西医生指明的术后休息多少天的医生证明来请病假。雇员有权请技术受训假，如依劳工部规定的有关增加知识及技能方面的培训。国家相关规定的其他事项，也可以依法请假。

四、雇佣女工和童工相关规定

禁止雇主命令女性雇员从事会对其身体及健康造成危害的工作，禁止雇主命令怀孕女工从事震动性、驾驶或车辆随行、负重15公斤以上、船上等对胎儿有影响的工作。禁止雇主命令怀孕女工在夜间22：00时至次日6：00时这段时间工作，也不许令其加班或在假日工作。女性雇员有权请生产假，但每胎的生产假期不逾90天。上述的生产假期，已包含了请假期间的假日。禁止雇主以怀孕的理由来结束聘用女性雇员。请生产假的女工，在其请假期间，雇主必支付该女工正常工作日的工资。

雇主只允许雇佣15岁以上的童工，但对身体有损害的法定工作种类雇主不得使用15~18岁童工，也不允许他们在屠宰场、赌场和成人交际娱乐场所等法定地方工作。自童工开始工作后的15天内，雇主要将实情呈报给劳工检查员。雇主要安排童工在1天内的工作时间中，须有不少于连续1个小时的休息时间。禁止雇主要求童工加班或在假日内工作。也不能要求童工在夜间22：00时至次日6：00时工作，除非已获得了劳工厅厅长或其委托人亲笔签名的同意书。禁止雇主将童工的薪水发给别人。

五、最低工资规定

法律为农民之外的所有雇员规定了最低工资，泰国按照地区的不同规定了不同的最低工资标准。2018年，全国最低日工资标准是308泰铢（约合9.3美元）；罗勇、春武里地区最高，每日达330泰铢（约合10.1美元）。

如果雇主未支付工资，要支付所欠数额15%的罚金。有可能单处或并处6个月以内的监禁或不超过10万泰铢的罚款，作为刑事处罚。

六、社会保险规定

所有雇主必须依法在雇员每月工资中代扣社保基金，目前规定的社保基金缴纳标准为雇员月工资的5%（月工资最高基准为15000铢），雇主也必须为雇员缴纳同样金额的社保基金。雇主和雇员必须于次月的15日前向将社保基金汇给社会保险办公室。在社保基金注册的雇员非因公受伤、患病、残疾或死亡可以申请补偿，还可以享受儿童福利、养老金和失业金。

七、工人抚恤金规定

雇主必须向因工作原因或在工作过程中受伤、生病和死亡的雇员提供抚恤，具体可分为抚恤金、医药费、复原费和丧葬费四类。抚恤标准根据事件的严重程度而定，一般情况下雇主必须每月支付给雇员原工资的60%作为抚恤金，但不低于每月2000铢或高于每月9000铢，对于失去器官、致残或致死的情况，雇主要依法支付抚恤金达到一定时间。所有雇主都要于每年1月31日前向社会保险办公室管理的工人抚恤基金缴款，缴款标准由劳工部规定。

八、雇员福利基金规定

雇佣至少10名雇员的公司若未设退休准备基金，应设立由雇主和雇员共同缴纳的雇员福利基金，用于补偿辞职或被解雇或雇佣期间死亡的雇员。丧葬费应支付的最高限额相当于法定最低日工资的100倍。

九、解除雇佣关系规定

对于没有时限的雇佣合同，雇主和雇员双方都可以在发薪日当天或之前书面通知对方，然后在下一个发薪日前解除雇佣关系，不必提前3个月以上发出通知。雇员出现违法犯罪、因故意或疏忽给雇主带来巨大损失、连续旷工3日以上等情况，雇主不需事先通知即可解雇雇员并停发工资。

没有任何过错而被解雇的雇员，有权取得解雇费，具体金额根据雇员为雇主工作的年限而定。工作满120天但不足1年解雇费为30天工资，工作满1年但不足3年为90天工资；工作满3年但不足6年为6个月工资；工作满6年但不足10年为8个月工资；工作超过10年为10个月工资。

雇主因为部门和业务调整、设备技术改造等原因裁员，应提前60天通知雇员或者支付给雇员60天的工资作为离职费。此外，对于为同一雇主连续工作年满6年的雇员，还需增发离职费，计算方法为自工作的第7年起每增加一年工龄增发15天工资，最多不超过360天工资。

第七节　中国人在泰经商和工作的机遇

一、泰国主要经济形势及竞争力

泰国实行自由经济政策，属外向型经济，依赖中、美、日等外部市场。泰国是传统农业国，是世界天然橡胶最大出口国，农产品是外汇收入的主要来源之一。20世纪80年代，泰国电子工业等制造业发展迅速，产业结构变化明显，经济持续高速增长，人民生活水平相应提高，工人最低工资和公务员薪金多次上调，居民教育、卫生、社会福利状况不断改善。1996年被列为中等收入国家，1997年亚洲金融危机后陷入衰退，1999年经济开始复苏，2003年7月提前两年还清金融危机期间国际货币基金组织提供的172亿美元贷款。1963年起泰国实施国家经济和社会发展五年计划，2017年开始第十二个五年计划。

2018年，泰国贸易总额5017.2亿美元，同比增长9.5%。其中出口2524.9亿美元，同比增长6.7%；进口2492.3亿美元，同比增长12.5%。工业产品是出口主要增长点。中国、日本、东盟、美国、欧盟等是泰国的重要贸易伙伴。

从投资环境吸引力的角度看，泰国的竞争优势有六个方面：一是社会总体较稳定，对华友好；二是经济增长前景良好；三是市场潜力较大；四是地理位置优越，位于东南亚地理中心；五是工资成本低于发达国家；六是政策透明度较高，贸易自由化程度较高。世界经济论坛《2019年全球竞争力报告》显示，泰国在全球最具竞争力的141个国家和地区中排名第40位。世界银行发布的《2019年全球营商环境报告》显示，在190个经济体中，泰国营商环境排名第27位，综合得分78.45。

二、中泰国际合作面临新的历史机遇

泰国地处东盟中心位置，区位优势明显，经济水平位于东盟国家前列，对周边国家具有较强辐射能力，其商品在东盟国家享受零关税待遇，营商环境开放包容，有吸引外资政策优惠。

近年来，中泰两国政治互信不断加深，中国—东盟自贸区建成并不断深化，在"一带一路"倡议全方位推进的大背景下，越来越多的中国企业进入泰国，两国经贸合作进入历史最好时期。据中国商务部统计，2018年中泰贸易额达875亿美元，中国连续6年成为泰国第一大贸易伙伴；2019年1—6月，中泰贸易额达429亿美元；2018年当年，中国在泰国的投资额达6.4亿美元；2019年1—6月，中国在泰国投资额达3.4亿美元。中国企业在泰国投资质量稳步提升，经济影响与日俱增，越来越多的大企业在泰投资建厂，一批大型项目相继投产。中泰之间的投资合作已逐步形成多层次、多渠道、全方位的发展格局。

泰国主要出口产品有：汽车及零配件、电脑及零配件、集成电路板、电器、初级塑料、化学制品、石化产品、珠宝首饰、成衣、鞋、橡胶、家具、加工海产品及罐头、大米、木薯等。主要进口产品有：机电产品及零配件、工业机械、电子产品零配件、汽车零配件、建筑材料、原油、造纸机械、钢铁、集成电路板、化工产品、电脑设备及零配件、家用电器、珠宝金饰、金属制品、饲料、水果及蔬菜等。

为增强国家竞争力，泰国政府于2016年正式提出"泰国4.0"战略和"东部经济走廊"发展规划，同时推进建设南部经济走廊和打造十大边境经济特区，不断推出新的经济政策和举措，为外商投资营造良好的投资合作大环境。此外，泰国政府还积极响应"一带一路"倡议，主动将国家发展战略与澜湄合作、"南向通道"等区域合作对接，开展与中国的友好合作。泰国的发展规划及战略与中国推动的"一带一路"倡议和国际产能合作战略具有高度的契合性，中资企业在泰国发展面临新的历史机遇。

第八节 中国人在泰经商和工作风险及应对措施

一、要注重了解泰国自然条件及社会文化环境

有些现实因素和问题对承揽项目的影响容易被中资企业所忽略。例如，泰国节假日较多，泰国工人经常放假；泰国雨季期间（一般是每年6—10月）难以施工，签合同时要考虑工期是否足够。

泰国商界比较注重着装，正式场合，特别是访问政府部门时一般着深色西装。商界人士见面时也可着长袖衬衫、打领带。泰国人多数性情温和、注重礼仪，但办事效率相对较低，决策花费时间较长、不少事情拖而不决等等，因此同泰国人做生意和合作要保持耐心。此外，根据泰国人文环境特点，与泰国人做生意和合作还需注意：弄清楚合作对象所在阵营，包括对象的身份、支持政党派别、和王室是否有联系，以防止卷入政治纷争。

二、要及时办理劳工证

由于泰国是劳务输出国，严格限制输入一般工种的外籍劳工，对输入经营管理类人员也有严格限制，一般规定，企业注册资金在1亿泰铢以上者，每输入1名外国人员需雇佣4名当地劳工；企业注册资金在1亿泰铢以下者，每申请1名外籍人员则需雇佣5名当地劳工。中资企业在泰国开展业务一定要遵守泰国有关法律法规，做到守法经营。尤其在涉及工作签证和劳工证的问题上应严格按照泰国劳工用工方面的法规办事。近年来，部分企业抱着侥幸心理，使用旅游签证、学生签证或商务签证在泰国境内工作，被有关部门罚款、查处甚至遣返的案例频发，不仅影响企业正常经营也给境外中资企业总体信誉和声誉带来负面影响。

外籍人员在泰国工作须及时办理劳工证。由于劳工证不能异地使用，因此外籍人员特别是从事建筑业者在申请工作场所时要将总公司、分公司场所分别加以注明。分公司以总公司名义申请时，要在分公司所在地申请。泰国官员不主张外籍人员通过中介机构办理外国人劳工证申请。泰国官方尚没有授权任何中介机构从事代办外籍劳务工作许可业务，建议有关雇主或个人通过合法程序向劳工部申办工作许可，劳工部将提供便利条件。对临时入境提供技术服务的外籍人，如不超过15天可免办工作许可证。

三、必要时咨询和求助中泰官方机构

长期以来，泰国与老挝、柬埔寨、缅甸三国签有劳务合作协议，并根据协议每年从三国引入定量外劳。近几年来，由于经济持续复苏及外商投资规模不断扩大，劳工短缺问题日益突出，泰国扩大引入外劳的紧迫性日益加剧。现泰国政府正酝酿修改有关法律，并与印度尼西亚等国积极探讨劳务合作，以解决劳工短缺难题。

截至目前，泰国与中国尚未签订任何劳务合作协议，驻泰中资企业只允许从国内引入部分管理人员和技术人员，普通劳工禁止到泰国工作。近几年，国内有部分黑中介通过非法途径欺骗国内劳工到泰国工作，产生了许多纠纷，损害了工人的人身财产权益。值得提醒的是，国内广大赴泰国工人应进一步增强法治观念和风险意识，如有疑问可与当地官方主管部门或驻泰大使馆联系，核实有关情况，避免上当受骗。国内派出人员在泰国工作如遇紧急情况可与中国驻泰国大使馆或泰国当地移民、劳动部门联系。泰国移民局电话：0066-22873101，泰国移民局与劳工部一站式服务中心电话：66-26939333-9。

四、了解劳动力供求及人力资源成本

泰国劳动力资源较为充足，每年有大量劳务输出他国，但随着国内经济复苏及吸收外资规模不断扩大，也出现了劳工短缺现象，现通过协议每年从老挝、柬埔寨、缅甸引入一些外籍劳工。据泰国 2017 年统计，泰国人口 6619 万人，其中劳动人口 3839 万，占全国总人口的 57.9%。

泰国从 2013 年 1 月 1 日起在全国实行最低日工资政策。2018 年，全国最低日工资标准是 308 泰铢（约合 9.3 美元），各府略有不同，罗勇、春武里地区最高，达 330 泰铢（约合 10.1 美元）。根据各地经济发展水平高低，各地实际平均工资水平不一，曼谷及周边地区薪资水平最高。部门经理及工厂厂长月薪 2000~3000 美元，工程师 1500~2000 美元，办公室职员 700~1000 美元，勤杂工、司机 300~500 美元，其中，社保缴费比例为工资的 10%，个人支付 5%，企业支付 5%。由此可以看出，泰国的人力资源成本虽低于欧美日，但高于中国。另外，泰国员工组织纪律性、生产效率总体比中国工人低。

五、处理好与各级政府的关系

泰国实行君主立宪制，国王是国家元首、武装部队最高统帅。王室神圣不可侵犯。中资企业及管理者要在泰国建立积极和谐的公共关系，既要与泰国中央政府主管部门和地方政府建立良好的关系，更要绝对避免对王室不敬的言论或行为。

1. 了解

除了了解中央政府部门和地方政府的相关职责，还应了解王室、议会、内阁、法院和各专业委员会的功能和职责，关注焦点、热点问题。

2. 关注

近些年，泰国政局动荡，政府更迭较为频繁。中国企业要关注泰国政局动向，根据政府最新的经济政策走向，及时调整投资方向，切实维护企业利益。

3. 沟通

与所在地区的政府官员，尤其是主管经济、劳务和就业的官员保持沟通，报告公司发展动态和对当地经济社会所做贡献，反映企业发展中遇到的问题和困难。

六、妥善处理与工会的关系

投资泰国的中国企业要实现合理控制工薪成本，减少劳资摩擦，维持企业的正常经营，就必须学会妥善处理与工会的关系。

1. 知法

要全面了解泰国的《劳动保护法》《工会法》及其他劳动法规，熟悉当地工会组织的发展状况、制度规章和运行模式。根据泰国《劳动关系法》的规定，雇佣 50 人以上的企业，须成立本企业职工委员会；雇佣 10 人以上员工的即可向有关部门申请成立本企业工会。

2. 守法

要严格遵守泰国在雇佣、解聘、社会保障方面的规定，依法签订雇佣合同，对员工进行必要的技能培训，按时足额发放员工工资，缴纳各种保险及保障基金。解除雇佣合同时应按规定提前通知员工，并支付解雇补偿金。

3. 知情

要认真了解本企业工会及企业所在地工会的组织发展情况，掌握工会活动的特点，做到知己知彼。

4. 谈判

遇有员工提出合理要求，企业应正确对待并尽力满足。若员工或工会提出不合理要求，企业应耐心解释；如发生工会罢工事件，企业要冷静处理，在与工会充分沟通的基础上妥善解决，避免矛盾激化；必要时可寻求法律途径。

5. 沟通

要积极同周边企业或同行业企业进行沟通和交流，了解业内工资待遇水平和处理工会问题的常规办法。日常生产经营中要与工会组织保持必要的沟通，了解员工的思想动态并视情况进行必要的疏导，发现问题及时解决。

6. 和谐

要建立和谐的企业文化，增强员工主人翁意识，激发并保护员工的积极性，凝聚员工的智慧和创造力。

七、尊重当地的风俗习惯

中国是礼仪之邦。中国人在泰国工作和生活还要尊重当地的文化，做一个懂礼仪的人。

1. 尊重当地宗教信仰

佛教是泰国的国教。进入寺庙的人，衣着必须端庄整洁，不可穿短裤、迷你裙、袒胸露背装或其他不适宜的衣服。进入佛殿时须脱鞋，并注意不可脚踏门槛。每尊佛像，无论大小或是否损毁，都是神圣的，绝对不可爬上佛像拍照，或对佛像做出失敬的动作。佛教的僧侣忌讳与女士接触，如果女士希望把东西交给僧侣，可先把东西交予一位男士代劳。

2. 尊重当地的风俗习惯

泰国人习惯"合十礼"，即合掌躬首互向对方致礼。泰国人视头部为神圣部位，因此抚摸对方头颅或挥手越过别人头顶，被视为有侮蔑之意，是被禁止的动作；视脚为最低等的部位，因此不要用脚指任何人或物，特别是脚底不要直冲着佛像。递东西时用右手，不宜用左手。注意吸烟场合，公共场所禁止吸烟，否则会受到处罚。与泰国人喝酒时不要强行劝酒，以随意为佳。不要打听泰国人的隐私，如个人情感、工资收入问题等。

第九节　中泰两国人力资源管理的比较分析

佛教是泰国的国教，是泰国宗教和文化的重要组成部分，对当地政治、经济、社会生活、文化艺术、人际关系等领域有重大影响，在泰国享有崇高地位。几百年来，无论是风俗习惯、文学、艺术、建筑、对人的管理等各方面，几乎都和佛教有着密切关系。佛教文化为泰国人塑造了崇尚忍让、安宁以及爱好和平的道德风尚，深刻地影响着大多数泰国人的价值观和行为取向，也影响了泰国的人力资源管理。

克拉克洪－斯托特柏克构架是在分析文化差异时引用最多的方法之一，这一构架确定了6项基本的文化维度：与环境的关系、时间取向、人的本质、活动取向、责任中心和空间概念。陈胜军和孙苗苗使用克拉克洪－斯托特柏克构架，从6项基本的文化维度来分析文化对泰中人力资源管理的影响，并尝试对泰中两国人力资源管理进行比较分析，当然主要还是对泰国进行分析。

一、文化对泰中人力资源管理影响分析

1. 与环境的关系

人们是屈从于环境，还是与环境保持和谐关系，抑或能够控制环境？针对人们对环境所持的不同态度，可以将文化区分为宿命文化、和谐文化和进取文化三种，而泰国人对待环境的态度是寻求人与自然环境的和谐相处。在泰国人这类具有和谐态度的群体中，人们预期到目标可能发生偏差，对偏离目标的行为所持的态度较为暧昧，目标设置的激励作用不是很明显，所以在泰国人力资源管理中要综合考虑其他激励方式，而中国人对目标激励还是比较看重的。

2. 时间取向

文化注重的是过去、现在还是将来？不同的民族文化对时间的价值观也不一样。中国改革开放后，更多地认同西方文化，把时间看作一种紧缺资源的观点，"时间就是金钱"，必须高效利用。泰国佛教徒的时间观是环形时间观：冬去春来，周而复始。在这种时间价值观取向下，人们认为无论是否进取，机会都会循环出现，甚至会反复出现。时间不一定要用来谋生，成功更多地取决于运气而非时机，所以泰国缺少"时间就是金钱，时间就是效率"的观念。由此可知，泰国人虽然多数性情温和、注重礼仪，但办事效率相对较低，不少事情拖而不决等。

3. 人的本质

人性善恶的假设对人力资源管理的风格有重要的影响。在强调人性善价值观的国家里，往往采用参与或比较自由放任的管理风格。泰国的文化受到儒家和佛教的影响，讲究因果报应，其文化对人性的基本假设是人性善，所以在泰国监督工人的成本相对比较低，可以较多地采用员工参与或者授权的管理方式。中国当然坚信人之初，性本善，中国人一般认为人本质上是好的，但必须谨慎小心和自我强大才能不被欺骗和凌辱。

4. 活动取向

有些文化重视做事或活动，强调成就；有些文化又重视存在或及时享乐，强调体验生活并寻求对欲望的满足；还有一些文化重视控制，强调使自己远离物质而约束欲望。这方面，泰国文化与中国文化有较大的差别。中国文化比较强调人活动的成就导向，"修身、齐家、治国、平天下""建功立业，封妻荫子"，而泰国文化倾向于强调满足现状或及时享乐。佛教不鼓励竞争，因此泰国人比较注重闲暇，往往没有太大的雄心，也不愿意改变。人们认为收入适中的轻松工作比高薪的辛苦工作好，工作速度的快慢往往取决于管理者是否在场。所以，在泰国人力资源管理过程中，"休闲娱乐"的企业文化活动是一种可以考虑的员工激励方式。

5. 责任中心

泰国是等级观念很强的国家。命令的传递是从上至下的：国王、贵族、政府官员、僧侣、医生、教授、工商业者、其他人。人们认为社会等级制度对人有好处，下级人员能够安于现状，人员的流动性不大，一般不会向社会等级制度发起挑战。每个人做好自

己的事，承担属于自己的责任，尽量避免正面冲突，确保不让任何人丢脸。所以，泰国人在工作中都会小心遵守社交和生意场中的社会等级。这对人力资源管理有利有弊，利是命令可以得到有效地执行，弊是不利于创新。在中国 2000 多年的漫长封建专制社会里，皇帝是国家的最高统治者，是专制统治的象征与代表，这一点和泰国一样。但随着中华人民共和国的建立，特别是改革开放以后，不再实行等级森严的管理，与他人很好地合作、注重团队建设也变得重要起来。

6. 空间概念

克拉克洪－斯托特柏克构架的最后一个维度与空间的拥有有关。一些文化非常开放，并公开从事商业活动；另一些极端的文化则极为重视让事情在私下进行。大多数社会是两个极端的混合物，并落在某一处中间位置上。这个文化维度能说明在不同的文化中行为和活动是公开进行还是在私下进行。例如，日本人的组织特性表现出他们社会的公开特性，在那里几乎没有私人办公室。泰国在这个维度上表现出一定的公开特征，空间概念对于人力资源管理中的沟通或工作设计均有显著影响。中国企业和北美公司相似，主要通过个人使用办公室的大小和拥有的秘密来反映这个人的地位，重要会议都要在关着门的房间里进行。

二、泰中人力资源管理比较分析

在泰国，现代人力资源管理理念和方法已经深入人心，贯穿在大多数企业的人力资源管理之中。泰中两国人力资源管理的方法和模式有相似之处，但是在与国情和文化相关的领域还是存在着较大的差异。

1. 劳动力供求方面的差异

在泰国，由于高等教育发展的不完善以及泰国人民历来尊崇文科的观念，造成了在高等教育阶段理工科学生数量不足的现象。20 世纪 90 年代末期，泰国应届本科毕业生中只有 15% 学习理工科目，造成了理工科毕业生数量少，就业相对容易，而文科生就业相对困难的状况。但由于泰国人口相对较少，劳动力市场供求基本平衡，求职者寻找工作相对比较容易。由于泰国经济持续复苏及外商投资规模不断扩大，泰国低端劳工短缺问题日益突出，泰国扩大引入外劳的紧迫性日益加剧。

中国人口众多，劳动力市场总量上处于供大于求的状态，尤其是文科类的就业有一定压力；进入劳动力市场的大学毕业生一般都需要多次多方投递简历争取工作机会。但是，中国人力资源也存在短缺，尤其是技术工人和一线普工的"双短缺"现象出现了，高级技术人才和高级管理人才的"双高缺"也出现。

2. 员工招聘方面的比较

泰国企业进行员工招聘的方式和途径主要是通过网络和招聘会。在招聘选拔的过程中，泰国和中国一样，也非常看重求职者的学历。近些年来，除了学历之外，泰国企业也开始看重求职者的实际能力，并将两者结合起来考虑。这类似于我国以前的"唯学历论"到"能力论"的转变。由于中国经济蓬勃发展，人口增长放缓，中国企业招聘越来越困难，由此催生出更多的招聘方法。中国除了利用猎头、人才市场、人力资源市场、专业网站招聘、校园招聘、报纸电视招聘、职业介绍、张贴广告等传统招聘方法以外，还采取社会化招聘和MOOC（慕课）社区吸引人才等新型方法。

3. 人际关系方面的比较

中国人重视人际关系，而泰国在这一点上比中国"有过之而无不及"。泰国人在选择工作时，往往将"人际关系融洽"放在十分重要的位置。在泰国企业的人力资源管理中，"人际关系"几乎伴随着员工的职业生涯发展过程：进入企业的过程中，内部员工的推荐最为普遍。在企业内要想得到晋升，必须有好的人际关系。人际关系是否融洽，是员工能否留在一个企业非常重要的因素。对人际关系的过分关注带来的一个后果是企业内员工工作效率相对低下，员工积极性的高低也在很大程度上取决于他与上级关系的好坏。所以，在泰国进行人力资源管理工作，需要把人际关系的协调放在首要的位置。与泰国人合作时，最好要弄清楚对方的人际关系网，包括对方身份、支持政党派别、和王室是否有联系等，防止卷入政治纷争。

4. 国民性格及行为方式的差异

佛教文化背景和底蕴使多数泰国人性格保守，不喜欢变化，希望有稳定的工作和生活。所以"跳槽"在泰国职场并不流行。与多数中国人积极进取、追求成就感不同，多数泰国人不喜欢竞争，不喜欢独立，而是喜欢团队合作。现代中国企业正从"中国制造"向"中国创造"迈进，企业为了激励部门和员工提高业绩而采用KPI、MBO、360度、BSC、末位淘汰等方式方法考核部门和员工，也会用提成、期权、股权、荣誉、奖金、弹性工作时间、优良办公条件、带薪休假等方式方法激励员工不断努力和竞争。因此，那些在中国可以起到很好作用的激励手段在泰国效果可能会大打折扣。

5. 劳动法律方面的比较

中泰两国为了保护本国劳动者的利益，都颁布了一系列相关的法律法规。泰国这方面的主要法律是1998年开始实施的《劳动保护法》，2008年2月27日公布增修了部分内容，此法适用于至少拥有一名雇员的企业。根据法律，忽视该法的雇主将受到5000铢到20000铢的罚款或长达一年的监禁，保护对象包含了除政府机关公务人员、国营机构员工、家庭雇员（保姆）以外的所有雇员。另外还有《劳动关系法》（1975年）、《工会法》（1979年）、《社会保险法》（1990年）和《工人抚恤金法》（1994年）等法律法规。中国的三大法律形成了"劳动法律体系"基本构架，即《劳动法》（1994年颁布）、《劳动合同法》（2007年颁布）和《劳动争议调解仲裁法》（2007年颁布）。相邻部门法充实了"劳动法律体系"的内容，主要是《工会法》（2001年颁布）、《安全生产法》（2002年颁布）、《就业促进法》（2007年颁布）、《职业病防治法》（2001年颁布）、《社会保险法》（2018年修订）等。同时一大批法规、规章、司法解释等形成，是健全劳动法律体系的重要举措。比较我国劳动法规和泰国的相关法规，可以看出，两国均通过法律法规来维护本国劳动者的基本利益，两者的内容、思路有较大的相似性，但泰国在劳动者保护方面的执行力度较强，基本上做到了"违法必究"。

6. 所有制差异的影响

泰国是资本主义国家，实行生产资料私有制，存在很多家族式企业，约占全国企业的

70%。这些家族式企业的高层管理人员大多是世袭制,父传子、子传孙的现象很普遍,比较类似于我国的民营家族企业,但和我国其他性质的企业有很大的区别,这导致两国在人力资源管理上表现出不同的特点。

在经济全球化的今天,企业人力资源管理的国际化、科学化是大势所趋,中泰两国在人力资源管理方面都在向更科学、更人性化的方向迈进,两国在人力资源管理方面表现出诸多相似之处,但是由于两国在文化取向、所有制、具体国情等方面的不同,导致两国在人力资源管理的风格、模式、方法等方面存在一些差异。这些差异是相对而言的,也没有对错之分,当然也会随时代的变化而变化。中国企业到泰国开展经营以及中国员工在泰国工作都需要注意两国人力资源管理的异同,在吸引、留住员工或者设计员工激励模式时要充分考虑泰国员工独有的生活态度和行为方式,注重建立和谐的人际关系,遵守泰国的《劳动保护法》及其相关法规,建立良好的劳资关系,只有这样才能保证我国企业在泰国人力资源管理方面的成功。

参考文献

1. 商务部国际贸易经济合作研究院,等.对外投资合作国别(地区)指南——泰国,2019.
2. 杨伟国,代懋.中国人力资源法律审计报告——从东盟十国看"一带一路"国家的劳动与雇佣管制[M].北京:中国人民大学出版社,2018.
3. 周建新,王美莲.泰国的民族划分及其民族政策分析.广西民族研究[J].2019(5):49–58.
4. [泰]苏威莱·鹏斯莉㛂,等.泰国民族语言地图(泰文版)[M].曼谷:泰国国家文化委员会,2004.
5. [泰]泰华农民银行集团.泰国舒适生活手册,2011.
6. 许肇琳.泰国华人社区的变迁[J].华侨华人历史研究,1995(1):46–57.
7. 陈小二,陈宇锋.论泰国华人对泰国社会的贡献[J].云南教育学院学报,1995(4):77–84.
8. 戴裔煊.明代嘉隆间的倭寇海盗与中国资本主义萌芽[M].北京:中国社会科学出版社,1982.
9. 尼·瓦·烈勃里科瓦.泰国近代史纲(上册)[M].北京:商务印书馆,1974:16.
10. 玉妮.浅谈华人文化对泰国社会的影响[J].东南亚纵横,2019(2):90–96.
11. 庄国土.东南亚华人华侨数量的新估算[J].厦门大学学报(哲学社会科学版),2009(3).
12. 康晓丽.二战后泰国华人的海外移民:数量估算、原因和影响分析[J].八桂侨刊,2016(1):33–39.
13. Jain, Rajendra Kumar. China and Thailand (1949–1983). New Delhi:Radiant,1984:36.
14. [泰]泰华农民银行集团.泰国投资经营指南(上卷).营商环境,2011.

15. [泰]汪心浩翻译.在泰国如何获得劳工证.中国驻泰国经商参处网站,2013-4-18.
16. 中国驻泰国经商参处网站:http://th.mofcom.gov.cn.
17. 中华人民共和国外交部网站:https://www.fmprc.gov.cn.
18. 陈胜军,孙苗苗.中泰两国人力资源管理比较研究[J].郑州航空工业管理学院学报,2009(5):93-95.

第三章　柬埔寨人力资源

第一节　柬埔寨的人口及民族

一、柬埔寨的人口概况

柬埔寨王国（the Kingdom of Cambodia）的首都为金边，官方语言为柬埔寨语（又称高棉语）。根据中华人民共和国外交部网站2020年9月的柬埔寨国家概况资料，柬埔寨人口目前约1600万，高棉族占总人口的80%。柬埔寨人口的地理分布很不平衡，居民主要集中在中部平原地区。首都金边及其周围经济比较发达的省份人口最稠密，金边人口约300万（2018年）。在劳动力市场方面，根据世界银行的统计数据，截至2016年，柬埔寨劳动人口约879万人，失业率为0.3%。在人口结构中，约有32.1%的人口年龄在15岁以下，64.1%的人口年龄在15~64岁，3.8%的人口年龄超过64岁。按产业划分，柬埔寨农林水产业人口占54.1%，工业及制造业人口占16.2%，服务业人口占29.7%。在劳务合作方面，2010年后，柬埔寨先后与泰国、缅甸、老挝、越南在政府层面签订了协议、备忘录，加强同邻近各国的双边劳务合作。根据中国—东盟自由贸易区商务门户网站统计数据，柬埔寨2016年男性人口占48.7%，女性人口占51.3%。2016年柬埔寨城市人口占21%，农村人口占79%。2007—2016年柬埔寨人口增长率大趋势是逐年递减，2016年人口增长率为1.2%。2016年柬埔寨人口密度为每平方千米84人，人口密度在东盟十国中排名第7[①]。

二、高棉民族的发展历史

1. 中国历史上对柬埔寨的称呼

柬埔寨历史悠久，于公元1世纪下半叶建国，历经扶南、真腊、吴哥等王朝。1953年11月9日宣布独立。1993年5月，在联合国组织下举行大选，奉辛比克党和人民党首次组成联合王国政府。恢复君主立宪制度，实行多党自由民主制和自由市场经济，立法、司法和行政三权分立。2004年10月，西哈努克在北京退位，其子西哈莫尼登基即位。

中国对柬埔寨的称呼从古到今有所不同，根据中国古书的记载，柬埔寨最早被称为"究不事"，在《后汉书》中有"肃宗元和元年，日南徼外蛮夷究不事人邑豪献生犀、白雉"[②]

---

① 中国—东盟自由贸易区商务门户网站：http://www.cn-asean.org。
② 《后汉书》卷七六《南蛮传》。

的记载。中国在汉晋时期称当时的柬埔寨为"扶南",扶南王国是目前有证据证明的柬埔寨历史上的第一个国家。在《三国志》的《吴书·吴主传第二》中有记载:"[赤乌]六年十二月扶南王范旃遣使献乐及方物。"① 在隋唐之后称柬埔寨为"真腊"。元朝开始有称柬埔寨为甘勃之、甘武者、甘孛智、甘破蔗等,这些都是柬埔寨的音译。据《明史·真腊传》记载:"其国自称甘孛智,后讹为甘破蔗,万历后又改称柬埔寨。"② 从此以后,我国对其的称呼均为柬埔寨。

2.对高棉民族的形成主要有如下三种观点

(1)高棉民族来源于印度

高棉人到底是在什么时候来到今天的柬埔寨领土的,学者们对此有不少的争议。柬埔寨的历史学者庆·格罗塞姆在《高棉历史》中写道:"通过对历史的研究,发现在印度南部曾有一个人口众多的叫 Komeru 的大国,最早的高棉人(指还未移居到柬埔寨之前)就生活在 Komeru 这个国家里,这就是古时候的高棉国。高棉这个名字,如果按原来的发音,应为 Komeru。后来,人们误传为 Kome,久而久之,当这个名字出现在古高棉的碑文上时,说成了 Kmer,后来的碑文又称 Khmer。"格罗塞姆认为,高棉人是从印度起源后迁移到中南半岛,后与爪哇人融合,形成了今天的高棉人。法国学者皮埃尔·罗蒂在《吴哥圣地》中也提及"高棉民族是脱离了印度伟大文明民族的一个分支"。但是根据后期的发掘和历史研究,发现印度人和高棉人之间在体质上有很大的区别,所以印度起源说现在并不是很站得住脚。这些学者认为高棉人的起源和印度有关,很有可能是高棉的文化受到了印度文化的影响以后有意地把他们的历史往印度挂靠的结果。

(2)高棉民族是中南半岛的土著民族

有学者认为,高棉人就是中南半岛的土著民族。伊安·马贝特在《高棉人》一书中就提到过"在柬埔寨这片土地上的居民可追溯到很久以前,从新石器时代开始就可证实有大量的居民在附近生活。"马贝特认为高棉人是柬埔寨的土著居民,是在中南半岛独立发展而来的族群。柬埔寨的学者登耶也认为高棉人是土著民族:"高棉族是一个自古以来就生活在东南亚地区的古老民族,不属于印度族……高棉民族长期在这块土地上繁衍生息,一直到现在。"法国学者莫里斯·格莱兹也认为:"事实上,高棉人是该地区最原始的居民,后来他们受到印度文明的影响。"

(3)高棉民族发源于中国云南昆明

"高棉",我国古书称吉蔑。根据我国大量古籍文献记载,柬埔寨民族起源于我国古代云南境内的昆明族(即吉蔑族)。从两汉之前至唐初,我国云南居住的一些少数民族陆续南迁,进入中南半岛,其中昆明族的一支迁徙至今柬埔寨定居下来,成为当代柬埔寨民族的主体。著名的历史学家、民族学家陈序经也认为高棉人可能最初是从中国的西南地区慢慢南迁来的。他在《扶南史初探》一书中曾写道:"约在公元前五六世纪,自中华民族逐渐从北方移到南方的时候,在中国南方一带的民族也开始向南迁移,这样又影响到原来

---

① 《三国志》卷四七《吴书·吴主传》。
② 《明史》卷三二四。

在越南北部的民族，他们也逐渐南迁……孟高棉族最初所居住的地方应该是在中国的西南而靠近中越与老挝的交界的地方。"①《旧唐书》卷 197 和《新唐书》卷 222 记载："真腊一曰吉蔑，本扶南属国。"称真腊为吉蔑，在古代汉语中转化为 Kuen men，这就是"昆明"的语音。在《南中志》一书中，昆明切韵为 Kuenmiwang。由此可知，昆明族也就是吉蔑族。再从各国对柬埔寨的古称看，柬埔寨人自称其国为 Khmer，阿拉伯人称之为 Comae，暹罗人称之为 Khmer（读音则为 Khamen），越南人称之为 Cao mien（高棉或高蛮）。从各种不同的读法可知，吉蔑之名在古代汉语里就已转化为 Kuen men，即"昆明"音的本源。这也证明，古代的柬埔寨（吉蔑）人与古代的云南昆明族人同源。

法国汉学家伯希和在《扶南考》一书中认为，扶南人原属吉蔑人种。他说："证明有史的柬埔寨之前，即为扶南，而其发源之地即在北方（注：昆明在柬埔寨的北方）。余固知扶南人根本源属吉蔑人种。"法国汉学家费琅所著《昆仑考》，根据阿拉伯学者的说法，认为古代有 Komr（即吉蔑）民族，与汉族亲善，但又因不和，吉蔑移于柬埔寨，其王号曰 Kamrun（昆仑）。费琅认为 Komr 即中国历史上的昆仑人。这里指南方的昆仑（即昆明），并非指西域的昆仑。另据阿拉伯人艾卜·宰德著《苏里曼东游记》和马苏第著《黄金草原》记载，吉蔑与我国三族之祖原同居于大地之东，后因矛盾，吉蔑迁至柬埔寨。

三、柬埔寨民族的组成部分

柬埔寨是一个多民族国家，共有 20 多个民族。93% 以上的人信奉佛教，占族人信奉伊斯兰教，少数人信奉天主教。高棉族是主体民族，笃信南传佛教。少数民族有占族、京族、华族、普农族、老族、泰族、缅族、马来族、斯丁族等。柬埔寨语（又称高棉语）为官方语言，英语在政府部门使用较普遍。华语、越南语是普通市民中使用较多的外语。

1. 高棉族

高棉人在经过几千年的发展演变后，迄今已经成为柬埔寨人口最多的民族，占总人口的 80%。高棉文化源远流长，高棉语还是全国的通用语言。高棉人分散居住在柬埔寨全国各地，尤其多居住在洞里萨湖附近和湄公河低地平原。高棉人的住房一般为人字形干栏式的高脚屋，这样的建筑既可以防猛兽袭击，还可以防潮、防洪水。高棉人主要是以水稻为主要农作物，这些居住在低地平原的高棉人在良好的气候和灌溉条件下，能够收获一年三熟的水稻。高棉人是靠农业生存的，即便是 20 世纪 50 年代迁居到高山地区的高棉人也保持着这个习惯。在现代社会，柬埔寨仍然有 60% 以上的高棉人是以农业种植为生。

2. 占族

占族历史悠久，公元 2 世纪时，占族在今越南中部地区建立占婆国，曾一度强盛，人口约 200 万。17 世纪被越南灭亡，很多占族人逃到柬埔寨，并在湄公河沿岸、洞里萨湖周围定居下来。柬埔寨的占族人与高棉人的宗教信仰截然不同，占族人都是信仰伊斯兰教的穆斯林。占族人主要分布在越南和柬埔寨境内，越南的占人被称为东占人，柬埔寨的占人被称为西占人。但两国的占族人却不完全相同，居住在越南的占族人依旧遵循以前占族

---

① 陈序经：《扶南史初探——古代柬埔寨与其有关的东南亚诸国史》（出版者、出版地、出版年不详）。

人的传统，仍旧使用印度文的碑铭，而居住在柬埔寨的占族人不再依照前占族人的习惯而改用阿拉伯字母的碑铭。占族主要从事捕鱼、纺织与经商，兼营贩卖、航运和种植；畜牧业比较发达，饲养肉牛，并屠宰牛，经营牛的出口；他们还善于织纱笼、草席等家庭手工业，美丽的丝织纱笼是柬埔寨有名的特产。

3. 京族

京族（也称越族）主要是柬埔寨的越侨和柬籍越人，20世纪70年代约有40万人。越南入侵柬埔寨以后，据说增至100多万人。他们主要聚居在首都金边市、柬越边境波萝勉等省和洞里萨湖畔及洞里萨河、湄公河沿岸。他们大都是19世纪中叶以后，被法国殖民者招募的橡胶园劳工，有些是作为法国殖民者的翻译、帮手和下级政府雇员而进入柬埔寨的。其后，农民、渔民和手工业者也接踵而至，他们主要从事种植业。橡胶园工人大多是越南人，洞里萨湖及湄公河的渔民也大都是越南人。城市的工人、小商贩和自由职业者，也有不少是越南人，有些成了工商业资本家。

4. 华族

柬埔寨华人、华侨约110万，约占柬埔寨总人口的6.9%，主要分布在马德望、干拉、贡不、茶胶等省。首都金边市的华人、华侨最多，有30万人左右。柬埔寨华人、华侨祖籍主要为广东、海南、福建等省，其中广东潮州籍人最多，约占华人、华侨总数的80%，广肇、客家籍人次之。柬埔寨华人主要经营进出口贸易、日用百货、旅游餐饮、食品加工、制衣和五金机械、房地产、建筑、木材加工、农业、渔业等。柬埔寨华人于1990年11月20日成立"柬华理事总会"，各省市华人居住较集中的地区相继成立了18个柬华理事分会。在金边的华人还根据不同祖籍成立了潮州、海南、广肇、福建、客属5大会馆和10多个宗亲会。2001年4月，柬华理事总会、中国商会和中国港澳侨商总会共同发起成立了"柬埔寨中国和平统一促进会"，积极支持中国和平统一大业。

5. 普农族

有的人称普农族为卜侬族，老挝叫伐族，越南叫摩侬族。高棉卜侬族主要生活在柬埔寨人口稀少的东北部山区小村落中，所以又叫山地高棉人。他们是柬埔寨的古老民族，讲高棉语方言，信仰佛教，也敬鬼神。山地高棉人（卜侬族）支系很多，现在大多仍过着刀耕火种和狩猎、采集的生活。例如，比耶人主要分布在越柬边境地区，过着迁徙农业的生活，每年至少要用3个月的狩猎和采集时间来储存生活物资。斯丁人在桔井南部林中，和比耶人一样，善于狩猎。库依人分布在东北高原和北部扁担山区，善于雕刻工艺和铸造农具。比尔人在豆蔻山北部，散居于高棉人中。哨支分布于贡不一带，加莱和瑞德人分布于上丁东北的柬老边境。

6. 老族、泰族

老族主要分布于柬埔寨东北部湄公河谷地，上丁、柏威夏等地与老挝接壤的山林，与老挝老族是同一民族。这些地区在18世纪的时候曾经被老挝的占巴塞王朝占领，所以有大量的老族人移居至此。老族人主要从事农业、牧业、渔业和猎采山货。

泰族大部分聚居于西部柬泰边境，主要分布于柬埔寨西部谷地马德望、奥多棉吉、暹粒、戈公一带，他们与泰国泰族是同一民族。18—19世纪，暹罗（泰国）曾占领戈公省的戈公湾并曾经统治马德望近100年,许多泰国人移居于此。泰族人主要耕种山田山地、采集林中土产、狩猎、畜牧、打鱼,他们擅长使用猎枪。

第二节 中国人移民柬埔寨及贡献

柬埔寨建国于公元1世纪下半叶,历经扶南王国、真腊王国、吴哥王朝、金边王朝等时期。9—14世纪吴哥王朝为鼎盛时期,国力强盛、文化发达,创造了举世闻名的吴哥文明。

一、汉朝时期中国昆明族移民扶南王国

扶南国,又称夫南国、跋南国,意为"山岳",是曾经存在于古代中南半岛上的一个古老王国。其辖境大致相当于当今柬埔寨全部国土以及老挝南部、越南南部和泰国东南部一带。是历史上第一个出现在中国古代史籍中的东南亚国家,也是中国古代史籍中经常出现的东南亚国家。三国时期,吴国官员康泰、朱应作为政府使节第一次正式访问了柬埔寨。康泰所著的《吴时外国传》是世界上第一部介绍柬埔寨的著作。

早在汉武帝征服西南大部分地区并设郡县时,中国便进一步打开了通往东南亚的大门。《史记·大宛列传》记载:约在公元前2世纪初,汉武帝派张骞由四川遣使者:"四路并出邛、僰。皆各行一二千里……南方闭巂(音髓,指西汉的越巂郡,今天的四川西昌)、昆明(今天的云南昆明)。昆明之属无君长,善寇盗,辄杀略汉使,终莫得通。然闻其西千里有乘象国,曰滇越,……"从这段记载可知,汉使一路出邛、僰(邛部在今西昌南,昆明当更南——岑仲勉注释)被昆明族(即吉蔑族)杀略(掠),因此受到武帝派遣的两员大将军(郭昌、卫广)的征讨,"斩首虏数万人而去"。因此,昆明族(即吉蔑族)从公元前1世纪起相继分数路撤退,退向东南进入现在的柬埔寨境内繁衍发展,公元1世纪在柬埔寨建立扶南王国。昆明族(即吉蔑族)南迁柬埔寨时,已具有较高的文化程度(精制的石器雕刻、铜兵器的制造、巨石列旁的墓葬等),给扶南王国文化的发展奠定了基础。中柬民间往来很早就开始了,从三国时起,柬埔寨的商船就经常到中国进行贸易。从建国到公元7世纪为真腊所灭的这一段时间内,扶南国历代王朝都与古代中国有良好的外交关系和朝贡关系。

二、唐朝时期中国人移民真腊国

7世纪中叶,扶南王国被其北方属国真腊所灭。真腊王朝统治柬埔寨200多年,此时中国正处在唐朝。当时,真腊也是与唐朝有重要通商关系的国家之一,双方的贸易和人员联系相当频繁。真腊国王也频繁派遣大使来唐朝贡,唐朝皇帝也回赐了很多礼品。753年,真腊王子还曾率领随员访唐,唐玄宗赠以"果毅都尉"的荣誉称号,这是柬埔寨王族和高级人物访华的开端。南诏国(738—902年)是8世纪崛起于中国云南一带的古代王国,由中国昆明蛮、云南蛮、哀牢蛮、西洱河蛮、汉等中国族群共同组成。794年,异牟寻被唐朝封为南诏王,自此世称南诏国,南诏国大部分时间与唐朝、真腊处于同一历史时期。南诏国通常在军事征服和控制的基础上进行官方移民。史载南诏曾多次对中南半岛地区进行军事征服,其中就包括对文单国(陆真腊国)用兵,在用兵前后南诏国的中国族群向包

括真腊（今柬埔寨）在内的中南半岛进行民族迁移。中国史籍关于南诏移民的记载很多，但关于南诏对孟高棉语民族强制移民的记载则寥寥可数。唐末黄巢领导的农民起义失败，许多农民军逃亡柬埔寨，形成早期旅柬的华侨。

三、宋元时期中国人移民吴哥王朝

吴哥王朝（802—1431年）先后有25位国王统治着以中南半岛南端为国土主体的大片土地，其势力范围远远超过当代柬埔寨的领土。吴哥王朝大部分统治时期与中国的五代十国、宋元统治时期相同。元成宗铁穆尔在元贞二年（1296年）派遣周达观出使吴哥王朝。周达观和他的使团驻吴哥一年。回国后周达观写了关于柬埔寨风土民情的报告《真腊风土记》，该报告成了研究柬埔寨历史的珍贵史籍。

华侨、华人侨居柬埔寨历史悠久，在宋、元时代已有中国人在吴哥王朝定居，周达观的《真腊风土记》记有其乡人温州人在宋末就侨居柬埔寨的事。该书还立有"流寓"条记述柬埔寨华人情况，多处提到时称"唐人"的华侨。如"唐人之为水手者，利于国中不著衣裳，且米粮求易，妇女易得，屋室易办，器用易足，买卖易为，往往皆逃逸于彼"。由于柬埔寨的地利、人和，吸引了不少华人前去寓居。到了13世纪末元朝时，已有华人住在马德望省的吴哥城，他们是一些商人和工人。《真腊风土记》记载："大抵一岁中，可三四番收种，盖四时常如五六月天，且不识霜雪故也。"良好的气候条件、丰富的物产资源，使漂流此地的华人纷纷选择此地作为他们的居住地。

叶落归根、富贵还乡是中华民族的一个重要特色。在世界诸多地区，华侨的这种情结普遍存在。例如，印尼华侨、菲律宾华侨的这种情结就特别严重，所以抱着这种情结，他们萦绕心中的是一种客居他乡的感觉，往往自成一体，不和当地人通婚联姻。柬埔寨华人的心态与他们完全不同，正因为爱上了这片美丽的土地，与当地人关系和睦，所以居住此地的他们就落地生根了。因此，他们往往主动与当地女子成婚，元朝周达观在《真腊风土记》中便有记载："国人交易，皆妇人能之。所以唐人到彼，必先纳一妇人者，兼亦利其能买卖故也。每日一墟，自卯至午即罢。无铺店，但以蓬席之类铺于地间，各有常处。闻亦有纳官司赁地钱，小交关则用米谷及唐货，次则用布；若乃大交关则用金银矣。往年土人最朴，见唐人颇加敬畏，呼之为佛，见则伏地顶礼。"由于华人秉性忠厚，吃苦耐劳，赢得了高棉人民的尊重和信任。吴哥王朝许多本地富农地主都愿招华人为婿，结婚成家之后，多数小夫妻同心拼搏，男挑藤萝，女盯箩筐，一起走"落社"（到农村卖货），卖的多数是香烛、煤油、食盐、针线、纽扣、茶叶以及布料等日常用品。正因为华人与当地人联姻，商品贸易便利，所以当地中国商品甚多。

四、明清时期中国人移民柬埔寨金边王朝前期

公元1432年柬埔寨首都由吴哥迁往金边，王朝名称由吴哥王朝改为金边王朝，王室血统未变。我们把金边王朝建立和1863年沦为法国保护国这段时期称为金边王朝前期，这段时期对应中国的明清时期。

明朝郑和七下西洋，船队规模庞大，随行人员众多，柬埔寨是郑和到过的其中一个国家，当有人留于此。郑和下西洋在一定程度上带动了私人出海，并留寓柬埔寨等国。柬埔

寨金边王朝的华侨华人迅速增加始于17世纪,特别是明末清初以后,随着人口的大幅增长,中国人均耕地面积严重下降,土地减少甚至失去土地的大批农民面对着无休止的徭役和沉重的赋税,他们为了生存,除了选择造反就是移民。

明末清初,朝代的更替及战乱使许多中国人移居柬埔寨金边王朝。明清海禁及局部对外开放也让一部人留在了柬埔寨,在这种政策和制度下,任何私自出海的中国人都是罪民。他们大多违禁出海,担心回国遭受惩处,所以很多人就下决心在海外(包括柬埔寨)长期定居。濒海的居民既惧怕"倭寇"的骚扰又不愿意迁入内地,往往找寻机会出洋到柬埔寨等国,移民海外成为华侨。

1856年,英法发动第二次鸦片战争,迫使清政府进一步开放海禁,允许西方各国在华自由招工、自由从事苦力贩卖活动。1860年,英法逼迫清朝政府签订了《北京条约》,该条约第五条改变了清朝政府施行了200多年的海禁政策,从此华工出国由非法变为合法。在所谓合法的条约保护之下,殖民者肆无忌惮地用暴力及各种欺骗手段掳掠中国沿海人口,大量华工被带到东南亚,成为他们发财致富的工具。

五、清末民国时期中国人移民法日殖民柬埔寨

1863年柬埔寨金边王朝沦为法国保护国。1940年被日本占领。1945年日本投降后再次被法国殖民者占领。1953年11月9日,柬埔寨王国宣布独立。1954年7月,法国被迫同意撤军。法日殖民柬埔寨时期,中国正处于清末民国时期。

17世纪中期至20世纪,是西方优势地位逐渐确立的时期。中国在1840年鸦片战争后,国内连年战乱。同期的柬埔寨处于泰国和越南两个强邻的争夺与蚕食之中,1863年柬埔寨沦为法国殖民地以后,与越南、老挝一样,为解决劳动力稀缺的问题,法国殖民者在柬埔寨也通过给予优惠待遇的手段从中国招募和引诱了大量华工。1907年,柬埔寨华人及其与当地人通婚而生的混血儿已有9万人之多。但20世纪初,法国当局为避免中国革命波及印支地区,采取了限制中国人入境的措施,致使柬埔寨华侨华人的数量到1921年较1907年仅增长了千余人,约为9.1万人。1941年泰国封闭了巴真府、呵叻和乌汉,不让中国侨民进入,这可能导致形成一个短暂的、经由陆路向柬埔寨移民的浪潮。

威廉·伊·威尔摩特1967年对柬埔寨华侨华人的估计数量表显示,1890年以来移居柬埔寨的华侨华人人数虽有波动,但总人数呈增长趋势。1890—1949年,柬埔寨华侨华人人数增加很快,60年间增加了25.5万,平均每年增加4800人;20世纪20年代每年平均增加7000人,后期达8000人;20世纪30年代后期每年平均增加5000人。第二次世界大战期间,日本在1943—1945年占领柬埔寨,禁止华侨华人入境。二战结束后,因蒋介石发动内战,华侨华人又大规模移居柬埔寨,从1946—1949年,大批中国移民因国内战乱移民柬埔寨,柬埔寨华侨华人人数猛增12万,平均每年增加3万[①]。他们多是底层工人,聚居在金边菜园子一带,居住环境恶劣,旱季屡屡因发生火灾而无家可归。1949年,法国人对所有谋求入境的移民实行要求签证的政策,这项政策使大规模移民活动迅速地停止下来。

---

① W. E. Willmott: "The Chinese in Cambodia"(Vancouver, 1967).

六、新中国成立及改革开放初期中国人移民柬埔寨

1953年11月9日,柬埔寨王国宣布独立。1956年,柬埔寨当局下令禁止外国人及侨民从事18种职业,并对对外侨汇与固定资产进行限制。面对如此情况,在柬华人大都设法加入柬籍。在绝大部分的东南亚国家里,住在农村地区的华侨都很少,但柬埔寨是例外,20世纪60年代约有41%的华侨住在市镇的郊区。一部分人(大约占市郊华侨的9%)从事市场园艺业的胡椒种植业,大多数乡村华人不从事农业,他们是商人,从高棉农民那里购买稻米,向农民出售从城市贩来的商品,也向农民放高利贷。20世纪50—60年代,柬埔寨华侨的经营范围从制造业工厂到商行,几乎遍及柬埔寨国内经济的整个领域。此外,对外贸易的业务也有80%左右实际是由华侨华人掌握的。

1970年,柬埔寨将军朗诺在美国支持下推翻西哈努克政权,华人被当作西哈努克和越共的支持者遭到迫害,华文学校被停办,商店禁止悬挂华文招牌。朗诺当局还专门成立"柬埔寨华人联合会",以进一步控制华人,以及向华人苛征特别税,强迫富有的华人向政府捐款等。1975年4月17日,柬埔寨全国解放,1976年1月颁布新宪法,改名为民主柬埔寨,4月,西哈努克亲王宣布退休。1975—1979年红色高棉执政时期,华人成为柬埔寨的"资产阶级",华侨华人的家财被抄没,不许华人讲华语,不准华人保存习俗,强迫华人归化高棉族。死于杀害、疾病和饥饿的华侨达25万人,占华侨总数的一半。另有10多万华侨(一说15万)逃亡到世界各地,到1984年留下的只有几万人。1979—1989年越南占领柬埔寨期间,其傀儡政权实行排华政策,很多华人逃往国外。

1989年1月7日,柬埔寨当局颁布关于取消商业活动中政府占有股权和鼓励私人投资的法令。允许柬埔寨公民和华侨华人以私人身份自由经商,允许原来在柬埔寨居住的华侨华人重返金边定居经商。政府为了吸引国内外资本投资柬埔寨,金边当局通过各种渠道争取逃离柬埔寨的华侨华人回柬定居,并且把经营管理不善的亏本国营企业以分期付款的办法出售给华侨华人经营。20世纪80年代中后期以后,在柬华侨华人虽然只占总人口的5%左右,却几乎控制着柬埔寨80%的经济[①]。20世纪90年代,绝大多数华侨已经加入柬埔寨国籍,成为柬埔寨民族的一部分,柬埔寨政府不再颁发华侨身份证。华人在政治上忠诚于柬埔寨政府,与柬埔寨人民和睦相处。目前柬埔寨政府内阁中,超过一半的内阁部长都有华裔血统,属于第二或第三代华人[②]。

七、中国人移民金边王朝时期及华人贡献

纵观20世纪50年代以前的柬埔寨华侨史,华侨与当地人民和睦相处,从来没有不友好的记录。1970—1988年间,虽然柬埔寨历经朗诺、红色高棉执政时期对华侨的迫害和越南占领柬埔寨期间的傀儡政权实行排华政策,但是,1993年恢复君主立宪制和西哈努克重登王位以后,华侨和柬埔寨人民过上了正常的生活。

现在柬埔寨政府在政治上、经济上和文化上对华人和柬埔寨人实行一视同仁的政策,

---

① 蔡振裕:《东南亚华人系列报道》,《星洲日报》,2002年3月23日。
② 中国—东盟博览会网站:www.caexpo.org。

不歧视华人。华人的各种活动受到政府和人民的赞扬，这一点在柬埔寨国家首脑的言论和行为中也可看出。1994年5月，西哈努克在接见华人社团领导人时表扬华人遵纪守法，没有给他带来令人烦恼的事情。为了表彰华人对发展国家经济所做出的杰出贡献，柬埔寨政府向大约20名华侨颁发了"勋爵"头衔。洪森首相也说："华人教育的复苏和发展，对柬埔寨的社会经济起了一定作用。""柬埔寨的华人已经成为柬埔寨的一个少数民族，为柬埔寨发展做出了贡献，是高棉族人的兄弟姐妹。"1998年印度尼西亚发生严重迫害华人事件，洪森公开表示，欢迎印度尼西亚华人到柬埔寨来定居和投资。

1989年，柬埔寨谢辛亲王召集以倪良信为首的11位华侨企业家，让他们组织华人社会、成立华人社团以便恢复和发展柬埔寨的工商业。1990年8月3日，柬埔寨政府发出248号文件，批准柬华理事会成立，并允许柬华理事会成立教授柬文和中文的学校，恢复庙宇及各种传统风俗习惯活动，主要目的是恢复和发展柬埔寨的工商业。从柬华理事会第二届开始，柬华理事总会将潮州、福建、海南、客家、广肇五大会馆的会长都请进总会。五大会馆与柬华理事总会的关系通过2010年公布的《柬华理事总会章程》进一步制度化。目前，与柬华理事会并立的有两大商会。一是柬埔寨中国商会，于1996年在原柬埔寨中资企业联谊会的基础上成立，是在中国驻柬埔寨大使馆经济商务处指导下，并在柬埔寨官方注册的在柬中资企业的组织。二是柬埔寨中国港澳侨商总会，成立于1998年，在香港贸易发展局的指导下开展工作，服务对象主要是在柬的中国香港、澳门的工商业机构和投资者。2001年4月21日，柬华理事总会、柬埔寨中国商会、柬埔寨中国港澳侨商总会三大社团共同发起成立了柬埔寨中国和平统一促进会。2007年7月8日，柬埔寨中华文化发展基金会成立。2015年1月14日，柬埔寨华助中心正式揭牌，这是中国国侨办在海外设立的首批18个"华助中心"之一。至此，柬埔寨华社从一盘散沙逐渐形成一个有机整体。

第三节　柬埔寨行政区划及人力资源官方机构

一、柬埔寨行政区划

柬埔寨全国分为20个省和4个直辖市，首都金边。主要城市和省份如下：金边市、西哈努克市、白马市、拜林市、甘丹省（干拉省）、茶胶省、贡布省、波罗勉省、柴桢省、磅士卑省（实居省）、磅清扬省、磅湛省、磅通省、桔井省、国公省、菩萨省、马德望省、暹粒省、卜迭棉芷省、奥多棉芷省、柏威夏省、上丁省、拉达那基里省、盟多基里省等。

二、柬埔寨主要城市

金边（Phnom Penh），柬埔寨王国首都，柬埔寨最大城市，为柬埔寨政治、经济、文化教育中心和交通枢纽。金边面积678.46平方千米，人口约300万（2018年），坐落在湄公河与洞里萨河之间的三角洲地带。2019年12月26日，位列2019年全球城市500强榜单第179名。隆边区是金边市的主要行政及商业区，也是金边市拥有最多名胜的旅游区。在金边市8个区中，隆边区历史最久，塔仔山和始建于法国统治时期的新街市（中央市）

便坐落在该区内。隆边区还有很多著名景点，比如，有"美丽宝石"之称的"四臂湾剧院"、金黄色的国家王宫、文化古物之库的国家博物馆、白色河畔、水净华桥、旧市场、金边港口等。金边市还有万谷湖、塔山寺、独立纪念碑、乌那隆寺、监狱博物馆等景点。2017年12月11日，中国深圳市与金边市正式结为友好城市。2018年5月21日，中国北京市与柬埔寨金边市结为友好城市。

西哈努克市（Preah Sihanouk City），西哈努克省的省会，原名磅逊，位于柬埔寨西南部，是柬埔寨的一个港口城市。西哈努克港是柬埔寨最繁忙的海岸港口，同时该市也是柬埔寨国内除了吴哥窟以外最热门的旅游胜地。这里是当地人和国外背包客的度假天堂。主要景点有海滩、海岛、贡布海滨度假地、波科山避暑胜地。西哈努克市已与我国的南宁市、无锡市结成友好城市。

暹粒（Siem Reap），是柬埔寨暹粒省的省会，人口大约有85000人。近些年来，暹粒的旅游业快速发展，得益于这里是世界七大奇迹之一的吴哥古迹门户，暹粒是参观吴哥古迹重要的停留地。暹粒城市很小，不需要搭乘交通工具，可以步行。旅游景点主要有：吴哥窟、百因庙、洞里萨湖、文化村、游荔枝山、地雷博物馆等。中国在柬埔寨暹粒省设有驻柬使馆领事办公室。

三、柬埔寨人力资源管理及教育部门

1. 柬埔寨人力资源管理部门

柬埔寨人力资源管理官方机构主要是劳动和职业培训部，自2018年9月起，该部大臣（部长）是毅森兴，该部网站是www.mlv.gov.kh。柬埔寨劳动和职业培训部，旧称社会事务、劳工、职业培训和青年改造部（简称"劳工部或劳职部"）。柬埔寨劳动和职业培训部主要包括如下机构：部长办公厅、总监察局、社会事务和青年改造总局、劳工和职业培训总局及全国各地的分局、国家社会保障基金等。

柬埔寨劳动和职业培训部的主要职责是：实施劳工法，以确保工厂/企业改善职业安全、健康和工作条件；根据劳动行政管理规定的要求，监察工厂/企业；监督劳工法的执行和有关工作手续、工作条件、职业安全和保护工人/雇员福利的规定；保护和促进在工厂/企业的不同的工人/雇员组织和雇主协会之间的关系；基于法律原则，对集体和个体的劳动争议实施争议解决程序，充当调解人；研究和起草国家的就业政策，以评估全国的劳动力市场需求、就业和不充分就业率；管理国内和国外柬埔寨劳动力的使用，管理在柬埔寨工作的外国人力；起草和执行对工人、雇员的社会保障法规，经营国家社会保障基金；职业培训及相关事务。

2. 柬埔寨教育部门及主要高校

柬埔寨教育青年体育部是一个负责促进和规范柬埔寨教育、青年和体育发展的政府部门。自2018年9月起，该部大臣（部长）是韩春那洛，该部网站是http://www.moeys.gov.kh。柬埔寨有63所高等学院，其中18所为公立院校、45所为私立院校。柬埔寨教育青年体育部主要包括如下机构：行政和财务总局、教育总局、高等教育总局、政策和规划总局、体育总局、青年总局、稽查总局等。

第四节 外国人在柬埔寨就业的规定

一、外国人在柬埔寨就业的法律依据

柬埔寨王国原社会事务、劳工、职业培训和青年改造部（现为劳动和职业培训部）于2002年1月18日颁布了《关于雇佣外国人在柬埔寨王国就业的申请办法及相关规定》（以下简称《规定》），这里的外国人就业不包括来柬的外国政府及国际组织的工作人员及聘用的专家顾问等。本《规定》中的外国人和雇佣外国人的企业主，除了须遵守外国人在柬埔寨就业的申请办法以外，还应严格按柬埔寨王国《劳动法》第21条和第261—265条执行。

《劳动法》第261条规定，外国人在柬埔寨工作必须获得劳动部的许可。2014年7月16日，劳动部和内政部联合发布规章，要求企业提交雇佣外国人的情况，包括披露员工总数、员工流动情况、使用外国人的配额、外国人雇佣合同，以及外国人的护照和签证信息、工作许可等，以便检查。2014年8月20日，劳动部发布规章，规定了企业雇佣外国人的比例。2015年1月，劳动部就企业申请外国人工作许可发布操作指南。非法雇佣外国人的企业将被罚款（最高180美元），且可能被驱逐出境。

二、外国人在柬埔寨就业的要求

1. 外国人在柬埔寨就业的前提要求

外国人应拥有劳动和职业培训部颁发的劳工许可证和雇佣卡，才能在柬埔寨王国境内工作。不管是自己雇佣自己还是被别人雇佣，都应该办理劳工许可证。关于私人业主，如果属于柬埔寨境内从事商业经营活动的个体，需要向有关部门申请获得营业执照，没有办理的属于违法经商。

2. 来柬工作的外国人应具备的条件

来柬工作的外国人应合法进入柬埔寨王国，有合法的护照、有效的签证、合法的居留证、本国有关机构或其他国家颁发的文凭或合格的专业技术证明，有健康证明书或文件来证明本人身体健康状况符合所要从事职业的要求及没有某种传染病。在进入工作之前或开始首次工作的时候应接受不少于8个星期的关于柬埔寨的法律、传统风俗习惯和柬语的培训。

同时，来柬工作的外国人还应有足够的满足企业需要的技能和有符合《劳动法》的手续文件。外国人的劳动合同每次期限不超过2年。劳动合同可以用外文，但应附有一份柬埔寨文。劳动合同应明确规定符合《劳动法》的主要雇佣条件。外国人在合同工作期满后，如果仍要在柬埔寨继续工作应重新报批。

3. 外国人在柬埔寨就业的申请要求

企业在需要招聘外国人来柬工作时，应以书面形式向劳动和职业培训部提出申请，在申请书中应说明外国人的人数、技术专业和外国人的国籍及在雇佣合同中说明雇佣条件，劳动和职业培训部将根据申请颁发劳工许可证。柬埔寨准许私人公司作为代理，负责输入外国人来柬埔寨企业工作。如果企业主提供候选人的来源，企业主可以亲自与外国人本国内的代理联系，以便规定有关雇佣条件。在外国人来柬埔寨之前，外国人本国的代理机构应与劳动和职业培训部的代理公司签订服务合同，劳动和职业培训部的代理公司还应保障外国人在柬工作期间的合法权益。各个柬埔寨的代理机构应与各外国人的原籍国的代理机构合作，以审查外国人的身份证件、技能和外国人法律证件。

4. 无专门私人代理公司负责的外国人就业要求

对于无专门私人代理公司负责的外国人就业事宜，劳职部将亲自对企业申请输入外国人来柬就业进行审查和决定。在此情况下，用人企业必须与外国人签订合同并在外国人来到柬埔寨时立即办理外国人劳工许可证和雇佣卡。

三、雇佣外国人的比例限制

原则上要求企业优先雇佣柬埔寨人，企业可以雇佣外国人作为专业人士、工程师或者从事其他专业工作。雇佣的外国人一般不超过所雇佣的柬籍员工总数的10%，具体细分为：办公室雇员不超过3%，专业人士不超过6%，非专业人士不超过1%。超过10%时，企业需要详细说明特别理由，如拟雇佣人员的专长、专业技能等。

四、劳工许可证申请程序

外籍劳工必须持有劳职部颁发的劳工许可证，该劳工许可证的有效期为1年，可以延期，但延期不得超过居留许可证确定的期限。

1. 先申请外籍用人配额

企业在每年的11月底前，须向劳职部提出配额申请，同时说明下一年拟雇佣的外国人数量、柬籍员工数量、雇佣外国人的理由。申请配额时，须提交申请表、说明拟雇佣的人数、人员的变动情况等。申请费预计20美元。

2. 再申请劳工许可证

获得配额批准后，最迟在第二年的3月底前为每个外国人申请工作许可。申请时，须提交申请表、现有员工总数（柬籍、外籍）、外国人照片、护照和签证（E类或者K类）、雇佣合同、体检证明。申请费预计每人100美元。未申请年度配额指标，将不被允许雇佣外籍劳工。

五、职工流动书的提交

在签订雇佣合同或合同期满、停职或合同终止时，企业主应书面报告职工流动情况。关于职工流动情况的报告书应在雇佣后或停职后最迟不超过15天内送交劳动和职业培训部，以便登记入册。金边市的企业应将职工流动书送交就业和劳工局，各省市的企业应将职工流动书送交各省市劳动和职业培训局。

第五节 柬埔寨《劳工法》的核心内容

柬埔寨最新的《劳工法》颁布于1997年，其在1992年《劳工法》的基础上为了满足美国给予最惠国待遇和关税普惠制进行修订。所以，该法律规定比较细致，对劳动者的保护也比较周到。

1997年颁布的柬埔寨《劳工法》是完全参照西方发达国家劳动标准制定的，要求较为严格，现实执行中更强调保护劳工权益。该法规反映出柬埔寨政府劳工政策的原则思路：积极实施技术人才本地化战略，千方百计地解决其国内劳动力大量过剩的问题，努力寻找国外就业市场。严格控制外劳输入，只有柬埔寨缺乏的技术、管理人才，才能获准在柬工作。

一、《劳工法》原则规定

《劳工法》为劳动者权益提供全面保护。该法主要原则性规定如下：（1）严格禁止强迫或强制劳动；（2）雇主雇佣或解雇员工时，应在雇佣或解雇之日起15日内向劳动主管部门书面申报；（3）雇主用工人数超过8个时，应制定企业内部规章制度；（4）允许就业的最低年龄为15岁，工作性质涉及危害健康、安全或道德的，最低就业年龄为18岁。

二、签订劳动合同

劳工与雇主通过劳动合同建立工作关系。劳动合同受普通法管辖，以书面或口头形式订立。雇主签订或存续雇佣合同时，不得要求缴纳抵押金或任何形式的保证金。劳动合同分为试用、定期和不定期三种。其中试用劳动合同要求：一般雇员不得超过3个月，专业工人不得超过2个月，非专业工人不得超过1个月；定期劳动合同不得超过2年，可一次或多次续签，续签期限也不得超过2年；不定期合同，就是没有期限的劳动合同。

三、工作时间

工人工作时间（不论性别）每天不得超过8小时，或每周不得超过48小时，严禁安排同一劳工每周工作6天以上。因特殊和紧急工作需工人加班的，加班工资应为正常工资的150%。在夜间或每周休息日加班的，加班工资为正常工资的200%。工作计划需进行轮班的，正常情况下企业仅可安排早班和下午班两班倒。夜间工作须按照上述加班工资标准支付，"夜间"是指每天22点至凌晨5点在内的时间，夜间工作的工资为正常工资的300%。

四、员工假期

同一工人每周工作时间不得超过6天，周歇班应至少持续24小时，且原则上安排在星期日。全部工人均有权享受带薪假，按每连续工作1个月休假1天半计算，在此基础上劳工资历每增加3年，带薪假增加1天。发生直接影响工人直系亲属的事件，雇主应准予该工人特别假（最多不超过7天）。女工有权享受90天产假，产假期间，应发放其一半的工资和津贴；产假后返厂工作的2个月内，应指派其从事轻微劳动。

五、员工报酬

《劳工法》对劳动者工资作出如下规定：劳动主管部门制定最低保障工资标准，劳工工资至少应与最低保障工资相同。工资应以硬币或纸币形式直接支付工人本人，工人同意以其他方式支付的除外。工人工资每月应至少支付2次，间隔最多不得超过16天，雇员工资每月至少支付1次。

六、社会保障

柬埔寨政府发布了《2016—2025 年社会保障国家政策战略》,旨在进一步发展柬埔寨全国性的社会保障系统,以造福全体百姓,尤其是贫困及弱势群体。该战略将为国家社会的长远发展保驾护航,并列明了两大机构的职责:一是应对紧急事件、发展人力资源、提供技能培训和保护弱势群体;二是注重工人保障金和医疗、工伤、失业风险。

工伤是指因工作原因,或者在工作时间内,或者在直接上下班途中发生的事故。职业病属于工伤。企业须支付员工因工伤而产生的医疗和卫生保健费用、伤残费用、死亡费用。员工故意造成工伤的,企业可不负责。柬埔寨法律对工伤致残、致死的赔偿,都有详细的计算公式。

七、终止劳动合同

固定期限劳动合同通常在指定截止日终止。但经双方达成协议,也可提前终止合同。该协议需以书面形式订立,劳动监察员在场见证,由合同双方签署。合同双方未达成协议的,除非因严重不当行为或不可抗力,否则不得提前终止。合同一方以上述以外原因提前终止合同的,另一方有权获得至少与其合同终止日期应得报酬或遭受损失相当的赔偿金。合同一方拟不予续签时,应提前通知另一方(合同期限超过 6 个月的,提前 10 天;合同期限超过 1 年的,提前 15 天)。未提前通知的,合同应按其原始合同相等期限予以延期。不定期劳动合同可由合同任一方自由中止(例外情况除外),拟终止合同的一方应书面提前通知另一方。

八、解散补偿金

季节性行业的界定,以劳动和职业培训部部长令规定的季节性行业名单为准。季节性行业,因一个工期结束而解除劳动合同的情况,不能因此而要求经济补偿。但是,应至少提前 8 天以书面形式通知工人,并张贴于工作场地的醒目位置。

如果雇主单方面终止合同(工人犯严重错误的情形除外),雇主除了要根据法律规定事先通知外,还要按如下标准发放解散补偿金:如工人在企业连续服务期达到 6—12 个月,则要向工人补偿 7 天的工资和补贴。如工人的服务期超过 12 个月,则解散补偿金等于服务年限每年 15 天的工资和补贴。最高补偿金额不能超过 6 个月的工资和补贴。工人因健康原因下岗的,也有权得到上述解散补偿金。

九、赔偿金

合同一方无正当理由终止合同的,另一方有权要求获得赔偿金。因此,解散补偿金必须给予工人,工人还可以要求雇主赔偿终止合同的损失。即使不是雇主终止劳动合同的,但雇主通过非正常手段迫使工人自己结束合同,如雇主对待工人不公正或总是违反合同条款,除了向工人支付解散补偿金外,还要向工人支付赔偿金。工人可以要求得到一笔一次付清的且金额等于上述解散补偿金的款项。

任何一名工人在合同期满时,打算结束其服务,可以要求雇主出具一个雇佣证明,内容主要包含雇佣起始日、离开的日期、承担的工种,如有可能,包括连续担任的各项工作和担任的时间。雇主如拒绝出具证明,由此造成损失的,工人可以要求获得赔偿金。

第六节 中国人在柬经商和工作的机遇

一、柬埔寨主要经济形势及竞争力

柬埔寨是传统农业国,工业基础薄弱,依赖外援外资。贫困人口约占总人口的14%。实行对外开放和自由市场经济政策。本届政府执行以增长、就业、公平、效率为核心的国家发展"四角战略"(即农业、基础设施建设、私人经济、人力资源开发)的第四阶段。2018年柬埔寨经济增长率为7.3%,国内生产总值239亿美元,人均1494美元,通胀率2.5%,对外贸易总额324亿美元。

自1993年柬埔寨新政府成立,政治环境稳定以来,柬埔寨发展迅速,20年间经济年均增长率达7.7%,2019年经济增长率为7.1%。自2016年7月1日起,柬埔寨正式脱离最不发达国家行列,成为中等偏下收入国家。目前,柬埔寨投资环境的主要优势在于:(1)实行开放的自由市场经济政策,经济活动高度自由化。(2)美国、欧盟、日本等28个国家/地区给予柬埔寨的普惠制待遇(GSP);对于自柬埔寨进口纺织服装产品,美国给予较宽松的配额和减免征收进口关税,欧盟不设限,加拿大给予免征进口关税等优惠。(3)劳动力资源丰富,成本较低,人口红利明显。世界经济论坛的《2019年全球竞争力报告》显示,柬埔寨在全球最具竞争力的141个国家和地区中排第106位。世界银行发布的《2019年营商环境报告》显示,柬埔寨在全球190个经济体中排名第138位。据美国传统基金会"2019年度经济自由度指数"排名,柬埔寨居第105位,较上年下降了4位。在东南亚地区落后于马来西亚、泰国和印尼,但在越南和老挝之前。

二、中柬国际合作面临新的历史机遇

柬埔寨地处中南半岛西南部,区位优势明显,商品在东盟国家享受优惠关税待遇,对周边国家具有较强辐射能力。柬奉行开放自由的经济政策,市场多元包容,20多年来经济保持了年均约7%的稳定增长。

中柬是亲密的友好邻邦。柬政府积极响应"一带一路"倡议,将其与本国"四角战略"主动对接。2019年4月28日,中柬双方签署《关于构建中柬命运共同体行动计划》,内容涵盖政治、经济等五大领域,是中国同其他国家签署的首份同类文件,标志着中柬全面战略合作伙伴关系进入提质升级的新阶段。

在两国领导人引领下,越来越多的中资企业来柬这片热土投资兴业。据中国商务部统计,2019年1—11月,中柬双边贸易额达85.3亿美元,同比增长27.8%;截至2019年11月,中国对柬投资近90亿美元,涵盖电力、产业园区、金融、纺织、通信和农业等众多领域。中国企业还大力参与柬基础设施建设,为柬经济社会发展做出了积极贡献。中国地方省市与柬对口合作蓬勃发展。两国间经贸合作形成了多层次、宽领域、全方位的格局。

第七节　中国人在柬经商和工作的风险及应对措施

一、尊重当地风俗习惯

首先要尊重当地宗教信仰。在柬埔寨，佛教（属南传上座部佛教）为国教，85%以上人口笃信佛教。柬埔寨佛寺遍及全国，佛寺不但是宗教活动中心，也是地方教育和藏书场所，在整个社会生活中起重要作用。僧王和僧侣的社会地位很高，受到人们的尊重。

其次要注意礼仪。最普通的礼节是合十礼，即双手合掌立于胸前，指尖高度视对方身份高低而定，对国王、王室成员、僧侣还要行下蹲或跪拜礼。在社交场合也流行握手礼，但男女间仍以行合十礼为宜。握手或递东西时须用右手，不宜用左手。进佛寺和王宫参观或拜佛时衣着要端庄整洁、免冠脱鞋。不能用手去摸他人的头部，更不能用脚指任何人或物，特别是脚底不要直冲着佛像。

二、在柬中资企业要依法用工

1. 熟悉劳工政策

柬埔寨政府管理外籍劳工的主要依据是 1997 年颁布的《劳工法》、2002 年 1 月柬埔寨劳工部发布的《关于雇佣外国人来柬埔寨就业的申请办法的公告》。柬埔寨主要劳工政策是严格控制外劳输入，需要外籍劳务的岗位主要是专业技术人员和管理人员等。柬埔寨积极实施技术人才本地化战略，千方百计地解决其国内劳动力大量过剩的问题，努力寻找国外就业市场。

2. 依法使用中国劳工

如雇佣中国劳工，必须符合中国商务部有关规定，通过正当、合法途径办理赴柬务工手续，禁止非法用工。企业还需在每年 11 月底前向柬埔寨劳工部申请下一年度雇佣外劳的指标，未申请年度用工指标将不被允许雇佣外劳。所雇佣的外劳还必须满足《劳工法》规定的所有条件。

3. 依法办理相关手续

办理工作许可时，首先应认真了解法律法规。总体而言，柬埔寨关于劳工的规定是参照西方发达国家劳动标准制定的，要求较为严格，且很多规定和中国国内差异较大。中国企业到柬埔寨投资合作涉及用工问题时，一定要认真了解有关法律法规，避免出现劳务问题。

三、配合当地政府对在柬外籍劳工的检查

2016 年 3 月 10 日，柬埔寨内政部和劳动与职业培训部发布《关于加强审查在柬外籍劳工的联合通告》，包括 11 项条款，主要是对在柬埔寨投资运营的外国企业的劳工审查工作进行法律上的规范，要求任何来柬投资企业或务工人员都必须严格遵守柬埔寨《移民法》和《劳工法》，并且办理由劳动与职业培训部颁发的劳工证和雇佣卡。当外籍劳工联合检查组对企业进行检查时，企业主或企业负责人须配合联合检查组出示公司章程、商业

部登记注册证书、雇佣通知、解雇通知、雇佣外籍劳工授权及指标、劳工部颁发的柬文外籍劳工雇佣合同，所有劳工护照及照片、入境签证和外国人就业延期签证、劳工证和雇佣卡、劳工法和移民法文书等文件的原件或复印件。外国人经营的小型商业店铺须持有主管部门颁发的营业许可证并办理劳工证、雇佣卡等。

自2016年9月1日起，外国人申办工作证网上系统投入使用，网址为www.fwcms.mlvt.gov.kh。不过，工作证申请和工作配额申请除缴纳正常的100美元和20美元费用外，使用网上系统需分别另付30美元服务费。柬埔寨劳动与职业培训部2019年5月1日发布公告称，即日起启用具有防伪标识的新款劳工证，在柬外资企业雇佣国外劳工必须使用新款劳工证，逾期则处以每天4万柬埔寨瑞尔(约10美元)的罚款[①]。

四、寻求法律途径解决劳资纠纷问题

柬埔寨外籍劳务市场秩序的管理比较混乱，一些不法中介利用外籍劳工急于谋职的心理进行欺诈，并由此引发一些劳务纠纷案件。为解决劳资纠纷等问题，柬埔寨于1999年成立了由政府部门、工会和雇主协会三方代表组成的"劳工顾问委员会"，专门研讨劳工政策。在国际劳工组织(ILO)和美国政府的帮助下，柬埔寨于2003年4月成立独立的"劳工仲裁委员会"，由劳动与职业培训部、雇主和工会代表组成，裁决协商无果的劳资纠纷及相关事项。由于柬埔寨纺织制衣业用工人数多，为应对该行业的劳资纠纷及福利待遇等问题，主要企业雇主还专门成立了柬埔寨制衣厂商协会。

劳动与职业培训部为柬埔寨劳动就业的政府主管部门，负责管理所有来柬埔寨就业的外籍劳工。该部于2002年12月成立"外籍劳工管理委员会"，负责制订接受外籍劳工来柬埔寨就业的各种手续，协助外籍劳工与雇主协会解决外籍劳工相关事宜。柬埔寨劳工部联系电话：00855-23-882734/884375；传真：00855-23-882769。

五、了解劳动力供求及人力资源成本

柬埔寨人口年轻化特点明显，10~35岁的人口超过总人口的一半，劳动力资源比较充沛。劳动力人口750万，且年增长率为2.7%。劳动力就业最大领域为农业、成衣业、服务业。政府为创造更多就业机会，还向马来西亚、韩国等其他国家劳工市场输出劳工。劳动者权益受《宪法》和《劳工法》保护。

2017年，柬埔寨将制衣、制鞋业最低工资标准提高至月薪170美元。世界银行相关报告显示，金边市薪资水平如下：高级经理1000~1500美元、中级经理500~1000美元、初级经理300~450美元、会计人员300~450美元、办公室职员150~250美元。柬埔寨政府对在私营企业或非官方组织的柬埔寨籍或外籍雇员征收"工资税"，但对工资以外的福利不征税。

---

① 柬埔寨货币为瑞尔，美元被允许在柬埔寨市场上流通。人民币与瑞尔不可直接兑换，与瑞尔进行结算需以美元搭桥。1993年，柬埔寨政府通过并实施《外汇法》，规定汇率由市场调节。近5年以来，汇率基本稳定在4000瑞尔兑1美元。

六、妥善处理与工会的关系

在柬埔寨雇佣超过 8 人的企业必须设立工会或者设置员工代表。员工有自由加入工会的权利。在柬埔寨的中资企业要实现合理控制工薪成本、减少劳资摩擦、维护企业的正常经营,就必须学会妥善处理与当地工会的关系。

要全面了解柬埔寨《劳工法》,熟悉当地工会组织的发展状况、制度规章和运行模式。根据法律规定,无论劳工及雇主均有权不需预先核准,自主组建专业组织。劳工组建的专业组织称为"劳工工会",雇主组建的专业组织称为"雇主协会",禁止组建雇主及劳工同为会员的行业工会。工人的罢工权和雇主的闭厂权受法律保护。

要严格遵守柬埔寨关于在雇佣、解聘、工资、休假等方面的规定,依法签订雇佣合同,对员工进行必要的技能培训,按时足额发放员工工资,保障工人休假权利。解除雇佣合同时应按规定提前通知员工,并支付解雇补偿金。

在柬埔寨,工会活动受国内法律的保护,活动较为活跃。因此,为了企业的生产和发展,企业应设法加强沟通、争取理解、积极引导,尽量化解企业与工会的矛盾,避免罢工,以防止因劳资纠纷、罢工等给企业造成不必要的经济损失。

七、学会和执法人员打交道

警察、工商、税务、海关、劳动及其他执法部门是维护柬埔寨社会秩序的国家行政力量。对辖区内居民和外国人查验身份证件、询问相关事项以及搜查厂房或工地,是柬埔寨执法者的职责,中资企业相关人员要学会与这些执法者打交道,积极配合他们执行公务。中资企业要建立健全依法经商的管理制度,聘请律师对员工进行普法教育,让员工了解在柬埔寨工作生活必备的法律常识和应对措施,做到知法守法,合理应对。

中方人员出门要随身携带身份证件、工作证件或临时居住证明。营业执照、纳税清单等重要文件资料要妥善保管。遇有执法人员检查身份证件和工作证件时,中方人员要礼貌地出示自己的证件,回答警察的问题;如果没有携带证件也不要惧怕,不要躲避,更不要逃跑,而要说明身份,或者写出联系电话,让公司派人联络。遇到执法人员搜查公司或住所,应要求其出示证件和搜查证明,并要求与中资企业律师取得联系,同时报告中国驻柬埔寨使馆。遇有证件或财物被执法人员没收的情况发生,应要求执法人员出具没收证件或财物的清单作为证据,并记下执法人员的警号和车号,同时要求执法人员保护企业的商业秘密;交罚款时需向警察索要罚款单据。

遇有执法人员对中方人员或企业有不公正待遇,中资企业人员不要与执法者发生正面冲突,更不能触犯法律,而是要理性应对,做到有理、有利、有节,可通过律师进行处理,捍卫自己的合法权益。如遇紧急情况,还应及时报告中国驻柬埔寨使馆。

第八节　在柬企业人力资源管理

一、招聘管理

在柬企业应当优先招聘柬埔寨人,只有专业技术人员和管理人员岗位才能招聘外国人，普通员工岗位不允许招聘外国人。企业在招聘人员时，不得收取任何款项，也不能要求员工工作以抵偿员工对企业的欠款。不得雇佣不满15周岁的人员，少招15~17周岁的人员，最好招聘年满18周岁的人。

虽然柬埔寨劳动力资源比较充沛，属于劳动力输出国，但是近年来也出现企业招聘困难的现象。据柬埔寨劳动和职业培训部统计，随着外来投资逐渐增多，柬埔寨国内就业需求不断扩大，已出现劳动力供不应求现象，其中制衣业用工短缺近10万人。同时，尽管柬埔寨每年新增就业人口30万，但绝大多数受教育程度低，技术水平不高。此外，因为柬埔寨国内工资水平较低，很多技术工人赴邻国打工，也加剧了用工短缺现象。

二、用工管理

柬埔寨《劳动法》把员工分作四种类型：普通员工、临时员工、兼职员工、试用期员工。普通员工所签署的劳动合同又分为固定期限（Fixed Duration Contracts，FDC）与无固定期限（Undetermined Duration Contracts，UDC）两种。有明确的起始期限且不超过2年的书面劳动合同是FDC，其他情形属于UDC。柬埔寨劳动仲裁委员会认为，FDC可以多次延期，但如果总期限超过2年，那么该合同属于UDC。

临时员工是指从事需要在短时间内完成特定工作的人，或者从事临时性的、间歇性的或者季节性工作的人。但如果临时员工每月工作21天且连续超过2个月，那么，这些员工将被认定为普通员工。临时员工与普通员工同工同酬，但企业可以根据临时员工的工作时间缩减待遇。企业可以不提供年休假、病假、节假日、奖金和其他福利给临时员工，但要相应提高每小时工资以补偿他们的损失。

兼职员工是指每周工作时间少于48小时的人，企业可以兼职员工的工作时间按比例缩减待遇。试用劳动合同要求一般雇员不得超过3个月，专业工人不得超过2个月，非专业工人不得超过1个月。

三、工作时间及加班费

柬埔寨企业正常的工作时间是每天8小时，每周6天。每周至少休息1天，且通常是星期天。22点以后到第二天5点以前的工作，属于夜间工作，夜间工作须支付1.3倍工资／小时。加班仅限于紧急和例外事项，加班须员工自愿，每天加班最长不超过2小时。员工不愿意加班，企业不可加以任何处罚。加班费的计算：星期一到星期六白天加班，1.5倍工资／小时；星期一到星期六夜间加班，支付2倍工资／小时；星期日、公休假日加班，支付2倍工资／小时。

四、公休假日、休假

柬埔寨政府一般在每年的10月前后公布次年的公休假日。柬埔寨的主要节日包括元旦（1月1日）、宝蕉节（2月13日）、国际妇女节（3月8日）、佛历新年（4月13—15日）、国际劳动节（5月1日）、佛祖升天节（5月12日）、西哈莫尼国王诞辰日（5月14日，全国庆祝三天）、御耕节（4月底或5月初，佛历六月下弦初四）、国家纪念日（5月20日）、国际儿童节（6月1日）、柬埔寨国母诞辰日（6月18日）、亡人节（9月底）、立宪日（9月24日）、巴黎协定日（10月23日）、西哈莫尼登基日（10月29日）、西哈努克国父诞辰日（10月31日）、独立节（11月9日）、送水节（也称龙舟节，11月13—15日）。

普通员工每年有18天（每月1.5天）的带薪年休假。其他员工可根据工作时间按比例获得带薪年休假。普通员工的工龄每增加3年，企业应当多给予1天的带薪年休假。比如，工作了5年的员工，带薪年休假19天；工作了7年的员工，带薪年休假20天。员工只有在工作期满1年后，才能休带薪年休假。员工要求休带薪年休假，企业除非有特别紧急的理由，否则不可拒绝。但企业可以规定，员工在休带薪年休假前，必须提前把休假的天数通知企业。带薪年休假不得约定放弃，未休完的带薪年休假可以折抵工资发放。

特休假指婚假、丧假、产假等。企业通常不应拒绝特休假申请。企业可以从员工剩余的带薪年休假天数中扣除特休假天数。如果员工无带薪年休假可扣，则企业可以要求员工以工作换补，但每天工作不可超过10小时，每周不超过54小时。

员工可以申请病假，病假超过6个月的，企业可以解除劳动合同；病假不超过1个月，企业给付100%的工资；病假的第二、第三个月，给付60%工资；病假第四个月起，可不支付工资。

产假90天，对于工作满1年的员工，在产假期间，企业须支付50%工资。对于喂养1周岁以内婴儿的母亲，企业应当给予每天1小时的哺乳假。该哺乳假不得以金钱折抵。

五、人力资源管理规章制度

在柬埔寨雇佣超过8个人的企业，都必须制定内部规章制度，并由劳动与职业培训部的监察员签字确认。内部规章制度的变更也要经过监察员签字认可。人力资源管理的内部规章制度主要包括职位申请、工作描述、医疗检查、工作时间、休假、工资、福利、门禁、处罚措施等等。内部规章制度编写好以后，应当在企业内部公示。

所有与《劳动法》有关的企业文档，如工资名册、开业登记等等，必须至少保存3年。由于税法规定有关会计文档必须保存至少10年，所以，文档的保管越久越好。

六、培训管理

柬埔寨发布了《2017—2025年职业技能和技术培训国家政策》，企业都要对员工进行培训。通过培训企业达到如下四个目的：一是完善职业技能和技术培训系统，为柬埔寨国民提供高质量的职业技能和技术培训，以满足国内外劳工市场需求；二是提升国民在平等的情况下获得职业技能和技术培训教育的可能性，创造更多的就业岗位；三是鼓励政府和私营单位加强合作，聚集更多相关部门资源参与，保证和促进柬埔寨职业技能和技术培训系统的稳定和长久发展；四是提高国民收入水平，减少贫困人口，促进国家社会经济持续发展。

七、薪酬管理

柬埔寨政府只针对纺织、服装和制鞋业规定了最低工资标准，其余行业没有最低工资的要求，只要求"所支付的工资足以维持人格尊严"。2015年，纺织、服装和制鞋业的最低工资为 128 美元，试用期最低为 123 美元。2017 年，柬埔寨将制衣、制鞋业最低工资标准提高至月薪 170 美元。

工资须在工作日发放并提供工资单，如果工资发放日适逢节假日，则应提前发放。工资不得随意扣减。《劳动法》对企业扣减工资做了严格限定，企业只有在四种情况下才能从工资中扣减相应的成本，且扣减后发放的工资不能低于最低工资：（1）员工没有返还工具、设备；（2）员工损坏其控制、使用的物品；（3）员工欠付企业福利店的款项；（4）员工须缴纳的工会会费。《劳动法》还明文列示了绝对不可扣减工资的情况，比如，因员工违反规章制度或者拒绝加班进行罚款、扣减部分工资作为续签合同的保证金等等。

八、职业健康与安全

柬埔寨企业工作场所满50人，必须设置医务室。医务室须配备医生、医生助理、护士、病床、必备药品等。工作场所必须有洗手间，洗手间的数量须根据员工数量确定。劳动部规章对洗手间的地板、采光、排水、清洁次数等都有详细规定。工作场所须置备安全的饮用水。工作场所不得饮酒。此外，法律对工作场所的采光、噪音、通风、温度等都做了详细规定。

九、处罚员工

企业可以处罚员工，但要符合法律和内部规章制度的规定。企业处罚员工要有证据，并且企业对员工的处罚措施应当和员工的违规行为相适应。员工严重违规（serious misconduct），企业可以立即开除，但必须在企业知道之日起 7 日内做出；其他情形的处罚决定，必须在企业知道之日起 15 日内做出。

员工有下列情况可被认定为严重违规：（1）欺骗企业；（2）有欺诈行为，拒绝遵守劳动合同，泄密；（3）严重违反纪律、安全和卫生守则；（4）威胁、攻击同事或者企业；（5）教唆其他同事从事严重违规的行为；（6）在工作场所进行政治宣传、活动或者抗议；（7）在罢工中使用暴力；等等。法院可以根据具体情形，认定员工的行为是否属于严重违规。但是，符合法律规定的罢工不属于严重违规。企业可以根据内部规章制度中止履行劳动合同（企业不付工资、员工无须工作），但中止仅限于极少数情形：（1）根据合法的内部规章制度，中止某员工的劳动合同；（2）企业面临严重的经济问题，但此种中止必须在劳动与职业培训部监察员监察下执行。

十、劳动争议

柬埔寨劳动争议一般通过协商、调解、仲裁、罢工、诉讼的方式解决。个别争议和集体争议要经过的解决步骤不同。个别争议一般是指企业和一个员工的争议；集体争议通常是指企业和一群员工的争议。如果争议对方是工会，那么一般认为是集体争议。

通常争议双方先通过协商解决争议，协商不成，再进入调解程序，调解由劳动与职业培训部主持，在 15 天内完成。个别争议可自愿选择是否进入调解程序。在调解期间，员工一方不能罢工，企业一方也不能阻止员工工作。调解达成一致，双方必须执行。

调解不成，劳动与职业培训部会将争议提交仲裁委员会处理。仲裁期间，员工一方不能罢工，企业一方也不能阻止员工工作。双方在收到仲裁裁决后 8 天内如无异议，则必须执行仲裁裁决。

罢工需要经过工会无记名投票表决同意，且必须提前 7 个工作日通知企业和劳动与职业培训部。罢工只能以和平方式进行。罢工员工的暴力行为属于严重违规。罢工期间，企业可不支付罢工员工的工资，但企业也不能另外招募新员工以替代罢工员工。在产生争议时，企业应当避免激化矛盾。

参考文献

1. 杨伟国，代懋. 中国人力资源法律审计报告——从东盟十国看"一带一路"国家的劳动与雇佣管制 [M]. 北京：中国人民大学出版社，2018.
2. 陈显泗. 柬埔寨两千年史 [M]. 郑州：中州古籍出版社，1990：4.
3. 何平. 再论孟高棉语民族的起源 [J]. 南洋问题研究，2008（3）：76-82.
4. 何平. 东南亚民族史 [M]. 昆明：云南民族出版社，2002：77.
5. Ian Mabbett. David Chandeler: The Khmers. Basil Blackwell Ltd，UK and USA，1995：41.
6. 尤中主编. 西南民族史研究 [M]. 昆明：云南人民出版社，1987：367.
7. 史富强. 论柬埔寨民族起源及扶南王国的产生与发展 [J]. 河南大学学报(社会科学版)，2002（6）：56-57.
8. 田霞. 柬埔寨民族国家构建与民族整合进程研究 [D]. 昆明：云南大学，2016.
9. 少林，天枢. 柬埔寨的民族、居民与宗教 [J]. 东南亚纵横，1994（4）：25-29.
10. 商务部国际贸易经济合作研究院，等. 对外投资合作国别(地区)指南——柬埔寨，2019.
11. 郭振铎. 关于柬埔寨民族的起源 [J]. 河南师大学报(社会科学版)，1980(6)：26-27.
12. 赵永胜. 南诏与真腊兴起和孟高棉语民族分布格局的演变 [J]. 世界民族，2019(5).
13. 王贤森. 千年通好 和谐柬华——《真腊风土记》所载华人状况及其思考 [J]. 九江学院学报(社会科学版)，2013(2)：58-59.
14. 谢美华. 鸦片战争前闽粤沿海地区人口压力及华人出国——兼论出国原因 [J]. 南洋问题研究，1991(2).
15. 张国英. 17 世纪中期—20 世纪柬埔寨华侨华人的特点 [D]. 昆明：云南师范大学，2011.
16. 李绍辉. 20 世纪 80 年代以来老挝、柬埔寨华人社会发展探析 [J]. 南洋问题研究，2010(2)：62.
17. 罗杨. "香火"永续：柬埔寨华人社团百年变迁 [J]. 南洋问题研究，2017 (4)：62.
18. [新西兰] 维·伊·威尔摩特. 柬埔寨的华人 [M]. 新加坡：新加坡大学出版社，1981.

19. [澳大利亚]本·基尔南. 波尔布特执政时期的柬埔寨华人[J]. 当代亚洲学刊，1986 (1).

20. 庄国土. 二战以来柬埔寨华人社会地位的变化[J]. 南洋问题研究，2004(3).

21. 傅曦，张俞. 柬埔寨华侨华人的过去和现状[J]. 八桂侨刊，2000(3).

22. 中国驻柬埔寨经济商务处网站：http://cb.mofcom.gov.cn.

23. 中华人民共和国外交部网站：https://www.fmprc.gov.cn.

第四章　老挝人力资源

第一节　老挝的人口及民族

一、老挝的人口概况

老挝人民民主共和国（The Lao People's Democratic Republic），首都万象（Vientiane），官方语言为老挝语。根据中华人民共和国外交部网站 2020 年 9 月的老挝国家概况资料，2019 年老挝人口约 723 万，华人华侨人口约 7 万，首都万象人口约 94.8 万。

在劳动力市场方面，根据老挝统计局的数据，截止到 2016 年，老挝劳动人口约为 352 万人，失业率为 1.5%。在人口结构中，约有 33.4% 的人口年龄在 14 岁及以下，约有 21.3% 的人口年龄在 15~24 岁，36.1% 的人口年龄在 25~54 岁，5.4% 的人口年龄在 55~64 岁，3.8% 的人口年龄超过 64 岁。按产业划分，老挝农林水产业人口占 73.2%，工业及制造业人口占 6.2%，服务业人口占 20.6%。在劳务合作方面，截止到 2016 年底，中国是老挝劳务合作方面最重要的伙伴之一，中国对老挝外派劳务人数超过 8700 人，不及外派劳务到东盟国家中的印度尼西亚和马来西亚的人数。据中国商务部统计，截至 2019 年 11 月，我国对老挝外派各类劳务人员达 24748 人，位居东盟国家第 2，全球第 7，其中工程承包项目人数达 22134 人，劳务合作项目在外人数达 2614 人。根据中国—东盟自由贸易区商务门户网站统计数据，老挝 2016 年男性人口占 50%，女性人口占 50%。2016 年老挝城市人口占 40%，农村人口占 60%。2007—2013 年老挝人口增长率递减到 2%，2014 年递增到 2.5%，2015 年负增长 4.7%，2016 年人口增长率为 2%。2016 年老挝人口密度为每平方千米 28 人，在东盟十国中排最后[①]。

二、老挝各民族与中国西南民族的历史渊源

老挝是一个多民族国家，民族成分十分复杂。傣泰民族有着共同渊源的观点已经被越来越多的学术研究证实。傣泰民族的先民居住在今天广西西部、云南东南部与越南北部交界一带地区，随着历史的发展，古代傣泰民族逐渐分化成了傣、佬、泰、掸、阿洪姆等新的民族群体，分布在今天中国、老挝、越南、泰国、缅甸、印度等国，形成了一种独特的跨境而居的分布格局。泰佬人是老挝的主体民族，和泰国东北部的泰佬人属同一民族，

---

① 中国—东盟自由贸易区商务门户网站：http://www.cn-asean.org。

他们和泰北主体民族泰庸人在长期的历史与民族交往过程中保持着商贸往来、通婚结亲、宗教文化的交流。泰庸人和泰佬人有着密切的关系，他们同属傣泰民族，是同源异流民族，是古代傣泰语民族在迁徙、分化和发展的过程中形成的。

中国西双版纳的文献对泰庸人的迁徙有过记载："泰元人（泰庸人）是汉以后，从（中国）滇中迁徙到今元江一带，在元江流域居住了很长时期再向南迁的。"而郑晓云先生认为，泰元人（泰庸人）是沿着红河（红河上游在中国称为元江）向南迁徙的，他们到达今天越南北部、老挝北部后，再进入今天的西双版纳。后来分布于老挝北部的泰元人继续南迁，进入泰国北部的兰那地区。郑晓云先生的观点表明了泰庸人先民的一个大致迁徙路线：泰庸人先民（傣泰民族的一支），从中国境内迁移到了越南北部、老挝北部，再迁入中国西双版纳境内，其中一部分人留在了老挝北部及西双版纳，另一部分人先后迁入了泰北境内。

三、老挝民族的组成部分

老挝目前有 50 个民族。老挝的民族状况有两个特点：一是老挝各民族的发展很不平衡；二是老挝国内的一些少数民族是跨国民族，如泰族人跨泰国和老挝、苗族人跨中国云南和老挝等。

老挝语是老挝官方语言，属汉藏语系，老挝文是拼音文字，共有 49 个辅音，29 个元音，6 个声调。老挝文字与泰国文字大同小异，是在梵文和巴利文的基础上逐渐演变而来的。65% 的老挝人信奉佛教，1961 年老挝《宪法》规定佛教为国教。有 15% 的老族人和老听、老松两大族系的诸多民族以及不少泰族人信仰原始拜物教。老挝的天主教徒大部分是泰族和越侨，信奉基督教（新教）的以苗族居多。

1. 老挝民族的划分与识别

老挝到底有多少个民族？这是个很难精确回答的问题。依据不同的民族划分与识别的标准，会得出不同的结果。老挝独立后，政府曾做过民族识别与划分工作。1968 年，老挝革命政权把老挝的各个民族划分为 3 个系统 68 "份"（部族）：佬龙系统 10 份、佬听系统 43 份、佬松系统 15 份。根据 1975 年的研究资料，当时老挝自报的民族名称有 750 多个。1983—1985 年，老挝自报的民族名称达 820 个，经过研究整理，剔除重复的，还有近 200 个。1985 年，老挝民族研究工作者经过反复考证，最终确定老挝有 47 个民族。1986 年 6 月，该研究成果得到了老挝党中央政治局的认可。1995 年老挝人口普查统计表使用的就是这一成果。2000 年 8 月，老挝中央建国阵线召开了关于老挝族群名称的专门的讨论会，确定老挝有 49 个民族，共分为 4 个族群：佬泰族群、孟 - 高棉族群、汉 - 藏族群和苗、瑶族群。

2005 年老挝政府出版《老挝人民民主共和国各族群》，首次以正规文献的形式公布了本国民族数目。依据该文献，老挝有 49 个民族，共分为四个族群：佬泰族群、孟 - 高棉族群、汉 - 藏族群和苗 - 瑶族群。其中老泰语族群包括佬（Lao）、泰（Tai）、润（Nhuan）、央（Yang）、普泰（Phuthai）、泰泐（Tai Lue）、些克（Saek）、泰纳（Tai Nue）。孟、高棉语族群包括：阿拉克（Arak）、克木（Khmu）、巴莱（Pray）、兴门（Xiangmon）、尔都（Oudu）、拉蔑（Lamet）、叁刀（Samdao）、卡当（Katang）、玛龚（Makong）、德里（Tri）、达奥（Taoy）、日鲁（Yru）、达伶（Trieng）、布劳（Brao）、卡都（Kadu）、奥衣（Oy）、卡伶（Krieng）、色当（Sedang）、雅珲（Nhahun）、拉维（Lavy）、巴科（Pakoh）、高棉（Khmer）、都姆（Toum）、克里（Kri）、温（Ngon）、毕（Bid）、朋（Phong）、艾（Nheg）、芒（Moy）、蔷（Cheng）、隋（Suoi）。汉－藏语族群包括巴拿（Pana）、阿卡（Aka）、拉祜（Lahu）、西拉（Sila）、哈尼（Hani）、倮倮（Lolo）、普内（Phunoi）、贺（Ho）。苗－瑶语族群包括苗（Hmong）、瑶（Yao）。

关于老挝民族划分的"三分法"有不同的说法。蔡文桩在编译老挝民族研究院坎平·堤汶达里的《老挝民族大家庭中的各成员》论文译注时谈到，老泰语族俗谓"老龙族"，孟－高棉语族俗称"老听族"，苗－瑶语族和汉－藏语族俗称"老松族"。1949年，凯山·丰威汉在老挝伊沙拉部队成立的大会上宣布：老挝各民族的地位是平等的，要消除歧视少数民族的思想。在这次大会上，他把苗族改为老松族，佧族改为老听族。依据老挝独立运动领袖们的观念，民族群体形成的主要标准是共同的地理居住条件、相似的经济和文化模式、相同的社会发展水平等。依据这一标准，老挝的人口被分为三个大的民族：居住在平坝地区、山坡上、山顶上的民族，分别统称为老龙族、老听族、老松族。在这个"三分法"里，三个民族的前面都加了一个"佬"字。这具有明显的政治意图倾向，表明老挝独立运动领导人想以模糊民族差别的方式实现多民族国家的统一和最终实现民族融合。

2. 老挝佬族和华裔民族介绍

（1）佬族（Lao）

佬族，一般是指老挝境内的傣泰民族（泰佬民族），是老挝的主体民族。"Lao"（佬族）原称"Tai"（泰族），老挝加入社会主义阵营后，老挝当权者为区分泰国等资本主义阵营的"Thai"（泰族），遂将"Thai"（泰族）更名为"Lao"（佬族）。老挝的佬族实际上与泰国的"Thai"（泰族）、柬埔寨的"Thai"（泰族）、越南的"Thai"（泰族）、缅甸的"Shan"（掸族）、中国的"Dai"（傣族）、印度的"Assam"（阿萨姆族）是分布在不同国家、自称不同的同一个民族，自称的发音均介于"Dai"与"Thai"之间，越往北发音越接近"Dai"，越往南自称越接近"Thai"。

（2）苗族（Meo 或 Hmong）

苗族主要分布在波里坎赛省坎哥县以北的广阔区域内，以上寮川圹、琅勃拉邦和桑怒三省人数最多，其中以川圹省为中心。该省东部的农黑县苗族是最早的一支。苗族起源于中国的四川、贵州、云南，他们自称河蒙（Hemong），主要有三个支系：白苗（Mongkhao）、花苗（Monglay）和黑苗（Mongdam），白苗人数最多。苗族在宗亲关系方面十分密切。他们迁入老挝的方向和年代各不相同，居住地区广阔，民族意识十分浓厚。这些特点不仅存在于老挝的苗族中，而且存在于其他国家的苗族中。

（3）瑶族（Yao）

瑶族从中国南部迁入，他们迁入老挝主要是经过丰沙里省北部的虎头寨（Voththechay），有一部分经过越南西北和缅甸东北地区。瑶族自称"由民"（Yumian）、"瑶民"（Yiaomian）或"由门"（Yumun）。在越南，他们称作"瑶门"（Yiumen），这是所有瑶族的称谓。老挝的瑶族不像越南那样有许多支系，只有一部分称作蓝靛（Lenten）。老挝瑶族分布在万象省和上寮各省，如琅勃拉邦、沙耶武里、乌多姆赛、南塔、波高和丰沙里。

（4）贺族（Ho）

贺族人自称"汉族"或"汉家"，居住在丰沙里省北部，来自中国。为寻找谋生地和逃避战争及中国封建主的压迫剥削而迁入老挝，他们的主要经济形态是游耕旱地（经营挖掘地和犁耕地），劳动工具和耕作技术有相当高的水平。主要农作物是稻谷、玉米等。瑶族、贺族使用古汉语，但水平不高。他们信鬼，崇拜祖先魂灵。他们组织父系小家庭，宗亲关系十分密切，族长作用十分重要。

（5）阿卡族（Aka）

阿卡族又称戈族（Ko），居住在上寮老—越、老—中、老—缅和老—泰边境地区，老挝阿卡人多数起源于中国西南和南部，一部分起源于缅甸东北景栋，入老定居大约有150年了。

（6）拉祜族（Lahu）

拉祜又名拉胡纳（Lahuna）、慕梭（Muse），生活在南塔省孟弄县的景谷、孟盟和波高省的会晒。起源于中国南方，定居老挝大约有200年了。

第二节　中国人移民老挝及贡献

老挝交通不发达，与外界接触不多，信息相当闭塞；加上经济落后，人民生活水平极低，直接影响外国人移居老挝，所以移居老挝的华侨远不如越南、柬埔寨、泰国的多。历史上，移居老挝的华侨华人主要有两类：一类是直接来自中国的云南和广西两地，他们仍以华人自居，但人数很少，不到华侨华人总数的1%；另一类则是从老挝周边的越南、泰国和柬埔寨等国迁入的华人二次移民，占迁移老挝华侨华人的多数。长期以来，老挝华侨华人的人数未超过全国总人口的2%。2018年老挝华人华侨约3万，中国驻琅勃拉邦总领事馆所在地琅勃拉邦省是华侨华人的重要聚居地。因缺乏史料，学术界对14世纪前的老挝历史有较多争议，通常认为在现今老挝疆域相继出现过堂明国（道明国）、南掌国（澜沧国）等国家，下面就结合老挝的历史来谈一下华人移居老挝及其贡献。

一、西汉之前的中老渊源

哀牢国（《史记》所称"乘象国"）历史悠久，大约出现于公元前5世纪，民族众多，主要民族是哀牢族（傣泰民族的先民），是中国云南历史上的文明古国之一。哀牢国的中心地在云南保山，保山是云南省重要的人类起源地之一。公元69年，哀牢国归附东汉，其地设永昌郡（今云南省西部）。中国的《华阳国志》记载和老挝祖先传说都有一段关于哀牢祖先的故事，我们将两者比较一下，就清楚中国与老挝的历史渊源了。《华阳国志》又名《华阳国记》，地方志著作，是由中国东晋时期常璩撰写于晋穆帝永和四年（348年）至永和十年（354年）的一部专门记述古代中国西南地区地方历史、地理、人物等的地方志著作。《华阳国志》对于今人研究中国西南社会发展、探究西南经济发展规律等诸多研究领域提供了历史依据和参考价值，对研究老挝与中国的社会经济、民族渊源也有历史依据和参考价值。

《华阳国志·南中志》和《后汉书》皆载，哀牢人的祖先沙壶（又称沙壹）于水中捕鱼，触沉木而有孕，生子十人。"后沉木化为龙，出谓沙壶曰：'君为我生子，今在乎？'而九子惊走。唯一小子不能去，陪龙坐，龙就而舐之。沙壶与言语，以龙与陪坐，因名曰：'元（九）隆'……元（九）隆长大才武……共推以为王。时哀牢山下复有一夫一妇，产十女，元（九）隆兄弟妻之，由是始有人民。"据《后汉书》卷八六载："……九子见龙惊走，独小子不能去，背龙而坐，龙因舐之。其母鸟语（用傣语解释），谓背为九，谓坐为隆，因名子曰九隆。"由于哀牢人的祖先就是龙，所以哀牢"种人皆刻画其身，象龙文"，以示对祖先龙的崇拜。无独有偶，老挝的老族不但有身刻龙纹的习俗，而且也和中国《华阳国志·南中志》和《后汉书》记载的一样，有其祖先为龙的传说："……第九子（九龙）最为聪明，成为其首领。这九个儿子便是老族人的祖先，并由此被称为'哀牢'，意为老人（族）兄弟。"中老两国祖先为龙的传说情节一样，第九个儿子都叫"九隆（九龙）"。中国和老挝关于哀牢祖先龙的传说是一致的，说明二者之间必有一定的联系。众所周知，哀牢人起源于中国，老挝地区本无哀牢人，后来才有了哀牢人，并成为今天老挝佬族人的祖先。其结论是不言自明的：老挝地区的哀牢人当由中国迁去。

二、汉唐宋时期中国人移民堂明国（道明国）

中国学者认为，堂明国是老挝历史上已知最早的政权，因为堂明国与当时的中国地方政权吴国建立了外交联系。堂明国见于《三国志·吴书》卷十五《吕岱传》。又根据顾祖禹的《读史方舆纪要》卷一一二记载，堂明国是在三国东吴黄武六年，即公元227年遣使入朝，当时它是以扶南属国的身份入朝的。而关于堂明国的建国时间，有人认为是在公元1—2世纪，也有认为是在3世纪初叶之前，因为缺乏可靠的文献和考古学证据，因此不能确定具体年代。唐代记载中出现了道明国，《新唐书》卷二百二十二下的《真腊传》中将其记载为真腊的属国。这个道明国根据《资治通鉴》卷七十的记载，即为以前的堂明国。

我国专注研究东南亚民族史的著名民族历史学者徐松石先生认为，老挝等地的铜鼓，"必是桂西僮（壮）人之所传播"。乌浒人是当今广西壮族的祖先，两汉时期有乌浒人等越人迁入老挝，因而老挝铜鼓可能是由乌浒人迁徙时带到老挝去的。按照史籍的记载，以哀牢或佬为族称的泰佬民族最早出现在今天老挝北部地区的时间是公元6世纪。越南学者认为，从8世纪到13世纪（唐宋时期），泰佬族群的居民已经代替了孟－高棉族群居民的位置，在社会政治组织管理体系中占据了主导地位。从那（8世纪）以后，北部的其他民族（藏缅族群各民族、苗瑶族、汉族和泰佬族群的其他部分），东部越芒族群的居民……来到了老挝，同此前就到了的老挝各民族共同居住在老挝的土地上。

三、明清时期中国人移民南掌国和泰法日殖民地

1353年，法昂王建立澜沧王国（1353—1707年），定都琅勃拉邦，这是老挝历史上出现的第一个统一多民族国家。澜沧王国，在中国古代又被为南掌国、兰沧国、缆掌国等。1707—1713年，老挝澜沧王国先后分裂为北部琅勃拉邦王国（1707—1893年）、中部万象王国（1707—1893年）和南部占巴塞王国（1713—1905年）等三个王国。琅勃拉邦王

国靠近中国边境，仍旧以"南掌国"的名义向清朝朝贡。1778—1893年三国沦为暹罗（今泰国）属国。1893年法暹战争之后，琅勃拉邦王国脱离暹罗统治，与原万象王国地域合并，成立寮保护国（老挝法国保护国），并入法属印度支那联邦。1905年，占巴塞王国并入寮保护国。1940年9月被日本占领。1946年，法国势力卷土重来。1954年，法国在奠边府战役中失败，承认老挝独立并撤军。

  据文献记载，中国明朝时已有华侨居住在老挝。老挝的瑶民主要分布在琅勃拉邦王国（清朝称之为南掌国）会晒、丰沙里、沙耶武三省，大多是18世纪从中国移居来的，他们在许多方面仍然保持着与中国瑶族相似的风俗习惯。泰国苗族的根在中国，他们于19世纪上半期从中国迁入老挝后，又从老挝进入泰国北部，从而成为老泰两国的跨境民族。拉祜族的起源地在中国境内的甘青高原，其先民为古羌氏部落或羌人族系。老挝的拉祜族在19世纪下半期从中国的云南省迁入老挝的琅南塔省、波乔省，20世纪上半期随着中国国内局势的变动，继续有部分拉祜族向老挝和缅甸迁移。老挝琅南塔省南塔县塔噢村的叁刀族人说他们在80多年（20世纪初期）前从中国的西双版纳迁移到丰沙里省，再从那里迁移到现在的住地。该村的老人已经不太会说叁刀话，年轻人则根本不会。泰泐族(Tai Lue)与中国境内的西双版纳傣族为同族，他们先是从西双版纳往老挝的琅南塔省迁移，南塔河两岸至今仍分布着24个泰泐族村庄。之后，他们有的向南迁移到琅勃拉邦，有的向西渡过湄公河到达泰国北部的南府、清莱等地居住。

  19世纪末之前，西南边陲的云南和广西两地就有一些小商贩前往老挝经商和定居。19世纪末，越南、泰国等国的华商开始移居老挝。法国殖民者为拓展经济、开发资源，极需庞大的劳动力，他们允许华侨华人无偿开垦土地，免征收出入口货物税，自由出入境等，以吸引更多的华侨华工移民老挝，并鼓励过去移居越南及柬埔寨的老挝华侨华人重返家园。从19世纪末法属时期开始，移居老挝的华侨华人日渐增多，约有5000人。20世纪初，法国殖民当局限制华侨进入印度支那地区，老挝华侨人数从1921年的6710人降到20世纪30年代的3000人。第二次世界大战及中国内战期间、战后，迁往老挝法国殖民地的华侨、国民党残余部队人数大幅度地增长。1948年，法国殖民当局应中国国民政府的要求，在印度支那建立管理华侨的半官方组织——中华理事会，取消战前为了管理华侨而按华侨籍贯设立的各帮公所。印度支那中华理事会总部设在西贡，又在印支三国各设中华理事会，互不隶属，各自向法国驻印度支那高级专员负责。在老挝设立的万象中华理事会，是法国殖民当局间接统治老挝华侨的机构。

  老挝华人有着悠久的历史。早在明代之前就有华人迁居老挝，而华人大批移民定居老挝则是在100多年前。老挝华人主要以广东汕头的潮州人和云南腾冲、红河、景东、景谷人为主，也有部分广西人。其中经济实力较强的潮州人多数为抗战前后从泰国迁入的，与泰国的经济联系亦较为密切。老挝的云南籍华人多聚居在上寮的川圹和丰沙里一带，过去大多从事马帮运输和经商。华人进入老挝的路线：一是从广东或云南经越南进入；二是从泰国过湄公河到万象及沿岸城镇；三是从云南和广西直接进入。丰沙里一带是老挝的革命根据地；川圹则是老挝开发较早的省份，对移居老挝的华人有较大影响，因而这一带的华人中出了不少革命家、政治家。近百年来，老挝华人不仅为老挝的开发做出了贡献，而且为老挝革命的成功做出了牺牲。

四、中华人民共和国成立后部分中国人移民亲美亲越的老挝

1954年法国撤军后，美国积极在老挝扶植亲美势力，多次策划政变，策动亲美势力破坏联合政府并进攻解放区，老挝内战再起。1961年4月25日，中国和老挝正式建立外交关系。1975年12月2日，在万象召开的老挝全国人民代表大会宣布废除君主制，成立老挝人民民主共和国。1977年，老挝宣布进入社会主义革命与建设阶段，其结果是在社会各个领域推行更极端的措施，扩大了打击面，全面地威胁了华人谋生的空间。

老挝1954年独立后，出现了较大规模的移民潮，移居老挝的华侨人数急剧增加，20世纪60年代达4.5万～5万人，约占老挝总人口的2%。由此带来了商业和经贸发展的契机，吸引大批华侨华人移居老挝，大部分移民来自泰国，华侨华人数量在20世纪70年代增至接近10万人（祖籍潮汕者为多），其中以首都万象最多，约有3万人，约占万象人口总数的1/3，全国有华校12所，华文日报3家（《寮华新闻》《永珍日报》《寮声日报》），总发行量3000份。20世纪70年代中期，老挝华侨华人约15万人。二战结束至20世纪70年代中期，虽然老挝政府对华侨华人出入境、经贸等方面进行了某些限制，但是其政策的实施较为缓和，影响有限。同时中国移民不再进入老挝，老挝华侨华人也难回国，所以一部分华侨选择了"落地生根"，加入老挝国籍，以便于经商活动。1975年老挝人民民主共和国成立以前，华人在老挝经济生活中占有重要地位，当时老挝全国仅有的100余家工厂几乎全为华人所办，商业的80%控制在华人手中。

1975—1986年间，老挝领导人为了快速实现把非泰语民族融合进占主体地位的佬泰族和推行"社会主义革命"，老挝当局仿效越南政府，推行极"左"激进的经济、政治政策和措施。这些措施主要包括：在城市里实行国有化运动，没收外来居民（华人、越南人、欧洲人等）的财产，封闭外来居民商店和工厂等。虽说政策的推行不分国籍，但绝大多数以华人为对象，所以老挝华人遭受损失尤其严重。该政策促使大批外来民族离开老挝。20世纪80年代初期，老挝华人人口从40000人减少到10000人。政府激进的政策引起了少数民族的反抗，其中苗（蒙）族的反抗活动最为激烈，遭到政府的镇压。大批的苗族人经过泰国逃往西方国家，成为难民。在20世纪80年代初，从老挝逃出去的苗族难民，美国有40000～50000人，法国有6000～8000人，圭亚那约有1000人，加拿大和澳大利亚有2000多人。来自印支的华人难民，在世界各地组成了约150多个越棉寮华人社团。1983年，世界越棉寮华人社团联合会在台北成立。虽然老挝当局的剥夺"资产阶级"政策对华侨华人的生计打击很大，但是总体而言，不像越南政府在越南采取的剥夺和驱逐华侨等的措施那样极端。

五、中国改革开放初期中国人移民新经济机制下的老挝

1986年11月中旬老挝人民革命党第四次代表大会召开，确定进行经济体制和政治体制改革，实施"新经济机制"，逐步调整亲越靠苏的"一边倒"对外政策，转向全方位外交，实行对外开放。1989年中老关系正常化，2009年中老两国关系提升为全面战略合作伙伴关系。

1984年，由于国内经济的严重困难以及国际政治形势的变化等原因，老挝政府重新调整对老挝华人的政策。1988年老挝政府颁布"外资投资法案"，1989年设立"外资投资管理局"和"新经济机制实施监督局"，努力吸引外资和营造私营经济发展的空间。随着老挝生存环境的改善，一部分原本逃离老挝的华人重返老挝以求发展，更多的华人从泰国、越南以及中国的香港、台湾、大陆进入老挝，或投资，或经商。由于老挝的华侨华人一直是老挝经济生活中最为活跃的群体，所以有人将老挝的华人经济比作老挝经济的晴雨表。随着中老关系的逐步好转，中老经济联系的紧密，老挝的华侨华人随之增多。其中新一代华侨多为20世纪80—90年代进入老挝的，以持中国护照的生意人居多。他们主要来自中国的云南、湖南、安徽、江西、江苏、浙江、广西等地，其中以湖南、安徽、云南三省人数最多。他们在老挝做的生意多种多样，有开商店的，有办工厂的，有搞农业种植的。开商店售货是大多数老挝新华侨的营生方式，以卖中国生产的五金产品为主。目前，老挝的华侨华人主要分布在万象、沙湾拿吉、巴色、琅勃拉邦等大中城市，少数居住在桑怒、川圹、他曲等中小城镇。万象以南各省以潮州人和客家人为多，在北部的城镇中有部分来自云南、广西两省区，他们多数居住在老挝与中国接壤的丰沙里、乌多姆赛、琅南塔三省。

六、老挝华侨华人在中老国际贸易中的作用和贡献

首先，华侨华人在老挝树立起良好形象，既是中老友好关系的重要组成部分，同时又是推动中老关系发展的积极因素。老挝的华侨华人以自身的勤劳和聪明才智，灵活经营，为当地的经济发展和市场繁荣注入了巨大并难以替代的活力。华侨华人遵纪守法，乐善好施，与当地社会建立了良好的关系，赢得了老挝政府和社会广大人民群众的信赖和好评，与当地社会建立了良好的关系。

其次，中国大陆新移民实践着中老两国的经济技术和社会文化合作与交流，成为中老关系的积极建构者。来自中国的投资者通过为老挝带来急需的资金和技术，搭建起了中国与老挝之间的外交桥梁。中国企业在老挝担当的社会责任为促进两国良好的合作关系注入了新的要素。包括来自中国大陆各地的商人在内的新移民成为中老两国经贸往来、文化交流与沟通的实践者，不论是集中于城市大型商贸中心的商户，还是分散于城镇乡村的小商贩，他们为当地人带来了便利的市场和丰富的商品，并提供了就业机会。同时，在新移民聚居经商的地区，不论规模大小，都拉动了周边经济发展，从而形成了规模大小不一的商业区。

第三节 老挝行政区划及人力资源官方机构

一、老挝行政区划

老挝全国共有17个省、1个直辖市。全国自北向南分为上寮、中寮和下寮三大区。首都万象是全国的政治、经济、文化和科研中心，其他主要经济中心城市包括位于老挝北部的古都琅勃拉邦市、中部的沙湾拿吉市以及南部占巴塞省的巴色市。根据2015年底老挝统计局数据，老挝人口总数 649 万。

表 4-1 老挝各省市名称以及人口分布（2015 年）

省市名称	人口数量（万人）	省市名称	人口数量（万人）
万象市	82.1	华潘省	28.9
琅勃拉邦省	43.2	乌多姆赛省	30.8
川圹省	24.5	琅南塔省	17.6
丰沙里省	17.8	万象省	41.9
波乔省	17.9	沙耶武里省	38.1
波里坎赛省	27.4	甘蒙省	39.2
沙湾拿吉省	97	沙拉湾省	39.7
色贡省	11.3	占巴塞省	69.4
阿速坡省	13.9	赛松本省	8.5

资料来源：老挝统计局。

二、老挝主要城市

万象市为老挝首都，是历史古城和佛教圣地，也是政治、经济、文化中心，位于中寮万象平原南端湄公河左岸，隔河与泰国相望。城市沿湄公河延伸，呈新月形，故有"月亮城"之称。面积约 3920 平方千米，人口 90 万（2018 年）。建于公元 574 年，14 世纪以来，几度为国都。市内多寺庙、古塔，其建筑体现了热带风格和老挝艺术的特点。万象汇集了全国 3/4 的工厂，外资企业多在万象。西湄公河畔有瓦岱机场，可起降大型飞机，有国内航线通往老挝主要城市，国际航线可达昆明、河内、金边、曼谷、清迈等。老挝 13 号公路和湄公河都经过万象贯通南北，从万象可驱车通过湄公河友谊大桥直达泰国廊开、泰东北。

琅勃拉邦省省会琅勃拉邦市是老挝的古都和佛教中心，是一个古色古香的小山城，2017 年全市人口 9.8 万人，其中城区人口 7.3 万人。琅勃拉邦市位于上寮南坎河和湄公河汇合处，市区沿湄公河左岸延伸，地势平缓，平均海拔 290 米。市郊群山耸立，宛如绿色屏障。城市依山傍水，风景秀丽，气候宜人，市容古雅幽静，街道宽阔平整，寺庙、佛塔、王宫掩映在花木修竹之中，是老挝旅游胜地。传统手工艺品在国内享有盛名。市郊有机场，湄公河琅勃拉邦至万象可行船。1998 年 2 月，琅勃拉邦市被联合国确定为世界文化遗产城。根据中国和老挝两国政府达成的协议，中华人民共和国驻琅勃拉邦总领事馆于 2013 年 12 月 25 日正式开馆，总领事馆地址在琅勃拉邦市邦康村。

沙湾拿吉市是沙拉湾省省会，位于老挝下寮湄公河左岸，人口 10 万，为下寮主要城市，工商业较其他城市发达。市区庚谷平原是老挝的主要稻米产区。交通方便，市郊有机场，由 13 号公路可通达全国，9 号公路通向越南岘港，乘船可抵右岸的泰国。该市自古以来是下寮的交通枢纽。

占巴塞省省会巴色市，位于老挝下寮洞河与湄公河交汇处，面积 10 平方千米；是老挝的主要稻米产区；为老挝南部关口，南通柬埔寨，西通泰国，市郊有机场，通往泰国的跨河大桥于 2000 年 8 月建成。巴色市是下寮主要的商业城市和物资集散地。

三、老挝人力资源管理及教育部门

1. 老挝劳动与社会福利部部长在中国的求学经历

为规范老挝劳务市场和人力资源管理，加强对国内劳务和国外劳务的管理，老挝政府于 1993 年 1 月 22 日成立了劳动与社会福利部，下设主管劳务的劳动司，并颁布实施了《劳动法》和最低工资法令等法律法规。目前，老挝人力资源管理最高官方机构为劳动与社会福利部。坎平·赛宋平于 2016 年 4 月就任该部部长。该部网站为 https://www.myanmar.gov.mm。坎平·赛宋平是南宁"六七"学校的学生，2015 年 11 月曾率老挝"六七"学校校友团访问南宁。"六七"学校是 20 世纪 60 年代中期，中国无偿援助老挝人民在南宁建设的一所老挝干部子弟学校，因中老双方于 1967 年确定创办该校而得名。学校设置有幼儿班、小学一至六年级。1976 年，"六七"学校迁回老挝国内，昔日"六七"学校的老挝孩子如今都成长为老挝各条战线的骨干。

2. 老挝教育与体育部及主要高校

老挝教育管理最高官方机构为教育与体育部。显登·拉占塔本于 2016 年 4 月就任该部部长。该部网站是 www.moe.gov.la。老挝现有 4 所大学，学生 5.4 万人。位于首都万象的老挝国立大学前身为东都师范学院，1995 年 6 月与其他 10 所高等院校合并设立国立大学，有 8 个学院。近两年来，老挝南部占巴塞省、北部琅勃拉邦省的国立大学分校相继独立，被正式命名为"占巴塞大学"和"苏发努冯大学"，另有直属卫生部的医学院。有各类专业学院 154 所（主要为私立学院），学生 5.9 万人。

第四节 外国人在老挝就业的规定

一、外国人在老挝工作的总体要求和现状

1. 外籍劳工在老挝的比例和年限

为保证老挝本国公民就业需求，老挝政府对外籍劳工进入有严格规定。需要引进外籍劳务的单位和项目必须向老挝社会福利劳动部申请外籍劳务指标。2014 年老挝《劳动法修正案》规定：外籍体力劳动者不能超过劳动者总人数的 15%，脑力劳动者不能超过 25%，规定工作期限为 2 年，可续期 2 年，最长不能超过 4 年。超过 4 年者不予批准工作证、居住证和工作签证，需间隔 2 年后才可再申请。

外籍劳工要到当地劳动和社会福利厅或局登记注册，并同意将收入的 2% 作为税收呈交政府，方可获得为期三个月的工作许可，之后必须回所属国往返一次方可再延期三个月。如果长久逗留，必须得到老挝国家劳动和社会福利部的许可。当然，这些及其他规定，可能会随着时代和经济的发展而改变，所以应经常查阅和咨询相关的最新规定。

2. 老挝外籍非法劳工的现状

非法劳工大多数来自越南和中国，少数来自泰国，他们只持有旅游护照或临时边境通行证，却在老挝长久工作，这是《老挝人民民主共和国劳动法》（以下简称《劳动法》）明令禁止的。他们有的经营很小的商铺，有的沿街摆摊，有的在工地打工，大多数人没有受过专业知识和技术培训。老挝政府期望可以削减非法劳工从事非专业工作的数量，只开放部分工作领域，从而给老挝本国国民保留更多工作机会。

老挝《万象时报》2017年3月14日报道，据老挝劳动与社会福利部统计，2016年有近24000名外籍劳工进行了注册，其中以越南、中国、泰国籍的劳工居多。预计2020年老挝对劳动力的需求量将上升至658000名，对外籍劳动力的需求有增无减，因此，加强对外籍劳工的管理势在必行。

3. 老挝取缔外籍非法劳工的办法

老挝万象市政府有关部门与中国和越南在万象协会联合召开会议，研究外国非法劳工的滞留、注册、相关管理法律法规问题。老挝万象劳动和社会福利厅厅长对万象非法劳工进行多次管理但效果甚微，万象政府2006年之前就已经采取措施取缔非法劳工，并与移民局加强合作，从2006年1月开始，如果外国非法劳工未获得工作许可证，将会处以每人500美元的罚款，并不给予签证。这个规定一并发送万象政府相关部门，包括各区、乡和从中、泰、越等国雇佣劳工的公司。

二、外国人雇佣问题的处理办法

1. 外籍劳工在老挝工作的要求及管理

有意向在老挝人民民主共和国务工的外籍人员，须通过务工单位或投资工程单位向老方申请以批准务工，且需遵守老挝人民民主共和国各相关法律法规及文化风俗。对无传染性疾病且符合全部务工条件的外籍技术人员及有熟练技能的建筑工人，可以依法申请签证、工作证及居留证，同时需依法履行老挝人民民主共和国法律规定的各项义务。老挝的外国劳务人员，要根据老挝相关法律法规从事谋生工作，不得随意从事以下不正当和不雅观的行为，如用人力挑、扛货物或者用自行车、摩托车运货物随处叫卖，随处收废旧物品，随处进行按摩、美容、剪甲等。

由老挝县政府直接负责管理、跟踪检查外国劳务人员，并向其提供证明，供其向外事部门申请签证，向劳动与社会保障部门申请工作证，向公安部门申请居住证，要证件齐全，并按国民待遇收取相关费用纳入县财政。如检查中发现外籍劳工违法行为，要严格按照相关法律法规规定处理。对外籍人员居留地、贸易场所、活动搬迁、伤亡的监管，县级政府负责组织处理与老方各相关部门的协调事宜。

2. 单位使用外籍劳工的规范及处罚情形

雇佣外国劳务人员的单位和项目应遵守老挝的相关法律法规，严格执行老挝与相关国家的在劳动方面的协议或合作备忘录，如进口许可、申请注册、工作证、申请居住证和续期、申请工作签证、交纳个人所得税、不违反相关禁令等。雇佣外国劳务人员的单位、项目应拟定内容清晰、全面的劳务协议，包括以下方面：劳务人数，各人的专业，工作期限，工作地点，月薪、奖金、劳务费及支付方式，工作种类，作息时间，工作形式（总包、分包、按月付薪），伙食，住宿，体检，医疗和社会保险，差旅费，参与劳务人员回国基金，专业证书或工作经历证明，健康证，交纳个人所得税，工作管理费以及履行社会福利政策等。

使用外籍劳力的务工及工程单位，必须严格执行法律法规、合同及老方与相关国家签订的劳务合作纪要；未经老方管理部门批准，无权将外籍务工者转至其他部门使用；合同到期后，劳工使用方必须负责监管及安排将所有务工者在15日内送回国内，如逾期未办理，将受到处罚及承担所有遣返费用。

如有外籍劳工偷偷受雇或从业，相关的务工及工程单位应向当事人提出警告并停止雇佣，同时向劳动部门、县或省公安部门报告，以对当事人进行处罚及遣返。如务工及工程单位对私自从业的外籍人员置之不理或与之同谋，将被依法处罚。外籍劳务人员不允许在老挝工作超过4年，即由相关部门出具2年时限的工作批准证，可继续延期2年，到期后必须返回国内。

三、赴老挝工作许可证的办理办法

1. 主管部门

老挝负责外国人工作许可管理的部门是老挝劳动社会和福利部外国工作人员管理司。

2. 工作许可制度

外国人赴老挝工作，必须获得当地劳动部门签发的工作许可，并在老挝驻申请人所在国大使馆或领事馆办理B2商务签证。

3. 申请程序

工作许可证由在老挝的雇主（公司或个人）向所在地劳动主管部门提出申请，经审核后，14个工作日内发放工作许可证。

4. 提供资料

申请工作许可证需携带聘用单位的聘用许可证明、一张一寸照片、含B2商务签证的护照和办证费用（120美元/人/年）。

第五节　老挝《劳动法》的核心内容

一、《劳动法》适用范围

《劳动法》对劳动者和劳动力使用者在各劳动单位内的活动有效。对于有书面劳动合同的工作人员，期限在3个月以上的，也同样适用本法律。《劳动法》不适用于在党的机构部门工作、政府部门工作、老挝国家建国阵线和公众部门工作的公务员、军人和警察。用工者可招收14岁以上但未满18周岁的童工，但每天工作不得超过8个小时。禁止使用童工从事繁重、危险和危害健康的工作。

二、签订劳动合同

劳动合同必须规定工作地点、具体工作、工资标准和从用工者那里应得到的其他福利。

劳动合同除了必须以书面形式签订的外，有时根据计日和量小的工作条件和性质，亦可为口头合同。劳动合同可以是有期或无期合同。有期合同的期限按用工者与劳动者的协商而定。

三、工作时间

普通工作，每周6天，每天不超过8小时，或者一个星期不超过48小时；特殊工作，如辐射性或疾病传染性工作，接触有毒烟雾或气味和危险化学物品的工作，在地下或隧道或水底或空中的工作、冷热条件不正常的场所工作，震动性作业等，每天不能超过6小时或每周不能超过36小时。

四、加班时间

在确有必要并征得工会或劳动者代表以及劳动者本人同意后，可要求劳动者进行加班。加班工时一个月不得超过45小时。紧急情况除外，如抗自然灾害或突发事件将给自己的单位带来巨大损失的情况。每次加班不得超过3个小时，不得每天连续加班。

五、工休日和病假

劳动者有权每个星期至少休息一天，可以是星期天或是劳动者与用工者商定的某一天。法定公休日休息，法定公休日日期由政府规定。因病有权持医生证明休病假，如果病假不超过30天，病假期间有权获得正常工资；至于以天、以计件工时计算或承包工作的劳动者，必须做满90天后才能按个人投保情况获得劳动报酬。

六、年休假

工作满一年的劳动者，有权休年度假15天。从事各种繁重和对身体有害的工作岗位工作的劳动者，有权休年度假18天，并照旧享受正常工资或劳动报酬。周末休假日和节假日不计入年度休假期内。

七、工资报酬

老挝政府按不同工作种类制定不同的最低工资标准。加班费分两种情况，正常工作日加班者，白天以日常工资的150%计算，晚上以200%计算；法定节假日、公休日加班者，白天以日常工资的250%计算，晚上以300%计算。在轮流值夜班，从夜间22：00时至次日凌晨5：00时的情况下，要发给劳动者不低于正常劳动报酬的15%的补助费。

八、社会保险

社会保险是指劳动者在劳动时遇到生病、生产、失去劳动能力、退休、牺牲、工伤、职业病、伤残、失业和其他困难时，在物质和精神上得到基本的保障。各个劳动单位必须强制加入社会保险体系，向社会保险基金交纳保险金，按照规定为劳动者和劳动使用者落实社会保险政策。

九、解除劳动合同

在试用期内，双方均有权随时解除试用，但对于不要求有熟练程度者，须提前至少3

天通知对方；对于要求有熟练程度者，须提前至少5天通知对方。劳资双方需解除无限期劳动合同时，对于体力劳动者，需提前至少15天通知对方；对于专业技术劳动者，需提前30天告知对方。有限期劳动合同即将到期时，合同双方要提前15天相互通知。若同意继续工作，双方须签订新的劳动合同。规定工作量的劳动合同，将随该工作的完成而解除。当劳动者死亡时，其劳动合同随之解除。但是劳动单位必须按照劳动量支付工资和薪金，遵守《劳动法》和有关补助政策。

十、停工补助费和工伤补助金

解除劳动合同，要按停工者的工作年限付给其停工补助费，一个月工龄按停工前工资的10%计算，超过三年工龄的按15%计算。领取计件劳动报酬或劳动报酬不固定者，以停工前最后三个月的劳动报酬的平均数，作为停工者补助费的计算依据。在劳动者犯错误的情况下，用工者有权解除劳动合同，不发停工补助费，但须至少提前3天通知本人。

给因工伤亡者或职业病患者的补助规定如下：在医生建议治疗和恢复体质的整个阶段，劳动者有权得到正常的全工资或劳动报酬，但不得超过6个月。如超过6个月，每个月只能得到自己工资或劳动报酬的50%，但不得超过18个月。如超过18个月，按社会保险制度执行。如用工者已按规定缴纳了赔偿金或社会保险金，或用工者已带自己管辖的劳动者去保险公司办理了保险手续，上述补助费将由赔偿基金和保险公司按规定负责。

第六节 中国人在老经商和工作的机遇

一、老挝主要经济形势及竞争力

老挝以农业为主，工业基础薄弱。1986年起推行革新开放，调整经济结构，即：农林业、工业和服务业相结合，优先发展农林业；取消高度集中的经济管理体制，转入经营核算制，实行多种所有制形式并存的经济政策，逐步完善市场经济机制，努力把自然和半自然经济转为商品经济；对外实行开放，颁布外资法，改善投资环境；扩大对外经济关系，争取引进更多的资金、先进技术和管理方式。1991—1996年，国民经济年均增长7%。1997年后，老挝经济受亚洲金融危机严重冲击，老挝政府采取加强宏观调控、整顿金融秩序、扩大农业生产等措施，基本保持了社会安定和经济稳定。2017年经济增长6.9%，国内生产总值（GDP）约170亿美元，人均2472美元。2018年经济增长6.5%，2019年GDP约190亿美元，人均2765美元。

世界银行发布的《2019年营商环境报告》显示，按照投资难易程度排名来看，2018年世界190个经济体中，老挝排第154位，建房批准难易程度排名第47位，资产注册排名第65位，信贷排名第75位，合同执行强制力排名第88位，商品对外输出排名第120位，纳税排名第146位，电力安装排名第155位，经营活动排名第160位，中小企业保护排名第165位，破产保护排名第169位。世界经济论坛《2019年全球竞争力报告》显示，老挝在全球最具竞争力的141个国家和地区中排名第113位。

二、中老国际合作面临新的历史机遇

中老两国是山水相连的友好邻邦，两国人民自古以来和睦相处。进入21世纪以来，两国关系在"长期稳定、睦邻友好、彼此信赖、全面合作"的方针指导下一直保持着健康稳定的发展。2009年9月，两国关系提升为全面战略合作伙伴。2013年9月，习近平总书记、国家主席同来华访问的时任老挝国家主席朱马里会谈时，首次提出："中老关系不是一般意义的双边关系，而是具有广泛共同利益的命运共同体。"2016年5月，老挝人民革命党中央总书记、国家主席本扬对华进行正式友好访问时，双方第一次在联合声明中阐明中老"是具有战略意义的命运共同体"。2017年11月，习近平总书记、国家主席在中国共产党第十九次全国代表大会闭幕后首次出访就选择老挝，两党两国最高领导人在会谈时再次确认了这一共识，为构建中老命运共同体注入了强劲动力。2018年5月，本扬访华期间，两党两国最高领导人一致决定启动制订《构建中老命运共同体行动计划》。

21世纪以来，中老贸易保持稳步增长。近年来，随着中老两国经济快速发展，双方经贸合作成绩显著。据中国海关统计，2018年中老双边贸易额为34.7亿美元，同比增长14.9%。中资企业对老挝投资迈出可喜步伐，一批有实力的中资企业进入老挝市场，投资领域不断扩大，投资方式呈现多样化，主要投资领域包括矿产、水电、农林、房地产、园区开发和酒店业等。据中国商务部统计，2018年，中国对老挝直接投资流量14.3亿美元，累计对老挝直接投资存量为66.5亿美元。老挝虽属世界上经济最不发达国家之一，但与中国经济互补性强，合作潜力很大。

第七节　中国人在老经商和工作的风险及应对措施

一、到老挝投资或经商须有10亿基普以上资本

来老挝投资或经商的外籍人员须有10亿基普以上资本①，且有稳定的生产基础，才能依法申请注册登记、税务登记、签证及居留证，同时需依法履行老挝人民民主共和国法律规定的各项义务。县级政府是直接负责管理及监督的部门。资本不足10亿基普但不少于2.5亿基普的投资者可获得两年宽限期，但需与县级政府签订保证两年内资本增至10亿基普的协议，以达到《投资促进法》第17条规定。逾期无法达到要求的，将被停止经营并遣返回国。

二、老挝劳务市场"两增一减"的趋势

2010年老挝社会福利劳动部工作计划指出，随着老挝社会经济将继续保持快速发展，越来越多的援助项目、矿产、水电、建筑、加工、农业和服务业等产业将新增大量工作岗

---

① 老挝货币名称是基普（KIP），2019年11月与美元汇率约为8870∶1。根据老挝外汇管理规定，基普为有条件兑换。老挝鼓励使用本国货币，但在市场上基普、美元及泰铢均能相互兑换及使用。人民币仅在老挝北部中老边境地区兑换及使用。

位。老挝的劳动力市场明显呈现出供小于求的局面，目前这种局面仍然没有大的变化。外籍劳务需求方面，近年来老挝劳务市场出现"两增一减"的趋势，即对高新技术人才、高级经营管理人才、新兴产业和特殊专业技能人才的需求明显在增加；对脏、苦、险行业工种需求增加；对普通工人、简单技工、低层次经营管理人才需求减少。如建筑业中工程规划设计人员、项目管理人员、工程师、监理工程师等供不应求，需从中、日、韩等国家输入。普通建筑工人则多数是老挝人和越南籍工人。这类工人技能和劳动生产效率低下，供给过剩，导致其工资待遇不断下降。中老两国政府尚未签订劳务合作协议，因此在会计、律师、特种劳务等项目中没有进行劳务合作业务。中国在老经商者和在当地工作者应及时了解相关信息，正确评估赴老挝务工的收益与风险，并根据实际情况对个人的工作及生活适时作出调整与安排。

三、老挝开设了较多赌场并有诱赌风险

治安风险方面，老挝治安情况总体较好，但近年来抢劫、贩毒、偷盗等刑事犯罪数量有所上升，交通事故发生较多。若在北部应避免单独走夜路、山路和水路，避免携带大量现金和贵重物品。

自然灾害方面，老挝自然灾害较少，个别年份可能发生旱灾、洪灾及洪灾引发的泥石流，南部曾于2009年遭受台风影响。

食品卫生风险方面，当地市场销售的家畜等肉类产品未经过检验检疫，但蔬菜水果等食品比较安全。餐馆卫生状况普遍较差，外出就餐应避免吃生食。

社会风险方面，据媒体报道，近年来老挝开设了较多赌场，以传销或网上招赌方式诱骗外国公民，并以提供高额赌资、允许签单赊账为诱饵吸引包括中国人在内的外国公民参赌。参赌人员一旦欠下赌债，赌场即予扣留并威逼、殴打，逼迫其通知国内亲属偿还赌债。对此，中国政府已多次要求老挝官方关闭邻近中国地区的赌场，并协调国内有关外事、公安部门解救中国部分参赌被扣人员回国。在此提醒中方务工人员遵纪守法，避免此类风险。

四、劳动力资源不足且工薪偏低

世界银行数据显示，2017年老挝劳动力人口约360万，老挝劳动力素质总体偏低，劳动力资源不足，尤其是技术劳动力严重不足，原因之一是老挝工薪偏低，且每年约有几万熟练劳工赴泰国打工。赴老挝务工的外国人员中，中国、越南和泰国居前三位，2015年这3个国家在老挝务工人员分别约为15000、8000和4000人。

自2015年起，老挝社会劳动最低工资标准提高到90万基普（约合112美元）。这是老挝人民民主共和国成立以来老挝政府第六次提高最低工资标准。《劳动法》规定，如需额外加班，需要视情增付1.5~3倍的加班工资。

五、有公开承诺的政策及程序，但容易变化

老挝政府部门、执法部门和工商会、贸易促进会等社会中介组织都有一些公开承诺的政策法规、办事程序，但在实际操作中往往出现差异和变化，因此，既要学习和了解本

土的规矩,更要通过交流和接触,了解实际操作流程。老挝当地设有各个行业的商会和协会,中资企业要主动加入商会和协会,并争取在商会和协会中发挥积极作用,与当地的社会、市场形成和谐的互动。

六、中老社会制度相同,但差异也不少

中老两国有许多相同、相近之处:同是共产党领导下的社会主义国家,同样实行改革(革新)开放的政策,同属发展中国家,发展进程中面临一些相同的热点、难点问题,又是友好邻邦,有许多共同语言。但两国也存在文化、发展层次、发展速度、思想观念上的差异。老挝多数国民信仰佛教,有着独特的文化习俗和禁忌。中资企业人员应尊重当地居民,多倾听他们的意见,耐心沟通,主动融入当地社会,积极创造和谐氛围,处理好与当地居民的关系。

第八节 老挝万象中资企业人力资源本土化现状

近年来,我国和东盟各国的经贸合作快速发展。老挝地处东南亚核心地带,已经成为中资企业拓展东南亚市场的一个关键据点。老挝国内经济发展虽较滞后,但其拥有丰富的矿产、水电资源。跨入21世纪后,老挝积极推进国内改革,年均经济增速超过7%。这期间,其他国家特别是中国给予了大量援助。随着老挝的中资企业越来越多,大量的中国员工被外派到这里工作,但由于气候、文化、家庭等因素的影响,中国员工外派老挝失败率很高,所以大多数中资企业已经调整了人员战略,把目光转向了人力资源本土化。万象是老挝的首都,这里集中了老挝规模最大的工厂和绝大多数国外援助项目,所以下面以万象为代表进行问卷调查来分析中资企业人力资源老挝本土化现状。云南大学企业管理硕士研究生唐银于2016年一共向万象160家中资企业发放问卷160份,回收138份,有效问卷126份,有效回收率为78.7%。

一、中资企业目前的中高级管理人员的国别构成

目前万象中资企业中高级管理岗位的员工中,总经理90%来自中国,老挝人占10%;副总经理中国和老挝占的比例差距不大,主要是因为大多中资企业考虑到对外关系维护大多会聘用老挝籍人员任职副总经理。很多中老合资企业,老方股东也会派驻高级管理人员,一般担任副总经理,少数担任总经理,也有少量来自其他国家。综合管理负责人中,中国籍占70.6%,老挝籍占29.4%。之所以这个岗位的老挝籍员工占有一定的比例,是因为综合管理岗对外关系是重要工作内容。市场营销方面,中国籍占59.5%,老挝籍占40.5%。这个岗位的本土员工也比较多,因为企业要在老挝树立本地化形象,营销推广工作的本土化很重要。

财务融资负责人中96.8%来自中国,3.2%来自老挝。工程、生产、技术负责人来自中国的占86.5%,有些不涉及工程、生产、技术的企业未设这个岗位。人力资源负责人来自中国的占77%,老挝的占13.5%,还有9.5%的企业未设这个岗位,是因为这些企业的人力资源工作由综合管理部负责。目前,在万象中资企业中高级管理人员的本土化情

况为副总经理、市场营销负责人、综合管理负责人的本土化率相对较高,人力资源负责人本土化情况一般,且有部分企业不重视此岗位,财务融资和工程生产技术岗位的人员本土化率很低。

二、老挝籍员工在中高级岗位的分布情况

调查显示,老挝籍员工在中高级岗位本土化率较高的主要分布在副总经理、市场营销和综合管理岗,其中副总经理占41.27%,市场营销负责人占35.71%,综合管理负责人占26.98%。很多中老合资企业的副总经理岗位多由老挝人担任,这样既能实现有效监督,又能发挥各自的优势所在,比如,在对外关系维护这一块,老挝人比中国人要适合;综合管理岗位涉及对外关系、审批等工作内容较多,所以一般企业进驻几年后,这个岗位会让老挝优秀雇员担任;市场营销负责人由老挝人担任,他们能够按照老挝人乐于接受的方式开展市场推广、活动策划工作。

其他岗位,总经理占10.32%,人力资源负责人占13.49%。这两个岗位的老挝员工所占比例很小。老挝工作经验丰富兼具综合素质高的高级管理人员实在稀缺,所以总经理岗位基本由中方员工担任,有很少的中老合资企业总经理由老挝人担任。目前老挝人力资源管理方面的人才比较少,而且有一些企业的人力资源岗位没有单独设置,由行政综合管理部门来负责。财务融资和工程、生产、技术岗位的中级管理岗位本土化比较低,这两个岗位的负责人基本是中国人担任,老挝籍员工基本分布在低层管理技术岗位。

三、中层管理及高级技术人员被本土雇员替换的人数

调查显示,中资企业目前中层管理及高级技术人员被本土优秀雇员替换的人数情况如下:没有替换的占12.7%,替换了1人的占15.1%,替换了2人的占22.2%,替换了3人的占17.5%,替换了4人的占15.9%,替换了5人的占8.7%,替换了6人的占4%,替换了6人以上的占4%。总之,替换了2人及以下的占到50%,替换了4人及以下的占到83.3%,所以中层管理及高级技术员工的本土化情况不太好。

四、企业成立初期和现在,中方员工比例变化

公司成立初期和现在,母公司派驻的中方员工占公司基层管理及以上的总人数的比例变化情况:企业成立初期,中方员工占60%以上的企业个数占调查总数的75%。而现在,中方雇员占40%以下的占到企业总数的70.7%。可见,万象中资企业的人才本土化取得了较大成果。这主要是因为中资企业进入万象市场后,招聘了大量的老挝本土员工在基层岗位培养,有很多已经成长为各个部门的骨干,一些已经替换了中方雇员,中方派驻的员工数量就随之减少了。

五、企业人员本土化现状定性描述

各企业对于自己公司的人员本土化实施现状的主观描述:21.4%的企业认为公司的人员本土化很成功,已培养了一大批能力强的本土雇员;57.9%的企业认为他们的人员本土化取得了一些成果,但还需要继续努力;17.5%的企业的人员本土化只停留在口头上,没

有积极执行；3.2%的企业目前还没有人员本土化计划。

参考文献

1. 杨伟国，代懋. 中国人力资源法律审计报告——从东盟十国看"一带一路"国家的劳动与雇佣管制 [M]. 北京：中国人民大学出版社，2018.
2. 何平. 从云南到阿萨姆 [M]. 昆明：云南民族出版社，2002：77.
3. 郑晓云. 全球化背景下的中国及东南亚傣泰民族文化 [M]. 北京：民族出版社，2008：75-76.
4. [越] 黎巨捻. 现今老挝的民族分布 [J]. 广西民族研究，1992(增刊)：316.
5. 周建新. 老挝的民族识别与划分及其未来发展 [J]. 贵州民族研究，2001(1)：151.
6. Joachim Schliesinger. Ethnic Groups of Laos. Bangkok：White Lotus Press，2003：64-71，113.
7. [老挝] 坎普·茹达拉. 老挝民族族称的根据及所取得的初步成效 [N/OL]. 新万象报(老文)，1999-08-27.
8. 黄兴球. 老挝族群论 [M]. 北京：民族出版社，2006.
9. [老挝] 坎平·堤汶达里. 老挝民族大家庭中的各成员 [N/OL]. 新万象报(老文)，1990-12-20.
10. 陶红. 关于老挝的民族问题 [J]. 东南亚纵横，2004(3)：56-57.
11. 许红艳. 老挝的民族问题与民族政策 [J]. 曲靖师范学院学报，2010(2)：92.
12. 北京六智信息技术股份有限公司网站（ttp://www.360doc.com/content/20/0901/20/70293_933477323.shtml.）
13. 傅曦，张俞. 老挝华侨华人的过去与现状 [J]. 八桂侨刊，2001(1)：14.
14. [老] 马哈西拉·维拉冯. 老挝史 [M]. 万象：教育部出版社，1957：7.
15. 深思. 老挝泰老族系民族探源（下）[J]. 东南亚，1987(2)：27.
16. 丹平. 老挝史略 [J]. 印度支那，1985（1）.
17. 丁人杰. 老挝民族国家建构的历史基础、目标构想与民族整合进程研究 [D]. 昆明：云南大学，2016.
18. 徐松石. 泰族僮族粤族考 [M]. 北京：中华书局，1946：15.
19. 何平. 泰语民族的迁徙与现代傣、老、泰、掸诸民族的形成 [J]. 广西民族研究，2005(2)：140.
20. [越] 阮唯绍. 老挝的族群结构（越文）[M]. 河内：社会科学出版社，1996.
21. 向大有. 走向世界的瑶族华人 [J]. 八桂侨史，1995（4）.
22. [英] 安东尼·R.沃克. 泰国拉祜族研究文集 [C]. 许洁明，译. 昆明：云南人民出版社，1998.
23. 王正华，和少英. 拉祜族文化史 [M]. 昆明：云南民族出版社，1999.
24. 黄兴球. 老挝、泰国跨境民族形成模式及跨境特征 [J]. 广西民族大学学报（哲学社会科学版），2008(2).

25. 庄国土．略论二战以来老挝华人社会地位的变化[J]．华侨华人历史研究，2004(2)：29-30.

26. 郝跃骏．老挝华人现状及社团组织[J]．东南亚，1992(1)：50.

27. 蔡天．寮国华侨概况[M]．台北：中正书局，1988：54-55

28. Igor Kossiko. Nationalities Policy in Modern Laos[A] // In Andrew Turton，Civility and Savagery：Social Identity in Tai States. Curzon Press，2000：235.

29. 方雄普．海外侨团寻踪．北京：中国华侨出版社，1995：278

30. 杨超．老挝新华侨华人与中老友好交往[J]．八桂侨刊，2011(2)：61.

31. 方芸．老挝华侨华人与"一带一路"建设[J]．八桂侨刊，2018(2).

32. 商务部国际贸易经济合作研究院，等．对外投资合作国别（地区）指南——老挝，2019.

33. 中国驻老挝经济商务参赞处网站：http://la.mofcom.gov.cn.

34. 搜狐网（http://www.sohu.com/a/112744811_119928）．2016-8-29.

35. 中华人民共和国外交部网站：https://www.fmprc.gov.cn.

36. 佚名．老挝将取缔外国非法劳工[N/OL]．国际商报，2005-11-10.

37. 唐银平．万象中资企业人力资源本土化现状与对策研究[D]．昆明：云南大学，2017.

第五章　缅甸人力资源

第一节　缅甸的人口及民族

一、缅甸的人口概况

缅甸联邦共和国（The Republic of the Union of Myanmar）首都内比都（Nay Pyi Taw），同缅甸有外交关系的国家将使馆设在仰光。缅甸劳工、移民和人口部人口司以 2014 年全国人口普查数据为基础，计算并公布了截至 2020 年 4 月 1 日的缅甸全国人口总数为 5458 万。根据世界银行 WDI 数据库的统计数据，截止到 2018 年，缅甸总人口为 5370.8 万人。

在劳动力市场方面，根据缅甸统计局的数据[①]，截止到 2015 年底，缅甸劳动人口约为 3390 万人，失业率为 1.4%。在人口结构中，约有 22.1% 的人口年龄在 15~24 岁，55% 的人口年龄在 25~54 岁，8.4% 的人口年龄在 55~64 岁，2.2% 的人口年龄超过 64 岁。按产业划分，缅甸农林水产业人口占 34.2%，工业及制造业人口占 15.5%，服务业人口占 50.3%。在劳务合作方面，根据缅甸商报的统计，截止到 2017 年 5 月，缅甸外出务工雇员主要分布在泰国、马来西亚和新加坡，其中，泰国有 190 万~300 万人，马来西亚约有 25 万人，新加坡约有 20 万人。根据中国—东盟自由贸易区商务门户网站统计数据，缅甸 2016 年男性人口占 48.1%，女性人口占 51.9%；城市人口占 35%，农村人口占 65%。2007—2016 年缅甸人口增长率大趋势是逐年递增，到 2016 年人口增长率为 0.9%，这在东盟国家中是除泰国以外人口增长率最低的国家。2016 年缅甸人口密度为每平方千米 78 人，人口密度在东盟十国中排名第 8[②]。

二、缅甸各民族与中国西南民族的历史渊源

1. 缅甸民族的分类

缅甸是个多民族的国家，共有 135 个民族[③]。尽管史料缺乏，无法断定缅甸各民族是否曾有过共同的来源，但语言发生学还是从一个侧面为我们划分缅甸民族的类型提供了一

[①] Myanmar Labour Force, Child Labour and School-to-Work Transition Survey Detail Report. [2017-08-30]. http://www.mol.gov.mm/en/myanmar-labour-force-child-labour-and-school-to-work-transition-survey-2015-detail-report/.

[②] 中国—东盟自由贸易区商务门户网站：http://www.cn-asean.org。

[③]《缅甸》（缅文），《新光报》，1995 年 7 月 23 日。

条线索。语言发生学认为,语言的发生分类与语言的共同来源有关,亲属语言必然源于共同的始祖语,从语言间的相互关系可以探知语言的历史渊源。同样,使用相近语言的民族群体肯定也会有某种历史上的渊源关系。我们认为,缅甸的民族从古至今有着必然的延续性,历史上的民族与现今的民族既有联系又有区别。

从语言的谱系分类来看,缅甸现今的各个民族可以分为三类:①使用汉藏语言的民族集团,括操藏缅语、壮侗语、苗瑶语的各个民族;②使用南亚语系孟高棉语的民族;③使用南岛语系古马来语的民族。其中,使用藏缅语的民族有缅族、若开族、钦族、克钦族、克伦族、克耶族、刀都族、达努族、刀尤族、土瓦族、茵莱族、阿昌族、傈僳族、拉祜族、那加族等民族,占全国总人口的90%;使用壮侗语的民族有掸族等,占总人口的7%;使用苗瑶语的民族有苗族和瑶族,占总人口的0.005%;使用孟高棉语的民族有孟族、瓦族、布朗族、克木族等族,占总人口的2.8%;使用南岛语的民族有摩钦族,占总人口的0.05%[①]。除使用苗瑶语的民族是近一两百年从中国迁入的外,其他各民族在缅甸都有上千年的历史。一些史学家认为,缅甸几乎所有的民族都是从中国迁入的。占缅甸人口99%以上的藏缅语支民族、壮侗语支民族、孟高棉语支民族的先民与古代生活在我国西南地区的民族集团有着历史上的渊源关系。

2. 中国西南古代民族三大族系

170万年以前,在中国西南的云贵高原生活着我国乃至东南亚地区最早的人类——元谋猿人。虽然我们并不清楚元谋人和后来古代中国西南民族之间有何种直接的传承关系,但可以说明的一点就是云南曾是人类发源地之一,缅甸的民族也许出自元谋人的后裔。汉代以前,我国的典籍中就已有了对古代西南民族的记载。"西南夷"作为西汉时分布在中国西南地区众多少数民族的概称也见诸史料。历史上的西南夷与现代中国西南地区的少数民族有着不可分割的历史传承关系,也与现今缅甸的民族有着千丝万缕的联系。

中国学者在对古代西南民族的研究中,从语言的谱系出发,结合历史资料,把历史上的中国西南古代民族分为三大族系:①属藏缅语群的氐羌系;②属壮侗语群的百越系;③属南亚语群孟高棉语的百濮系。研究表明,古代中国西南三大民族集团所操语言正好是当今缅甸99%的人口所操语言。二者之间具有语言上的一致性。因而,可以认为缅甸境内的民族是中国古代西南少数民族在缅甸境内的延伸和发展,而云南在中缅古代民族的关系中地位也十分重要。

3. 缅甸各民族与中国西南民族的历史渊源深厚

关于古代云南地区的民族和文化分布状况,我国学者李昆声在研究了云南不同类型的新石器文化系统后认为,滇西北地区的新石器文化系统乃氐羌先民创造的原始文化;洱海地区和金沙江中游地区的新石器文化是氐羌文化和百越文化结合的产物,其中氐羌文化因素占主导地位;滇池地区、滇东北、滇东南及西双版纳地区的新石器文化为百越的先民所创造,同时滇池地区、滇东北地区也有氐羌先民居住;澜沧江中游地区新石器文化的主人是百濮先民。新石器时期民族迁移的特点是"百越北上""氐羌南下",汇合于云贵高原,

---

[①] 余定邦等:《缅甸》,南宁:广西人民出版社1994年版,第21页。

形成各自的文化系统。

我国学者钟智翔认为，形成这种文化分布的地域虽以云南为主，但也极有可能辐射到了其他邻近的区域。西南地区的新石器文化与两汉时期的西南夷文化有着必然的联系。先秦时期，氐羌系民族早已开始南迁，抵达滇西北、滇西地区，且仍然保持着南下的势头。氐羌的继续南下就形成了其在缅甸境内的支系，如骠人集团。百越系民族居滇东、滇南，在北上的同时也会西进，如在中越边境跨境而居。百濮混居于其他族群之中，并缓慢南移。如此种种都有可能影响缅甸的民族分布。考古发掘证实，缅甸中部的骠国遗址具有氐羌文化特征，而云南沧源岩画与缅甸掸邦西部新石器时代的皮达林洞岩画有某些相似之处。这都表明缅甸各民族的先民与中国古代西南地区的民族集团有着特殊的关系。

三、缅甸民族的组成部分

缅甸是东南亚民族情况最为复杂的国家之一。长期以来，缅甸究竟有多少个民族，各民族现有人口状况如何，众说纷纭。这跟缅甸在殖民统治时期还不具备全面普查缅甸民族的条件，而独立后的半个多世纪内战不断、少数民族地方割据的情况有关。

20 世纪 80 年代，尤其是 1988 年以来，在缅甸官方文件以及政府官员的讲话中提到缅甸的民族，都说"缅甸有 135 个民族"。这种说法源于 1983 年缅甸进行人口调查时划定的民族表。根据这种划分法，缅甸境内的民族被分成 8 个支系，各支再分若干种分支，共 135 个民族。但是，缅甸官方不承认华人、印度人、孟加拉人为法定少数民族。中华人民共和国外交部网站 2020 年 5 月公布的缅甸国家概况资料，也沿用缅甸有 135 个民族的说法，主要有缅族、克伦族、掸族、克钦族、钦族、克耶族、孟族和若开族等。官方语言为缅甸语，各少数民族均有自己的语言，其中克钦族、克伦族、掸族和孟族等民族有自己的文字。全国 85% 以上的人信奉佛教，约 8% 的人信奉伊斯兰教。

1. 缅族

缅族是缅甸的第一大民族，根据中华人民共和国外交部网站 2020 年 5 月的缅甸国家概况资料，2020 年 4 月缅甸人口 5458 万，缅族约占总人口的 65%，约为 3547.7 万。缅族以缅甸语为母语，属于汉藏语系藏缅语族缅语支民族。缅语有 7 种方言，各方言间差别不大，可以互相沟通。缅语通行缅甸全国，是缅甸的国语。缅文是一种拼音文字，由辅音字母与元音符号相拼而成。缅族起源于古代氐羌集团，是中国古代羌人部落的南下分支。西汉至隋唐时期，生活在川藏甘交界地带及其以南地区的白狼羌是最初的原始缅人。缅族人属蒙古人种东南亚分支，个头不高，肤色呈棕色。缅族在全缅各地均有分布，其中伊洛瓦底江中下游地区是缅族人口最集中的地区，即人们所称的"缅甸本部"。缅族在缅甸 7 个省人口比重占绝对优势，在极少数民族邦中也有广泛分布。

缅甸官方划分的缅族包括缅巴玛（Bamar）、土瓦（Dawe）、丹老（Beit）、约（Yaw）、耶本（Yabein）、克都（孔姑，Kadu、Konku）、格南（Ganan）、萨隆（Hsalon）、蓬（Phon、Phun）等 9 种分支民族。缅族为缅甸的历史上，先后三次统一了缅甸，对于推动缅甸历史的发展起到了关键性的作用。缅族为缅甸政治、经济、文化、艺术、风俗习惯等方面的发展做出了重要贡献，他们的这些方面也远比缅甸其他民族发达，对其他民族有着很大的影响。缅族主要从事农业耕种，水稻种植技术较为先进。其居住区物产丰富，伊洛瓦底江三角洲是缅甸有名的"鱼米之乡"，盛产稻米，水稻产量占缅甸水稻总产量的2/3，被誉为"缅甸粮仓"。此外，缅族还种植棉花、花生、豆类、芝麻等作物。

2. 掸族

掸族是缅甸的第二大民族，2014年人口普查数据显示，缅甸境内有掸族人口约462.8万，占缅甸总人口的约9%。掸族的掸语属东亚（汉藏）语系，有暹罗（泰国中南部、老挝南部、柬埔寨西北部）、兰纳（泰国北部、缅甸东北部、中国云南南部、老挝北部、越南西北部）、大泰（缅甸中北部、中国云南西部、印度东北部）三大方言。掸文源于古印度的婆罗米文，掸族先民集东南亚各种文字之长创制了掸文。掸族人主要分布在掸邦、克钦邦、克耶邦、克伦邦、曼德勒省、实皆省以及仰光等地。掸族起源于澜沧江、怒江中上游地区；在掸族先民活动的澜沧江、怒江中上游一带，出土了数量众多的古文化遗址，其中，"玉水坪文化遗址"（云南省怒江傈僳族自治州兰坪县通甸镇）经鉴定至少有10000年的历史，"塘子沟文化遗址"（云南省保山市隆阳区蒲缥镇）经鉴定至少有8000年的历史；从出土的房屋遗迹、用火遗迹、劳作工具、动物化石等各类实物都可以看到掸族先民翔实厚重、形象鲜明生动的无字史书。

缅甸官方划分的掸族分支民族共33种，即掸（Shan）、云（老，Yun，Lao）、桂（Kwi）、频（Phyin）、达奥（Tha-o）、萨诺（Sanaw）、勃雷（Palei）、茵（ln）、宋（散，Son、Hsan）、卡姆（克木，Khamu）、果（阿卡—意果，Kaw、Akha-l-kaw）、果敢（Kokant）、坎地掸（Khanti Shan）、贡（空，Gon、Khun）、当尤（Taungyo）、德努（Danu）、伯朗（崩龙，Palaung）、苗（Myaungzi）、茵加（Yingya）、茵奈（Yinnet）、小掸（Shankalay）、大掸（Shdngyi）、拉祜（Lahu）、仂拉（Lwela，即佤族）、茵达（Intha）、艾对（Aittwe）、勃欧（东都，Pa-o、Taungthu）、傣仂（Tainlwe）、傣连（Tainlyam）、傣龙（Tainlon）、傣雷（Tainlei）、迈达（Maintha）、木掸（Mawshan）。实际上，掸族与泰国的泰族（Thai）、柬埔寨的泰族（Thai）、越南的泰族（Thai）、老挝的佬族（Lao）、中国的傣族（Dai）、印度的阿萨姆族（Assam）属分布在不同国家叫法不同的同一个民族，都是泰民族的一部分。因此，缅甸各地的泰民族并不承认缅甸官方的民族划分，对外均统一自称"泰（Tai）"，缅族人称其为"掸（Shan）"。

3. 克伦族

克伦族是缅甸的第三大民族，也是缅甸第二大少数民族。2014年人口普查数据显示，克伦族人口约359.9万，占缅甸总人口的7%。克伦族有自己的语言，克伦语属于汉藏语系藏缅语族克伦语支。克伦语与缅语、钦语等语言有亲属关系。克伦文是拼音文字，早期的克伦文分为斯戈克伦文和波克伦文两种。斯戈克伦文于1832年由美国浸礼教会传教士依照缅文创制，同年他还创制了波克伦文。目前，大多数学者认为，克伦族与缅甸族同源，都是从中国西北南迁来的羌族，属于蒙古人种，进入缅甸的时间比缅族还要早一些，大约于公元1世纪前后进入缅甸境内。克伦族主要分布在克伦邦和克耶邦，还有伊洛瓦底江三角洲地区，在孟邦、丹那沙林省、仰光省、勃固省、克耶邦等省邦也有分布。克伦族最明显的特征是，女性以长颈为美，女性无论老幼颈部皆固定十几根到数十根金环或铜环，以拉长颈部。

缅甸官方划分的克伦族包括克伦（Kayin）、白克伦（Kayinphyu）、勃雷底（勃雷齐，Paleiti、Paleipwa）、孟克伦（Monkayin）、色郭克伦（SakawKayin）、德雷勃瓦（Taheipwa）、勃姑（Paku）、木奈勃瓦（Mawneipwa）、勃外（Bwe）、勃瓦（Mpowa）、勃克伦（Pokayin）等11种分支民族。克伦族有按居住地区起名的，也有按服色确定称谓的。按地区命名的，如居住在山区的克伦族被称为"山区克伦"，居住在平原地区的被称为"平原克伦"；与孟族居住在一起的被称为"波克伦"或"德楞克伦"；与缅族居住在一起的被称为"斯戈克伦"。以服色称谓的，如喜欢穿用儿茶染的红外衣的克伦人被称为"红克伦"，喜欢穿白衣服的克伦人被称为"白克伦"，喜欢穿黑衣服的克伦人被称为"黑克伦"。

4. 若开族

若开族是缅甸的第四大民族，2014年人口普查数据显示，若开族人口约154.3万，占缅甸总人口的3%。若开族语属于汉藏语系藏缅语族，属何种语支至今仍有争议。若开族有5种次方言，语法上若开族方言与标准缅语基本相同，两者仅在发音和用词上稍有差别。若开族使用的文字为标准缅文。古若开人是雅利安人与黄种人的后裔，他们于公元前20世纪从印度东北地区迁入若开境内，文化上带有雅利安文化特征。若开族主要聚居在西部若开沿海地区。

缅甸官方划分的若开族包括若开（Yakhain）、克曼（Kaman）、卡密（Khamwi）、岱奈（Dainnet）、玛尔玛基（Mayamargyi）、谬（Myo）、德（Thet）等7种分支民族。若开族由于地理位置与印度接近，其文化受印度文化影响较深。若开族最有名的传统佳节是一年一度的划船节。每年4、5月间，正是若开人的秋收时节。若开人在此时举行划船节，也有庆贺丰收之意。

5. 孟族

孟族是缅甸的第五大民族，是缅甸最为古老的民族之一。据2014年人口普查数据，孟族人口约102.8万，占缅甸总人口的2%。孟族有自己的语言，孟语属于南亚语系孟高棉语族孟语支。据文字学家考证，孟文由产生于公元前3世纪印度阿育王时期的南印度帕瓦那字母演变而成，4世纪后孟文被大量地应用于碑铭。孟文一度在缅甸影响很大，缅文字母便是依据孟文字母创制的。孟族是缅甸的古老民族，属于蒙古人种。公元元年前后，孟族由中国分两支沿湄公河南下，一支占据了今柬埔寨和老挝（即今天的高棉人），另一支进入泰国和缅甸。孟族主要分布在缅甸孟邦、克伦邦、丹那沙林省、勃固省、仰光省。

缅甸官方划分的孟族只有孟（Mon）一种分支民族。在众多土著中，孟族被缅化得最彻底。在缅甸三角洲地区，孟族混血男女最多。孟族的建筑、绘画、雕刻、音乐和舞蹈对缅族的影响很大，孟族文化对缅族文化起着承前启后的作用，影响十分深远。孟族的许多传统文化节被缅甸许多民族吸收，成为各民族共同的传统节日。孟族的传统节日与缅族基本相同，具有孟族民族色彩的传统节日是"布瓮节"和"放火船节"。

6. 克钦族

克钦族是缅甸的第六大民族，据2014年人口普查数据，克钦族人口约100万，约占缅甸总人口的2%。克钦族有自己的语言，克钦语属于汉藏语系藏缅语族景颇语支，与古汉语在语法和词汇方面也有明显关系。克钦族中操景颇语者人数最多，操浪峨语者次之。克钦文字由19世纪末美国浸礼教会传教士首先创制，后几经完善，现已固定成型。克钦族属蒙古人种，人体特征与中国汉族相近，相传为炎帝分支。"克钦"是他称，自称为"景颇""班阳"等。克钦族主要分布在缅甸克钦邦、掸邦、实皆省。在印缅边境和中缅边境瑞丽江流域以及中国的云南省也有分布。

缅甸官方划分的克钦族分支民族共12个，即克钦（Kachin）、克尤（Kayo）、德朗（Dalaung）、景颇（Gyeinphaw）、高意（Gawyi）、克库（Kakhu）、杜茵（Duyin）、玛育（劳高，Mayu、Lawgaw）、耶湾（Yawan）、拉希（拉漆，Lashi、Lachit）、阿济（Azi）、傈僳（Lihsu）。

7. 钦族

钦族是缅甸第七大民族，据2014年人口普查数据，钦族人口约100万，约占缅甸总人口的2%。钦语属于汉藏语系藏缅语族景颇语支。钦族有自己的文字，但使用范围很小，行政办公用语及教学用语多用缅文。钦族先民大约在公元2世纪前后从中国南迁至缅甸户拱地区，随后继续向南转移，大约于13世纪到达亲敦江流域，几经辗转流徙，之后又于14—15世纪被迫迁至西北部山区钦山山脉定居，即今日缅甸的钦邦。主要分布在钦邦、实皆省、马圭省、勃固省和若开邦。

缅甸官方划分的钦族分支民族共53种，即钦（Chin）、梅台（Metai）、克岱（旧译卡随，Kathe）、萨莱（Hsalai）、克林都鲁些（Kalintaw-Lushe）、克米（Kami）、奥瓦克米（Aw-Wakami）、润挪（Khawno）、康梭（Khaungso）、康塞钦（Khaunghsain Chin）、卡瓦西姆（Khwahsim）、孔立（西姆，Khunli、Hsim）、甘贝（Ganbe）、贵代（Gweite）、阮（Nywan）、西散（Hsisan）、辛坦（Hsinhtan）、塞丹（Hsaintan）、扎当（Zataung）、佐通（Zohton）、佐佩（Zophei）、佐（Zo）、赞涅（赞尼亚，Zanhnyat、Zanniyat）、德榜（Tapaung）、铁定（Tihtein、Tedim）、德鼙（Teizan）、达都（Tado）、多尔（Tawr）、定姆（Dim）、岱（茵都，Dain、Yindu）、那伽（Narga）、丹都（Tandu）、玛茵（Mayin）、勃南（Panan）、玛甘（Makan）、玛乎（Mahu）、米延（玛雅，Miyan、May-ar）、米埃（Mi-e）、门（Mwin）、鲁鲜鲁些（Lushain-Lushe）、雷渗（Leimyo）、林代（Linte）、劳都（Launt-htu）、莱（Lain）、莱佐（Lainzo）、巴金姆（玛尤，Parkim、Mayo）、华尔诺（Hwarlngo）、阿努（A-nu）、阿南（A-nan）、乌布（U-pu）、林杜（Lyintu）、阿休钦（AshoChin）、养突（Yaunghtu）。

8. 克耶族

克耶族是缅甸的第八大民族，据2014年人口普查数据，克耶族人口约51.4万，约占缅甸总人口的1%。克耶族原称克伦尼，1951年10月5日，缅甸政府根据该民族的意愿改为现称。克耶族是克伦族的一个支系，克耶语属于藏缅语族克伦语支。克耶族人原本没有文字，1949年才利用缅文字母创造了克耶族文字，但至今使用仍不太普遍，基本上仍使用缅文。克耶族主要分布在缅甸克耶邦和克伦邦。克耶族人体特征与克伦族相似，都是一支由古克伦人发展而来的民族。克耶族女人与克伦族一样都是自5岁开始在脖颈上套铜环，直至累积约33厘米高。

缅甸官方划分的克耶族包括克耶（KayIn）、泽仁（Zayein）、巴叶（格约，Paye）、克延（勃当，Karan、Padaung）、玛努玛诺（Manu—manaw）、茵达莱（Yintale）、茵多（Yindaw）、给扣（Geikho）、给巴（Geiba）等9种分支民族。克耶族十分迷信，事无论大小，几乎都要用鸡骨占卜，因此特别重视养鸡。克耶族的铜鼓制作精美，其铸造铜鼓的历史已超过500年。此外，克耶漆器在缅甸也非常有名。克耶族是一个勤劳的民族，文化上深受掸族的影响。

第二节 中国人移民缅甸及贡献

中缅是友好的邻邦。云南与缅甸相连接，"中间并无任何天然界限"，因此有云南人通过陆地移居缅甸。同时，由于各种原因，一些闽粤人从祖国东南沿海移居缅甸。华侨移民缅甸经历了一个十分漫长的历程，在民国时期达到高潮。当时云南籍华侨主要分布在靠近云南的上缅甸地区，而闽粤籍华侨主要分布在靠近印度洋的下缅甸地区。他们在缅甸从事农、工、矿、商等产业，这些产业在当时缅甸经济中占有重要的地位，还在一些地区形成了华侨社会。在东盟10国当中，就国土面积而言，缅甸仅次于印度尼西亚，名列第2位；至于华侨、华人人口数量，则排在泰国、印度尼西亚、马来西亚、新加坡和菲律宾之后，居第6位。

一、唐、宋、元时期中国人移民骠国、蒲甘王朝和勃固王朝

中缅是山水相连的邻邦，中缅两国的人民早在先秦及西汉时期就有往来。《史记·西南夷列传》中的记载，张骞在出使西域时，在大夏（今阿富汗北部）看到蜀布和邛竹杖，说明中国与缅甸之间的陆路贸易在我国的西汉时期即已存在，这些商品沿着一条从四川经云南进入缅甸北部到印度的陆上交通线运至印度，再转运到大夏。东汉和帝永元九年（97年）以及安帝永宁元年（120年）时，掸国王雍由调曾两次遣使沿着这条商路到中国。其后顺帝永建六年十二月（232年1月），掸国亦遣使朝贡。到三国时期，蜀地商人仍积极从事着中国与缅甸之间的商贸活动。至唐朝，云南地区处于中国南诏地方政权统治下，唐诏关系密切。此时的缅甸骠国正处于繁荣发展的阶段。849年缅甸人接管骠河流域并且建立蒲甘城，1044年阿奴律陀国王建立蒲甘王朝，它是缅甸第一个统一的帝国，1297年蒲甘王国衰亡。1287年瓦里鲁趁蒲甘王国的衰败之际，建立勃固王朝称霸下缅甸。

唐代樊绰所著《蛮书》载，"河赕（今大理一带）贾客在寻传（在现今缅甸克钦邦北部及我国怒江州部分地区）羁离未还者，为之谣曰：冬时欲归来，高黎共山上雪。秋夏欲归来，无那穿赕热。春时欲归来，平中络绎绝"。这里描写唐代在古道上往来中缅谋生的客商行旅之艰辛。当时中缅双边贸易繁荣，便在高黎贡山的山腰及山巅各设驿站，可见贾客人数之多，而云南籍的商人更是中缅贸易的主力军。因贸易路线的艰险，有些商人"未还"，其中难免有定居在缅甸的中国商人，这是史籍上首次有明确记载经陆路前往并迁移缅甸骠国的云南籍中国人。南宋宗室，宋太宗赵光义八世孙赵汝适所著《诸蕃志》中有"蒲甘国有诸葛武侯庙"的记载。陈碧笙先生则认为，诸葛武侯庙的建立是当地已有华人居住之一证。英国人史谷特爵士在《缅甸玉石开采》中记载，缅北玉石是在13世纪初由云南

一小贩发现的。玉石的开采技术也是由中国人传入缅甸的。从元朝开始很多中国人赴缅北开采玉石，还有不少云南珠宝商在缅甸开业。元朝时，中缅之间发生过四次军事冲突，《元史》及《新元史地理志》记载，元朝在缅境设立了如缅中行省、云远路、蒙光路军民总管府等地方政府，地方政府的运行需要元朝派遣大量的官员到缅甸。元朝时期，留缅中国人中除商人、矿工外，因政治关系、行政事务而留居缅甸的中国人也为数甚多。元代汪大渊的《岛夷志略》载，在乌爹（缅甸勃固地区）经商的中国人在当地衣食无忧，"故贩其地者，十去九不还"此后，在我国史籍里陆续有中国人留居缅甸的记载。

二、明、清、民国时期中国人移民阿瓦、东吁、贡榜等王朝和英日殖民地

1368年，朱元璋建立了统一的大明王朝，同时期缅甸处于阿瓦王朝（1364—1555年）、白古（勃固）王朝时期（1287—1531年）和东吁王朝（1531—1752年）时期。同时期，北方（上缅甸）有掸族的阿瓦王朝，南方（下缅甸）有孟族的白古王朝，阿瓦、白古南北对峙，进行战争。面对北部强大的明朝帝国，为得到明朝的支持，阿瓦和白古双方极尽拉拢明朝。在16世纪中叶之前的近两200年时间内，明朝趁此与缅甸各割据势力建立和保持了一种类似藩属的密切关系。东吁王朝起先与白古（勃固）王朝、阿瓦王朝两国结盟，16世纪时灭此二国。贡榜王朝（1752—1885年）为缅甸最后的王朝，它统一了全缅甸。1885年，英国消灭缅甸贡榜王朝，1886年1月1日，缅甸成为英属印度的一个省份。1942—1945年日本占领和殖民缅甸，日本战败后又遭受英国殖民统治。

随着中缅两国交往的增多，迁移缅甸的中国人数量较前代有所增加，但因从事贸易，不少贾商来回往返，萍踪不定，数量难以估算。明朝弘治十二年（1499年），云南巡按谢朝宣奏："臣闻蛮莫等处，乃水陆会通之地，蛮方器用咸自此出，江西、云南大理逃之民多赴之。"[①] 弘治年间，有江西、云南之民逃亡缅甸阿瓦王朝八莫。值得一提的是，迁移缅甸的中国人在隆庆年间就已形成自己的聚集区。明人朱孟震的《西南夷风土记》记载："江头城外有大明街，闽、广、江、蜀居货游艺者数万，而三宣六慰被携者亦数万。"[②] 缅甸阿瓦王朝江头城已出现中国人的聚居地——大明街，即唐人街，足见华侨华人聚居地的兴盛。当时在缅甸的并不只是滇人，也有福建、广东、江西、四川籍贯者，且人数已达数万。而从"缅甸、八百、车里、老挝、摆古虽无瘴而热尤甚，华人初至，亦多病，久而与之相习"可知，在这些地方都有中国人留居，说明该时期在缅甸的中国人并不只在滇缅边境活动，活动范围有所扩大。更值得我们注意的是，当时居缅的中国人，有的已经进入当地上层社会，作为通事（翻译官）任职于缅甸宫室。另外，明缅北地区各土司多蓄有汉人为幕僚，以应付朝廷之计，其中不乏像岳凤这样的"叛国"之徒。据《明史》载，广西人陈安者，初为郡吏，亡命入缅，应履信任之，署为丞相，教以侵掠疆土之计。这类人未见姓名者尚多，大都留居缅境不返。明末清初时，南明永历皇帝被清军追击，大量的随从和云南边民随永历帝避难缅甸的东吁王朝。后来，南明旧将李定国、白文选率领部下入缅迎驾，最终他们大都散落在上缅甸，主要从事农业和矿业，与缅甸当地妇女通婚，经过百

---

① 《明史》卷三一五。
② 《西南夷风土记》卷五，第3241页。

余年的繁衍生息，形成了华人移民集团"桂家"和"敏家"。

康熙年间，吴三桂在云南起兵叛乱，后被清军镇压下去，吴三桂的很多部下为了躲避清政府迫害，逃到缅甸东吁王朝成为华侨。雍正年间，清政府在西南地区进行大规模的改土归流，由于损害了当地人民的利益，云南镇源、威远等地的人民开展了反对改土归流的斗争。反抗斗争被清军镇压下去后，这些人又遭屠杀，不少云南等地兵民逃到缅甸东吁王朝。乾隆时，发生过两次中缅战争，这与缅甸华侨人数的增加也有关系。乾隆三十二年（1767年），明瑞统兵两万五千人征缅，乾隆三十四年（1769年），付恒又发兵数万。战争结束后，"中国战俘凡两千五百名，仍羁缅京，或事种植，或事工艺，娶缅妇为妻"。此外，在战争期间，必定还有一部分清朝官兵散落在缅境贡榜王朝，成为驻缅华侨。到缅甸的华侨除了政治（战争、逃难）、经济（经商、开矿）等原因外，还有的是出于血缘姻亲关系。有部分华侨经多年经营，在缅甸有了产业，需要子女前往继承，也有的是因各种亲戚关系，跟随前往侨居。华侨初到缅甸，行陆路比较方便，而且多数为云南人。

到了19世纪，尤其是第一次英缅战争前后，从海路到缅甸的广东、福建等省的华商逐渐增加。意大利天主教徒圣基曼奴神父在《缅甸帝国》一书中，曾记载第一次英缅战争前缅甸华侨的情况："从云南、广东和中国其他地区来的富商，以至于从海峡殖民地来的华侨，都已在很早以前留居在缅甸，并且渐渐繁衍，遍布全国。有许多村落中的巨室，都是华侨。"这说明当时从海道来缅甸的华侨很多，分布范围也很广。经过多年的经营，有少数人已发展为富户。1893年清政府解除禁海令，允准国人出入，福建人"下南洋"的大潮被再次唤起。早期闽侨赴缅大多为年轻男性只身前往，主要原因在于：①鸦片战争后，福建传统社会经济遭到很大冲击，当时闽南很多地方恶人横行，社会动荡，百姓谋生困难。②1885年上下缅甸"合并"后，缅甸社会经济飞速发展，为外来移民创造了大量就业机会，1900年前后缅甸人的抗英斗争减少，社会环境逐渐稳定。在上述推拉力作用下，当时很多年轻人纷纷外迁缅甸谋生，成为第一代闽侨。

民国以来，中国人开始大规模定居缅甸各地。自1911年起，英属缅甸政府每隔十年做一次户口调查。根据英属缅甸政府公布的户口调查统计，旅缅华侨人数逐渐增加，到1931年达到194000人[①]。根据1931年人口普查数据，当时缅甸华侨的职业构成如下：商人占41%，木匠、铁匠和皮革匠占38%，半熟练工人占9%，写字先生占5%，其他职业占7%[②]。缅甸云南籍华侨华人占35%，福建籍占26%，广东籍占17%，湖北、山东、浙江等省籍占22%。由于地理相接和经商等原因，历史上有大批回族人移居缅甸，这些回族华侨在云南籍华侨中占有很大的比例。根据1931年英属缅甸政府的调查，居住在缅甸与云南交界地区的云南回族，1921年有1517人，1931年有1106人。1937年抗日战争全面爆发后，国内战火连绵，大量中国人逃往缅甸避难。自1938年滇缅公路通车起，出入滇缅边境的华侨大幅增加。1940年中国驻仰光总领事馆估计，缅甸华侨约有30万人。1942年日军占领缅甸后，一些旅居缅甸的华侨回到祖国。1945年日军战败后，不少华侨回到缅甸，

---

① 布赛尔：《东南亚的中国人》，《南洋问题资料译丛》1958年第1期，第20页。
② John Leroy Christian. Modern Burma: A Survey of Political and Economic Development. California: University of California Press, 1942: 271.

加上中国远征军人员有相当数量流落缅甸，这时华侨数量变化比较大，没有确切的统计资料。第二次世界大战后，"有些报刊发表华侨在缅约三十余万人"。

三、中华人民共和国成立后中国人移民独立、军政府和联邦政府下的缅甸

1948年1月4日缅甸脱离英联邦，宣告独立；1949年10月1日，中华人民共和国诞生；1949年12月17日，缅甸在东南亚国家中首先承认我国。新中国成立不久，为适应中缅两国和两国人民的交往日趋频繁的需要，在北京大学增设了东方语言学系，扩大设置了缅甸科，随后北京第一外语学院也开设了缅语专业，聘请一批缅甸华侨和缅甸专家为专任教师，学生中也有缅甸华侨青年。在中缅建交后的13年间（即20世纪50年代至60年代初期），中缅两国领导人互访甚为频繁。缅甸华人的政治、经济、文化地位一改旧观，获得与该国公民平等的地位，受到尊敬。

1962年，军事将领奈温将军发动政变并成立以军事统治的政府。奈温执政后，对内实行"缅甸式社会主义"，一度对主要工商企业实行国有化。1963—1973年的10年间，是缅甸华人地位一落千丈的时期。当时的情况，根据缅甸华人的说法，可归纳为四句话："国有化、大排华、大迁徙、大损失。"从1963年开始，缅甸政府下令将华侨所有的工商企业收归国有，华侨华人的企业数量几乎等于零，损失惨重。1967年6月，在缅甸首都仰光发生了一次缅人排华反华事件，导致华人的地位一落千丈。排华反华的原因主要是：华人的生活比缅人好，认为华人剥削了缅人。缅人排华反华事件发生后，从1967—1970年，大量的华人逃往国外。缅泰边界的泰国难民村和缅中边界的云南境内收容了很多华侨华人难民，其余大量移居中国大陆、中国港澳台、美国、澳大利亚、加拿大和西欧。1982年唯血统论和歧视非原住民的《缅甸公民法》颁布后，缅甸大量华侨移民其他国家。直到1988年底，缅甸推行改革开放政策，华人的处境才开始好转，大规模的移民浪潮才暂告一段落。

1974年以后，是缅甸华人地位雨过天晴的时期。在这期间，中国领导人先后出访缅甸，使中缅两国友谊得到了恢复和发展，给华侨华人增添了一股无形的力量。因此，华人经济出现了"重起炉灶，迁回创业，多元发展，引进外资"的崭新格局。1974年缅甸政府颁布新宪法，准许私人投资创办工商业。华人重起炉灶、重操旧业，开始惨淡经营，逐步发展。1988年底，缅甸政府宣布全国开放边界。中缅边界开放以后，排华时迁到外国的缅甸华人，乘开放之风，纷纷迁回原地创业。缅甸政府允许私人投资工商业和宣布边界开放后，为华人的经济发展从法律上给予了保护，极大地调动了华人投资工商业的积极性。不少华人都向多元化经济行业靠拢，即工、商、金融、服务、地产等行业一起上。很多华人的后裔在排华时期到日本、中国台湾、美国打工，积蓄了一笔资金后，都回到出生地缅甸投资兴办工商业。

根据商务部国际贸易经济合作研究院《缅甸对外投资合作国别指南（2018年版）》资料，目前缅甸华侨华人及其后裔的总人数约为250万（由于缅甸政府对人口没有系统的普查，最近的资料为1983年数据，因此该数据为不完全统计）。旅缅侨胞遍及全缅各省、邦，相对集中在大中城市。他们主要来自云南、福建、广东，亦有少数来自广西、四川、山东、湖南、湖北和浙江等地。云南籍侨胞主要集中在曼德勒、腊戍、当阳、景栋、密支那、八

莫、木姐、大其力等缅北地区。福建和广东籍侨胞相对集中在仰光、勃生、彬文那、毛淡棉、土瓦、丹老、妙瓦底等缅东南地区。

四、华侨华人对缅甸的贡献及其与西方殖民的本质区别

我国进入缅甸的华侨华人主要分三部分：一部分为云南人；一部分为福建人；一部分为广东人。华侨华人大多数出身贫苦，初到缅甸时一无所有，靠勤俭和努力成家立业。云南人主要居住在缅甸北部掸邦地区，从事玉石和银矿开采；福建人和广东人主要居住在缅甸南部，从事商业和建筑业。在工业方面，旅缅华侨首先接触和涉足的是缅甸的矿业开采。早期的缅甸人不知道也不懂得如何开采这些天然资源，而旅缅华侨带去的开采矿藏和冶炼的技术却为缅甸利用这些自然资源，造福于缅甸人民做出了积极的贡献。缅甸是一个农业国，盛产稻谷，除了开采银矿以外，很多旅缅华侨还从事碾米业。在商业方面，旅缅广东人和福建人的发展较为成功。闽广华侨精于做生意，几乎包揽了缅甸国内的贸易和货物流通。闽侨在仰光基本上以开设杂货店为生。粤侨大部分是建筑工人，但也有很多粤侨从事商业，仰光的面包商几乎全部由粤侨经营。

纵观华侨华人在缅工商业发展的历程，我们可以得出以下结论：①华侨华人企业的利益同缅甸人的利益融合在一起，因此企业具有生命力，具有生存空间；②尽管缅甸政策多变，华侨华人经济发展多灾多难，但旅缅华侨华人发挥聪明才智，因地制宜，因时而变，适应能力强，使自己的企业融入缅甸社会，因此总能使自己的企业绝处逢生。缅甸著名经济学家吴敏梭在《工商业中的缅甸人》一书中说："战后缅甸的工业发展是由华侨完成的。"华侨对缅甸经济的建设做出的贡献进一步加深了华侨与缅甸人的关系。1962年，缅甸国防军副总参谋长、陆军司令昂基准将说："我们对居住在缅甸的中国人，对他们一百几十年来对缅甸的经济建设做出的贡献，给予高度评价。他们生于斯，长于斯，工作建设于斯，因此，我们从来不把居住在缅甸的中国人当作普通的外国人看待。"

华侨与西方殖民者有本质的区别。西方资本主义国家为了在国外掠夺原料、占有商品市场和输出资本，便有组织地大规模向国外移民，建立自己的殖民统治。他们自视为上等人，强迫当地人民进行奴隶式的劳动，掠夺他们的财富，剥夺他们的政治经济权利。与殖民者相反，华侨迁移缅甸主要是由于政治避乱和为了谋生，他们与缅甸人民一起，共同发展当地的经济，从事工、农、商业的劳动，他们当中的绝大多数人尊重当地人民的风俗习惯，遵守缅甸政府的法令，与缅甸人民和睦相处，结下了深厚的友谊，被缅甸人民称为"胞波"（缅语意为亲兄弟）。

第三节 缅甸行政区划及人力资源官方机构

一、缅甸行政区划

缅甸全国分为7个省、7个邦和1个联邦区，省是缅族主要聚居区，邦多为各少数民族聚居地。7个省分别为仰光省、曼德勒省、勃固省、马圭省、实皆省、伊洛瓦底省、德林达依省。7个邦分别为掸邦、克钦邦、克耶邦、孟邦、克伦邦、钦邦、若开邦。1个联

邦区为内比都特区。据缅甸劳工、移民和人口部统计，截至2017年10月1日，缅甸人口最多的5个城市分别是仰光、曼德勒、内比都、勃生和勃固。缅甸《镜报》2020年4月2日报道，缅甸劳工、移民和人口部人口司以2014年全国人口普查数据为基础，计算并公布了2020年缅甸全国的人口总数为5458万。缅甸各省、邦、区人口数据如表5-1。

表5-1　缅甸各省邦、首府名称以及人口数量（2020年4月）

省邦名称	首府名称	男性人口（万）	女性人口（万）	合计人口（万）
克钦邦	密支那市	100	92	192
克耶邦	垒固市	16	17	33
克伦邦	巴安市	79	82	161
钦邦	哈卡市	25	27	52
实皆省	实皆市	263	296	559
德林达依省	土瓦市	74	75	149
勃固省	勃固市	234	260	494
马圭省	马圭市	180	213	393
曼德勒省	曼德勒市	308	346	654
孟邦	毛淡棉市	94	105	199
若开邦	实兑市	159	175	334
仰光省	仰光市	397	442	839
掸邦	东枝市	320	323	643
伊洛瓦底省	勃生市	304	323	627
内比都联邦区	内比都市	62	67	129
缅甸全国		2615	2843	5458

资料来源：缅甸劳工、移民和人口部。

二、缅甸主要城市

1. 内比都市（Nay Pyi Taw）

内比都的前身为彬马那（Pyinmana），为缅甸第三大城市，曾是缅甸民族英雄昂山将军发动独立战争的军事要冲及缅甸共产党游击队大本营。2005年11月，缅政府迁都于此，后彬马那更名为内比都（意为"帝王之都"）。内比都位于仰光以北390千米处，北距古都曼德勒320千米，属缅甸中部地区。内比都下辖彬马那、雷威、达贡、欧达亚帝力、戴奇拉帝力、博巴帝力、滋布帝力、泽亚帝力等8个镇区，面积约7057.07平方千米，是原首都仰光的9倍。内比都联邦区人口约129万人，主要居民为缅族，另有掸族、克钦族、克伦族、克耶族、德努族、勃朗族、勃欧族等少数民族杂居于此。内比都大金塔塔高100米，是2009年依照仰光世界和平塔仿造而成。虽然相对而言仰光和平塔更久负盛名，但内比都大金塔却以规模取胜，豪华气派，内外均为贴金装饰，为内比都的地标建筑物。缅甸国家地标公园2010年开始对外开放，这类似于深圳锦绣中华的文化主题公园。

2. 仰光市 (Yangon)

仰光是缅甸第一大经济中心，是仰光省的省会，也是缅甸最大的城市，是全国的经济、文化、交通中心。仰光地处伊洛瓦底江三角洲东部，仰光河下游，距出海口34千米，地势低平。仰光市下辖33个镇区，面积约808平方千米。仰光省人口839万，其中华人华侨约20万。仰光在2500年前，曾是孟族渔村，名叫奥加拉巴，11世纪时称为达贡（又称大光Dagon）。这个名称来自梵文，意思是"三岗村"，传说古时候这里有三个山岗。1755年改名为"仰光"（意为"战争终止"），1855年缅甸成为英国的属地，英国人把缅甸的首都从曼德勒（Mandalay）移到了仰光，用来作为出口柚木等商品的港口，1948年缅甸独立后定都仰光。2005年11月，缅甸迁都至内比都。仰光港为深水港，可进出万吨轮，是缅甸吞吐量最大的港口。仰光也是全国的航空枢纽，北郊建有敏加拉洞国际机场。瑞德贡大金塔是仰光市标志性建筑，也是缅甸的象征，为世界著名佛塔之一。仰光与中国的江苏扬州市、云南昆明市、广西南宁市缔结为友好城市。

3. 曼德勒市 (Mandalay)

曼德勒是缅甸第二大城市，是曼德勒省的省会，中部军区司令部所在地，位于缅甸中部、伊洛瓦底江东岸。曼德勒省人口约654万，华人华侨约7万。曼德勒是缅甸蒲甘王朝、阿瓦王朝等几个古代王朝曾经建都的地方，因背靠曼德勒山而得名。曼德勒的巴利语名称为"罗陀那崩尼插都"，意为"多宝之城"。故都位于现城近郊，在第二次世界大战中大部分建筑被毁，仅存古皇城和城楼。因缅甸历史上著名古都阿瓦在其近郊，故旅缅华侨称它为"瓦城"。曼德勒为缅甸古都，历史上曾是全国的政治、经济、文化中心，也是佛教圣地之一，至今仍保存着浓厚的缅甸传统文化特色。曼德勒地区被列为联合国世界文化遗产，当地古迹很多，全市共有大寺院、佛塔250多座，小庙宇1000多座。曼德勒是缅甸内陆交通枢纽，市郊有德达乌机场，与全国各大城市通航，有铁路直通仰光、密支那和中缅边境的腊戍。曼德勒亦是重要工业地区，市内有纺织、木材、食品、碾米、船舶修理等工厂。1994年8月22日，我国在曼德勒恢复开设总领馆。

4. 蒲甘市 (Bagan)

蒲甘位于缅甸中部，伊洛瓦底江东岸，是缅甸历史最悠久的古都，是缅甸最著名的旅游城市，也是缅甸最重要的佛教圣地之一。蒲甘城已有1800多年的历史，缅甸第一个中央集权的封建王朝蒲甘王朝即建都于此。849年，披因比亚建立蒲甘王国。1004年（中国北宋宋真宗景德元年），蒲甘王国遣使朝贡。佛塔林立是蒲甘最壮美的景观，据传佛塔最多时曾达40多万座，被誉为"万塔之城"，现仍存有2000多座。这些佛塔建筑形状各异，风格多样，或宏伟壮观，或小巧精致，塔内还有许多精美的石刻、壁画及佛祖造像，充分显示了缅甸人民的聪明智慧和创造才能，是研究缅甸历史、宗教、建筑和文字的重要历史资料。蒲甘是东南亚最负盛名的漆器之乡，这里有世界上最精致的漆器的生产作坊。蒲甘漆器以式样精美、做工精湛闻名于世。据史料记载，漆器制作起源于12—13世纪的蒲甘。自此之后，蒲甘便成为缅甸乃至东南亚地区的漆器发源地。除了漆器，蒲甘的浮雕和陶瓷工艺也享有国际声誉。在佛都的盛名下，蒲甘把与佛教相关的手工艺制作发展到极致。

三、缅甸人力资源管理及教育部门

1. 缅甸人力资源管理部门

2016年4月1日正式运作的缅甸人力资源管理部门情况如下：缅甸劳工、移民和人口部部长为吴登瑞（U Thein Swe），社会福利和救济安置部部长为温妙埃（Dr. Win Myat Aye）。两个部门的办公地点都在Office No.23 Nay Pyi Taw。

2. 缅甸教育部门及主要高校

2016年4月1日正式运作的缅甸教育部门及主要高校情况如下：教育部部长为苗登基（Dr. Myo Thein Gyi），部门办公地点在Office No.13 Nay Pyi Taw。高等教育学制3~6年不等，普通高校本科自2012年起改三年制为四年制。现有基础教育学校40876所，大学与学院共108所，师范学院20所，科技与技术大学63所，部属大学与学院22所。著名学府有仰光大学、曼德勒大学等。

第四节　外国人在缅就业经商的规定

一、外国人在缅就业的规定

目前缅甸尚未出台外籍劳工可就业的岗位、市场需求等方面的规定。缅甸整体劳动力技术水平较低，缅政府鼓励外国在缅投资企业引进管理和技术人员，指导缅甸当地雇员提高技术水平，但同时也鼓励外资企业优先雇佣缅甸工人。外国人赴缅甸工作主要需解决签证延期及居留许可等方面的问题。另外，缅甸整体医疗条件较差，来缅甸工作人员应注意饮食卫生，采取措施减少蚊虫叮咬，预防疟疾、登革热等疾病。签证及居留延期的相关规定及程序如下：

1. 商务签证办理规定

外国人赴缅甸工作，须持有效护照及商务/工作签证进入缅甸，或提前准备好相关资料，到达缅甸后办理落地签证。办理商务签证需要缅甸政府有关部门或企业出具的邀请函，中国公民可在缅甸驻华使馆以及缅甸驻昆明总领馆办理商务签证。缅甸商务签证有效期为70天，可办理延期。

2. 暂住证办理规定

外国人连续在缅甸居留90天以上者须到移民局办理暂住证（Foreigner's Registration Certificate，FRC）。未办理暂住证的外国人，缅甸政府将不予办理签证延期。

3. 签证及居留许可延期规定

凡属在缅正式注册的中资企业人员或缅甸本地、在缅甸注册的第三国外资企业中方员工，可向缅甸投资委员会申请协助办理中国劳务人员的签证以及居留许可延期。

缅甸《声音》2015年7月11日报道，据缅甸移民局消息，移民局7月初首次核准124名外国人的长期居留申请，申请人向有关部门缴纳规定费用后即可获得居住证。缴纳费用标准为成人每年1000美元，7~18岁的未成年人每人每年300美元，7岁以下儿童免缴费用。

二、外国人持商务签证在缅经商需办手续

1. 办理劳动卡

根据缅甸政府规定到缅长期经商者，若需要办理签证延期，首先要办理劳动卡（LABOUR CARD）。劳动卡需要以一个当地合法注册登记的公司雇员身份到缅甸劳工、移民和人口部办理，办劳动卡需交照片及缴纳规定的费用。

2. 办理签证延期及逗留许可

办理劳动卡后，办理签证延期（VISA EXTENTION）及逗留许可（STAY PERMIT）同样需要当地合法注册登记的公司开出证明，到商务部办理手续，然后再到中央移民局办理签证延期及逗留许可并交照片及缴纳相关费用，一般一次延期3个月。逾期不办者，每天罚款3美元。

3. 办理外侨登记证

凡到缅后居住时间超过3个月者，均需提前到国家移民局办理外侨登记证（即长期居住FRC），办理外侨登记证需交照片和缴纳规定的费用。超期未办者将受到罚款处理。凡到缅甸后1个月内申请办理外侨登记证的外籍经商者需交纳9美元，超期申请的经商者需交纳18美元。

4. 办理离境表

凡到缅后居住时间超过一个月者，离境时均需提前到缅甸移民局办理离境表。长期居住者办理离境表时，要向移民局交回外侨登记证，并领两张离境表。其中一张出境时交机场移民局，另一张下一次回缅时，再到移民局换回原有的外侨登记证。返回缅甸后1个月之内换回外侨登记证者只需交纳6美元手续费，超出1个月后换取者需交纳12美元。办理离境表需交2张照片，及缴纳规定的费用。

5. 办理往返签证

往返签证分为多次往返签证和一次往返签证，多次往返签证有效期一般有3个月、6个月和一年三种，一次性往返签证有效期一般为1个月。在缅注册的外资合资公司董事可申请6个月或一年有效期的多次往返签证，一般外籍经商人员可申请3个月有效期的多次往返签证。多次往返签证不管有效期长短，收费均为180美元，一次性往返签证收费54美元。

6. 更换缅甸汽车驾驶证

凡持有中华人民共和国汽车驾驶证的人员都可以办理更换缅甸交通部颁发的驾驶证，但需要有一家在当地注册的公司担保。然后本人凭该公司证明和中国驾驶证及本人照片到交通部办理手续，并通过考核，收费为40美元及少许缅币。

第五节 缅甸《劳动法》的核心内容

近几年来，缅甸正处于一个快速变化发展的时期，随着缅甸政府越来越重视劳工法律制度方面的立法工作，缅甸劳工法律制度不断得到完善。然而，缅甸还是使用1951年颁布的《缅甸联邦劳动法》，该法规定的内容非常陈旧，与当前的社会发展现状极其不符，出现了与法律规定相互冲突的情况。比如，《缅甸联邦劳动法》规定雇主提前解除固定期限劳动合同时应支付员工的补偿金与《可持续发展教育就业与技能发展法》第5条和第84条规定的雇主单方面提前终止劳动合同时支付的离职金有出入。因此，起草符合现状的新《缅甸联邦劳动法》势在必行。目前，缅甸在国际劳工组织协助下，已经开始开展《缅甸联邦劳动法》的修订工作，一项综合劳工法即将产生。

一、劳动合同内容

在制订劳动合同的过程中，企业应给予员工最低工资、假日、公休日、加班费、抚恤金、劳工赔偿金、社会保障和《劳工法》及其实施细则中规定的权利保障。雇佣超过5名雇员的雇主需使用政府提供的劳动合同模板，也可以使用比上述模板对劳动者更为有利的劳动合同文本。

二、签订劳动合同

据《全球缅甸新光报》2015年9月1日报道，缅甸劳工、移民和人口部发布公告称，自2015年9月起，在缅企业须在员工入职30天内与其签署劳动合同。员工人数15人以下的小微企业也必须按要求与员工签订劳动合同，且在合同中明确工资标准[①]。雇主和员工之间只有签订劳动合同，才能确立雇佣关系。劳动合同分为有固定期限劳动合同和无固定期限劳动合同，合同类型以及合同期长短由劳资双方协商确定。劳动合同中通常会规定员工的试用期，一般不超过3个月。劳动合同签订后，副本要交镇区劳动办备案。

三、劳动条件及报酬

雇主须为员工提供安全、环保的工作环境，保证员工身心健康。公司、商店、贸易中心、服务型企业、娱乐场所的员工每天工作8小时，每周不超过48小时；工厂工人每天工作8小时，每周不超过44小时，但对于因技术原因必须保持生产持续24小时不得间断的工作，工人每周可工作48小时。为私人企业工作的员工每年可以享受6天临时请假、30天病假、10天带薪假期、21天公共假期。

劳动者的薪金根据工作的不同可分为计件制、计时制、日薪制和月薪制。缅甸政府于2012年实行将月薪制的劳动者最低工资标准定为2美元/日，2013年增加至3美元/日。2018年5月起，缅甸最低工资从日薪3600缅币提升至日薪4800缅币（2019年1美元约

---

① 佚名：《缅甸劳工部要求在缅企业与员工签署劳务合同》，《全球缅甸新光报》，2015年9月1日。

合1537缅币）①。

四、职工社会保险及福利

根据缅甸议会通过的《社会保险法》（2012年），聘用5名以上员工的缅甸及外国公司，须按照员工工资比例向社保理事会缴纳社会保险。社会保险的缴存比例和受益金额将根据企业所处行业不同而有所区别，在发生工伤事故时，社保有助于雇主降低赔偿风险。对于未被纳入社会保险及福利计划的劳动者，如劳动者因公受伤或患有职业病，雇主有责任向劳动者支付补偿金。

五、解除劳动合同

如果雇佣双方任何一方提前解除劳动合同，须提前一个月通知对方。雇主提前解除固定期限劳动合同时，雇主需要支付离职补偿，补偿金额的计算以员工在该雇主处的工作期限为依据。

第六节 中国人在缅经商和工作的机遇

一、缅甸主要经济形势及竞争力

缅甸自然条件优越，资源丰富。1948年独立后到1962年实行市场经济，1962—1988年实行计划经济，1988年后实行市场经济。2016年7月，缅政府颁布"12点国家经济政策"。2016年10月18日，缅甸《投资法》经总统廷觉签署正式生效。2019年，缅甸国内生产总值760亿美元。截至2020年6月，缅甸外资累计已达860亿美元。缅甸《十一新闻》2020年2月25日报道，据缅甸副总统吴敏瑞介绍，截至2020年1月，缅甸共批准了来自50个国家和地区的1943个外资项目，累计金额达839.64亿美元。据投资委之前公布的数据，自1988—1989年以来，经投资委批准的外资项目，包括迪洛瓦经济特区在内共计1836个，外资金额累计达819.36亿美元。但正在运行的只有1489个，实际利用外资金额为672.23亿美元。过去30年中，共有338个已获得投资委批准的项目被取消，金额达147.12亿美元。从30年来的投资情况看，外资共涉及12个领域。其中，石油和天然气领域占27.04%，位居首位；电力领域占26.15%；制造领域占14%；交通与通信领域占13%；房地产领域占7%；饭店与旅游领域占3%；矿业领域占3%。缅甸的主要贸易伙伴是中国、泰国、新加坡、日本、韩国。

据世界银行发布的《2020年营商环境报告》，缅甸在190个经济体中排名第165位，位列营商环境改善成绩突出的20个国家之一，其中开办企业从第152名上升至第70名。世界经济论坛的《2020年全球竞争力报告》未对缅甸进行排名。

---

① 缅甸法定货币Kyat（缅币），面额主要有10000、5000、1000、500、200、100、50等，可自由兑换。2020年3月31日，1美元兑换1442缅币，目前基本稳定。具有缅甸外汇经营许可证的银行可以开立人民币账户，一般的公司和个人可使用人民币和日元进行国际支付和结算，但不能在银行开立人民币与日元账户。

二、中缅国际合作面临新的历史机遇

中缅两国山水相连，胞波友谊源远流长。两国经贸合作全面深入，中国一直是缅甸第一大投资来源地、第一大贸易伙伴和最大的出口市场，同时也是缅甸第二大投资来源国，双边经贸合作互补性强，市场潜力大。当前缅甸正处于政治和经济转型期，经济上先后出台了《投资法》和《公司法》，并不断完善相关法律法规以改善贸易和投资环境。需要指出的是，缅甸的转型过程也带来了深刻的社会变化，环保、劳资关系、非政府组织、工会、舆论和媒体等因素要求中资企业在缅甸开展投资合作业务时既要遵守当地法律法规，尊重社会传统和风俗习惯，也要积极适应变化，积极融入当地社会，履行社会责任。在"一带一路"倡议推动下，中缅两国贸易和投资增长迅速，铁路、公路和电力互联互通，其他基础设施项目合作也正在稳步推进。中国驻缅甸大使馆经商参处将一如既往地为中资企业在缅甸开展经贸合作提供必要的指导和协助，共同推进中缅经贸合作向深层次和宽领域不断发展。

据中国海关统计，2019年中缅双边贸易额达187亿美元，同比增长22.8%，其中中国对缅甸出口123.1亿美元，从缅甸进口63.9亿美元，同比分别增长16.7%和36.4%。中国对缅甸主要出口成套设备和机电产品、纺织品、摩托车配件和化工产品等，从缅甸主要进口农产品和矿产品等。

第七节 中国人在缅经商和工作的风险及应对措施

一、缅甸社会存在一些不安定因素

缅甸社会治安状况总体良好，但由于经济社会深层次矛盾长期存在，一些不安定因素也会对社会安定构成威胁，会对中资企业及其人员在缅甸开展投资合作项目带来不利影响。中资企业应建立完善的突发事件应急预案，提高驻外人员自我保护意识，加强安全教育培训，防患于未然。缅甸劳动援助机构为缅甸劳工部，联系方式为：0095-67-430087。

二、专家型、技术型人才以及高级管理人员缺口较大

缅甸劳动力资源丰富，但人均受教育水平较低，高素质人才缺乏。据缅甸劳工、移民与人口部统计，2018年一季度，缅甸年龄在15岁以上的劳动力人口约3656万，约占全国人口总数的67.8%，其中女性占54.3%，男性占45.7%。另据世界银行统计，缅甸中等教育入学率为49%，高等教育入学率为12%，均处于世界较低水平，整个国家对于高级管理人才和技术人才的缺口较大。1999—2017年期间，缅甸共有约250万人到国外务工。总而言之，缅甸初级劳动力富足，但是各类中、高级技术工种较为缺乏，专家型、技术型人才以及高级管理人员缺口较大。所以中资企业人力资源部门要提前做好相应的人力资源规划和配置。

三、人力资源成本较低

缅甸劳动力的整体薪资水平较低。近几年来，劳动力平均工资上涨较快。2018年底，

缅甸普通工人月平均工资为 11~万 20 万缅币（75~130 美元），其中司机、文秘等月平均工资为 30 万~50 万缅币（200~330 美元），工程师等高级技术人员以及金融、贸易行业从业人员工资更高。自 2018 年 5 月起，全国不分地区和工种，统一执行最低工资标准，日薪 4800 缅币（约合 3.55 美元）。缅甸普遍采用 5 天 8 小时工作制，超时工作需支付加班费。在缅甸合法注册的公司需为员工支付社会保险、特殊津贴、养老金等费用，具体标准因行业而不同。

四、适用劳工争议解决机制耗时长

虽然缅甸的《劳工争议解决法》及其实施细则已详细规定了劳资纠纷的解决机制，但在实践中，适用劳工争议解决机制耗时长，加上当地执法部门更倾向于保护当地员工的权益，在处理外资企业与当地员工的纠纷时，有失偏颇。因此，外资企业雇佣员工之前，不仅应当对缅甸的劳工法律法规有一定的熟悉与掌握，更要认真考察当地劳工保障的规定与一般执行标准，要充分保障当地员工的合法权益，尤其是给员工办理和缴纳相关社会保险，做到不遗漏、不拖欠，以免受到缅甸相关监管部门的责任追究。

目前，《缅甸联邦劳动法》正在修订，外籍劳工法、工作场所安全与卫生法正在立法。现行的缅甸劳工法律制度如下：《就业发展法》、《请假法修改法》（1951 年）、《工厂法修改法》（1951 年）、《海外就业法》（1991 年）、《劳工组织法》（2012 年）、《劳工组织法实施细则》（2012 年）、《社会保障法》（2012 年）、《社会保障法实施细则》（2012 年）、《最低工资法》（2013 年）、《最低工资法实施细则》（2013 年）、《劳工争议解决法修改法》（2014 年）、《工资支付法》（2016 年）、《商店与企业法》（2016 年）、《缅甸投资法》（2016 年）等。

五、外籍劳工的工伤损害赔付执行困难

缅甸的工伤保险制度覆盖范围过窄，对外籍劳工的工伤保险没有强制性要求。外籍劳工想要获得工伤损害赔偿困难重重，执行问题更是严峻。中国目前尚未制定有关境外务工人员发生工伤损害事件的处理、追偿等内容的专门性法律法规。因此，中方员工在缅甸因工致伤的，缅甸没有强制性规定，一般适用中国《劳动法》《工伤保险条例》等法律法规的规定处理。但在实践中，会因法律适用、执行等各种问题，上述法律法规往往难以实际履行。

随着"一带一路"倡议的不断推进，缅甸作为沿线重要国家之一，经济也得到了迅速的发展，越来越多的中国投资者选择在缅甸进行投资，并成立中资企业，越来越多的中国公民也前往缅甸寻求就业机会。中资企业与在缅务工的中国公民不仅要熟悉缅甸劳工领域的法律规定，还要注意与缅甸进行劳务合作时可能面临的风险，当遇侵权时，要会运用法律武器维护自己的合法权益。

六、媒体发布广告价格比较低廉

在缅甸，不管是国营媒体、私营媒体还是在缅外国媒体，都是对有新闻价值的经济商务资讯感兴趣。受信息渠道及行业惯例的影响，只有涉及缅甸政府的经济商务活动才会安排当地国营媒体参加，私营媒体、在缅外国媒体通常不会主动参与新闻报道。因此，中资

企业遇有重要活动或有重大新闻发布时，应当主动邀请缅甸国营媒体、私营媒体和在缅外国媒体参加。新华社、光明日报在缅甸设有分社和记者站，中资企业在邀请媒体时，可以与新华社、光明日报联系，寻求帮助。

缅甸的官方语言是缅语。中资企业在举行签字仪式、开工典礼等商务活动，以及发布重要新闻时，应当事先准备英文或缅文的新闻稿等宣传材料，主动向参加活动的媒体记者发放，以保证宣传效果。缅甸广告业不发达，在当地媒体发布广告的价格比较低廉，竞争不太激烈。中资企业通过媒体发布广告时，应向媒体详细说明广告的图案、文字等，以便配合媒体接受政府审查。广告内容应当尊重当地的社会形势和风俗习惯，避免任何与政治或宗教有关的内容。

第八节　中国在缅投资基建项目人力资源属地化管理

缅甸作为"一带一路"倡议的西南第一站，拥有绝对的地缘优势和政治价值，是中国进入印度洋的必经之路，"一带一路"倡议在缅甸的推动更为孟中印缅经济走廊在东南亚的发展奠定了基础。为响应"一带一路"倡议的号召，近几年来，大量中资企业在缅进行投资，尤其是油气管道、交通设施、各类建筑等基本建设投资项目更多。中缅油气管道项目（缅甸段）是由中、缅、韩、印四个国家的六家公司共同出资建设及运营的合作项目。中缅管道项目（缅甸段）东南亚管道有限公司的中缅油气管道项目（缅甸段）要想持续发展，并在国际管道行业占有立足之地，就必须全面实现人力资源属地化管理。所谓人力资源属地化管理主要指企业对项目所在的东道主国家劳务的使用和管理，也就是雇佣东道主国家雇员来替代同样岗位的母国外派员工。通过利用东道主国家的各种劳务资源优势，如成本、语言、社会关系等，既提高生产效率，又为当地提供就业机会，促进当地社会经济发展，达成互惠互利的效果。

为了达到缅甸国家对于外国投资企业人力资源属地化的法律要求，人力资源属地化管理是企业进行国际化合作项目的必然选择。面对当前复杂的国际形势，人力资源属地化管理是一个长期而复杂的过程，必须从多个方面有层次、循序渐进地完成。以中缅管道项目为例，曾在缅甸工作的高怡然提出，中国在缅投资基建项目人力资源属地化管理建议，即中缅管道项目（缅甸段）东南亚管道有限公司通过评估阶段、优化阶段和巩固阶段三个阶段，开展人力资源属地化管理。

一、评估阶段的人力资源属地化管理策略

1. 准确评估属地化管理实施环境

良好的属地化实施环境可以为企业的属地化管理提供坚实的基础和积极的实施氛围。根据对东道主国家的调研结果，对于评估东道主国家能否提供良好的管理环境，是否适合实施属地化管理，以及评估东道主国家对属地化管理的接纳程度和适应程度，可以从劳动力市场环境、文化环境、政治环境三个方面来对东道主国家属地化实施环境进行评估。

（1）劳动力市场环境

利用一切能够动用的资源和手段开展全面的人力资源属地化市场调研。通过当地人力资源咨询公司、实地考察、信息采集等手段，充分了解东道主国劳动力市场的现状，如规模、结构与质量；时刻关注东道主国家关于劳务管理的相关政策法规，了解东道主国家的劳资关系，从而调整和把控适合企业的属地化劳务用工的总量和结构。

（2）文化环境

开放的文化环境意味着东道主国家即使拥有根深蒂固的本土文化，也仍然允许其他文化的进入。调研东道主国家的文化环境，评估其是否允许其他文化的进入以及融合程度。同时，关注有无促进文化交流的官方和非官方的活动等动态。

（3）政治环境

动荡的国家不利于海外企业经营长线投资项目。因此，企业需要从多方面、多渠道了解和关注东道主国家的政治局势变化趋势。努力寻找、利用两国政府的支持，尽量减少负面舆论影响，保持良好的国际声誉。对于局势不太稳定的国家，应设立专职部门关注安保问题。例如，缅甸正在从军政府阶段向民主政府阶段迈进，虽然目前局势稳定，但秩序仍不稳；公司设立直属单位安保中心与中国和缅甸政府进行联系，保障员工在缅安全。

2. 准确评估属地化程度

根据影响属地化用工的因素、属地化用工的实施环境以及属地化管理中涉及的培训、领导团队、员工待遇等方面来进行属地化用工程度的评估。企业可根据以下 10 个问题，参考企业自身属地化管理现状，快速评估所处的阶段。

（1）企业是否了解东道主国家国情和政治局势，并得到两国政府的支持；
（2）企业是否有完整、完善的人力资源属地化管理制度和明确的工作流程；
（3）企业是否有针对属地化员工的保障制度，如薪酬制度等；
（4）属地员工对企业是否有参与感、使命感和归属感；
（5）企业的母国员工是否了解、尊重东道主国家文化和人民生活的习惯；
（6）企业是否有针对属地化员工的培训、选拔激励制度及未来的职业规划；
（7）企业的管理团队中是否有属地化管理人员；
（8）企业是否组织属地化员工可参加的文体活动和双方的文化交流活动；
（9）企业是否提供缅甸员工展示的平台和帮扶计划；
（10）企业是否在东道主国家有一定的知名度和声望。

中缅管道项目自 2008 年开始组建，中方多次赴缅调研其政治、经济、人文等情况，同时得到了中缅两国政府的支持。自 2010 年在我国香港注册成立油气公司并开始行使正式的管理权，中方员工在赴缅之前都会接受公司提供的基础缅语和缅甸文化等方面的培训。但是，缅籍员工都是在入职后的培训或工作一段时间后才能了解自己的岗位职责和工作内容。中缅管道项目的管理团队趋于年轻化、专业化，但管理团队中并没有缅甸籍管理人员。公司公共关系部虽然定期组织员工活动，但中缅双方员工的文化交流活动并不频繁。公司会为缅甸员工提供专业和语言培训以及组织一些技能比赛，但是没有中缅员工同台竞技的平台。中缅管道项目经过近几年的努力，通过环境保护、社会援建等项目在缅甸有一定的知名度和声望。虽然中缅管道项目有一定的属地化管理基础，但仍需进行长远规划和提高管理。根据缅甸属地化用工的特点，目前属地化用工比例已经超过缅甸政府所要求的75%，说明已经基本完成了属地化管理的初级阶段。

3. 制订属地化管理优化策略

管理制度是一个公司的经营准则和依据，而属地化管理制度对于合资公司在东道主国家的经营管理尤为重要，是实行属地化管理的先决条件。管理制度化可以减少人治因素，可用规章制度指导和约束员工的行为。属地化管理制度首先要符合缅甸法律法规，依照法律法规制定劳务招聘、薪酬考核等一系列管理制度。在属地化管理初期应以母国本部的管理制度为基础，根据当地劳动力市场的实际情况，对属地化员工的招聘和管理进行统筹安排，制定适合当地劳资关系的管理制度，确保属地化管理的合规性和合理性。随着岗位人员的逐步到位，应逐步完善岗位职责制度、激励制度、选拔制度等更具有地域化特点的管理制度。

文化管理是一个公司树立企业目标、信念、价值观的核心手段，合资公司主要侧重于跨文化交流，尊重彼此的宗教信仰及文化是跨文化管理的前提。首先，树立客观、中立和多元的企业文化观，倡导平等对待每一种文化。要能接受不同文化的价值观，坚决摒弃一切所谓种族优劣的狭隘意识和偏见。尊重当地生活习惯和宗教信仰，尽可能地提供适宜的工作和生活环境。其次，要加强人性化管理，对当地雇员进行人文关怀，充分考虑其需求，激发员工的归属感。同时，重视中方外派人员的身心健康，协调好中缅双方的人员关系，降低文化冲突，增强凝聚力。调动员工工作的积极性，从而弥补制度的缺失。

近几年，缅甸政府为迎合市场需要正在从普及基础教育培训转向提高整体技术水平的发展道路，从而提高国内的生产力水平。虽然公司总体属地化用工率已经超过75%，但是专业技术人员数量比例严重偏低。对缅籍员工的培训主要集中在岗位培训，培训内容和培训形式比较死板枯燥，培训效果并不理想。在对缅籍员工投入大量培训经费前，应首先建立好属地化培训体系。根据实际岗位需要，结合属地化员工的技术水平和学习能力，针对培训内容、培训形式和培训对象建立多样性、针对性、时效性的属地化培训体系。根据培训计划，设立培训目标和考核办法，结合激励制度和考核制度巩固培训效果。属地化管理水平决定了属地化用工的成效，应适时培养缅籍员工自己的管理团队。属地化用人单位首先要扩大当地员工用工规模，拓展用工渠道，建立人才储备库，进行优胜劣汰，培养技术人才和管理人才。

二、优化阶段的人力资源属地化管理策略

1. 加强属地化用工制度管理工作

（1）招聘流程规范化

根据流程和岗位需求，制订详细的属地化员工招聘计划。根据需要的人员类型进行多元化形式招聘。例如，统一招聘、委托中介招聘或基层单位属地化招聘。招聘流程要合法合规，如面试合格后必须进行入职体检，体检合格者可准备入职。

（2）合同管理规范化

根据缅甸法规签订合同，合同内容要公平公正，要让属地员工明了自己的权利与义务，并且建立属地化员工信息档案。

（3）日常管理制度化

属地化员工全面到岗后，要尽快完成属地化管理制度的调整和完善工作。基于母国本部人力资源管理制度，有针对性地制定具有属地员工劳务特点的制度和管理条例，但是对中缅籍员工要尽量做到公平、公正、公开。例如，中缅员工休假制度可以将缅籍技术岗的轮休假期调整和中方员工一样，即工作66天、休假25天。缅甸员工节假日提前进行通知，便于做好工作交接，重要岗位增加节假日加班补助，避免岗位轮空。在完成制度完善工作后，要尽快在公司进行全面的制度宣导，强调制度的权威性，提高员工对制度的认知和认同，确保制度的执行度和推广度。根据每个岗位的需求制定岗位责任制度、操作规程等，让员工有依据可寻，清楚自己的工作范畴和目标，可根据工作目标制定奖惩制度，为今后以岗位要求为基础选拔人才打下基础。

2. 打造特色属地化管理团队

属地化员工全面到位后，提高人力资源属地化管理的能力是进入实施阶段的重要工作。管理团队经过一段时间的磨合，培养团队协作的默契，可以通过内部培训、外派学习、交叉换岗、竞聘等手段提高管理团队的工作能力。

应严格选拔外派人员，凡是涉及中缅员工管理的工作人员都要严格执行甄别程序。严格把控外派人员，选用有正确价值观、适应海外工作生活的复合型、一专多能型的人才。

中方管理团队通常更偏向于使用本国技术人员，一是管理中方员工没有语言障碍和文化冲突，二是管理缅籍员工确实存在一定的困难。因此，属地化管理团队需要多注入缅籍雇员以便进行人员调和。通过内部竞聘和外部招聘的方式，将不同背景和专长的管理人员融合成一个团队，做到优势互补，打开员工沟通渠道，减少沟通成本，增加员工融合度。

进一步发展属地化用工管理团队，建立本土化管理团队，增加沟通渠道，调动属地化人才的积极性，进一步提高团队融合度和归属感。采用"属地化雇员管理属地化劳务"的思路，强化属地管理，减少因语言障碍和文化背景差异所产生的冲突。

管理团队要明确各自的职责，增加沟通渠道，增强团队合作的能力，尽量避免发生跨文化冲突，减少跨文化冲突对企业的影响，各级管理层应对危机风险管控进行提前预演及增加防控措施。

3. 拓展属地化用工形式

属地化用工应梳理、核对现有岗位，罗列工作流程中所需具备的业务能力和岗位需求。在考核中缅员工的岗位能力后，采用形式多样的属地化用工形式，对人员进行有效配备，达到缅籍员工逐步替代中方员工的目的，从而减少人工成本，提高企业竞争力。

（1）借助体系外专业团队管理

借助体系外专业人力资源管理团队的力量，委托当地劳务公司进行属地化员工招聘和管理工作。充分利用当地的劳务资源，根据对当地人力资源市场的了解，拓展合作对象，进行公开招标从而避免暗箱操作。对于一些临时性、辅助性或替代性的工作岗位，例如，各生活驻地的保安、保洁人员和绿化工等后勤服务岗位可以以劳务派遣形式统一由劳务公司管理，以减少管理成本。

（2）采用站队自主用工方式

对于各站队（指公司下属机构）属地化用工，可由站场管理人员根据公司给予的名额限制和招聘要求及程序，直接从站场所在地进行招聘，不但有利于直线管理，而且节约员工差旅成本，提高属地员工对环境的适应程度，减少适应的时间。

（3）吸引属地专业化人才

对于属地专业化人才的吸引，可以通过公开招聘的方式引进高层次的优秀人才。对于需要具备专业资格证书的特殊岗位的人员，如特种车辆司机等，可以根据当地薪酬水平进行招聘。通过运用人才储备库，为在工作中表现优异的员工加大培训投资，开通晋升通道，进一步激励属地化员工为企业服务，提高对企业的忠诚度。

4. 强化跨文化管理能力

（1）企业对文化差异的识别度

企业在跨文化管理时要重视对文化差异的识别与分析，从而避免文化冲突的发生。将母国文化与东道主国文化之间的差异进行罗列，分析成因和可能造成的文化冲突，尤其是要摆脱固有思维和母国文化的束缚，通过对两国文化特征的研究和识别分析，寻找两个国家的文化共通点，并加以放大，挖掘双方员工对企业文化的识别能力。

（2）企业对文化冲突的适应度

企业的管理者是公司企业文化的领航员，是企业文化的引导者。管理者首先要提高文化冲突的敏感度，要积极了解当地文化背景和风土人情，还要时刻关注东道主国家的政治环境、经济政策和人民生活水平的变化。跨文化管理要注重对不同文化的驾驭能力，避免文化差异对企业经营造成的不良影响，进而有效助力属地员工适应企业文化。

（3）企业对跨文化的整合度

将不同文化的共同点转变成员工对彼此文化的认同点，发挥彼此的文化优势。通过企业文化的宣导、培训、员工竞赛和文体活动等方式来促进不同文化背景的员工在同一平台的交流沟通，解决跨文化冲突，进而搞好跨文化人力资源的整合工作。

（4）员工对跨文化的可议度

企业要提供促进文化交流的平台，开放沟通渠道，达到群策群力的功效。让员工通过表达个人观点、建言献策、交流心得等方式来化解文化冲突。企业应怀着积极的态度接受员工对跨文化管理的意见和建议，实现真正的理解和尊重。

三、巩固阶段的人力资源属地化管理策略

1. 加强培训管理工作

（1）企业不但要通过传统培训模式，还要结合理论培训和岗位实操训练，发挥中方技术人员"传帮带"的优秀传统来培养属地化雇员，还要利用先进的管理手段加强培训效果，例如，基层站队的岗位练兵可以通过工作循环分析等方式进行，快速达到培训目的。对缅籍员工也可营造"比、学、超"的学习氛围，让他们在工作实践中锻炼自己、提高自

己，产生对自身能力和技术水平提升的渴望，树立岗位成才的价值观。

（2）结合本部的培训计划，依照合资公司实际情况制订和调整员工培训策略。针对不同的专业、岗位分别培训，建立有针对性的培训矩阵。不能局限于中方员工培训或缅籍雇员培训的概念，要通过工作流程和岗位需要让中缅员工有机会一同培训，共同接受培训考核，引导双方员工对彼此和自身能力有正确认识，从而增强双方的良性竞争意识。

（3）在专业技能和业务能力提升的同时，也要做好跨文化培训工作，这也是跨文化管理的一个重要组成部分。通过培训促进中缅籍员工相互了解和理解，向员工灌输正面、积极向上的企业文化，让员工对企业文化认可，降低文化冲突发生的概率。

2. 培育优秀企业文化

企业文化是在企业经营管理和跨文化管理的过程中融合提炼出来的，是企业在宣扬自身的优秀文化理念的同时，适应属地环境，结合东道主国家的文化特性，创立具有本土特色的企业文化理念，将因文化差异产生的不利因素影响程度降到最低的体现。将两国文化的差异进行识别、适应和整合，建立中国文化和缅甸文化相结合的特色企业文化。

尊重员工、爱护员工，充分发挥和调动员工的积极性，根据缅甸的国别特征和文化特性对员工实行柔性管理、人性管理，培养员工的企业核心价值观与使命感。企业的管理者要以身作则，注重自己的言行，做好榜样和带头作用。例如，公司的规章制度管理者要带头执行，严格贯彻落实，在日常表现中，将企业文化中积极向上的价值观传递给属地员工。

将企业文化宣传放到公共关系工作的重点位置，从只做不说，到多做少说，再到边做边说。企业要重视物质层面的文化建设，如办公场所、站场等都是企业在东道主国家的名片。通过利用办公场所、站场的标准化管理和目视化管理树立企业文化管理的良好形象，提升企业的国际化形象。另外，通过员工的表现反映企业的精神面貌。例如，中缅统一标准化的员工工服、工鞋和安全帽等劳保防护用品都彰显了企业对员工个人安全保护的重视程度。

3. 做好人本管理工作

属地化人本管理的根本就是把属地员工作为公司的重要资源，以满足员工的最大需求为切入点，实现"助力和谐发展、增进合作友谊，培养中缅一代人"的最终目标。

（1）细化人本关怀

在缅籍员工的管理上，充分考虑缅籍员工的内在需求和职业诉求。对于缅籍不同民族的员工，由于文化背景和受教育程度的不同所产生的不同的实际需求和逻辑思维，要予以理解和尊重，其对工作和待遇的期望及诉求要切实关心，更要关心属地员工的生活。除了传统节日，组织对当地员工进行慰问以提高属地化员工对企业的满意度，还应该组织人员到孤儿院、寺庙等场所进行慰问和捐献，让属地化员工切实感受到企业履行社会责任的决心和能力，在属地员工心里树立良好的企业形象，提高属地化员工对企业的忠诚度。

（2）开展心理疏导

对属地化员工的心理疏导工作是弥补制度缺陷、消除文化冲突的绝佳办法。缅籍雇员在日常的工作中会遇到工作压力、晋升困难等各种问题，心理疏导可以帮助他们进行心理调节，宣泄不良情绪，也可以使企业了解属地化员工的心理诉求，及时掌握员工的心理动态，做到及时疏导和反馈，确保员工心理健康，切实做到文化管理的升华。

（3）注重社会责任

企业履行社会责任可将人力资源管理提升到新的高度，从而推动企业的可持续发展。在企业社会资助、援建的基础上，发动全员参与，对已经完成的援建项目进行回访、更新，对于好的、典型的项目进行适度宣传，增加曝光度，巩固良好的企业形象。对于缅甸社会中的负面声音，不能不闻不问，要积极了解和调查，快速反应，消除误会。多方面寻求帮助，充分利用资源和途径，维护好企业形象，扩大企业在东道主国家的影响力，发挥好企业的社会作用。

参考文献

1. 国家统计局国际统计信息中心. 2019年中国—东盟统计年鉴[M]. 北京：中国统计出版社，2019.

2. 杨伟国，代懋. 中国人力资源法律审计报告——从东盟十国看"一带一路"国家的劳动与雇佣管制[M]. 北京：中国人民大学出版社，2018.

3. 钟智翔. 缅甸民族源流及其与中国的关系初探[J]. 东南亚，1998(3).

4. 李昆声. 云南原始文化族系试探[J]. 云南社会科学，1983(4).

5. 贺圣达，李晨阳. 缅甸民族的种类和各民族现有人口[J]. 广西民族大学学报(哲学社会科学版)，2007(1).

6. 百度百科：https://baike.baidu.com/.

7. 百度官网：https://www.baidu.com/.

8. 朱昌利. 掸族古代蓬国考[J]. 东南亚，1989(4)：40-45.

9. [美]唐纳德·F.拉赫，埃德温·J.克雷. 欧洲形成中的亚洲(第3卷)，发展的世纪(第三册)[M]. 张长虹，译. 北京：人民出版社，2013：13.

10. 陈文亨，卢伟林. 缅甸华侨教育[M]. 台北：正中书局，1988：1.

11. [唐]樊绰著，向达校注. 蛮书校注[M]. 北京：中华书局，1962 (41): 233-234.

12. 肖彩雅. 19世纪初至20世纪初缅甸华侨社会的变迁[D]. 厦门：厦门大学，2009.

13. [宋]赵汝适著，杨博文校释. 诸蕃志[M]. 北京：中华书局，2000.

14. 陈碧笙. 世界华侨华人简史[M]. 厦门：厦门大学出版社，1991：45.

15. 余定邦. 中缅关系史[M]. 北京：光明日报出版社，2000：41-42.

16. 汪大渊著，苏继顾校释. 岛夷志略校释[M]，北京：中华书局，2000：376.

17. 江克飞. 论民国时期缅甸华侨对云南社会发展的贡献[D]. 昆明：云南大学，2015.

18. 杨万秀. 清代缅甸华侨[J]. 广西师范大学学报(哲学社会科学版)，1982(1).

19. 李枫. 1885—1945年缅甸闽籍华侨的社会结构[J]. 海交史研究，2017(1).

20. 罗英祥. 缅甸华侨华人的历史与现状透视[J]. 华侨华人历史研究，1997(3).

21. 姜永仁. 缅甸华侨华人与缅甸社会与文化的融合[J]. 东南亚，2003 (4).

22. 林锡星. 中缅友好关系研究 [M]. 广州：暨南大学出版社，2000：143.

23. 商务部国际贸易经济合作研究院，等. 对外投资合作国别（地区）指南——缅甸，2019.

24. 中国驻缅甸联邦共和国大使馆网站：http://mm.china-embassy.org/chn/.

25. 中华人民共和国外交部网站：https://www.fmprc.gov.cn.

26. 中国驻曼德勒总领事馆经济商务室网站：http://mandalay.mofcom.gov.cn.

27. 杨美娜，吴明柳. 缅甸劳工法律制度研究 [J]. 南宁职业技术学院学报，2019(4).

28. 高怡然. 中缅管道（缅甸段）人力资源属地化问题研究 [D]. 北京：中国石油大学，2018.

29. 左慧敏，郝生跃. 海外工程承包项目人员属地化管理评价研究 [J]. 建筑经济，2016，37(10)：99-104.

30. 胡家祥. 马斯洛需要层次论的多维解读 [J]. 哲学研究，2015(8)：104-108.

31. Bartlett C A, Ghoshal S. Managing across borders[M]. 上海：上海财经大学出版社，2015.

32. 贾晓燕，朱永新. 从中国传统儒家人性观谈跨国公司的文化冲突管理 [J]. 科学学与科学技术管理，2006，27(6)：126-128.

33. 鲁中林. 浅谈落实盯岗干部的属地主管责任 [J]. 石化技术，2016，23(4)：198.

第六章 印度尼西亚人力资源

第一节 印度尼西亚的人口及民族

一、印度尼西亚的人口概况

印度尼西亚共和国（Republic of Indonesia）简称印尼，首都雅加达（Jakarta），人口1037.4万。根据印度尼西亚中央统计局的统计数据，截止到2018年底印度尼西亚全国总人口为2.6416亿人，是世界第四人口大国。

在劳动力市场方面，根据印度尼西亚国家统计局的数据[1]，截止到2017年6月，印度尼西亚劳动人口约为1.24亿人，失业人口约为700万，失业率为5.3%，劳动人口参与率为69%。在人口结构中，约有26%的人口年龄小于15岁，17%的人口年龄在15~24岁，42%的人口年龄在25~54岁，8%的人口年龄在55~64岁，7%的人口年龄超过64岁。按产业划分，印度尼西亚农、林、水产业人口占32.9%，工业及制造业人口占22.2%，服务业人口占44.9%。在劳务合作方面，中国是印度尼西亚的重要劳务合作伙伴。2016年末，在印度尼西亚的各类劳务人员有16435人，占总在外人员规模的1.7%。根据中国-东盟自由贸易区商务门户网站统计数据，印度尼西亚2016年男性人口占总人口的50.2%，女性人口占49.8%。2016印度尼西亚城市人口占54%，农村人口占46%。2007—2016年印度尼西亚人口增长率方面，除2010年高速增长外，其他年份差别不大，到2016年人口增长率为1.3%。2016年印度尼西亚人口密度为每平方千米135人，人口密度在东盟十国中排名第4[2]。

二、印尼各民族与中国的历史渊源

根据考古发现，印尼的爪哇岛是人类起源的摇篮之一，在远古时代（约60万年前）就有爪哇猿人在这里生息繁衍。印尼史学界比较普遍的看法是：爪哇猿人已经绝代，除伊里安查亚省外，居住在现今印尼领土上的各民族都是外来移民的后代。最早来到印尼的移民是吠陀人（Wedda，亦译作韦达人）。大概在第四纪冰河时代以前，他们就从现在的斯里兰卡迁移到了印度尼西亚。人类学家认为，现在居住在苏门答腊岛占碑与巨港之间深山老林

---

[1] Badan Pusat Statistik (BPS-Statistics Indonesia), http://www.bps.go.id/.
[2] 中国—东盟自由贸易区商务门户网站：http://www.cn-asean.org。

里的库布族、卢布族、门达威群岛的门达威族及苏拉威西岛内地的多阿拉族和多格亚族均是吠陀人的后裔，人们一般将这些民族称为印尼的原始民族。

武文侠等认为大约在公元前 3000 年以前，唐慧与梁敏和等认为公元前 1500 年左右，由于战争和自然灾害等原因，一批批亚洲大陆人漂洋过海来到印尼。他们的故土是中国的云南，后来移居到第二故乡后印度（即现在的缅甸、印度支那一带），印尼则是他们的第三故乡，史学上把这些移民称为原始马来人。他们定居在沿海地带，将印尼的原始民族排挤到深山内地。现在，苏门答腊岛的巴达族、加里曼丹岛的达雅族以及苏拉威西岛的多拉查族均是原始马来人的后裔。原始马来人从亚洲大陆南迁的另一条路线是从中国闽粤一带经台湾岛和菲律宾群岛至加里曼丹、爪哇等岛屿。武文侠等认为大约在公元前 1000 年—公元前 300 年间，唐慧与梁敏和等认为公元前 200 年—公元 300 年间又有一些人从后印度来到印尼，他们被称为续至马来人或新马来人，他们与原始马来人通婚，或者把他们当中的一部分人赶到偏僻的内地。现在的爪哇、巽达、马都拉、布吉斯、望加锡、巴厘、马来、班查、米南加保等民族均属续至马来人的后代。原始马来人和续至马来人因所居的岛屿和地区的名字而得族名，成为现在印尼马来人种的各族，构成了印尼民族的主体。

三、印尼民族的组成部分

根据中国外交部网站 2020 年 5 月发布的《印度尼西亚国家概况》资料，印尼有 2.62 亿人口，是世界第四人口大国。印尼有数百个民族，其中爪哇族人口占 45%，巽他族占 14%，马都拉族占 7.5%，马来族占 7.5%，其他民族占 26%（主要有华族约占 4%、米南加保族约占 3.4%、巴达克族约占 2.4%、亚齐族约占 1.4% 等）。除了上述民族外，较大的民族还有苏门答腊岛上的巨港（Palembang）族、尼亚斯（Nias）族、门达威（Mentawai）族；加里曼丹岛上的达雅克（Dayak）族、班查尔族（Banjar）、布吉斯（Bugis）族；苏拉威西岛上的望加锡（Makasar）族、托拉查（Toraja）族、米纳哈沙（Minahasa）族；巴厘岛上的巴厘（Bali）族；龙目岛上的萨萨克（Sasak）族；马鲁古群岛上的马鲁古（Maluku）族；等等。印度尼西亚民族语言共有 200 多种，官方语言为印尼语。约 87% 的印尼人信奉伊斯兰教，是世界上穆斯林人口最多的国家。6.1% 的人信奉基督教，3.6% 的人信奉天主教，其余信奉印度教、佛教和原始拜物教等。

1. 爪哇 (Jawa) 族

爪哇族约 1.179 亿人（根据印尼 2.62 亿人口和上文民族人口的比例折算而来，以下民族人口折算方法相同），绝大多数居住在中爪哇和东爪哇。居住在农村和沿海的爪哇人主要从事农业、种植业和捕鱼业。居住在城镇的爪哇人主要在政府机关和企事业部门工作，其余为商人和手工业者。爪哇人在梵文的基础上于公元 9 世纪创造了自己的文字，爪哇语词汇丰富，有雅语、中等语和平民语之分，雅语又分为宫廷用语和长者用语，就连男性和女性使用的语言亦有区别。爪哇人性情温和，有忍耐力，举止谈吐斯文，待人热情诚恳，彬彬有礼。他们较能控制感情，较少喜形或怒形于色。他们做事一般不喜欢被人催促，协商和互助是他们的一大特点。作为印尼文化最重要的组成部分，爪哇文化常被誉为印尼文化的代表。而爪哇人的文化素质也较高,当今军政要员、文化名人等多出自爪哇,从历届的总统、副总统到内阁部长、军队的将领和各省的高官中,爪哇人占多数。

2. 巽他 (Sunda) 族

巽他族约 3668 万人,主要居住在西爪哇,属蒙古人种马来类型,为新马来人和后至移民的混血后裔。巽达人务农、经商、公务员者居多,与爪哇人相似。巽达语有雅俗之别,但不像爪哇语那样复杂。巽他族的文学历史悠久,印尼"班顿 (pantun)"诗就出自这里。巽他族流行着类似我国新疆的阿凡提故事,称作"卡巴延"(kabayan),该故事在印尼家喻户晓。格莱克木偶戏是巽他人独特的艺术形式,昂格隆 (ang klung) 及格查比 (kecapi) 是巽他人最喜爱、最富具民族特色的乐器。巽他人感情丰富,性情乐观开朗,比较讲究实际。勃里安地区 (万隆周围) 女性皮肤白皙漂亮,因而人们习惯笼统地说巽达族出美女。

3. 马都拉 (Madura) 族

马都拉族约 1965 万人,主要集中居住在马都拉岛和东爪哇。马都拉族属蒙古人种马来类型,语言属南岛语系西部语族,与邻近的爪哇语、巽他语和马来语相近,现通用印度尼西亚国语。马都拉族以勤劳勇敢著称,有着独特的斗牛和赛牛民族文化传统。马都拉人是传统的稻作民族,农业技术较先进,土地多为村社共有。当代马都拉人以务农、经商、畜牧业和渔业为主,制革、制陶和编织手工业在马都拉较为发达。农村普遍建有清真寺,婚、丧仪式一般都由清真寺的伊玛目主持。

4. 马来 (Melayu) 族

马来族约 1960 万人。马来族主要分布于苏门答腊、加里曼丹等沿海地带。马来人脸庞大都呈圆形,眼睛大,身材较高,皮肤呈浅褐色,头发卷曲或平直。到马来人家里做客应注意礼节,如果客人谦和、彬彬有礼,会被视作上宾加以款待;如果客人傲慢、不尊重主人或言行有失检点,会被怠慢,甚至被逐出门。马来人主要从事渔业和农业,普遍种植水稻、旱稻、捕捞鱼虾等。居住在城里的马来人主要从事商业活动或应聘成为企业员工。

5. 华族 (Keturunan Orang Tionghoa)

华族约 1048 万人,自公元 1 世纪前后起就有中国人陆续到印尼定居,到 15 世纪初,定居印尼的中国人不断增加,初步形成了华侨社区。明清时期,广东和福建沿海又有大批居民陆续流向印尼。华侨定居印尼后与原住民通婚,出现了一代又一代的混血种人。从地区分布上看,华侨华人集中居住在爪哇、苏门答腊、加里曼丹、苏拉威西、巴厘等岛。华人数量较多的城市有雅加达、万隆、泗水、茂物、棉兰、巴东、巨港、坤甸、马辰、巴厘巴板、万鸦老、登巴萨及安汶等。

居住在城镇的华人从事工商、金融业活动的较多,除按规定只准国家经营的钢铁、石油、军工、航空等工业外,其他工业领域中的私营大企业多为华人开办。华人在商业批发和零售领域的作用非常突出,他们经营的商业网点遍及印尼城乡。在旅游和餐饮业,华人也占有重要地位。另有部分华人从事教育、科研、医务等工作。农村地区的华人主要经营蔬菜和养殖业。华人中贫富差距较大,巨富仅占极少数,大多数则是中产阶级和小商贩。而从事农业生产的华人,生活水平基本上与当地原住民相同。

6. 米南加保 (Minangkabau) 族

米南加保族约 890.8 万人，其使用的语言是米南加保语，属于马来语的一种，不少词语与马来语的近似。他们主要分布于苏门答腊岛的西南部，集中居住在巴东高原地区。米南加保族以农业和经商为主，有离乡谋生的传统，经济文化发达。"米南加保"的词义是"牛的胜利"，据说是为了纪念因斗牛胜利而击退侵略者，他们把"牛的胜利"作为本族的族名。米南加保人至今仍在家庭中保留母系社会传统，是印尼唯一保留母系制传统的民族。他们流行入赘结婚，母亲在家庭事务中占有主导和支配作用，父亲处于从属地位，只有发言权而无裁决权；而舅父在米南加保社会有着重要的地位，有权参与姐妹家庭中的各种事宜。米南加保人历来重视教育，是印尼文化素养最高的民族。在印尼近代及现代的政治名人及学者中，米南加保人占相当大的比例。不少现代著名文学作品都出自米南加保作家之手。

7. 巴达克（Batak）族

巴达克族约 628.8 万人，集中居住在苏门答腊北部多巴湖周边地区，主要以农耕、捕鱼为生。该族 1500 年前就开始了自己的文明史，有自己的语言文字、历法和习俗。巴达克族实行的是典型的父系制，有完整的父系家谱和族谱，至今还在延续。巴达克人十分好客，如果到巴达克人家里做客，主人一定会把客人留下就餐。巴达克人能歌善舞，多巴湖地区是印尼民歌发源地之一，当地民歌的曲调深沉委婉，深受大众的喜爱。20 世纪 50 年代，传入我国的《星星索》《宝贝》等就是巴达克民歌。巴达克族妇女喜欢穿黑色长衫，用黑布裹头，平时喜欢佩戴金银首饰；男人喜欢边听音乐边下棋。

8. 亚齐（Aceh）族

亚齐族约 366.8 万人，集中居住在苏门答腊北端，以务农、经商和放牧为生。亚齐族妇女与男人享有同等的权利和地位。家庭中，妻子不会俯首听命于丈夫，这可能是受到历史上妇女曾长期执掌亚齐朝政的影响。16、17 世纪时，亚齐曾先后由 4 名女苏丹执政、3 位女大臣辅佐苏丹、1 位巾帼英雄担任海军统帅。这在印尼其他民族史上是极为罕见的。亚齐人善于交际，但并不过分讲究排场，他们的衣着和住房都称不上奢侈华贵。亚齐族积攒财富的方法过去也有别于印尼大多数民族，他们一般只存金条，不存现金。

第二节　中国人移民印度尼西亚及贡献

一、汉唐时期中国人移民叶调、室利佛逝等国

根据我国《汉书》地理志篇记载，至少在公元前 2 世纪后半叶，印度尼西亚已存在着一个叶调国，这可能是印尼最早的奴隶制国家。叶调是当时的译名，它就是今日的爪哇。《佛国记》记载，晋义熙七年（411 年），我国僧人法显从师子国（今斯里兰卡）东归时，曾经过耶婆提国。7 世纪（唐初），印尼社会开始从奴隶制过渡到封建制。印尼历史上第一个强大的帝国室利佛逝（Sriwijaya）于 7 世纪末兴起于苏门答腊东南部，占据海上交通要冲，其首都巨港（Palembang，又称巴邻旁）位于慕西河流域农耕地带中心。

中华人民共和国成立前出版的《中华民族拓殖南洋史》（刘继宣、束世澂著）引录

了清代人薛福成《庸·笔记》卷四中的一段记载：东汉时期，定海（今浙江省镇海县）有一位茂才（即秀才）被南粤（南越）"匪寇"抓走，逃出来之后，改业为商贾，租赁了一艘帆船遭遇风暴漂流到爪华岛（即印尼爪哇），通过刘氏宗谱发现因诛灭吕氏而受到牵连的西汉惠帝长孙及后裔辗转迁徙到爪哇岛刘庄定居，后一直传到清代。但这只不过是传说而已，连引录者也认为"此说虽恢诡可喜，然实无征"。1934年，荷兰考古学家海涅·赫尔德恩（Heine Geldern）在苏门答腊南部的帕塞玛（Pasemah）发现了史前时期的石碑雕刻，其风格与中国陕西省兴平县汉武帝时期大将霍去病之墓前诸石刻有相似之处。另在苏岛中部西海岸附近的科林芝（Korinei）古冢出土的诸明器（即随葬品）中，发现有一件陶器，上面写有"初元四年"的字样，证明是西汉元帝初元四年（公元前45年）的制品，由此而推知公元前1世纪苏门答腊已有中国人定居[①]。基于科学严谨的考虑，李学民等认为，汉代虽然难以确切视为印尼华侨历史的开端，但可视为印尼华侨历史的序幕。

阿拉伯游历家马素提（Al Mas'oudi，一译马斯欧迪）撰写的《黄金牧地》（Les Prairus d'or，一译《金草原》），记载了马素提本人游历非洲、南亚、东南亚、中国时，在后晋天福八年（943年）途经印尼苏门答腊东南部沿海地区，看见那里有许多中国人从事耕种，尤其是在巴邻旁（巨港）一带，中国人最为集中，他们都是在唐末黄巢起义军攻占广州城（879年，唐僖宗乾符六年）之后，逃难至该地的。马素提的记载，是迄今为止中外学者所能找到的唯一足以证明唐代已有成批中国移民定居印尼的明确和可靠的文字记载。

从汉代直至隋朝，以至唐朝的前中期，我国商人前往印尼从事贸易并且长期居留或者定居印尼的人数尽管不断增加，但成批移民印尼等东南亚国家的现象却直至唐末才出现，这并不是偶然的，而是同唐代中后期我国和别国航海、造船技术水平的提高有密切联系。

二、宋、元、明时期中国人移民马打蓝、三佛齐、满者伯夷等国

北宋太宗淳化二年（991年），达尔玛旺夏（Dharmawangsya）当上爪哇岛的马打蓝国（Mataram）国王，更重视与中国的关系，北宋太宗淳化四年（993年）恢复对中国朝贡。苏门答腊岛的三佛齐国在与宋代时对中国的朝贡关系比爪哇岛更为密切。1293年，拉登·威查雅在爪哇岛东部建立了满者伯夷（又译门遮巴逸、麻喏巴歇）王国，这个国家不久即成为印尼中世纪史上的著名强国，15世纪末被东爪哇消灭。满者伯夷同元朝帝国建立了友好关系，"与中国为商，往来不绝"[②]。

《宋会要辑稿》记载了北宋末期徽宗政和二年（1112年）朝廷大臣发现自从哲宗元祐年间（1086—1094年）海禁开始松弛之后，"入蕃海商……时有附带曾经赴试士人（即知识分子）及过犯停替胥吏（即犯了罪被罢官的低级官吏）过海入蕃，或名为住冬，留在彼国数年不回，有二十年者，娶妻养子"，因而建议朝廷严格执行宋神宗元丰年间（1078—1085年）"编配人（即犯了罪罢了官的胥吏）不许过海"的法令，并严禁知识分子"占

---

① 苏继顾：《岛夷志略校释》"叙论"，北京：中华书局1981年版，第1页。
② 周致中：《异域志》卷上。

户为商，趋利过海"①。和田久德认为，从以上这段材料可以看出：在北宋末年，有中国人居住在南方各国（指东南亚各国，包括印尼）长达二十年之久，在当地与土著女子结婚，并生儿育女的情形。这段禁令是直接针对罪犯、士人等特殊身份的人具有上述的行为而颁发的，禁止他们这样做。当然，普通的老百姓，特别是商人们同样也有长期居留海外娶妻生子的情形，因为没有禁止这些人这样做，可想而知，此后这些现象会越来越多。

元朝时期中国曾有过两次移民印尼的高潮。一次是由于南宋被元朝所灭，一批不愿向外族政权俯首称臣的南宋遗臣遗民迁移印尼爪哇而成为华侨。可能他们期望有朝一日能够东山再起。但是南宋王朝气数已尽，他们只好落地生根，成为早期印尼华侨的一部分。另一次是元朝"征讨"爪哇而劳师无功。1293年忽必烈发兵两万，战船千艘，远征爪哇新柯沙里王朝，徒劳无功，死伤病卒三千人后撤兵回国，有不少伤病士兵留居当地，同当地土著杂居。爪哇岛是元代中国商人常去贸易的地方，而且印尼爪哇东部满者伯夷国的几个重要海港城镇如杜板、锦石、泗水在元末明初已成为华侨集聚的村落。

据明初跟随郑和下西洋的通译马欢所写的《瀛涯胜览》记载，满者伯夷国杜板居民有千余家，其间多有广东及福建漳州人迁移于此，鸡羊鱼菜甚贱。杜板之东的革儿昔（锦石），原是沙滩之地，自从有中国人来到此地居住，遂名"新村"，华侨住户千余家，村主是广东人，各处土著居民都来到"新村"做买卖，居民的生活十分殷富。在苏鲁马益（泗水），亦有村主，管理土著居民千余家，其间亦有中国人②。16世纪下半叶，倭寇之患在嘉靖末年被戚继光等名将清除，以及我国民间商人要求恢复对东南亚诸国的私人合法贸易的呼声日益高涨，终于迫使明帝国在穆宗隆庆元年（1567年）不得不听取福建巡抚都御史涂泽民关于开放海禁的奏议，准许我国民间商人同东南亚诸国通商③，只有对日本仍然实行海禁政策。海禁的开放，无疑有利于我国民间商人出洋贸易，也使得我国人民不断向印尼等东南亚国家迁移。

三宝垄是爪哇北岸三大海港商业城市之一，也是当今中爪哇省的省府。关于三宝垄城市的开辟有两种不同的说法。印尼人认为邦格兰·班丹·阿朗（Pangeran Pandan Arang）是三宝垄城市的开辟者，华侨则普遍地从他们的祖辈们听到另一种说法，说是郑和下西洋时来过三宝垄，随即吸引许多华侨来到这个地方谋生和定居，并把该地开辟成为繁荣昌盛的海港商业城市。20世纪30年代初，有一位著名的印尼土生华侨记者兼作家和历史学家林天佑，研究了当地华人公馆所存的档案资料和荷、英学者的著述之后，写出《三宝垄历史》一书（印尼文，1932年由三宝垄和巴达维亚何金友书店出版）。他判断郑和是在1416年（实际是1417年）第五次下西洋时期来到三保洞地区定居和从事开发的。

三、明末清朝时期中国人移民荷兰东印度公司及葡、西、英殖民地

16世纪，西欧已进入资本原始积累的历史阶段。海外殖民掠夺和殖民制度的建立，

---

① 李心传等编，徐松辑：《宋会要辑稿·刑法·二》（上）"禁约"，政和二年六月廿二日，北平图书馆，1936年影印本。
② ［明］马欢：《瀛涯胜览》"爪哇国"条，北京：商务印书馆1935年版，第8~9页。
③ 《东西洋考》卷七《饷税志》，第131页。

是西欧资本原始积累的重要方式和手段。15世纪，葡萄牙、西班牙和英国先后侵入印尼，1596年荷兰侵入印尼。从明万历三十年（1602年）开始，荷兰殖民者在印尼的势力逐渐占优势，他们先后排斥了葡、西、英等国殖民者在印尼的势力，建立荷兰东印度公司，确立了荷兰在印尼的贸易垄断权。印尼华侨与印尼人民从此经历了荷兰及其他西方殖民主义者的侵略、压迫、剥削、掠夺和屠杀的深重灾难时期。同时，由印尼华侨与印尼人民共同谱写的反抗荷兰及其他西方殖民主义者压迫和剥削的民族解放斗争史也从此开始了。

1619—1623年和1627—1629年，燕·彼德逊·昆担任荷兰东印度公司总督，他认为勤劳而又不持武器的中国人，可以用来作为种植香料、粮食、副食品作物以及建设城市的劳动力，因此他极力主张引诱中国人前往巴达维亚和摩鹿加的安汶、班达等岛居住。为了达到上述目的，除了以支付工资作为诱饵之外，甚至采取卑鄙的盗人行为，从中国南方沿海地区掳掠人口，强行移民到印尼等东南亚国家。荷兰殖民者实行上述政策的结果，使摩鹿加华侨人数比荷兰殖民者入侵之前有较大增加（较集中于安汶岛）。这些华侨多数同土著妇女结婚，生育了许多混血儿。他们中有的人从事伐木、石工、烧瓦、渔业、园艺等生产劳动，有的人经商。

1658年开始，荷兰东印度公司恢复征收华侨人头税之后，许多制糖业的华侨雇员由于税务负担太重，无法维持生活而纷纷回国，使这时期巴达维亚离境华侨比新入境的中国移民人数更多。为了挽回这种局面，从1670年开始免除巴达维亚乡区华侨的人头税，以鼓励华侨在城郊乡村从事农业生产，特别是种植甘蔗和制糖。由于乡区华侨人头税的免除或减少，加上1684年清朝政府开放海禁，因此从1670年起，直至18世纪上半期，巴达维亚华侨人口又如潮水般地猛增起来。这一时期人口的增长主要是在巴达维亚乡区而不是在市区。

为了抑制华侨商业的发展，确保荷兰东印度公司的贸易垄断地位，荷兰殖民者从17世纪末期（1690年）开始实行限制巴达维亚华侨人口增长的政策（在17世纪50年代，在摩鹿加的安汶岛也曾经实行过这种政策），企图以减少华侨人口数量的办法来达到削弱华侨商业经济的目的，保持荷兰东印度公司在商业竞争中对华侨的绝对优势。巴达维亚华侨人口的限制政策逐步变本加厉，引起华侨的强烈不满。华侨终于被"逼上梁山"，于1740年10月8日晚在城郊打响了起义的第一枪。这正好让荷兰殖民者找到了大举屠杀城内华侨的借口，所以才有1740年巴达维亚"红溪惨案"的发生。从红溪事件发展到华侨与爪哇人民联合反荷战争，这一历史过程说明："红溪惨案"绝不是同印尼人民毫不相干的单纯的"中国人的革命"，而是近代印尼民族反抗西方殖民主义侵略的革命组成部分。

四、清末民国时期中国人移民荷兰日本殖民地及民族解放独立的印尼

据统计，1860年印尼华侨不过22万人，到1930年已达123万人。70年间增加了100多万人，平均每年增加14万人，增长速度相当快。除了自然增长的以外，相当一部分是南来谋生的中国移民。近代印尼华侨移民急剧增长的原因，可从中国和印尼两方面来分析。从中国方面来分析：1840年起，西方列强实行炮舰政策，接连对中国发动了多次侵略战争，清政府被迫签订了一系列屈辱的不平等条约，对中国的社会经济产生了深远影

响。清政府同西方各国签订的几项条约中均允许各国到我国招募工人；1894年又一反过去禁止人民出国的政策，取消了限制移民条例，准许人民出国。这就为因生活所迫而想出国谋生的劳动人民敞开了大门。旧有的小农经济制度也随之日益瓦解，同时那一切陈旧的社会制度亦随之崩坏。千百万人将无事可做，将不得不移往外国。清政府在战争中支出了大量钱财，多次签约赔款导致国库日益空虚，于是加紧了对劳动人民的榨取。地主富豪把负担转嫁到农民身上，土地兼并更加严重，无地少地农民迅速破产。在城市，由于外国商品的大量流入，大批工厂倒闭，导致工人失业，人民最后只好向海外移民寻找出路。国内历经多次革命运动，如太平天国革命、义和团运动、戊戌政变、孙中山领导的革命以及第一次国内革命战争等的失败或暂时挫折，都有不少革命者出洋逃难，其中逃难到印尼的就不乏其人。中国人民向来有较浓厚的家族和乡土观念，一些先去南洋的华侨后来又介绍国内亲友出洋，或做自己店里帮手，或代为介绍职业，于是出洋华侨日益增多。

　　从印尼方面来分析：19世纪70年代后，随着欧洲一些资本主义国家向帝国主义阶段的过渡，各国工业资产阶级力量日益壮大，终于导致荷兰贸易公司对印尼垄断权利的结束，强迫种植制也被废除。代之而起的是标志着"自由政策"的土地国有法和糖业法的实行。实行"自由政策"后，私人种植园、矿山和工厂陆续在各地兴建起来，资本家亟需廉价劳动力。这时，荷兰殖民者加快了征服外岛的步伐，在加速开发外岛的过程中，也提出了如何解决劳动力来源的问题。于是，欧洲移民资本家采用各种卑劣的手段诱骗吃苦耐劳的华工出洋，契约华工的急剧增加成为印尼华侨人口增长的一个重要原因。通常把从中国南来的新移民称为新客（Totok）。在当地出生的第二代、第三代……华侨称为土生华侨（Peranakan）。土生华侨的自然增长是印尼华侨人口增加的另一个因素，而且从20世纪开始成为主要因素。1940年印尼华侨约有143万人，1930—1940年的10年间增加了20万人[①]。由于1930年华侨人数已达123万，基数很大，自然增长的人数也相应增加。在增加的20万人中，新客显然已比20世纪20年代减少了很多，主要的原因是1929—1932年的世界经济危机直接影响了印尼。在经济不景气的形势下，荷印政府于1933年颁布限制移民法案，采取比以前更加严厉的限制移民的政策。加上受世界经济危机影响，印尼一些契约华工失业，有些华侨因谋生困难而陆续回国。不过，由于自然增长等原因，印尼华侨人数仍然有所增加。华侨占印尼总人口的百分比不断增加，1920年占1.6%，1930年占2%，1940年占2.03%[②]。

　　印尼华侨在日军占领和印尼独立战争时期，同印尼人民一样都处在受压迫、受剥削之下，经受了种种深重的苦难。因此，印尼人民和华侨积极支持印尼人民抗日和抗击殖民主义及帝国主义者的斗争，也积极支援中国的抗日战争。日寇占领印尼后，泗水、爪哇、苏门答腊等地的华侨组织了民族抗日大同盟及反法西斯大同盟。1945年，日本宣布无条件投降后，苏加诺与哈达宣布印尼独立，于是印尼共和国诞生了。一些华人领袖因长期支持印尼人民的正义斗争，当1945年8月29日印尼中央国民委员会成立时，有7名华人代表

---

① 刘丛：《东印度华侨概貌》，《粤侨导报》，1947年13、14期合刊，第10页。
② 高事恒：《南洋论》，上海：南洋经济研究所1948年版，第248页。

当选为委员,他们是雅加达的林群贤、杨明月、陈宝源,玛琅的肖玉灿,茉莉芬的叶全明,谏义里的陈文安,文罗禾梭的黄海金。此外,陈舞如、黄义发作为社会党代表,刘金和作为共产党代表也当选为委员。有的华人参加了内阁,如王永利担任财政部次长兼商业银行总裁。这些华人的才干为印尼的建设和国际地位的提高做出了贡献。美、英、荷等帝国主义、殖民主义者极端仇视印尼的独立,英军侵占雅加达、万隆、三宝垄等地,荷兰殖民者也在美英支持下卷土重来。与此同时,各地都爆发反对帝国主义干涉印尼内政的斗争。1947年后,荷兰与印尼经过多次战争和协商,于1949年11月签订印荷《圆桌会议协定》。根据此协定,印尼于同年12月27日成立联邦共和国,参加荷印联邦。

五、中华人民共和国成立后华人迁移印度尼西亚共和国

1950年8月印尼联邦议院通过临时宪法,正式宣布成立印度尼西亚共和国,同年印尼成为联合国第60个成员国。1954年8月脱离荷印联邦。1949年,印尼华侨人口已达200万左右[①]。由于政局动荡、治安混乱,越来越多的华侨向大中城市集中。据1950年的统计,各城市的华侨人口如下:雅加达247786人、泗水102363人、万隆62019人、三宝垄59824人、玛琅24069人、梭罗约50000人、北加浪岸约10200人、巨港约170000人、先达11893人、马辰约11000人、山口洋约17000人、三马林达约6000人、望加锡约27000人[②]。爪哇和苏门答腊仍然是华侨集中的两大岛屿。据印尼2017年全国人口普查,人口总数2.64亿,华人约占人口总数的3.79%(实际人数高于这一比例),超过1000万人,是世界上华人最多的国家[③]。

近年来,印尼政府实行民主改革开放政策,承认华族是印尼民族大家庭的一员,华人的地位有了进一步的改善。华人在印度尼西亚的商贸、服务业和工业领域发挥着重要作用。由于历史原因,华人在印尼大多从商,华商资本在印尼经济的发展过程中发挥着不容忽视的作用。印尼华商林文光曾按照资产数对印尼华商进行了分级。他认为,印尼华人中约有170位拥有大财团或集团企业;约5000多位为中型以上企业老板,还有近30万经营商贸的小企业主。印尼各地华人社团大量涌现,其中,首都雅加达以及万隆、泗水、三宝垄和棉兰等华人聚居的大中城市更为集中。由于95%以上华人已加入印尼国籍,因此这些团体已经属于印尼社团的组成部分。在参政的路上,印尼已经有了"华人市长""华人副省长","融合"各民族也成了印尼总统和官员在一些场合时常提出的新概念,"族群标识"正逐渐淡化。

六、华人华侨对印度尼西亚的贡献

事实上从10世纪唐朝末期开始,华侨对印度尼西亚发展已有所贡献。但由于时间久远,且没有人为其宣传,因此这些文化方面的贡献便很容易为人们所遗忘。曾任印度尼西亚内阁总理的阿里·沙斯特罗阿米佐约(AIi Sastroamidjojo)就说过:"他们在我们的

[①] 郁树锟:《南洋年鉴》,新加坡:南洋报社有限公司1951年版,第戊26页。
[②] 吴世璜:《印尼地理与经济》,雅加达:世界出版社1955年版,第11~12页。
[③] 商务部国际贸易经济合作研究院等:《对外投资合作国别(地区)指南——印度尼西亚》,2019年。

国土中安家,把生产技术及中国的古老文化介绍给我们。迄今在我们国家很多岛屿上,仍可看到中国文化的遗迹。"942年华侨已来到苏门答腊,他们带来了耕种工具,且把它介绍给本地土人,这在《荷属东印度百科全书》里都有提及。印度尼西亚的茶种,是从中国带来的。印度尼西亚由于有许许多多的大型农园企业而成为农园作物生产者,华侨在这方面的贡献是不应被轻视的。他们以坚忍的毅力、辛勤的劳动,对荒山野林进行艰苦垦荒,创造了无数的农园,给印尼带来了外汇,更给无数印尼人带来工作机会。在另一生产部门里,例如,在工矿企业上,华侨的贡献亦不可忽视。多数人只看到现代的生产方式而忘记了长久以前华侨开拓的功绩。华侨所采用的生产工具,就是他们在中国时所采用的一种水轮,把锡粒从地下运上地面,然后以中国式的熔锅提炼。这种生产方法使印度尼西亚每年获得数千吨的锡。在西加里曼丹,华侨亦已开拓了金矿业。印度尼西亚之前用土法自己生产糖,但自从采用了华侨先进的生产工具后,产糖量大大地增加,促进了经济发展。

郑和下西洋以及明代中国民间商人、华侨对于印尼社会经济文化发展所做出的贡献,远不止于传播伊斯兰教,他们还向侨居地大量传入中国的先进文明。如果说,郑和的大宝船向东南亚各国输进了大量中国物品,其中包括各种精致的丝织品和瓷器,还有金、银、铜器、铁器、铜钱等生产和生活必需品,那么,中国民间商人和华侨从中国输进东南亚的产品数量就更多了。郑和下西洋以及明代中国民间商人和华侨对于印尼社会经济文化发展所做的贡献,还表现在开辟和发展不少海港商业城市。苏门答腊的旧港,虽有陈祖义等海盗阻挠国际海路交通和海上贸易,但是更有梁道明、施进卿等守法私商和地方官员,他们在协助郑和清除海盗之患(从而帮助了印尼当地政府维持社会治安)、促进印尼经济繁荣发展方面做出了可贵的贡献。

华侨对保卫印尼独立战争的支持,赢得了印尼领袖和人民的赞扬。1947年11月,印尼安塔拉通讯分社社长塔哈鲁汀·阿赫墨德说:"过去和现在,在印尼境内的华侨都坚决地支持印尼共和国政府,准备牺牲一切以对付侵略者,甚至因此牺牲自己生命亦在所不惜。"苏加诺总统1956年访华时,曾在广州对当年支援过印尼的侨领黄洁说:"我们在最困难的时候得到了你们的帮助,让我再次表示感谢。"1957年10月20日,苏加诺在接见印尼国籍协商会的代表时,再次表示:目前投资时期和将来的建设时期,印尼华裔公民都能做出巨大的贡献,就像在保卫印尼独立的武装斗争时期他们曾经提供过巨大的帮助一样[①]。

第三节 印尼行政区划及人力资源官方机构

一、印尼行政区划

1. 印尼四大群岛

印尼是世界上岛屿最多的国家,因此享有"千岛之国"的美称。不过"千岛"只是个

---

① 《人民日报》,1957年10月22日,第6版。

形象说法而已,实际上印尼的岛屿远远超过 1000 个。1997 年 1 月,印尼国家测绘局经过重新登记核实后宣布,印尼全国共有大小岛屿 17508 个,其中已命名的有 5700 个,面积在 10 万平方千米以上的大岛有 5 个,它们依次是加里曼丹岛(旧称婆罗洲)、苏门答腊岛、伊里安岛(曾称为巴布亚岛)、苏拉威西岛和爪哇岛。五大岛屿面积相加约占印尼全国总面积的 92%。

根据印尼 17000 多个岛屿的分布状况,整个印尼群岛被划分为四个部分,称作四大群岛,即大巽他(Sunda Besar)群岛包括苏门答腊(Sumatera)、爪哇(Jawa)、加里曼丹(Kalimantan)、苏拉威西(Sulawesi)四大岛及其附近诸岛;努沙登加拉(Nusatenggara)群岛又称小巽他(Sunda Kecil)群岛,包括巴厘(Bali)、龙目(Lombok)、松巴哇(Sunbawa)、松巴(Sumba)、佛洛勒斯(Flores)、帝汶(Timor)等爪哇以东诸岛;马鲁古(Maluku)群岛包括布鲁(Buru)、哈马黑拉(Halma-hera)、安汶(Ambon)、塞兰(Seram)、摩罗泰(Morotai)、班达(Banda)等位于苏拉威西和西伊里安之间的诸岛;伊里安(Inan)群岛包括西伊里安及周围诸岛。

2. 印尼行政区划

印尼是一个中央集权的单一制国家,全国行政区划分为 4 级,即省(含特区)、县/市、乡、村/寨。印尼共有一级行政区(省级)34 个,包括雅加达首都、日惹、亚齐 3 个地方特区和 31 省。二级行政区(县/市级)共 514 个。首都雅加达(Jakarta)是全国的政治、经济和文化中心。其他的主要经济城市包括泗水、万隆、棉兰、三宝垄和巨港等。县和市是平级的,一般而言,县的辖区面积要比市大,而市更侧重商业贸易领域的发展。村和寨也是平级,两者的不同在于,村比寨享有更多的行政权力,寨可以升格为村。

表 6-1 印尼一级行政区、首府名称以及人口数量

序号	省/特区名称	首府名称	省/特区人口(万)(统计年份不同)
苏门答腊(中国驻棉兰总领事馆网站 2016 年人口数据)			
1	亚齐特区	班达亚齐	510
2	北苏门答腊省	棉兰	1410
3	西苏门答腊省	巴东	526
4	廖内省	北干巴鲁	650
5	占碑省	占碑	346
6	南苏门答腊省	巨港	816
7	明古鲁省	明古鲁	183
8	楠榜省	班达楠榜	813
9	邦加-勿里洞省	邦加槟港	166

续 表

序号	省/特区名称	首府名称	省/特区人口（万）（统计年份不同）
10	廖内群岛省	丹戎槟榔	203
爪哇（中国驻泗水总领事馆网站2014、2015年人口数据）			
11	大雅加达特区	雅加达	1037（2019年）①
12	西爪哇省	万隆	4671（2016年）②
13	中爪哇省	三宝垄	3352（2014年）
14	日惹特区	日惹	358（2015年）
15	东爪哇省	泗水	3885（2015年）
16	万丹省	西冷（塞朗）	1296（2019年）③
小巽他（印尼所属省统计局2016年人口数据）			
17	巴厘省	登巴萨	420
18	西努沙登加拉省	马打兰	490
19	东努沙登加拉省	古邦	520
加里曼丹			
20	西加里曼丹省	坤甸	504（2019年）③
21	中加里曼丹省	帕朗卡拉亚	260（2019年）③
22	南加里曼丹省	马辰	363（2010年）④
23	东加里曼丹省	三马林达	362（2019年）③
24	北加里曼丹省	丹戎施乐	74（2010年）④
苏拉威西（印尼2010年人口普查整数数据④）			
25	北苏拉威西省	万鸦老	227
26	中苏拉威西省	帕卢	264
27	南苏拉威西省	望加锡	804
28	东南苏拉威西省	肯达里	223
29	西苏拉威西省	马穆朱	116
30	哥沦达洛省	哥沦达洛	104
马鲁古和巴布亚（印尼2010年人口普查整数数据④）			

续 表

序号	省/特区名称	首府名称	省/特区人口（万）（统计年份不同）
31	马鲁古省	安汶	153
32	北马鲁古省	索菲菲	104
33	巴布亚省	查亚普拉	283
34	西巴布亚省	曼诺瓦里	76

资料来源：
①中国外交部网站2019年人口数据；
②黑龙江省人民政府外事办公室网站2016年人口数据；
③百度网站百科词条2019年人口数据；
④唐慧、陈扬、张燕等：《印度尼西亚概论》，广州：世界图书出版广东有限公司2012年版，第23~26页。（印尼2010年人口普查整数数据）

二、印尼主要省市

1. 雅加达首都特区

印度尼西亚首都雅加达是东南亚第一大城市，根据2020年5月中国外交部网站"印度尼西亚国家概况"数据，雅加达常住人口1037.4万。雅加达作为世界著名的海港，位于爪哇岛西北部沿海，是全国政治、经济、文化中心。雅加达市区分老城区和新城区两部分。北部的老区临近海湾，风光独特，古迹众多，多数建筑物都是典型的欧洲古典风格，如总统府（原荷兰总督府）；此外还有早年华人聚居地——草埔等。南部的新区则充满现代感，是雅加达的政治和金融中心。雅加达是印尼三大旅游城市之一，市内绿树成荫，街道内旁遍植常绿树种，主要有独立广场公园、印度尼西亚缩影公园、安佐尔梦幻公园、千岛群岛、伊斯蒂赫拉尔清真寺、中央博物馆等。

雅加达历史悠久，早在14世纪就已成为粗具规模的港口城市，当时叫巽他加拉巴，意思是"椰子"，华侨称其为"椰城"。1522年，万丹王国征服该地并建城。1527年6月22日，改名为查雅加尔达，意为"凯旋城"，简称为雅加达。1596年，荷兰侵占了印度尼西亚，1621年把雅加达改为荷兰名字"巴达维亚"。1942年8月8日，日军侵占印尼后恢复了雅加达的名称。1945年8月17日，印度尼西亚共和国正式成立，定首都为雅加达。1950年1月20日，印尼成立联邦政府后，把雅加达改为巴达维亚，1950年3月31日改名为大雅加达市，1961年改为大雅加达特区至今。

2. 日惹特别行政区及首府日惹

日惹特区（Daerah Istimewa Yogyakarta，简称D.I.Y）位于爪哇岛中部地带南部沿海地区，根据中国驻泗水总领事馆网站2015年数据，日惹特区人口358万，辖1市4县。日惹特区拥有农林、矿产、海洋、水产等多种自然资源，工业企业涉及家具制造、木材、非金属矿产、成衣、皮革、纺织、印刷、烟草、橡胶等行业。日惹主要通过旅游业及教育产业培育其文化资产，主要经济收益来自教育服务业（58.63%）、农业（14.93%）以及加工工业

（26.44%）。日惹不仅拥有展现爪哇文明与荣耀的历代王朝遗址，至今依然保持历史原貌的苏丹王宫，以及列入《世界遗产名录》的普兰巴南印度教神庙群（Candi Prambanan），亦有富于自然魅力的默拉比火山风光、友善好客的淳朴民风以及丰富多彩的手工艺品，是印尼名列巴厘岛之后的著名旅游胜地。2014年日惹特区与上海市签订友好交流协议。日惹特区首府日惹市（Yogyakarta）位于特区中央地带，人口近42万人（2015年），辖14区（乡）45村。为纪念1756年10月7日苏丹哈孟古·布沃诺一世（Hamengku Buwono I）入主日惹王宫，该日期被确定为日惹建城日。日惹市分别与武汉、昆明签订了友好交流意向书。

3. 亚齐特别行政区及首府班达亚齐

亚齐特别行政区（Nanggroe Aceh Darussalam），位于印尼最西端。根据中国驻棉兰总领事馆网站2016年数据，该区人口近510万。亚齐特区共有23个县市，班达亚齐（Bandar Aceh）是特区首府。亚齐特区拥有丰富的石油、天然气及铝土、煤炭等资源。经济作物以棕榈、可可、橡胶为主，工业以皮革、食品及金属加工为主，经济基础薄弱。亚齐特区旅游资源丰富，民族舞蹈极富特色。主要旅游景点包括Raya Baiturrahman教堂、亚齐博物馆、海啸纪念碑等。亚齐与中国的友好交往源远流长，在中国南北朝时期的史书中就已有相关记载。到了宋、元时期，亚齐已成为中国商船通往阿拉伯国家的必经之地。明朝著名的航海家郑和七下西洋均经过亚齐，亚齐至今还保存着郑和送给亚齐王子的大钟及为当地修建的清真寺。

4. 东爪哇省及省府泗水

东爪哇省（Jawa Timur，简称Jatim）主要包括爪哇岛东部地区、马都拉岛、巴韦安岛、康厄安群岛以及在爪哇海和印度洋上的小岛。根据中国驻泗水总领事馆网站2015年数据，东爪哇省人口3885万，辖9市29县。东爪哇省出产稻米、玉米、大豆、花生以及木薯、水果等，拥有大面积橡胶、甘蔗、咖啡、可可、椰子、烟草等种植园，是印尼重要的农业生产基地。糖产量占整个印尼的50%，稻米产量位居全国第二，烟草种植面积占印尼烟草种植面积的55%。因拥有伸展的海岸线以及内河和湖泊，东爪哇成为第二大捕鱼和渔产品加工中心，也是最大的虾产区之一。东爪哇省是印尼东部地区工业、贸易增长中心，具有重要的战略经济地位，经济结构以商品贸易和酒店与餐饮（49.14%）、加工与制造工业（33.23%）及农业（17.62%）为主。东爪哇省在全国综合竞争力排名中位居第二。东爪哇省有丰富的文化和历史传统，曾是印尼历史上最强大的王朝——满者伯夷王朝首府所在地。2002年，东爪哇省与山东省签署友好交流意向书；2006年，与上海市结为友城；2010年，与广西壮族自治区建立友好交流意向；2012年，与天津市结为友好省市；2015年，与江西省签署友好交流意向书；2016年，与宁夏回族自治区签署合作意向书。

东爪哇省省府泗水市（Surabaya）是印尼第二大城市，2015年时人口达284.9万。泗水被视为"英雄城"，泗水是由"sura"（含勇敢之意）和"baya"（含危险之意）组成。1945年11月10日，仅拥有竹子制作的冲锋枪的泗水人民与武器配备先进齐全的同盟军展开了激烈而顽强的斗争。泗水是以贸易为主的商业城市和港口城市。丹戎佩拉港（Tanjung Perak）是印尼东部地区最为重要的产品和货物的集散中心，丹戎佩拉港与工业区和仓储区相衔接。泗水市被印尼环境部评为全国两个空气最清洁的城市之一。2005年,泗水市与广州市结为友好城市;2006年,与厦门市结为友好城市;2012年,徐图利祖县与济南市结为友好城市;2015年,玛琅市与福清市签署友好城市谅解备忘录。

5. 西爪哇省及省府万隆

西爪哇省位于爪哇岛西部,是印尼人口最多的省份。根据黑龙江省人民政府外事办公室网站数据,2016年西爪哇省约有人口4670.9万。西爪哇省是印尼经济较发达的省份之一,经济一直保持增速高于全国平均值的高速发展。印尼的制造业主要集中在西爪哇省,包括电子、医药、皮革、食品加工、纺织、家具、手工艺品、油气、石油化工等。西爪哇省是印尼的农业大省,也是印尼的"米仓"之一。主要农产品有:大米、甘薯、玉米、茶叶、椰子、棕榈油、天然橡胶、甘蔗、可可、咖啡及各种水果和蔬菜。西爪哇省目前是世界第五大茶叶生产地。旅游服务业是西爪哇省的支柱产业之一。

万隆(Bandung)古称"勃良安",意为"仙之国",现名意为"山连山",印尼西爪哇省省会,人口约120万,位于爪哇岛西部海拔715米的万隆盆地中,四面群峰环绕,植物繁茂,环境优美。虽地近赤道,但因地势较高,气候凉爽,空气清新、景色秀丽,四季如春,被誉为印尼最美丽的城市,素有"爪哇的巴黎"之称。早在17世纪,万隆就已成为著名的旅游和避暑胜地。印尼独立后,万隆几经发展和建设,现在是印尼的第三大现代化城市。万隆不仅纺织工业发达,而且是印尼的农产品集散地之一。万隆的文化教育事业相当发达,其中以建于1920年的万隆工学院最为著名,它是培养印尼政府高级官员和高科技人才的摇篮。1955年4月18—24日,第一次亚非会议在万隆举行,史称万隆会议。这是亚非国家第一次在没有西方殖民国家参加下自行召开的大规模国际会议。会议一致通过了《亚非会议最后公报》,提出了以和平共处五项原则为基础的万隆十项原则作为国与国之间和平共处、友好合作的准则。

6. 北苏门答腊省及省府棉兰

北苏门答腊省(North Sumatra)位于印尼苏门答腊岛北部,根据中国驻棉兰总领事馆网站数据,2016年人口达1410.3万。北苏门答腊省银行业较发达。主要工业有食品、木材、五金加工、纺织、橡胶、卷烟、皮革、化工、机械及运输设备等。北苏门答腊省旅游资源丰富,多巴湖(Danau Toba)是著名的火山湖,是印尼最大的湖泊。马达山(Brastagi)气候宜人,风光秀丽。北苏门答腊省重视发展对华友好关系。2002年3月11日,该省与广东省正式结成姐妹省。

棉兰市(Medan)是北苏门答腊省省会,也是印尼第三大城市。面积约265平方千米,人口近228万(2019年),其中华人约占20%,是多元宗教与文化共存的地方。棉兰市是苏门答腊岛北部地区的经济中心,拥有5.05平方千米的工业区和6.50平方千米的新工业区,以劳动密集型中小企业为主。金融业是棉兰市支柱产业,规模仅次于雅加达。农业以种植业为主,工业以炼油、化工、纺织为主。棉兰市旅游资源丰富,主要旅游景点有张亚辉故居(Tjong A Fie Mansion)、日里苏丹王宫(Istana Maimun Palace)、动物标本博物馆(Rah Mat Wildlife Gallery)等。现有14个国家在棉兰设立了领事和名誉机构,其中中国、印度、日本、马来西亚和新加坡设立了总领馆。2001年棉兰市与成都市、2009年日里昔

三、印尼人力资源管理及教育部门

1. 印尼人力资源管理部门

印尼本届内阁于 2019 年 10 月组建，任期至 2024 年。印尼劳工部长是伊达·法吉亚（Ida Fauziah）、社会部长是朱利亚里·彼得·巴杜巴拉（Juliari Peter Batubara）。印尼人力资源部门在不同时期名称有所变化，曾有印尼劳工部、印尼人力资源与移民部等不同名称，目前名称是印尼劳工部。

2. 印尼教育部门和主要高校

现任教育与文化部长是纳迪姆·玛卡里姆（Nadiem Makarim）。印尼的著名大学有雅加达的印度尼西亚大学、日惹的卡查马达大学、泗水的艾尔朗卡大学、万隆的万隆工学院、班查的查兰大学、茂物的茂物农学院等。

第四节　外国人在印尼就业经商的规定

一、外国人在印尼就业的规定

1. 印尼对外籍劳工政策的总原则

印尼劳工总政策旨在保护印尼本国的劳动力，解决本国就业问题。根据这一总政策，印尼目前只允许引进外籍专业人员，普通劳务人员不许引进。对于印尼经济建设和国家发展需要的外籍专业人员，在保证优先录用本国专业人员的前提下，允许外籍专业人员通过合法途径进入印尼，并获工作许可。受聘的外国技术人员，可以申请居留签证和工作准证。

2. 印尼外籍劳工近些年状况

据原印尼人力资源与移民部（现印尼劳工部）统计，2012 年全国外籍劳工数量降至约 7.24 万，同比减少 6%，其中技术、管理等专业性较强中高层外籍劳工数量减少最明显。2013 年 1—8 月，印尼人力资源与移民部共发放 4.8 万个外籍劳工工作许可，较上一年同期进一步减少。在印尼，多数外籍劳工担任企业中高层职位，例如，在工程、贸易、通信、油气、矿产等企业从事顾问、管理、总监、技术支持等工作，工资也高于本地员工。据统计，中国、日本、韩国是对印尼输出劳务最多的 3 个国家，其中中国籍劳工占印尼外籍劳工总人数的 21.4%，位居榜首。根据劳工部的数据，截至 2014 年底，在印尼工作的外国工人或外籍人士的数量达到 6.88 万人。这些外国工人来自中国的最多，约 1.63 万人，第二位是日本，约 1.08 万人。

3. 印尼取消外籍劳工掌握印尼语的规定

从 2006 年开始，印尼政府将要求在印尼工作的外籍人员（包括管理、专业人员及中下层劳务）只有通过印尼语考试才能获得工作许可。印尼劳工部长称，该举措是为了适应印尼对外实行劳务开放后间接减少外籍劳务的进入，但部长不承认是对外籍劳务进入印尼制造障碍，而是要为国内外劳务创造平等的待遇。但是，此规定实施以来，给在印尼工作的外籍劳工造成更多的麻烦和成本，同时较大地影响了外国对印尼的投资，间接提高了印尼国内的失业率。2015年8月，印尼政府放松了外籍劳工前来印尼工作的条件，外籍劳工在印尼工作不需掌握印尼语。印尼政府认为，这项宽松政策可以激励外国在印尼的投资。该项新政策载于2015年第16号劳工部长条例，声明不再列出使用印度尼西亚语的强制性标准。

二、外国人在印尼就业经商的申请

1. 申请在印尼工作必须满足的条件

拥有符合职位的教育、合格证书，以及至少有5年的工作经验，并签订有关将工作特长转移给印尼工作伙伴的声明书。此外还有一些额外条件，即外籍劳工必须持有来自印尼保险公司的保险单，以及纳税人编号。对于已在印尼工作半年以上的外籍劳工，则必须参与全国社会保险。

2. 申请在印尼工作的手续

对于印尼经济建设和国家发展需要较多的外籍专业人员，在保证优先录用本国专业人员的前提下，允许外籍专业人员通过合法途径进入印尼，并获工作许可。受聘的外籍专业人员到达印尼前必须履行下列手续：印尼公司聘用的外籍专业人员向印尼政府主管技术部门提出申请，取得劳工部批准，到移民厅申请签证。

3. 申请在印尼工作需提供的信息

外国合资公司聘用的外籍人员须向印尼投资协调委员会（BKPM）提出申请，需要提供的信息内容包括如下几条。另外，受聘的外国技术人员可申请6个月至1年的居留签证(KIMS)和工作准证。

（1）雇主的姓名和在印尼的地址；
（2）聘用人员的姓名和地址；
（3）简述拟聘用人员就任的职位、聘用期限、工资及其他福利待遇；
（4）雇主拟议或执行中的培训印尼人未来胜任该职位的计划；
（5）有关部门的介绍信。

第五节 印尼《劳动法》的核心内容

印尼国会于2003年2月25日通过第13/2003号《劳工法》，对劳工提供相当完善的保护，但因部分规定过于偏袒劳方，大幅提高了劳工成本，影响了印尼产品的竞争力，也减少了外国投资的意愿。2006年，印尼政府决定修订该法，但因劳方强烈抗议，劳工法修订工作无果而终。2012年11月，原印尼人力资源与移民部（现印尼劳工部）发布法规，严格限制合约劳工与外包制度。该法规加大了对本地劳工的保护，提高了印尼相关产业特别是劳动密集型加工制造业用工成本，减少了对包括中国投资在内的外资的吸引力。下面就结合印尼的"第13/2003号劳工法"和"合约劳工与外包制度"等印尼劳动法律法规的要点介绍一下印尼《劳动法》的核心内容。

一、企业用人规范

所有印尼公司（包括在印尼的外资公司）不能在核心业务中采用合约劳工与外包制度，

现有核心业务中的外包劳工必须在6个月内转为正式永久员工。公司从第三方机构外包劳工从事核心业务的做法今后将被严格禁止。外包劳工也仅限于保洁、保安、司机、矿区附属服务、餐饮等五种临时性工作岗位，合同临时工以3年为限。外企聘用的当地雇员允许有3个月试用期。

二、工作时间和休假

工作时间方面，员工每星期工作时间为40小时。准许雇佣童工工作，但每日以3小时为限。休假方面，连续雇佣工作满6年的劳工可享有2个月的特别休假，服务满第7年及第8年时，开始享有每年休假1个月，但在此两年期间不得享有原有每年12天的年假，特别休假的2个月休假期间只能支领半薪。

三、罢工权益

劳工因反对公司相关政策而举行罢工，雇主仍需支付罢工劳工工资，但劳工必须事先通知雇主与主管机关，且必须在公司厂房范围内进行罢工。如劳工违反罢工程序，罢工即属非法，雇主可暂时禁止劳工进入工厂并可不必支付罢工工资。此外，依印尼政府规定，外国人投资工厂应允许外国人自由筹组工会组织。全国性的工会联盟有全印尼劳工联盟（SPSI）和印尼工人福利联盟（SBSI）。

四、最低工资

印尼劳工部制定的2017年省级最低工资标准比上一年增加8.25%，这是根据2015年有关使用通胀率和经济增长率来敲定工资的第78号政府条例实施的。根据2017年11月12日印尼劳工部的数据报告，2017年省级最低工资月标准最高为3355750盾（2018年14500盾兑1美元）[①]，最低为1337645盾，其中有6个省的最低薪标准为最高，如雅加达专区从310万盾增为3355750盾。另有巴布亚省从2435000盾增为2663646盾；北苏拉威西省从240万盾增为2598000盾；邦加勿里洞省从2341500盾增为2534673盾；亚齐省从225万盾增为250万盾；南苏拉威西省从225万盾增为250万盾[②]。

五、社会保险

印尼总统佐科2015年7月签发2015年第44号《关于工伤保险和死亡保险政府条例》，这是2004年颁布的第40号《关于国民社会保险机制法令》中有关法律的实施条例。根据该条例，雇主必须在劳工保险执行机构注册，有义务为雇员投保工伤保险和死亡保险。雇主需支付的工伤保险费在雇员月薪的0.24%至1.74%范围内，根据职业风险等级浮动，职业风险分为极低、低、中等、高和极高五个等级；死亡保险费为雇员月薪的0.3%。非雇

---

① 印尼货币为印尼盾，印尼盾可自由兑换。在印尼的金融机构、兑换点，印尼盾可与美元、欧元等主要货币自由兑换。2017年，印尼盾币汇率总体稳定，兑美元汇率在1美元兑13500盾左右。2018年，盾币兑美元汇率持续走低。2018年10月，印尼盾对美元汇率跌破15000：1的心理关口，创1998年亚洲金融危机以来最低水平，与2018年年初时相比下跌超过10%。
② 佚名：《印尼明年6省最低工资标准为最大》，《印尼国际日报》，2016年11月18日。

员的工伤保险费按投保人收入的一定比率计算,死亡保险费为6800印尼盾。雇主须在每月15日前缴纳上月的工伤保险费和死亡保险费,逾期须缴纳占保费2%的罚款。如未投保,雇主有义务在雇员发生工伤、死亡时,保障雇员权益,雇员也有权自行投保。工伤、死亡保险投保者为受雇于企业、个体经营者的雇员及雇主本人,包括在印尼工作6个月以上的外国人[①]。

六、离职金

对于自愿离职与触犯刑法的劳工,雇主可不必支付补偿金(compensation),但需支付劳工累积的福利金(worker's Welfare payment)。如果劳工被辞退,雇主要付给被辞退雇员月工资9倍的离职金(遣散费)。

第六节 中国人在印尼经商和工作的机遇

一、印尼主要经济形势及竞争力

印尼是东盟最大的经济体。农业、工业、服务业均在国民经济中发挥重要作用。1950—1965年GDP年均增长率仅2%。20世纪60年代后期印尼调整经济结构后,经济开始提速,1970—1996年间GDP年均增长率6%,跻身中等收入国家。1997年受亚洲金融危机重创,经济严重衰退,货币大幅贬值。1999年底经济开始缓慢复苏,GDP年均增长3%~4%。2003年底按计划结束国际货币基金组织(IMF)的经济监管。苏希洛总统2004年执政后,积极采取措施吸引外资、发展基础设施建设、整顿金融体系、扶持中小企业发展,取得积极成效,经济增长率一直保持在5%以上。2008年以来,面对国际金融危机,印尼政府应对得当,经济仍保持较快增长。2014年以来,受全球经济不景气和美联储调整货币政策等影响,经济增长有所放缓。近年印尼政府陆续出台一系列刺激经济政策,经济显现加速复苏迹象,并保持较快增长。2019年印尼国内生产总值15833.9万亿印尼盾(约1.11万亿美元),同比增长5.02%。贸易总额3382.4亿美元。2019年全年通胀率2.72%。受新冠肺炎疫情影响,2020年1—6月经济下滑1.26%。

目前印尼经济保持较快增长,国内消费成为印尼经济发展稳定动力,各项宏观经济指标基本保持正常,经济结构比较合理。世界经济论坛《2019年全球竞争力报告》显示,印度尼西亚在全球最具竞争力的141个国家和地区中,排第50位。世界银行《2020年营商环境报告》显示,印尼在全球190个经济体中,营商便利度排名第73位。中国对外承包工程商会发布的《"一带一路"国家基础设施发展指数》(2019)中显示,印度尼西亚连续多年排名榜首,其发展环境、发展潜力和发展趋势指数均排名前列。从投资环境角度看,印尼的吸引力主要表现在以下方面:

(1)政局总体稳定,政府重视扩大投资;
(2)自然资源丰富;

---

① 佚名:《印尼公布劳工工伤死亡险实施条例》,《印尼国际日报》,2015年7月10日。

（3）经济增长前景看好，市场潜力大；
（4）地理位置重要，控制着关键的国际海洋交通线；
（5）人口众多，有丰富、廉价的劳动力；
（6）市场化程度较高，金融市场较为开放。

二、中国与印尼国际合作面临新的历史机遇

中国和印尼两国自1990年恢复外交关系以来，双边经贸合作全面发展，尤其是近年来，中印贸易、投资和工程承包等领域合作发展迅猛。印尼是"21世纪海上丝绸之路"首倡之地，2013年10月，习近平主席在印尼首次提出共建"21世纪海上丝绸之路"，中印尼双边关系提升至全面战略伙伴关系。据印度尼西亚官方统计，2019年中国对印度尼西亚直接投资达47亿美元，位列印度尼西亚第二大外资来源国，占当年印度尼西亚吸收外资总额的16.7%。到印尼寻求投资合作的中国企业不断增多，涉及领域日益广泛，大型投资项目不断涌现。中国企业对印度尼西亚的投资涉及农业、矿冶、电力、房地产、制造业、产业园区、数字经济和金融保险等广泛领域，遍布印度尼西亚各大主要岛屿，产能合作取得显著成效。

中国已连续多年为印度尼西亚第一大贸易伙伴，据中国海关统计，2019年中印尼双边贸易额达797亿美元，创历史新高，同比增长3.1%。目前，中国对印度尼西亚出口的主要产品分别为核反应堆、锅炉、机械器具及零件、电机、电器、音像设备及其零附件、钢铁、钢铁制品、车辆及其零附件、船舶及浮动结构体、贵金属的化合物、棉花、化学纤维长丝、针织物及钩编织物、有机和无机化学品、塑料及其制品、涂料、油灰、家具、灯具、活动房、蔬菜、食用水果及坚果、烟草、烟草及烟草代用品的制品、矿物燃料、矿物油及其产品沥青、铝及其制品、光学、照相、医疗等设备及零附件、橡胶及其制品、肥料、纸制品、陶瓷产品、玻璃及其制品等等。中国在印尼对外经贸关系中占有比较重要的地位，近年来双边投资贸易合作呈快速上升的趋势。中国—东盟自贸区已于2010年1月1日全面启动，2016年7月，中国—东盟自贸区升级版议定书正式生效，双边贸易投资自由化和便利化程度进一步提高，中印尼经贸关系发展面临着历史性机遇。

第七节　中国人在印尼经商和工作的风险及应对措施

一、印尼整体环境比较复杂

目前印尼经济尚未完全走上正轨，各种政治势力明暗争夺，地方分离主义及宗族冲突此起彼伏，形势比较复杂。我国公司在印尼开拓市场时应注意多关注印尼时局，兼听多看，以走政府渠道为主。印尼司法环境不够廉洁，要避免打官司，办好应办的手续，防止授人以柄；社会治安条件不好，中国企业投资时不宜全部集中到雅加达，应选择社会治安安定，工人最低工资较低，政府行政管理较好，华人和当地居民关系融洽的省、市、县作为投资地点。对印尼政治、民族、宗教矛盾要有清醒的认知，时刻保持警惕，不宜介入矛盾。

印尼市场环境整体也比较复杂，风险较高。在印尼开展贸易活动必须做好充分的市场调研，结合当地特殊的贸易环境，采取有效措施拓展业务，规避风险。在印尼华人数量众

多,相同的语言和文化背景,使很多中国企业更愿意通过华人来开展经贸合作,华人中介在其中扮演了重要的角色,起到了很好的作用。但由于印尼华人中介良莠不齐,恶意欺诈等损害中国企业利益的行为时有发生。良好的合作伙伴或中介是顺利开展业务的重要保证,中国企业要广泛调查,认真研究,慎重选择。

二、印尼外籍劳务市场较小

印尼拥有丰富的廉价劳动力,正处于"人口红利"期,但具备大专学历及正规职业教育的中高级技术人才不足劳动力总人口的10%,造成很多本地公司和外企高度依赖外籍劳工。再加上印尼本土失业率有所下降,2018年失业率为5.34%,所以印尼对外籍劳工还是有一定需求的。但总体看,印尼外籍劳务市场较小,外籍劳务人员多为外资企业及合资企业的高级管理人员和技术人员。印尼政府严格限制甚至禁止普通劳工入境工作,造成印尼工作签证审批难度大,因此外国人使用商务签证或者旅游签证在印尼务工现象普遍存在,印尼有关部门经常采取措施进行打击,非法滞留务工的外国人被拘捕或处以刑罚的事件也时有发生。

2018年3月,佐科总统签批了2018年有关外籍职工的第20号总统条例,以促进全国经济发展并通过促进投资来扩大就业。总统条例规定,印尼国内企业聘用外籍职工须在规定的工作任期内担任固定的职位,也须考虑聘用更多的印尼本国职工。各行业每次向外籍职工提供职位时,必须考虑优先聘用本国职工。印尼职工未能胜任的工作,才可交由外国职工担任。禁止外籍职工担任国内企业人事部要职或某些已由部长点明的职位。聘用外籍职工的企业必须拥有外籍职工聘用证(RPTKA),这是由相关部长或官员宣布正式启用的许可证,多数是在紧急需求或迫不及待的情况下雇佣外籍职工。外籍职工最迟须在打工2天之后申请外籍职工聘用证,随后当局必须在1天之内处理申请书。处理申请书的部长或官员,必须在2天之内通知外籍职工的雇主,领取已批示的申请书和资料。

三、在印尼经商和工作有一定的风险

印尼对外国籍劳工入境工作有着严格的规定。印尼劳务的总政策是保护本国劳动力,以解决本国的就业问题,因此目前只允许引进外籍专业人员,一般劳务人员不许引进。近年来,随着中印尼经贸关系的迅速发展及中方赴印尼投资企业数量的增加,越来越多的中国籍务工人员也纷纷前往印尼工作。但由于面临语言不通以及法律不熟悉等问题,中国籍务工人员在印尼也经常会面临移民局和警察的质询和调查,甚至因手续问题面临法律风险。

为进一步加大吸引外资的投资力度,印尼政府目前对于外国投资公司的相关劳务人员的限制已经大大放宽,印尼主管外籍劳工问题的部门——移民部和劳工部要求,相关外资企业一定要严格遵守印尼相关法律规定,并强调目前外籍劳工入境手续相较之前已经简便许多,而且在手续齐全的前提下,办理过程往往只需要一个月的时间。有意前往印尼从事劳务工作的中国公民和中国公司须仔细了解印尼相关法律规定,咨询专业部门和律师,不要轻信非法劳工中介,选择安全合法的方式出国务工。

四、人力资源成本较高

2017年印尼首都雅加达最低月工资标准最高为335万5750盾,而同期中国首都北京的最低月工资标准第一档为2000元,经过2017年各自货币汇率折算[①]:2017年,北京的最低月工资标准第一档为296.22美元,而雅加达最低月工资标准最高竟然也高达248.57美元,但是中国的生产力水平、技术远远高于印度尼西亚。印尼的最低工资标准比起老挝、柬埔寨和越南等国都要高。

印度尼西亚企业家协会主席林棉昆分析:"造成(印尼本国)劳工竞争力低的原因之一,除了心理因素之外,还有法规因素。按照劳工法规,不能任意开除懒惰、生产力低的劳工。"为此,他还提出,最理想的人力资源成本解决方案应将劳工最低工资标准分成三类:第一类大型公司劳工可享受最高工资标准,第二类中小企业劳工享受中等工资标准,第三类劳工密集业劳工应该享受廉价的工资标准,而不是各行业的劳工享有一样标准的最低月薪。他还进一步指出:"一星级酒店与五星级酒店劳工月薪应该有差别。只可惜,印度尼西亚劳工条例不这么决定。"[②]

五、劳动关系比较复杂难缠

除了工资成本比东南亚邻国要高,在劳动关系方面印尼也比东南亚邻国来得复杂和难缠。近年来,随着印尼经济快速增长,印尼劳工要求提高最低工资、改善工作和生活待遇的呼声越来越高。2012年,印尼主要工会组织数百万工人在主要工业园区连续举行大罢工及游行,要求取消合约劳工与外包制度、拒绝低廉工资、保障基本生活条件。期间多次发生暴力冲突,干扰了部分企业正常的生产经营秩序,也影响了印尼社会稳定和投资环境。特别是,由于印尼现行《劳动法》严格规定了雇佣正式工人需支付最低工资、保障福利待遇、履行复杂离职手续及高额补偿标准等,造成了包括外资在内的许多印尼企业雇佣正式员工费用高昂且解雇困难。虽然上述员工诉求和法律规定有利于保护劳工权益,但在印尼经济水平低下时大幅提高员工待遇也不太现实,尤其是采用罢工和暴力手段来争取不现实的员工待遇更是不可取,这些将对印尼的投资环境和良性竞争带来严重损害。

时任印尼总统苏西洛明确表示,劳工问题与不够友善的员工行为已成为阻碍投资商到印尼进行投资的主要因素。从纪律与生产性的角度来看,印尼劳工的职业素养还较几个友好国家如马来西亚、泰国、新加坡、中国与印度低。为此,政府将全面整顿该问题。苏西洛说:"我们的原则是,劳资双方都能受益,不要有一方感到受另一方的剥削。政府将继续设法提高劳工的福利及给予充分的保障。"与此同时,时任印尼国会第6委员会主席迪蒂克拉庇尼声称,为达到互利的局面,有必要强化政府、企业家与劳工三方的沟通。印尼政府的这些建议应该是值得肯定的,但是印尼工会和劳工比较强悍。在某些情况下特别是大选临近时,印尼政府为争取最广大人民群众支持,多次顺应工会和罢工工人的过分要求,而置印尼雇主协会和企业界的合理要求于不顾。例如,2006年,印尼政府决定修订

---

① 2017年,印尼盾币兑美元汇率在1美元兑13500盾左右。根据中国国家统计局公布资料,2017年全年人民币平均汇率为6.7518元人民币兑换1美元。
② 林棉昆:《受法规及最低月薪牵制削弱印度尼西亚竞争》,《印度尼西亚星洲日报》,2012年5月30日。

第13/2003号《劳工法》,但因劳方强烈抗议,劳工法修订工作无果而终,直到现在都还没有正式启动修法。虽然印尼企业劳动关系的正常发展还任重道远,但各届政府还是比较努力地解决这些问题,况且中国印尼经贸关系发展的前景还是很广阔的。

六、风俗习惯与国内差异较大

印尼是一个多民族、多宗教的国家,历史上受中国、印度、中东、西方国家等多种文化的影响,加之岛屿分散,居民交流不便,使各地文化习俗差异较大,种类繁多。因此,中国企业和务工人员要充分尊重当地居民的宗教信仰和各种民风民俗,做到入乡随俗,按照当地的礼仪标准开展社会交往活动。如在公共场合不喝含酒精的饮料,宴请时不上酒类饮料,不食猪肉;避免用左手接受礼物或递交物品,特别是触摸别人的头;在印尼人每周五中午做祷告时,勿大声喧哗;在会谈、社交、工作和休闲等不同场合,注意着装;在公共场合,一般情况下男士要请女士先走,先用餐或先上车;女士从男士面前经过,皆屈身弯膝而过,以示回敬;在社交场合,男士遇女士一般不主动握手,若对方先伸手,可以轻握。

第八节　印尼劳动关系协调和劳动争议处理

一、机构设置及其职能

1. 劳工部门

印尼劳工部门由国家劳工部,省、区、县劳工局组成。主要承担三项职责:一是就职前的社会服务,包括职业训练和职业介绍等;二是在职期间的社会服务,包括工业关系和工作条件、劳作健康和安全、提高生产、监督工作准则和解决劳动争议;三是停止工作后的社会服务,包括福利保险,如劳动事故保险、死亡津贴、老年津贴及退休、失业津贴等。印尼的省、区、县的劳工局负责人均由劳工部任免。

(1) 国家劳工部

劳工部下设三个总署、一个总局。一是培训及调派劳工总署,内设总署秘书处、劳工计划及咨询署、劳工培训署、劳工调派署、非正式劳工及密集劳工培育署、职业训练中心、国际劳工派出中心、国民生产中心,其主要负责就职前的社会服务。二是产业关系及劳动标准总署,内设总署秘书处、工作条件培育署、福利保险和工资培育署、劳作健康及安全准则培育署、劳工保护准则监督培育署、工业关系署、劳作健康及安全服务中心,另外设有劳动争议处理委员会,主要负责员工在职期间的社会服务,其中包括劳动关系协调和劳动争议处理。三是侦察总署及其所属的五个区侦察掌司,负责对劳工部门工作人员的监督。四是社会保险总局,内设筹划局、对外合作和法律局、员工局、财政局、公共局、社会关系局、员工训练及教育中心,负责停止工作后的社会服务。

(2) 省劳工局

印尼每个省都有劳工局。例如,西爪哇省劳工局由5个处组成,即就业安置处、培训处、综合计划处、产业关系处、劳动保护处。劳动关系协调和劳动争议处理的职责由产业关系处承担。产业关系处内设四个职能科,即在职培训科、劳动争议处理科、工作条件科、工会及雇主协会注册科。另外设省劳动争议处理委员会。

(3) 区劳工局

区劳工局一般内设5个机构,即秘书科、就业培训科、劳动保护科、职业介绍科、工作条件与劳动争议处理科。其中,劳动监察的职能由劳动保护科承担。集体协议的审查及劳动争议处理的职能由工作条件与劳动争议处理科承担。跨省大企业的集体协议的审查工作由国家劳工部产业关系与劳动标准总署负责。

2. 工会

印尼在全国设一个总工会,纵向上另有13个行业工会。25人以上的企业,即可组织工会。在劳动关系协调和劳动争议处理中,工会代表工人利益通过集体谈判、签订集体协议、参加政府对劳动政策的制定、参加劳动争议处理委员会来体现和发挥自己的作用。工会的活动是独立的。

3. 雇主协会

雇主协会是印尼企业经营者的唯一组织。目前,有8000多个企业参加协会。协会旨在维护雇主利益,帮助雇主改进生产经营活动,改善雇主与雇员的关系,并代表雇主利益参加协调劳动关系、处理劳动争议。

4. 劳动争议处理委员会

印尼国家、省设有劳动争议处理委员会,委员会由政府部门、工会和雇主协会三方代表组成,每方5个席位。政府部门的5个席位一般为劳工部门、工业部门、交通部门、农业部门、财政部门各派出1名代表。委员会成员任期两年。委员会设主席和副主席,由劳动部门的负责人担任。劳动争议处理委员会参加政府劳动政策的制订和修改工作。该委员会是专门处理劳动争议的机构。

二、印尼劳动关系协调制度

1. 协调劳动关系遵循的五项原则

第一,劳动者的劳动不仅是为个人生存,同时也是对上帝、对国家的贡献;第二,工人不仅是企业的劳动力,同时也是人,要从人道主义出发,尊重人格;第三,工人和资方不是对立的关系,而是平等的伙伴关系;第四,劳资双方解决分歧,要像兄弟一样协商解决,不要对抗;第五,工人与企业利益共享。

2. 印尼提倡在企业成立劳资协商机构

政府规定,企业工人人数在50人以下的,劳资双方各派代表人数至少为2人;企业工人人数在50人以上的,劳资双方各派代表人数至少为3人;劳资双方代表人数可以不对等。协商组织主要就企业经营、管理、工人权益等方面召开会议进行协商,其作用主要是为劳资双方的协商创造良好的气氛,保护工人的利益,让工人了解公司的经营状况等协调劳资关系等。

3. 有工会的企业实行集体谈判、集体协商制度

集体谈判是由企业工会代表工人与企业经营者代表进行,目的是达成本企业的集体协

议。集体协议的主要内容包括工人的工时、工资、劳资纪律、工种、岗位调整、保险福利、劳动关系当事人双方的一些职责权利，以及发生争议后的处理程序规定等。协议主要是在不违背国家劳动法规、政策的情况下，根据劳资双方的实际情况再制定一些本企业所需要的条款。集体协议经工人代表讨论，双方协商同意后向全体员工宣布，经政府劳工部门确认后，即具有法律效力。雇主依据集体协议对员工进行管理，员工依据集体协议来进行生产活动并维护自身的权益，劳动争议处理机构依据集体协议来处理劳动争议。集体协议每两年可以根据劳资双方的实际情况和需要做一次修改，满三年可以重新签定。集体协议签定后，应报劳工部门审批。

4. 没工会的企业依法制订内部规章对劳动关系进行协调

企业规章制订后，也应报劳工部门工作条件与劳动争议处理机构进行审批。因执行企业规章发生争议可按国家规章的程序进行处理。2012年，印尼大、中、小企业共14万家，其中有工会的企业约10600家，占7%。主要原因是印尼的企业规模25人以下的小企业较多。另外，从国际上看，工会数量及会员数量呈下降的趋势，对印尼也有一定影响。

三、印尼劳动争议处理制度

1. 建立了劳工监察制度

在劳工部，劳工监察的职能由产业关系与劳动标准总署承担。劳工监察的具体内容主要有三个方面：一是企业执行有关工作条件方面的条例情况，包括工作时间、休息时期、加班、童工、女工、病假、休假等方面的规定；二是企业执行有关福利保障和工资保护方面的条例情况，包括男工、女工同工同酬，按时支付工资，扣罚工资的限度，最低工资等方面的规定；三是企业执行有关工作环境和条件方面的条例情况，包括劳作健康和安全、劳作事故的偿还办法等规定。

在对企业实施监察中，遵循先教育后制裁的原则，并对被监察的企业划分优、中、劣三个等级，并用青、黄、红三种颜色标记出来。优等企业的条件是企业工会、劳资协商机构发挥了良好作用，劳资双方签订了集体协议，工人工资水平远高于最低工资标准，执行了为工人进行社会保险投保的规定。中等企业的条件是企业成立了工会和劳资协商机构，但尚未正常地开展工作，劳资双方没有签订集体协议，工人工资刚刚达到最低工资标准，未完全执行为工人进行社会保险投保的规定。劣等企业的条件是企业还没有成立工会和劳资协商机构，工人工资低于最低工资标准，劳作条件差，完全没有或只为一小部分工人进行了社会保险的投保，劳工流动性过高。各地劳工部门都有企业优劣图表，这样劳工监察员在执行公务时，可有针对性地着重督促劣等企业。对于中等企业，监察员对违法的企业可给三次警告或处罚，如仍不听劝告，可向法庭起诉。

2. 建立了较完善的劳动争议处理制度

印尼的劳动争议处理机构主要是劳工部门的产业关系机构和劳动争议处理委员会。处理劳动争议渠道和程序大致是，发生劳动争议后，当事人可以请民间公正的第三者进行调解、公断。达成协议的，协议经当地劳工部门或劳动争议处理委员会确认后即具有法律效力，双方应自觉履行。当事人也可请当地劳工局的调解员进行调解、调停，达成协议的，双方自觉履行。民间调解、行政调解未达成协议的，当事人可向省劳动争议处理委员会申诉；省劳动争议处理委员会作出处理决定，当事人对该决定不服的，可在 14 日内上诉国家劳动争议处理委员会，由国家劳动争议处理委员会作出最后决定，当事人必须执行。

劳动争议处理机构受理劳动争议的范围，从受理对象上看，是所有企业、事业单位发生的劳动争议。公务员与所在单位发生的争议另有规定，由政府内部按规定处理。涉外劳动争议由法庭处理。从受理内容上看，主要分为两大类，一是因履行集体协议发生的争议，二是因解雇员工发生的争议。从数量上看，每年向两级劳动争议处理委员会申诉的案件约 7000 件以上，国家委员会处理的案件约占 15%。劳动争议处理委员会处理劳动争议没有时间规定，案件处理时间一般不会超过 6 个月，个别案件的处理可长达两年。案件处理形式是召开委员会会议，当事人双方不列席会议，会议协商达不成一致意见的，则采取表决的方式，只要半数以上的委员同意，即可做出处理决定。

印尼劳动争议处理的基本原则可概括为四项：一是三方原则。劳动关系的协调和劳动争议的处理必须由三方代表协商、研究、处理，集中体现在劳动争议处理委员会由政府、工会、雇主协会三方代表组成。二是双方协商原则。企业生产经营管理的大事需经雇主和工会或工人代表双方协商，员工的保险福利要经双方协商，劳动争议的处理要经双方协商，这一原则主要体现在企业内部的自我协调机制之中。三是预防为主原则。印尼的企业平素都比较重视在内部为劳资关系创造培养良好的气氛和环境。平时如企业经营管理的情况有变化或工人的待遇有变动时，应事先充分向工人解释说明，并注意征求工人的意见；强调企业应从保险福利待遇，如生老病死、接送上下班等方面关心工人；工人违反劳动纪律，给予三次警告，警告无效后，方予解雇。使大多数劳动纠纷都能解决于基层、解决于萌芽状态之中。四是强调自制原则。遇有劳动纠纷，极力强调自制，要求雇主应充分尊重工人的权益；工人应充分理解、体谅雇主的实际情况，尽量自己化解劳动争议。

参考文献

1. 中华人民共和国外交部网站：https://www.fmprc.gov.cn.
2. 国家统计局国际统计信息中心. 2019 中国—东盟统计年鉴 [M]. 北京：中国统计出版社，2019：183.
3. 杨伟国，代懋. 中国人力资源法律审计报告——从东盟十国看"一带一路"国家的劳动与雇佣管制 [M]. 北京：中国人民大学出版社，2018.
4. 梁敏和. 印度尼西亚文化概论 [M]. 广州：世界图书出版广东有限公司，2014：7-19.
5. 武文侠，陆春林. 印度尼西亚 [M]. 北京：世界知识出版社，2001：3-4，37-51.
6. 唐慧，陈扬，张燕，等. 印度尼西亚概论 [M]. 广州：世界图书出版广东有限公司，2012：66-71.
7. 伊斯兰之光网站：http://www.norislam.com/index.php.
8. 刘继宣，束世澂. 中华民族拓殖南洋史 [M]. 北京：商务印书馆，1935：4-5.
9. 李长傅. 中国殖民史 [M]. 北京：商务印书馆. 1937：60.

10. 李学民，黄昆章. 印尼华侨史[M]. 广州：广东高等教育出版社，2016：6-98，130-222.

11. [日]和田久德. 宋代（960—1279年）东南亚的华侨社会（中译文）[J]. 东南亚研究资料，1962（1）：96.

12. [日]岩生成一. 论安汶岛初期的华人街(中译文)[J]. 南洋问题资料译丛，1963（1）：102.

13. 商务部国际贸易经济合作研究院等. 对外投资合作国别（地区）指南——印度尼西亚，2019.

14. [印尼]佚名. 印度尼西亚华人概况[N/OL]. 印尼和平日报，2016-7-19.

15. [印尼]勃拉慕帝阿·阿南达·托尔. 华侨对印度尼西亚发展的贡献[J]. 东南亚研究资料，1960(3).

16. 江河. 华侨与印尼人民的友谊是用鲜血凝成的[J]. 侨务报，1959(12)：29.

17. 百度百科词条：https://baike.baidu.com/.
18. 中国驻泗水总领事馆网站：http://surabaya.china-consulate.org.
19. 中国驻棉兰总领事馆网站：http://medan.china-consulate.org.
20. 黑龙江省人民政府外事办公室网站：http://www.hljswb.gov.cn.
21. 中国驻印度尼西亚大使馆：http://id.china-embassy.org/.
22. 中国驻印度尼西亚经济商务处网站：http://id.mofcom.gov.cn/.
23. 佚名. 印尼政府放宽政策 外劳不须掌握印尼语[N/OL]. 印尼星洲日报，2015-8-17.
24. 新华网：http://www.xinhuanet.com/.
25. 东盟老房装修网：www.dmjob.net.

第七章　马来西亚人力资源

第一节　马来西亚的人口及民族

一、马来西亚的人口概况

马来西亚全称"马来西亚联邦"(The Federation of Malaysia)，俗称大马。根据中国外交部网站2020年9月发布的《马来西亚国家概况》资料，马来西亚首都吉隆坡（Kuala Lumpur）人口约180万，全国人口3268万。2014年2月28日马来西亚国家统计局公布，该国人口总数首次突破3000万人，达到3565万人。预计到2040年，马来西亚人口将达到3850万人，其中男女比例将基本持平，分别约为1960万人和1900万人[1]。

在劳动力市场方面，根据马来西亚统计局的数据，截至2017年6月，马来西亚劳动人口约1503万人，其中雇佣人口1452万人、失业人口50.7万人，劳动参与率为67.7%，失业率为3.4%。在人口结构中，年龄在15~64岁的人口约占69.4%，65岁以上人口约占6%。按产业划分，马来西亚农、林、水产业人口占12.5%，工业及制造业人口占27.5%，服务业人口占60%。在对外劳务合作方面，截至2016年9月，持有马来西亚临时工作签证的外国劳务人口共有185万人，其中，中国派往马来西亚的劳务人员有1.9万人[2]。

根据中国-东盟自由贸易区商务门户网站统计数据，马来西亚2016年男性人口占51.7%，女性人口占48.3%。2016年马来西亚城市人口占75%，农村人口占25%。2007—2016年马来西亚人口增长态势除2013年为高速增长外，其他年份基本呈下降趋势，到2016年人口增长率为1.5%。2016马来西亚人口密度为每平方千米96人，人口密度在东盟十国中排名第6[3]。

二、马来西亚民族与中国的历史渊源

马来西亚是人种和族群多样化的国家，最大的族群是马来人，第二大族群是华人，第三大族群是印度人。关于马来族的由来，说法不一，有马来学者在考察了云南少数民族村庄和昆明的穆斯林后，从现有的语言、文化、人类学的研究和出版物中得出马来族是来源

---

[1] 罗圣荣：《当代马来西亚政治》，北京：社会科学文献出版社2018年版，第8页。
[2] 马来西亚统计局：http://www.statistics.gov.my/。
[3] 中国—东盟自由贸易区商务门户网站：http://www.cn-asean.org.。

于中国云南这一结论。有的学者则认为，马来人的祖先是来自印度尼西亚的苏门答腊岛。而比较受大众认可的一种观点则是马来人的祖先属蒙古人种，大约在公元前2500年从亚洲中部迁移到马来半岛生活，历史学家称其为"原始马来人"（Melayu Proto）或前期马来人。随后在公元前300年左右又有一批蒙古人种居民从亚洲中部迁入，他们被称为"续至马来人（又称'新马来人'）"（Melayu Deutro），即现代马来人的祖先。这些移民与当地原住民融合，逐渐形成今天的马来族群。

关于马来半岛的美拉尼西亚人，按照考古学界的一般意见，大约在公元前6000至前4000年，马来半岛来了一批亚洲大陆的新客——混血马来人，这些马来人不同于原始马来人（蒙古人种），他们具有蒙古人种的混血特征。他们从中国的西南部循着河流，中途经过中南半岛，南下马来半岛，进而继续南下至太平洋其他群岛。在马来半岛的美拉尼西亚人，由于受到后来的巴莱安人的压迫和打压，部分逃至深山，部分则继续南下，离开马来半岛，来到分散在太平洋中的美拉尼西亚群岛。狄逊的《人类种族史》认为："马来人种是中国华南、华中沿海的阿尔卑人种、加斯比型人种混合的结果。"

三、马来西亚民族的组成部分

马来西亚是一个有30多个民族，以三大民族为主体的多民族、多元文化的国家。三大族群是指马来人（又称巫族）、华人和印度人。此外，马来西亚还有众多的土著少数民族、欧洲人和欧亚混血人等。根据中国外交部网站2020年9月《马来西亚国家概况》资料，马来西人口3268万。其中马来人69.1%，华人23%，印度人6.9%，其他种族1%。马来语为国语，通用英语，华语使用较广泛。伊斯兰教为国教，其他宗教有佛教、印度教和基督教等。

1. 马来人（Malays）

一般认为，从亚洲中部迁入马来西亚的"续至马来人"和部分尼格利陀人经过长期融合，成为马来人的直接祖先。马来西亚1957年独立时，马来人比例不到50%，由于马来人出生率较高，人口增长快于其他族群，到2010年马来人占总人口的54.6%，是马来西亚第一大族群。根据中国外交部网站2020年9月马来西亚国家概况资料折算，现今马来人有2258万人。马来人主要分布在西马的丁加奴州、吉兰丹州、玻璃市州、吉打州、彭亨州5个州，还有一部分生活在东马的沙捞越。代表性聚居区则为西马东北部的产稻平原、西马西北部的太平市到泰马边界的沿海地带和从马六甲市以南直至柔佛州的南部沿海地区。他们在政治上也居于主导地位，有着共同的文化，讲着同一种语言——马来语，这也是马来西亚的国语和官方语言。

《马来西亚联邦宪法》规定马来人拥有非常优越的特权，享受可以优先参与竞选、任职、公共服务、教育、土地等各种优待政策。1970—1990年，为了提高马来人的经济地位，政府推行了"新经济政策"，对马来人和土著民提供了大量的优惠政策，也提高了马来人和土著民的教育水平和经济地位。1990年期满后，马来西亚政府又提出新发展政策，马哈蒂尔总理多次指出，马来人不应该永远寻求保护，以致无法自力更生，妨碍国家的竞争力和健全发展。但一些马来人还是认为，"马来人至今仍需享有优惠和扶助，因为与其他垄断某个领域的种族比起来，马来人的力量仍很弱"。

2. 华人 (Chinese)

马来西亚华人，又称马来西亚华裔，简称大马华人或马华，是马来西亚籍的华族。在马来西亚独立初期华族大约占总人口的 37.2%，但由于出生率较低，2010 年，华人人口已经降到总人口的 24.6%，是马来西亚的第二大民族。根据中国外交部网站 2020 年 5 月发布的《马来西亚国家概况》资料，现今马来西亚的华人有 752 万人。华人移民最早的落脚点是槟榔屿和马六甲。现今，华人在西马和东马都有分布，以西马居多。西马的华人主要分布在马来半岛西海岸，在中央山脉以东华人很少。在槟榔屿、雪兰莪、霹雳、森美兰、马六甲和彭亨等州，华人较多，在当地人口中所占的比例为 33%~66%。东马的华人约占全国华人总数的 12%。在华人聚居区中，地方方言成为最普遍的日常用语。使用最为广泛的是广东粤语和福建闽南语，海南话和客家话次之。

据估计，目前在城市经商、做工的华人和在乡下务农的华人约各占一半。马来西亚的华人多信奉佛教，佛教文化已渗入广大华人的生活中，他们其中多数信奉大乘佛教。现今，吉隆坡和槟城是全国的两大佛教中心。槟城的佛教名寺极乐寺是马来西亚最大的华人寺庙，也是东南亚最大、最富丽堂皇的佛寺。另外，道教也是华人信仰的主要宗教，各种道教组织团体的分布也十分广泛，并成立有马来西亚道教组织联合会，总部设在吉隆坡。除此之外，马来西亚华人的宗教信仰组织还包括许多以所供奉的人或神的名字命名的寺庙组成的宗教团体，诸如仙法师公古庙、仙四师爷庙、玉封善天法师公坛、关帝庙等等。

3. 印度人 (Indians)

东南亚地区的印度人是在数量上仅次于华人的第二大移民群体，马来西亚则是东南亚地区印度人最多的国家。根据中国外交部网站 2020 年 5 月发布的《马来西亚国家概况》资料，现今马来西亚的印度人有 225 万人，仅次于马来人和华人，是马来西亚的第三大民族。由于印度的种族非常复杂，因此移居马来西亚的印度人也不都属于一个民族。根据语言文字、宗教信仰及生活习俗的差异，马来西亚印度系民族又分为泰米尔族、齐提族、锡兰族、锡克族和巴基斯坦族，其中泰米尔族是人数最多的一个民族，约占总人数的 80%，其余的印度系民族占 20%。马来西亚的印度族使用的民族语言是泰米尔语。政府发布的通信或文告，都用泰米尔文作为当地印度各族的代表文字。

目前马来西亚的印度人绝大多数分布在西马西部和西南部，集中在吉隆坡、巴生港、马六甲一带，以及吉打等河谷地区。东马的印度人大都住在海边城镇。马来西亚的印度人主要居住在农村，大都在大种植园工作，只有少数人居住在城市从事商业和专业技术工作。吉隆坡、槟城、怡保、太平等城市都有较大的印度人居住区。印度人注重民族团结，凝聚力比较强。

4. 西马土著民族

最早定居马来半岛的是几个重要的土著民族，其中包括矮黑人 (Negrito)、沙盖人 (Sakai)、雅贡人 (Jakun) 和西诺伊人 (Senoi) 等。矮黑人是移居马来半岛地区最早的民族。大约 10000 年前，矮黑人由印度向东方迁移，经缅甸、越南等地，最终来到马来半岛地区。在马来半岛的北部，在霹雳和吉兰丹的内陆地区都能见到他们生活的痕迹。他们属于最原始的游牧民族，生活简单，主要靠打猎和采集野果为生。

雅贡人大多生活在马来半岛的南部，诸如彭亨内陆地区、森美兰、廖内等地。现在仍然居住在马来半岛上的雅贡人可分为陆上雅贡人和海上雅贡人。陆上雅贡人生活在半岛南部的森林中，依靠采集野果和狩猎为生；海上雅贡人则多数从事渔业。雅贡人是马来半岛土著人中发展程度最高的族群，在他们所组成的社会中，由酋长管理和安排所有的事物。

5. 东马土著民族

沙巴和砂拉越居住着很多土著民族。在砂拉越，人数较多的土著民族有伊班族（Iban）、陆达雅族（DayakDarat）以及美拉南族（Melanau），他们大多居住在经济比较发达的地区。而人数较少的土著民族如加央族（Kayan）、肯雅族（Kenyah）、哥拉比族（Kelabit）、毛律族（Murut）、比沙雅族（Bisaya）等，大多数居住在内陆地区。杜顺族（Dusun）是沙巴最大的土著民族，其次是巴召族（Bajau），也有小部分的毛律人和比沙雅人居住在沙巴州。大部分沙巴和砂拉越的土著人都从事农林业或渔业。

第二节　中国人移民马来西亚及贡献

一、汉唐时期中国人移民都元国、羯荼国、狼牙修国、渤泥

有学者曾指出："中印两国人民，因为互相仰慕而谋海上交通时，发现了马来亚。"在中、印两国开始谋求海上交往的秦汉时期，由于处于二者来往的必经之地，马来半岛开始为国人所认识，在柔佛河流域发掘出许多的秦汉两代的陶器残片也证明当时已有中国人踏足马来半岛。3世纪开始，当时马来半岛的国家已经开始遣使到中国朝贡了。

东汉班固《汉书·地理志》记载："自日南(属越南)障塞、徐闻(属广东)，合浦(属广西)船行可五月，有都元国。"三国时期吴国康泰所著《吴时外国传》和北魏郦道元所著《水经注》称都元国为屈都干。中国专叙历代典章制度的沿革变迁的《通典》第一百八十八卷"边斗"条把都元国译作"都昆"和"都军"。关于都元国的地域归属众说纷纭，主流的学术意见多数以为都元国在现今马来西亚或苏门答腊附近，其中又以马来西亚居多。马来半岛上最早的古国为都元国，也叫屈都干，在现今马来西亚丁加奴州龙运一带。丁加奴州现在名为马来西亚登嘉楼州，位于马来西亚半岛东海岸。《水经注》引用东晋史学家王隐所撰《晋书地道记》："朱吾县属日南郡，去郡二百里，此县民汉时不堪二千石长吏苛求，引屈都干为国。"[①]日南郡现在属越南，但是汉朝及三国时期属于汉地，所以从朱吾县逃难到屈都干（都元国）并定居的都是中国人。

公元初，马来半岛的北部地区出现一个叫"羯荼"的重要国家，位于今天的吉打州，因其位于古代印度和中国的通道中途，本地又盛产樟脑、檀香、金和锡等，所以成为当时重要的国际贸易中心。公元7世纪后，随着中国与马来半岛、婆罗洲诸国的海上贸易往来

---

① 许云樵：《南洋史》（上卷）第二篇古代史，新加坡：世界书局1961年版，第96页。

日益增多，更多的商人乘船来到马来亚经商，一些高僧到印度取经途中也会在羯荼等地落脚休息。因此，一些中国商人和僧侣便侨居马来半岛。羯荼古国存在了几个世纪，于公元9世纪被吉陀国所灭。公元9世纪，中国南方尤其是云南地区就已经出现穆斯林。伊斯兰教到达中国大陆的时间远远早于东南亚的时间，中国南方地区有些穆斯林漂洋过海来到东南亚，并最终定居此地，影响并带领着当地民众皈依伊斯兰教。据清代蔡永蒹所著《西山杂志》记载，唐时福建泉州已有很多商人"竞相率渡海"，前往渤泥（今东马沙巴、沙捞越一带，原属文莱）贸易，有的还在当地定居，与当地居民通婚。

二、宋、元、明时期中国人移民狼牙修、马六甲王国等国

公元2世纪，马来半岛东北部（今吉打至北大年一带）出现了狼牙修国，中国古籍也称龙牙犀角。公元2—5世纪，狼牙修曾被扶南国征服，直到公元6世纪狼牙修才逐渐恢复国力并强盛起来。狼牙修与中国往来密切，在515—568年期间曾四次遣使到中国。狼牙修的统治一直延续到16世纪初明朝中期。1271年元朝建立后，元世祖忽必烈重视发展海外贸易，派出使者到东南亚地区通商，一些人就定居狼牙修；今日在马来西亚的沙巴州（原属文莱），有些土著民明显带有中国血统。

15世纪初马六甲王国（中国称满刺加王国）建立，统一了马来半岛南部各邦，结束了马来半岛长达15个世纪甚至更长的分裂割据状态，最终形成马来西亚历史上第一个封建王国。华人很早以前就沿着古代海上丝绸之路来到马来半岛，15世纪初在马来半岛已有中国商人的基地。马六甲王国统治时期（1402—1511年），已有明朝时期的华人在马六甲定居并与当地人通婚，从而在这片土地上形成了颇具特色的峇峇娘惹文化。据中国史籍记载，满刺加（马六甲）"男女椎髻，身体黝黑，间有白者，唐人种也"①。华人与当地人通婚，形成"峇峇娘惹"，"间有白者"指的就是他们的后代。峇峇娘惹（或称土生华人/侨生）是指15世纪初期定居在满刺伽（马六甲）、满者伯夷国和室利佛逝国（今印尼）和淡马锡（今新加坡）一带的华人后裔。峇峇娘惹是音译，男性称为Baba"峇峇"，女性称为Nyonya"娘惹"。

据马来纪年记载，明朝皇帝把汉丽宝公主嫁给苏丹曼速沙（Sultan Mansor Shah，1458—1477年），并派500名宫女随从公主定居在一座山上，该山称为Den China，意为华人区。现在Bukit China即源于此。由于郑和多次在此驻足，所以华人将之称为三宝山。1405—1433年明朝航海家郑和七下西洋到达马来半岛地区时，就发现在半岛上已有华人的身影，但华人的数量不多，且多为商人和宗教学者。其中，当年郑和率领庞大的船队5次来马六甲驻节，他的部下中一些人留了下来，与当地人通婚生下后代。

三、清朝时期中国人移民英葡荷日殖民统治下的马来西亚

在马来西亚的吉兰丹州有一些数量极少的土生土长的华人，他们的生活习惯不同于普通华人，在诸如语言、服饰、饮食和起居等很多方面都极似马来人。一些西方学者根据考察认为，这些土生华人的祖先是在18世纪左右清朝时期来到吉兰丹地区经商或从事胡椒

---

① ［清］张廷玉等撰：《明史》卷三二五，北京：中华书局1974年版，第8419页。

等种植业，后来沿着吉兰丹河迁移至州的内陆地区生活，他们多与当地的暹罗人或马来人通婚，生下的后代就是土生华人。尽管这些土生华人很多方面已被同化，对华语和中国方言一窍不通，但在宗教信仰方面，他们依然信奉佛教和道教，在婚俗方面还保留部分华人的传统。1511—1795年，马来西亚先后沦为葡萄牙和荷兰的殖民地。1786年，英国在马来西亚槟榔屿建立了第一个殖民基地直到1957年结束殖民统治，其中1942—1945年为日本殖民统治时期。18世纪后半期，为了在马来西亚开辟种植园和采矿，英国殖民者从中国东南各省招募来大批廉价的契约劳工，这是华人移入最多的时期。在马来半岛发现有丰富的锡矿后，又有大批的华工被输入来开采锡矿。作为马来西亚经济支柱的锡矿业和橡胶种植业等两大产业，大都是由华工来承担，华工已经成为开发马来西亚的主力。

19世纪40年代，马来半岛的锡矿业逐渐繁荣起来，大批华工涌入马来半岛各邦的锡矿区。20世纪初期，英国殖民者在当地大举开发橡胶种植园和发展加工贸易，大批华工作为苦力被有计划地引入马来半岛地区。相比葡、荷殖民时期，英殖民时期马来半岛上的华人数量呈井喷式增长态势，且华人在总人口中所占比重越来越大。马来半岛上的华人社群基本形成，并开始对当地的社会、经济以及政治的发展发挥影响。1840—1842年鸦片战争后，由于清王朝的昏庸无能，官吏舞弊，使得中国社稷破落，民不聊生。在这种情况下，中国南方的穷苦百姓迫于生计，成批成批地背井离乡，漂流南洋。其中许多人就来到了马来半岛。此外，还有许多忠厚老实的贫苦农民被殖民主义者拐骗到马来半岛。他们被当作"猪仔"卖给买主，买主将他们装上大船运到矿场和橡胶园，为老板们做无偿的苦工。由于殖民开发对劳动力的需求剧增，英国从中国大量引进"苦力"，所以华人在当地的人口数迅速增长。在19世纪中叶以前清廷严禁国人出洋，《大清律例》第225条规定，私自出洋者和知情不报者斩立决。1856—1860年第二次鸦片战争期间，英国在广州的占领辖区内设立招工公所，强迫中国地方当局承认其招工出洋的合法性，"苦力贸易"从此走向合法化和规模化。1860年10月，中英北京《续增条约》和中法北京《续增条约》分别在第五款和第九款中规定，国民自愿出洋，将不再禁止。自此，晚清政府被迫正式承认中国人出洋为合法。

四、现代中国人移民独立后的马来西亚

中国人早在汉朝时期就开始迁移至马来半岛，中国人大量移民马来西亚是19世纪以后才开始的。中国男性移民马来西亚的人数在19世纪后半叶至20世纪20年代达到高潮。与此同时，亦有一些中国妇女出于与家人团聚和谋生的目的移民马来西亚。与男性移民不同的是，中国女性移民马来西亚的高潮是20世纪20、30年代。由于移民尤其是妇女移民的增多，马来西亚华侨人口迅速增加。到20世纪初，移居马来西亚的华人已达百万之多。华人以吉隆坡为最多，从祖辈算起，他们在这里已居住几代了。20世纪40年代初，华人移民已达到242万人，占当时马来西亚总人口的44%。后来，发生世界性经济危机，英国殖民者不再允许华人移入。第二次世界大战后，中国移民的迁入基本停止，所以现在近90%的华人是在马来西亚当地出生的。20世纪40—50年代，马来人与华人的比例几乎大致相同，当时马来人大约占总人口的42%，华人大

约占总人口的40%。后来由于马来人生育较多，华人生育较少，从而形成了差距。相比早期移入马来半岛的华人，18世纪前后至20世纪中期到马来半岛的华人大多数是来自中国南方各省的农民、渔民以及小贩等社会底层人员。马来西亚华侨主要从事商业、制造业、建筑业和矿业，主要是商人和劳工。

经过多次与英政府的谈判后，马来半岛11个州组成的马来西亚联合邦最终在1957年8月31日宣布独立，后来这一天也被定为马来西亚的独立纪念日。由马来西亚联合邦、新加坡、沙巴及沙捞越组成的马来西亚联邦在1963年9月16日正式成立。1965年8月9日，马来西亚下议院通过一项宪法修正案允许新加坡脱离联邦。1974年5月31日，中、马两国发表联合公报，宣布建立外交关系。近20年来，中国人向马来西亚的人口迁移中，家庭团聚类移民主要以涉外婚姻类移民为主。劳务输出（绝大多数是非法劳务输出）是20世纪80年代中期以来中国人向马来西亚迁移的最主要方式，其数量远远超过其他类型的国际人口迁移。20世纪80年代末，马来西亚开始出现劳动力短缺的问题。20世纪90年代以来，马来西亚国内出现严重的人才、劳力危机。一些高收入的中国人到马来西亚长期居留也是近20年来中国人向马来西亚跨国流动的一个特征。为了吸引更多高收入的外国人到马来西亚居住和置业，马来西亚实行了"第二家园"移民计划。

五、华人华侨对马来西亚的贡献

华侨在种植业和采矿业的广泛参与和付出的辛勤劳动为马来西亚的经济发展做出了巨大的贡献，同时，一批大大小小的城市也随之发展起来，例如，霹雳的怡保、太平、安顺，雪兰莪的巴生，森美兰的芙蓉，柔佛的新山，沙捞越的诗巫、古晋，沙巴的山打根等。1873年以后，华人甲必丹叶德来领导华工在一片废墟上将吉隆坡建设成为一个繁盛的商业区，奠定了今天马来西亚首都的基础和规模。近代马来西亚的铁路、公路、桥梁、港口及城市建设也都凝集着华工的血汗。英国历史学家米尔斯在其著作中承认："英属马来亚的繁荣是建筑在中国劳工上面，这种说法毫不过分。"另一位英国的马来西亚华侨问题权威巴素形象地指出："假如没有华人，就不会有现代的马来亚。" 2014年8月7日《人民政协报》报道：新加坡南洋理工大学拉惹勒南国际研究院高级研究学者、马来西亚总理前政治秘书胡逸山表示，马来西亚华人对本国经济的贡献自古以来就是全方位的，涉及农、商、工、科等各领域。最为可贵的是，马来西亚华人绝不是关起门来做生意，而是与当地其他各族同甘共苦、携手努力，让大家皆能受惠。新加坡《联合早报》网站2018年11月11日报道：马来西亚前总理马哈蒂尔在"2018世界华人经济论坛"发表主题演讲时说："马来西亚的华人对国家贡献良多，若没华人，国家在许多领域将被抛在后头。华裔去到哪个国家落地生根，就会把那里当成是自己家园，为国家发展贡献。"

第三节　马来西亚行政区划及人力资源官方机构

一、马来西亚行政区划

马来西亚国土被南中国海分隔成西马、东马两部分。西马位于马来半岛南部，北与

东盟人力资源概况

泰国接壤,南与新加坡隔柔佛海峡相望。东马位于加里曼丹岛北部,与印尼、菲律宾、文莱相邻。马来西亚全国分为13个州和3个联邦直辖区。13个州是西马的雪兰莪、柔佛、霹雳、吉打、吉兰丹、槟榔屿、彭亨、登嘉楼、森美兰、马六甲、玻璃市以及东马的沙巴、沙捞越。有3个联邦直辖区:都吉隆坡、布特拉再也(布城)和纳闽。根据历史背景和地理位置的差异,州又有马来州属、海峡州属和婆罗州属(加里曼丹岛北部的沙巴、沙捞越)。

表 7-1 马来西亚一级行政区、首府名称以及人口数量

序号	州/直辖区名称	马来文名称	首府名称	州/直辖区人口(万)(除说明外其他均来源①)
西马 11 州下设县(Daerah)				
1	雪兰莪	Selangor	莎阿南	578.5
2	柔佛	Johore	新山	349.7
3	霹雳	Perak	怡保	251.36②
4	吉打	Kedah	亚罗士打	217.87②
5	吉兰丹	Kelantan	哥打巴鲁	167.5
6	槟城	Pulau Pinang	乔治市	176.68③
7	彭亨	Pahang	关丹	157.2
8	登嘉楼	Trengganu	瓜拉登嘉楼	112.5
9	森美兰	Negeri Sembilan	芙蓉	107.9
10	马六甲	Melaka	马六甲市	84.9
11	玻璃市	Perlis	加央	25.52②
东马 2 州下设省(Bahagian)				
12	沙巴	Sabah	亚庇市	380④
13	沙捞越	Sarawak	古晋	261.9
3 个联邦直辖区				
14	吉隆坡	Kuala Lumpur	\	180⑤
15	纳闽	Labuan	\	9.1
16	布城	Putrajaya	\	8.6

资料来源:①马来西亚统计局 2014 年发布的人口统计数据;②中国驻马来西亚槟城总领事馆网站 2019 年第一季度数据;③中国驻马来西亚槟城总领事馆网站 2018 年第三季度数据;④马来西亚统计局 2016 年数据;⑤中国外交部网站 2020 年马来西亚人口数据。

二、马来西亚主要州市介绍

1. 吉隆坡联邦直辖区

吉隆坡（Kuala Lumpur，简称"隆市"或"KL"）位于巴生河流域，东有蒂迪旺沙山脉为屏障，北方及南方有丘陵地环绕，西临马六甲海峡。1974年，吉隆坡自雪兰莪州划分出来，组成第一个受马来西亚联邦政府管辖的联邦直辖区。吉隆坡是马来西亚国会所在地，国家元首的官邸——国家皇宫也位于此。吉隆坡曾经是联邦政府行政中心和马来西亚联邦法院所在地，但已于1999年迁往布城，部分行政部门（如国防部）仍在吉隆坡。吉隆坡是马来西亚的首都和最大城市，2018年11月，世界城市排名发布，吉隆坡进入世界一线城市行列。吉隆坡是一座对东南亚的文化、教育、体育、财政、经济、商业、金融都具有极大影响力的国际大都会。因许多在东南亚召开的国际级外交会议都会在吉隆坡和新加坡举行，因此吉隆坡也被视为是东南亚外交的两大中心之一。

吉隆坡三大族群为马来人、马来西亚华人、马来西亚印度裔。根据马来西亚统计局的数据库，2018年吉隆坡的总人口为179.52万，其中华裔人口65.41万，占吉隆坡总人口的36.44%。吉隆坡的制造业发达，部门齐全，产品种类繁多，产值及就业人数均居马来西亚全国第一。吉隆坡市内设有越来越多的伊斯兰金融机构，如世界上最大的伊斯兰银行——Al-Rajhi银行。道琼公司也与吉隆坡证券交易所合作，创立了马来西亚指数股票型基金，提升了马来西亚在东南亚的商业金融地位。吉隆坡建筑有浓郁的地方特色，古老的、现代的东西方各式建筑物和谐并存，马来族、华族、印度族及欧洲人的不同宗教的寺庙和教堂各类兼具，作为各种建筑物代表如火车站、政府大厦、邮政总局、国家博物馆、国会大厦、国家体育馆、默迪卡体育场、国家美术馆、马来西亚大学、国家清真寺以及吉隆坡的第一地标"双峰塔"等。2017年，吉隆坡每年拥有高达1230万名外国游客到访，更是超越了北京、罗马、台北、上海等，并在最吸引外国游客的城市排名中位居全球第十名。

2. 槟城州

槟城州（马来语：Pulau Pinang，英语：Penang）亦称"槟榔屿州"，被槟威海峡分成两部分：槟岛和威省，该州下辖5个县，州首府乔治市。全州人口176.68万（马来西亚2018年第三季度数据），马来人占42.3%、华人占39.4%、印度人占9.4%，人口主要集中在东北县。官方语言为马来语，英语、华语也是当地通用语言。槟城素有"东方硅谷"之称，高科技工业蓬勃兴起，许多国际电子公司来此设厂，生产电脑配件、电路板或芯片等。槟城还是亚洲主要的会展中心之一。槟城港属深水港，是马来西亚第二大港，也是马来西亚北部的主要物资集散中心。槟城国际机场是马来半岛北部的主要机场，设有多个国内飞往槟城的航班，其中包括从广州直飞槟城的航班。槟城旅游资源丰富，乔治市在2008年7月7日被正式列入世界文化遗产名录，每年州政府都会在纪念日举办乔治市入遗庆典活动。槟城主要景点包括升旗山、热带香料园、极乐寺、虫鸣大地、卧佛寺、蛇庙、姓氏桥、龙山堂邱公司、康华利斯堡、槟城极限主题乐园、度假海滩等。

3. 沙巴州

沙巴州位于北婆罗洲的东部，南部与印度尼西亚的东加里曼丹接壤，西面为中国南海，是马来西亚仅次于沙捞越州的第二大州。全州人口为380万（马来西亚统计局2016年数据），有30余个种族，包括马来人、华人、印度人等。全州下设5省24县/市，州首府为哥打基纳巴卢（又称亚庇）。官方语言为马来语，英语、华语亦通用。当地华人能以华语、客家话、广东话、福建话等交流。2008年，沙巴州政府启动了沙巴"发展走廊"计划，规划以哥打基纳巴卢为主要增长极，将整个沙巴州划分为生物三角洲、农作物及水产带、食品生产基地、黄金海岸区、文莱湾、油气开发区6个战略发展区。到沙巴的交通比较便利，哥打基纳巴卢国际机场是马来西亚第二大繁忙国际机场，中国上海、杭州、广州、深圳等地到沙巴有直航航班。沙巴州是马来西亚乃至世界著名的旅游胜地，以其优美的自然和人文风光闻名于世，有"风下之乡"等美誉。著名景点有神山国家公园、东姑阿都拉曼公园、山打根－西必洛人猿保护中心、哥曼洞、山打根－西陵安海龟岛等。

4. 沙捞越州

沙捞越（Sarawak）又称砂拉越，简称砂州，被称为"犀鸟之乡"。沙捞越位于婆罗洲西北部，北临南中国海，南与印度尼西亚的西加里曼丹接壤，东与文莱及沙巴州交界。马来西亚国家统计局2014年数据显示，沙捞越州华人近60万，占总人口的24%，是人口第三多的非土著族群。沙捞越州官方语言为马来语，英语和华语普遍使用，华人中闽南和客家方言也较广泛使用。截至2018年1月，沙捞越州下设12省，州首府为古晋，又称猫城，古晋市又分为南市和北市。南市以华人为主，北市以马来人等当地土著人为主。沙捞越州天然资源丰富，民族多元，发展潜力大。近年来，全州经济总量中，农业、矿产开采业、制造业和服务业分别占到了15.1%、17.1%、27.4%和37.2%。沙捞越风景名胜主要有姆禄国家公园、州元首府、沙捞越博物馆、实蒙古野生动物护育中心、古晋大伯公庙、古晋大邮政局、古晋回教堂、砂拉越文化村等。

三、马来西亚人力资源管理及教育部门

1. 马来西亚人力资源管理部门

马来西亚本届新政府人员于2020年2月24日组建，其中人力资源部部长为沙拉瓦南（Sarawanan），人力资源部网站为www.mohr.gov.my。马来西亚人力资源部职能包括：鼓励和维护国家经济发展，以及雇主、雇员和工会之间的劳资关系；解决雇主和雇员之间的劳资纠纷；开发领导层的国家的人力资源；确保员工安全和健康。《南洋商报》2017年9月22日报道，世界经济论坛发布的《2017年人力资源报告》显示，马来西亚人力资源开发在全球排行第33位，在东盟国家仅次于新加坡，居第二位。

2. 马来西亚教育部门及主要高校

2020年新政府的马来西亚高级部长兼教育部部长为拉兹（Radzi）、高等教育部部长为诺莱妮（Noraini），教育部网站为www.moe.gov.my。目前马来西亚有20所公立大学、8所外国大学分校、600多所私立学院。马来西亚著名公立大学有马来亚大学（2017/2018年QS世界大学排名第114位）、马来西亚博特拉大学（世界排名第229位）、马来西亚国民大学（世界排名第230位）、马来西亚理工大学（世界排名第253位）、马来西亚理科大学、沙捞越大学等。根据教育部统计，2018年，我国共有3428人赴马来西亚留学；截至2018年底，共有15733名中国人正在马来西亚进行相关阶段的学习和研究。中国教

育部和中国驻马来西亚大使馆认证具备招收中国留学生资质的私立高等院校名单，可浏览中国教育涉外监管信息网或中国驻马来西亚大使馆网站。

第四节　外国人在马来西亚就业经商的规定

一、外国人在马来西亚就业的规定

1. 马来西亚对外籍劳工政策的总原则

虽然马来西亚政府鼓励各类公司培训和使用本地员工，但是因马来西亚国内劳动力短缺、本地雇员对一些工作岗位缺乏兴趣、本地雇员工作薪资较高且吃苦耐劳程度较低等原因，所以政府允许在部分领域雇佣外籍劳工。马来西亚政府规定可以雇佣外籍劳工的工作领域有：建筑业、种植业、农业、制造业与服务业特定领域（佣人、餐馆工人、清洁工人、货物搬运工人、收容所、洗衣店、岛屿度假胜地工人以及高尔夫球俱乐部的球童等）。为了减少雇主对外籍劳工的依赖，政府制订了严格的政策和外劳申请程序，同时协助国人寻觅适当工作。

目前，马来西亚尚未对中国开放其上述工作岗位的普通劳务市场。2003年9月，中马两国政府签署了《关于雇佣中国劳务人员合作谅解备忘录》。2004年初，中马劳务合作委员会召开会议并签署会议纪要。据此，马方向中国开放了古建筑维护、制瓷、木器加工、家具制造等四个行业。同时，中方还向马有关政府部门提交了首批18家开展对马来西亚劳务合作业务的公司名单。但是，上述四个行业劳务均属技术工人范围，由于薪资较低以及对技术劳务定位的认识不同，目前，双边劳务合作尚未得到有效开展。

2. 外资公司雇佣外籍劳工担任管理和技术职务的规定

外资公司在马来西亚经商可雇佣外国员工担任公司管理职务，也可将某些主要职位永久保留给外国人。相关规定如下：外国公司缴足资本在200万美元以上者，可自动获得最多10个外国员工职位，包括5个关键性职位；经理职位的外国员工雇佣期最长可达10年，非经理人员的可达5年。外国公司缴足资本超过20万美元但少于200万美元者，可自动获得最多5个外国员工职位，包括至少1个关键性职位；经理职位的外国员工雇佣期最长可达10年，非经理职位的可达5年。外国公司缴足资本少于20万美元者，外籍职位核定将依据以下原则考虑：缴足资本达到14万美元（约50万马币）[①]，可考虑给予关键性职位；具备专业资格及实际经验的经理职位可考虑获得10年雇佣期，具备专业资格及实际经验的非经理人员雇佣期可达5年，但是公司必须培训马来西亚国民使其最终能接任该职位；关键性职位及时限的数目依据个案而定。马来西亚公民拥有的制造业公司，可依要求自动获得所需的技术性外籍职员位置，包括研发职位。马来西亚投资发展局负责制造业公司外籍职位的审批工作。

---

① 马来西亚货币为马币（也称林吉特或令吉，Ringgit Malaysia）。外商可到银行及货币兑换所兑换马币，目前人民币与马币可直接兑换。中国国家外汇管理局2020年5月14日公布的人民币兑马币汇率中间价为100∶60.995。

3. 马来西亚外籍劳工的社会保险规定

马来西亚外籍劳工的社会保险涵盖了工伤保险以及伤残保险计划，包括雇员工伤、职业病、意外、伤残、死亡。社会保险的管理和执行机构是社会保障机构（PERKESO）。外籍劳工受到《劳工赔偿法》（1953年）的保护，马来西亚工人和永久居民受到社会保险的保护。在马来西亚工作和居留的外籍劳工可通过向公积金管理机构（同时向雇主提供复印件）提交通知的形式，选择缴纳公积金并从中受益。

二、外国人在马来西亚就业经商的申请

1. 外籍人才可申请有效期10年的居住准证

为保证经济发展所需的各类人才配备充足，并解决近年来马来西亚人才流失的问题，2011年初，马来西亚总理府成立了马来西亚人才机构（Talent Corp.），专门负责协助外国人才来马来西亚的长期工作居留，同时吸引本国在海外的人才回流。马来西亚政府人才认定的标准不仅包括高学历的专业人士，也包括经验丰富的技术人员，为此，特别推出了居住准证（Residence Pass）这一机制，以便外籍人才可以在马来西亚更自由地长期工作。居住准证有效期长达10年，且直接登记在个人名下，不受雇主单位限制，配偶及未成年子女享受同等待遇，配偶持居住准证也可参加工作，成年子女及父母/岳父母均可获得为期5年的访问/探亲签证，进一步体现出马来西亚政府希望留住人才的决心。

2. 建筑业外劳可无条件申请有效期5年的工作准证

马来西亚外劳工作准证延长5年的措施已在2011年4月正式生效。在该措施下，建筑业外劳可无条件申请工作准证延期5年，不必缴费和接受马来西亚建筑发展局（CIDB）重新评估及考取熟练技术文凭。

3. 申请聘用外籍劳工须先通过外劳申请系统审核

2017年4月1日开始，马来西亚内政部要求所有雇主必须通过网上申请聘用外籍劳工。政府分别以综合外劳管理系统（ePPAx）（孟加拉工人除外）和外劳申请系统（SPPA）（只处理孟加拉工人）两个网上系统供雇主申请。政府推行该系统是为了避免涉及中间人，尽量减少外籍劳工招聘的管理成本，缩短外籍劳工聘请时间及遏制滥用和非法贩卖外籍劳工。上述系统涉及制造业、建筑业、服务业、农业、园林业等外劳申请领域，不包括外籍女佣。

内政部先根据雇主递交的资料以电话访问方式对雇主进行资格评估，之后雇主需到内政部一站式统办中心进行面试。内政部将验证雇主所提交的有关申请，并基于雇主的实际条件批准外籍劳工配额。只有经过内政部一站式统办中心面试和外籍劳工配额批准后，雇主方可申请外籍劳工临时电子签证，而后才能批准办理工作签证或工作准证或居住准证。拟赴东马沙巴和沙捞越两州的外籍劳工则需向当地州政府申请。

4. 申请雇佣外籍劳工的批准制度

马来西亚政府对雇佣外籍劳工实行个案批准制度，并附带一定条件；雇主必须在尝试雇佣本国公民未果后，外籍劳工的申请才可能获得考虑。为确保只有必要时才雇佣外籍劳工，外籍劳工须缴纳劳工税，2011年制造业、建筑业、服务业的劳工税为每人每月100马币，种植业、农业与佣人每人每月30马币，具体缴纳金额以当时当地实际金额为准。

在同一家公司内被调至另一职位的外籍劳工须领取新的工作准证,其原有的工作准证将被修改以反映职位变化,接替该职位的外籍劳工也须领取新的工作准证。所有工作准证在核准的期限内有效,关键性职位持有人的工作准证5年更新一次。

三、马来西亚外籍劳工现状

目前,马来西亚低端的产业工人和服务业劳工比较缺乏。马来西亚政府允许引入普通劳务的国家共15个国家,其中泰国、柬埔寨、尼泊尔、缅甸、老挝、越南、菲律宾(仅限男性)、巴基斯坦、斯里兰卡、土库曼斯坦、乌兹别克斯坦、哈萨克斯坦12个国家对建筑业、种植业、农业、服务业、制造业5个领域全部开放。印度劳工仅限建筑业、种植业、农业和服务业部分领域,印尼女性可以从事以上5个领域工作,印尼男性可在除制造业外其余4个领域工作,孟加拉劳工可根据政府间协议从事种植业领域工作。马来西亚未对中国全面开放普通劳务市场,中国公司主要是承包工程带动技术劳务输出和派出少量有技术专长的劳务人员。

颁发的工作准证也特别注明务工种类和雇主名称,必须按工作准证上的务工种类为该雇主工作才算真正合法的外籍劳工。据马来西亚内政部数据,截至2017年7月,在马来西亚合法外籍劳工为175.8万人,其中印度尼西亚、尼泊尔、孟加拉三国位居外籍劳工来源国的前三位。依合法手续进入马来西亚的外籍劳工,如没有按照工作准证上规定的务工种类和雇主进行务工,而是从事不同工作或为不同雇主工作一律视为非法劳工。马来西亚存在一定程度的外籍劳工非法务工现象,据《东方日报》2014年07月10日报道,国会上议院主席阿布查哈指出,马来西亚约有40万名非法外籍劳工通过不法集团进入马来西亚,造成许多社会问题,并影响了本地经济,马准备将上述非法外劳遣返回国。2015年以来,马来西亚外籍劳工管理逐渐收紧,马来西亚移民局对于非法外籍劳工的打击力度不断加大。

第五节 马来西亚《劳动法》的核心内容

马来西亚劳工法令包括《1955年雇佣法》《1967年劳资关系法》《1991年雇员公积金法》和《1969年雇员社会保险法》。此外,马来西亚沙巴和沙捞越两州不适用于全国的州立法,因为这两州有自己的沙巴劳动法令以及沙捞越劳动法令。

一、《1967年劳资关系法》

《1967年劳资关系法》主要是调整资方、劳方与工会之间的关系,包括预防和解决劳资争端;员工复职的机制;规定工会的权利、集体谈判的范围及程序、通过仲裁公平迅速解决争端等。

二、《1955年雇佣法》

《1955年雇佣法》规定了最基本的雇佣条件,适用于所有月薪不超过2000马币的雇员及所有体力劳动者。规定每个雇员必须有书面合约;工资须在受薪期结束后的7天内支付;正常工作时数,每天不得超过8小时或每周48小时;超时加班工作的补贴为平时工作的 1.5 倍，假日及假期为 2 倍；女性工人不得在晚上 10 点至早上 5 点之间从事农业或工业类工作，除非事先获得劳工局局长批准。

三、2012 年最低薪金制政策

2012 年 5 月，马来西亚政府公布最低薪金制政策，除了女佣、园丁等家庭工人，最低薪金制涵盖国内所有经济领域的员工。2019 年 1 月起，全马最低薪金标准为 1100 马币。最低薪金制旨在确保员工薪金足以应付员工日常开销，鼓励雇主转向高科技发展，提高员工技能及生产力。预计该政策能鼓励更多本地人就业，降低对外籍劳工的依赖。

四、《1969 年雇员社会保险法》

《1969 年雇员社会保险法》包括职业伤害保险计划与养老金计划，职业伤害保险缴纳比例为雇员月薪的 1.25%，养老金缴纳比例为雇员月薪的 1%。

五、《1991 年雇员公积金法》

《1991 年雇员公积金法》规定雇主必须为雇员缴纳公积金，比例不少于雇员月薪的 11%。2008 年 10 月马来西亚政府宣布，自 2009 年 1 月起，雇员缴纳的公积金比例可降低到 8%，为期 2 年；自 2011 年起，雇主为雇员缴纳的公积金比例不得少于雇员月薪的 12%，雇员缴纳的公积金比例上调至 11%。

第六节　中国人在马来西亚经商和工作的机遇

一、马来西亚主要经济形势及竞争力

20 世纪 70 年代前，马来西亚经济以农业为主，依赖初级产品出口。20 世纪 70 年代以来，马来西亚政府不断调整产业结构，大力推行出口导向型经济，电子业、制造业、建筑业和服务业发展迅速。同时实施马来民族和原住民优先的"新经济政策"，旨在实现消除贫困、重组社会的目标。

1987 年起，马来西亚经济连续 10 年保持经济增长率 8% 以上的高速增长。1991 年提出"2020 宏愿"的跨世纪发展战略，旨在于 2020 年将马建成发达国家。马来西亚重视发展高科技，启动了"多媒体超级走廊""生物谷"等项目。1998 年受亚洲金融危机的冲击，马来西亚经济出现负增长。政府采取稳定汇率、重组银行企业债务、扩大内需和出口等政策，经济逐步恢复并保持中速增长。2008 年下半年以来，受国际金融危机影响，马来西亚国内经济增长放缓，出口下降，马来西亚政府为应对危机相继推出 70 亿林吉特和 600 亿林吉特刺激经济措施。2009 年纳吉布总理就任后，采取了多项刺激马来西亚经济和内需增长的措施，其经济逐渐摆脱了金融危机的影响，企稳回升势头明显。2015 年马来西亚公布了第十一个五年计划（2016—2020 年），继续推进经济转型，关注改善民生。2016 年马来西亚提出 2050 国家转型计划（TN50），为马来西亚 2020—2050 年发展规划前景。2019 年马来西亚政府提出"2030 年宏愿"，把缩小贫富差距、创建新型发展模式、

推动马来西亚成为亚洲经济轴心作为三大主要目标。2019年，马来西亚主要经济数字如下：国内生产总值（GDP）：14205亿林吉特；国内生产总值增长率：4.3%；人均国内生产总值：43467林吉特；进出口总额：18350亿林吉特；外汇储备：1017亿美元。

马来西亚政府欢迎和鼓励外国投资者对其制造业及相关服务业进行投资，近年来一直致力于改善投资环境、完善投资法律、加强投资激励，以吸引外资进入马来西亚的相关行业。由于马来西亚投资法律体系完备、与国际通行标准接轨、各行业操作流程较为规范，加之其临近马六甲海峡，辐射东盟、印度、中东市场等独特的地缘优势，吸引了包括中国企业在内的各国企业来马投资经营。马来西亚投资环境的竞争优势主要体现在5个方面：地理位置优越，位于东南亚核心地带，可成为进入东盟市场和前往中东澳新的桥梁；经济基础稳固，经济增长前景较好；原材料资源丰富；人力资源素质较高，工资成本较低；民族关系融洽，三大种族和谐相处，政治动荡风险低。世界经济论坛的《2019年全球竞争力报告》显示，马来西亚的竞争力在全球141个经济体中排名第27位。世界银行的《2020年全球营商环境报告》显示，马来西亚营商环境在全球190个经济体中排名第12位，在东盟地区仅次于新加坡。据经济学人智库发表最新"全球宜居城市排名"，马来西亚吉隆坡在全球231个城市中排名第85位。

二、中马国际合作面临新的历史机遇

马来西亚地处东南亚中心位置，扼守马六甲海峡，连接海上东盟和陆上东盟，区位优势明显。中马两国经贸战略依存度高，经贸合作规模大、基础深厚。在推进"一带一路"建设及国际产能合作过程中，马方率先响应，积极参与，成为"21世纪海上丝绸之路"的重要节点国家。当前，我国企业在马来西亚开展投资、工程、劳务合作步伐加快，互利合作项目不断涌现，呈现出"旗舰引领、百舸争流、西马升级、东马拓展"的态势。

前些年，中马双边贸易额一直保持约1000亿美元规模，近年超1200亿美元。据中国海关统计，2019年，中马双边贸易额达1240亿美元，同比增长14.2%。中国为马来西亚最大贸易伙伴国、第一大进口来源地及第一大出口目的地。（1）我国对马投资保持高速增长。在马投资领域更趋多元化，除制造业外，还涵盖新能源、电力、石油化工、轨道交通、港口、农渔业、金融等多个领域。据商务部统计，2017年我对马直接投资流量17.2亿美元。据马来西亚投资发展局（MIDA）统计，2017年，MIDA批准的中国企业在马制造业领域投资金额为39亿马币（约合9.8亿美元）。截至2018年，我国连续第三年成为马来西亚最大的制造业外来投资国。"两国双园"、中广核埃德拉电站、信义玻璃、旗滨玻璃、中车东盟制造中心、山东岱银纺纱厂、山东恒源收购壳牌马来西亚炼油厂等项目进展顺利。（2）我国在马承包工程业务增幅逐步加大。我国在马来西亚承包工程主要着眼基础设施建设，积极实现建营一体化转型，在建项目主要集中在水电站、桥梁、铁路、房地产等领域。（3）金融合作不断深化。马来西亚央行将人民币纳入其外汇储备，两国扩大本币互换规模，在吉隆坡设立人民币清算行，进一步便利双方贸易往来与投资合作。目前在马开设子行的中资银行包括中国银行、中国工商银行和中国建设银行。

当前，中马关系拥有稳固的政治互信、深厚的利益融合以及广阔的合作空间。推进中马合作发展符合两国和两国人民的根本利益和长远利益，双方合作潜力巨大，前景广阔。新形势下，我国会继续将"一带一路"倡议与马来西亚国家发展战略相对接，进一步拓展各领域务实合作，打造互联互通和产能合作示范项目，推动两国经济社会共同发展。

第七节 中国人在马来西亚经商和工作的风险及应对措施

一、了解马来西亚对人力资源的需求

截至2017年7月，马来西亚共有合法外籍劳工175.8万，主要集中在建筑业、服务业、制造业、种植业、农业以及家政服务业。尽管马来西亚引进的其他国家的外籍劳工技术水平不如中国工人，但因其他国家的外籍劳工用工成本较低，且马来西亚政府没有对华开放普通劳务市场，所以马来西亚的本地劳工和外籍劳工成为中国企业实施承包工程项目的必然选择。对于中资企业承建的部分大型项目，马来西亚政府允许承包商以个案审批的方式从中国引进紧缺的技术工人和工程师，但需与雇主事先签订用工合同、约定工资及工作时间，并提前办好工作准证后方能入境。中方人员应主要负责工程项目的统筹管理和核心技术工作，但是商务谈判、对外协调、现场管理等岗位应聘用马来西亚本地劳工，利用其熟悉本地政策法律和工程实践的优势，服务于项目的实施。没有技术含量、没有管理和协调职能的体力和服务性工作可考虑聘用身在马来西亚的其他国家的外籍劳工。我们应清楚认识到：马来西亚政府没有对华开放普通劳务市场，并且不允许持旅游签证在马务工，不能听信非法劳务中介的宣传，应通过合法途径到马来西亚从事管理和技术工作。

二、考虑马来西亚的人力资源成本

2017年，马来西亚平均月工资2880马币。马来西亚雇主协会工资调查数据显示，管理人员平均工资增长5.5%，非管理人员平均工资增长5.4%。企业人力资源成本支出除工资外，还包括雇员公积金、社保基金及保险和年度花红等。中国企业需要了解当地劳动法令关于正常工资和加班工资的具体规定，精心核算工资成本，提高劳动生产效率。此外，投资者也应充分考虑马来西亚就业市场薪资逐年增长的实际情况。根据马来西亚雇主联合会历年发布的数据，马来西亚就业市场每年雇员工资实际增幅平均在5%~7%，投资者对此须有充分认识。

据新加坡联合早报网2015年12月21日报道，马来西亚政府为了减少当地企业对外籍劳工的依赖，2016年起将大幅调高外籍劳工人头税。2015年12月，马来西亚外籍劳工人头税介于700马币至1800马币之间（约合人民币1056.09至2715.66元）。2017年1月1日起，马来西亚正式落实"雇主强制责任制"，要求雇主必须全额支付外籍劳工人头税，不得再扣减外籍劳工薪水以支付税费。这项政策主要是确保雇主承担起对所聘用外籍劳工自申请来马至归国期间的所有责任。

三、了解并遵守当地的劳工法律

在马来西亚的中国企业要实现合理控制工薪成本，减少劳资摩擦，维护企业的正常经

营，就必须认真了解并遵守当地劳工法律，这就需要全面了解马来西亚《雇佣法》《职工安全与卫生法》《工会法》和《职工会条例》。中国企业管理层要熟悉企业雇员的组成结构，了解当地雇员管理的成熟模式，严格遵守马来西亚关于雇佣、解聘和社会保障方面的规定，依法签订雇佣合同，按时足额发放工资，按时缴纳各类社保基金，依法对员工进行必要的技能培训。主动解聘员工前要按合同规定提前通知，并支付约定的补偿金。

四、妥善处理与工会的关系

适当接触和了解当地的工会组织，妥善处理与工会的关系。马来西亚法律规定，工会的会员资格仅限于某一企业、商业组织或行业内；未通过匿名投票取得2/3会员同意前，工会不得进行罢工。根据法律规定，积极参加工会代表的集体谈判，通过直接谈判，解决与雇员之间的分歧和争端，维护企业正常经营。日常的生产经营中要与雇员和工会保持必要的沟通，了解雇员的思想动态，进行必要的疏导，发现问题苗头及时采取有效措施解决。要建立和谐的企业文化，邀请工会成员参与企业管理，为企业发展献计献策，增加雇员的主人翁意识，激发并保护雇员的积极性，凝聚雇员的智慧和创造力。

五、尊重当地居民风俗习惯和民族自尊心

伊斯兰教是马来西亚的国教，因此我们要时时处处尊重伊斯兰教的礼节，不能拿雇员的宗教习惯开玩笑；此外，马来西亚的印度裔人信仰印度教，也要注意印度教的习俗。马来人是马来西亚人口比重最大的民族，其民族自尊心强，与他们交往时，要注意语言表达方式，尊重对方的民族自尊心，不要谈及敏感话题。在马来西亚投资、工作和生活，需要尊重当地的风俗习惯，避免触犯禁忌，尊重宗教习俗。

第八节 中资企业马来西亚公司人力资源属地化管理

海外工程人力资源属地化管理是目前致力于成为国际化公司的各大中资企业必须面对的课题，是企业海外发展战略中十分重要的一个环节，是企业海外市场做大做强的基础和保障。中交三航局上海建筑工程有限公司施志鸥以中交三航局马来西亚DASH高架桥项目部人力资源属地化管理实践为例，对中资企业马来西亚公司的人力资源属地化管理进行探讨。

一、海外工程属地化管理的重要意义

1. 有利于节省项目管理成本

考虑到工程的人工薪资成本，中方员工的工资基本是属地化员工的2~3倍，高层管理人员薪资达到3~4倍，属地化用工将大大降低管理成本。与此同时，国外政府会制定相关劳动就业保护政策，对很多专业技术人员进行限制，强制使用当地人员，对总的用工比例也作了一定限制。此外，一些国家对工作签证的管理越来越严格，如马来西亚工作签证总量每年都在收紧，办理难度越来越大，且办理周期越来越长，正常的工作签证办理对年龄和工作年限要求很高，通常办理人需26岁以上，工作时间至少2年，办理时间45~60天

不等。想让国内施工队伍进入马来西亚是很困难的,需要与移民局协商采用其他签证。这样看来,在当地进行属地化建设是十分必要的。

2. 有利于国际化人才战略

人力资源在企业发展中占有举足轻重的作用,尤其是以海外业务为主的企业,国际化人才的引进已成为人力资源评价的重要指标。为此,国内各大建筑企业龙头都把重心转移到此项工作上。中国交建早在几年前就提出要将人才属地化作为国际化人才建设的关键环节,并常抓不懈。此外,以马来西亚为例,大部分中方管理团队对当地市场不了解,经验不足,而且建筑市场采用的是英标(英殖民地管理体系),在项目的管理上比较规范。英标的设计理念、技术标准等方面和国内存在较大区别,导致中方人员难以适应,加之许多工种和技术人才短缺,无法满足项目正常运行的要求。综上,吸纳国际化人才,加大属地化招聘和管理已成为项目启动和运作最为重要的环节。

3. 有利于树立良好的国际形象

属地化建设可以实现双赢的局面,一方面,中资企业的进入带动了当地经济的发展。中国交建近几年一直致力于"一带一路"建设,为经济落后的国家和地区带去了大量的就业机会和高薪岗位,间接和直接地提高了当地人民生活水平,增强了属地员工的认同感和幸福感,有助于进一步树立企业的良好形象,从而持续推进海外业务。另一方面,属地化管理加快了中方人员融入当地政治、经济、文化、生活习惯和思维模式等方面,双向有效地促进了企业在海外市场的稳定发展。

二、海外工程属地化管理遇到的问题

1. 宗教习俗和工作理念对属地化员工管理形成挑战

马来西亚分为三大种族,即马来人、华人和印度人,每个种族的宗教信仰和文化大不相同,由此带来了交流上的文化不对称、信息不对称、价值理念不对称和风俗习惯不对称。当中国企业进入这样一个多民族多文化的国家时,亟待解决的就是沟通交流上的问题。马来西亚人普遍信仰伊斯兰教,他们每周五下午会进行聚礼祷告,如果在这段时间有紧急任务,他们也是不会执行的。在国内看来,这样的行为是不被理解的,但是在伊斯兰国家,这些都是必须遵守的,如果不予以相应的尊重,企业可能面临社会的谴责,甚至导致严重后果。当前,项目管理以及属地化管理依然延续的是国内的模式,造成了中马双方人员存在一定的理解偏差,如果不及时加以解决,最终会导致本地员工的流失。

同时,马来西亚员工对待工作的理念大为不同:一是当地员工并不希望工作离家太远,因为他们需要照顾家庭;二是他们不赞同长期加班,周末对他们意味着"家庭日",他们在求职时都会要求有周末假日和带薪年假,有时候这些可能成为他们的最低要求;三是工作态度,马来西亚从事建筑行业的主要是马来人,其次是华人和印度人,虽然建筑企业工资普遍高于平均水平,但是从业人员相对较少,他们对待工作的态度也是得过且过,肯干肯吃苦的人的数量大大低于国内。

2. 属地化员工管理存在一定法律风险

大部分中方管理人员刚进入一个新的国家,难免缺乏经验,靠着国内的惯性思维,容易碰到一些合同纠纷，特别是一些用工合同纠纷。例如，马来西亚对特定从业人员有保护机制，一旦这些受保护的人员觉得自身权益被侵犯，他们可以立即向相关部门进行申诉，因对所在国法律及相关制度的不熟悉，中方人员往往会面临败诉和赔偿，情节严重的甚至会进入黑名单，面临停工和停业的风险。

3. 缺乏可持续发展的培养机制

第一，缺乏符合当地企业的激励政策。属地化员工工作主动性不强，如果没有行之有效的激励政策，他们逐渐会消极怠工。可是如果只是单纯地靠薪资去激励，效果也并不突出。以中交三航局上海建筑工程有限公司施志鸥近两年的管理经验来看，员工对自我价值的实现更为看重，他们更希望被企业认同，并且给予更多的关注。

第二，缺乏系统有效的培养机制。属地化员工希望在一家企业获得提升，不仅是薪资的提升，更重要的是能力的提升。马来西亚各行各业都需要执业资格证书，从业人员每年都要更新执照和证书，同时需要更多的证书和培训来提高自己。企业如果不能提供足够的培训机会和长期的培养计划，将会导致员工的流失。

三、海外工程属地化管理的建议和对策

1. 加强沟通交流，消弭跨文化障碍

第一，在多民族文化的背景下，项目团队需要加强对当地文化的深层次了解，原则上做到尊重和理解；要正视不同国家的宗教和文化差异，加强与属地化员工的沟通，多询问资深人力资源管理者当地的一些风俗和宗教习惯，减少双方人员因文化差异带来的不必要的矛盾。中方员工要加强语言学习，增强沟通能力，减少语言交流上的障碍。

第二，加强中方管理人员的法务水平。因为属地化员工熟知《劳工法》内容，一旦有违反其中条款的行为发生，中方管理工作将陷入十分被动的处境，所以必须尽快熟悉并严格遵守当地法律法规，履行企业的义务和法律责任。具体来说，一方面要派专人对《劳工法》进行学习，参与相关培训，并在项目部开设劳工法专项课程，把一些容易违反相关条款的风险点向中方管理人员进行讲解，尽最大可能规避用工风险；另一方面，在爆发文化冲突、劳务纠纷和其他各类矛盾时，有相应的应急预案可实施，人力资源部门和其他部门要协同做好善后工作。

第三，项目部可多开展有益于双方员工感情和文化交流的活动，促进两国关系的和谐发展，比如，筹办一些当地流行的体育赛事；定期召开属地化职工大会，询问员工的诉求和建议；在两国各自传统节日到来之时，举办一些符合当地习俗的活动。多方面增强属地员工的归属感，循序渐进地消弭两国文化之间的障碍。

2. 实施"1+X"搭配模式

目前，在马来西亚的中方管理人员大多有着丰富的海外工作经验，同时具备一定的语言能力。项目部根据部门和具体工作范围安排1名中方管理人员与2~3名当地员工组成一个小组，以部门和小组为单位开展工作，因为当地人员的业务水平往往有限，需要有经验的中方人员去指导，这样相互合作的模式能较好地完成工作任务。此外，这种模式还能促进中马双方人员的语言和感情交流，通过"走心"的管理和协作，提升和融合中马双方人

员的感情，激发当地员工的工作热情和对企业的认同感，提升当地员工的工作能力和管理水平。

3. 完善属地化员工管理制度

现行的属地化管理大多源于国内的传统模式，包括合同管理、招聘管理、薪酬管理、岗位管理绩效管理和一些日常管理。其中合同管理需要根据当地法律法规来开展，由于这项工作要求较高，我们距离国际化公司的管理要求还有一定差距。因此，企业要完善各类管理制度并建立属地化薪酬体系。中国交建提出"向一线倾斜"政策，大幅度向海外艰苦地区倾斜。当地员工的工资水平必须高于当地社会平均工资水平，同时确保工资及时足额发放，并依法为其缴纳各类社会保险。

4. 建立属地化管理可持续发展机制

第一，要为每位属地化员工建立档案。人力资源部要在每年制订 KPI，即员工关键表现评级，协同其他职能部门做好年终考核计划，建立外籍员工数据库。根据考核目标，制订属地员工职业发展计划，每半年做一次外籍员工表现评估，对员工进行评级、定岗、调整工资等。将专业人才信息入库作为公司海外人才数据库。

第二，要提供更多关键岗位给属地化员工，鼓励他们参与管理，并真正参与到项目管理的每个环节。给予属地化员工更多的决策权，能与中方员工享有共同解决问题的机会，实实在在地让他们有认同感、参与感，能感受自身价值与企业的发展相辅相成，让他们在实现自我价值的同时产生使命感和责任感。

第三，要完善属地化培训和评优机制，让更多优秀员工获得技能提升的机会。项目部定期开展专业技能培训，鼓励员工在外进行培训，提升业务水平。此外，项目部可丰富人才选拔的形式和方法，将国内比较好的模式进行推广。中交三航局马来西亚 DASH 高架桥项目部在 2017 年举办过一次属地化优秀员工评选，当年评选的 4 名优秀员工都已工作将近 3 年，并且成为了项目部的中层管理人员。

参考文献

1. 中华人民共和国外交部网站：https://www.fmprc.gov.cn.

2. 杨伟国，代懋. 中国人力资源法律审计报告——从东盟十国看"一带一路"国家的劳动与雇佣管制 [M]. 北京：中国人民大学出版社，2018.

3. 钟继军，唐元平. 马来西亚经济社会地理 [M]. 广州：世界图书出版广东有限公司，2014：48-50, 73.

4. 龚晓辉，蒋丽勇，刘勇，等. 马来西亚概论 [M]. 广州：世界图书出版广东有限公司，2014：36, 396, 413.

5. 佚名. 马来人特权 [N/OL]. 环球时报，2000-8-29.

6. 罗圣荣. 当代马来西亚政治 [M]. 北京：社会科学文献出版社，2018：25-27.

7. 马燕冰，张学刚，骆永昆. 马来西亚 [M]. 北京：社会科学文献出版社，2011: 35-46，459.

8. 唐慧，龚晓辉. 马来西亚文化概论 [M]. 广州：世界图书出版广东有限公司，2015：34-62.

9. 常永胜. 马来西亚社会文化与投资环境 [M]. 广州：世界图书出版广东有限公司，2012: 11, 207-210.

10. 范若兰. 新海丝路上的马来西亚与中国 [M]. 北京：世界知识出版社，2017：80-82，196.

11. 百度百科：https://baike.baidu.com/.

12. 中国驻马来西亚槟城总领事馆网站：http://penang.china-consulate.org/.

13. 中国驻哥打基纳巴卢总领事馆网站：http://kotakinabalu.china-consulate.org/.

14. 中国驻古晋总领馆经商室网站：http://kuching.mofcom.gov.cn/.

15. 商务部国际贸易经济合作研究院，等. 对外投资合作国别(地区)指南——马来西亚，2019.

16. 佚名. 马来西亚本月起全面启用线上外劳申请 [N/OL]. 南洋商报，2017-4-11.

17. 施志鸥. 海外工程人力资源属地化管理的思考——以中交三航局马来西亚 DASH 高架桥项目为例 [J]. 管理观察，2019(8): 25-26.

第八章　新加坡人力资源

第一节　新加坡的人口及民族

一、新加坡的人口概况

新加坡共和国（Republic of Singapore），简称新加坡，旧称新嘉坡、星洲或星岛，别称为狮城，首都为新加坡市。根据中国外交部网站2020年9月《新加坡国家概况》资料，2019年6月新加坡总人口570万，公民和永久居民403万。在劳动力市场方面，根据新加坡统计局的数据，截至2016年，新加坡劳动力总数达367.3万人，整体失业率为2.2%，公民失业率为3.1%。在劳务合作方面，新加坡的劳动人口中，225.7万人为本地劳工，占总劳动力人口的61.4%，141.6万人为外籍劳工，占总劳动力人口的38.6%，外籍劳工在新加坡劳动力市场中占比较大。根据中国驻新加坡大使馆的统计，2016年对新加坡新派遣劳务人员共3.77万人，同比减少1.53%；2016年末在新加坡的劳务人员共10.06万人，同比减少1.73%。中国派遣的劳务合作人员主要集中在建筑、机械加工、餐饮服务等行业。根据中国—东盟自由贸易区商务门户网站统计数据，新加坡2016年男性人口占49.1%，女性人口占50.9%。2016新加坡城市人口占100%，农村人口占0。2007—2016新加坡人口增长率除2008和2011—2012年相比过往年份增长外，其他年份基本呈下降趋势，到2016年人口增长率为1.3%。2016新加坡人口密度为每平方千米7797人，人口密度在东盟十国中排名第1[①]。

二、新加坡民族与中国的历史渊源

据中外史料及考古文物资料证实，在公元前2000到公元1000年间，已经有原始马来人生息在新加坡、马来半岛一带，这些人在中国史书中被称为奥朗·罗越。这是对马来文Orang Laut的音译，其中奥朗意为"人"，罗越意为"海"，合称为"海人"。新加坡的原始马来人和马来西亚一样，都是大约在公元前2500年从亚洲中部迁移到马来半岛生活的。《新唐书·外国传》中曾提到过这个国家："罗越者，北距海五千里，西南哥谷罗。商贾往来所凑集，俗与堕罗钵底同。岁乘舶至广州，州必以闻。"[②]根据唐代贾耽《广州

[①] 中国—东盟自由贸易区商务门户网站：http://www.cn-asean.org。
[②] ［宋］欧阳修、宋祁等：《新唐书》（《列传》一四七下，《南蛮》下）。

《通海夷道》所记载方位，罗越国就在马来半岛南端，包括今天的马来西亚柔佛州和新加坡。

三、新加坡民族的组成部分

人口多元化和国际化是新加坡的一大特色。这也是得天独厚的地理位置与商业成就赋予新加坡的特质。1819年1月29日，史丹福·莱佛士爵士决定在新加坡设立贸易站，这个小渔村随即吸引了大量来自中国、印度次大陆、印度尼西亚、马来半岛和中东的外来移民，商人们也纷至沓来。根据中国外交部网站2020年5月公布的《新加坡国家概况》资料，2019年6月，新加坡公民和永久居民有403万，华人约为298万，占总人数的74%左右，其余为马来人、印度人和其他种族。其他种族包括阿拉伯人、苏格兰人、荷兰人、阿富汗人、菲律宾人、缅甸人、犹太人及欧亚混血人的后裔。马来语为国语，英语、华语、马来语、泰米尔语为官方语言，英语为行政用语。主要宗教为佛教、道教、伊斯兰教、基督教和印度教。

1. 华族（Chinese）

华族内族群特点极为复杂：从祖籍地域上分为六大帮，分别是福建帮、潮州帮、广州帮、客家帮、海南帮和三江帮；从教育上看，因受英语教育和华语教育不同而存在差异，还可划分为老一代、中生代和新生代华族人。老一代是在中国出生、来新加坡创业的一代；中生代是指二战前在新加坡出生、接受华文教育的华族人，或从小到新加坡并接受英语教育的华族人；新生代则是二战以后在新加坡出生并接受英语教育的华族人。在新加坡独立前，华族人在当地各个经济部门都占有重要的地位，是民族经济的主导者。新加坡独立以后，随着新加坡的全面发展，广大的新加坡华侨也自愿成为新加坡人。目前，新加坡华族人参与的经济活动涉及各行各业，包括农渔业、制造业、建筑业、采掘工业、交通运输与通信业、金融保险业等。华族人一直以来是新加坡民族的主要组成部分。虽然华族人在国家经济、政治、文化、社会建设中发挥着主导性作用，但从来没有凌驾于其他民族之上。根据2011年新加坡统计局资料，1985年，华人人口占新加坡总人口的78%。其后华人占总人口的比率略有下降，至2011年为74.1%，仍保持新加坡第一大民族的地位[①]。

2. 马来族（Malays）

马来族是新加坡的第二大民族，而且是新加坡土著人，数量不多，在1819年莱佛士进入新加坡之前仅有数千人。马来族中有马来人、爪哇人、武吉斯人、邦加人、米南加保人等。在英国殖民统治时期，马来人主要从事农业，种植椰子、橡胶、水果等作物，也在沿海捕鱼。在殖民地时期，新加坡马来族处于各族群的最底层，他们被认为是不能适应经济发展的群体，长期徘徊在时代发展的边缘。伴随着马来族的词语通常都是"滥用药物""辍学""离婚率上升"和"少女怀孕"等。由于独立后新加坡政府的不懈努力以及当地教育和生活水平的提高，这些问题有所缓解。近些年来，新加坡出现了越来越多的"新兴马来族"，他们重视教育及职业发展。高度现代化的新加坡为马来族提供了一个良好的环境，也为马来族成为活跃且见多识广的群体提供了条件。他们大都参加当地经济、文化教育等现代化建设，为新加坡的经济繁荣做出了积极的贡献。与华族人相比，马来族人拥有一定

---

① Singapore Department of Statistics. Population Trends, 2011: 4.

的特权，比如，新加坡规定马来语作为国语（但不是所有人的必修语言）、国歌用马来语、军队操练用马来语等。1970 年，马来人人口占新加坡总人口的 15.0%，其后也略有下降，至 2011 年占 13.4%[①]。

3. 印度族（Indians）

印度人中有孟加拉人、泰米尔人、旁遮普人、锡兰人、锡克人、古吉拉特人、泰卢固人、帕坦人和僧伽罗人等。在印度和新加坡沦为英国殖民地的时期，大量印度人移入新加坡，1821—1931 年，印度人由 132 人增至 5.08 万人。19 世纪以后移入新加坡的印度人，除了开垦丛林，在种植园做工外，主要从事修建公路、港口、码头、桥梁等工作。但是，随着新加坡社会的发展和进步，印度人受教育的机会逐渐增多，进入新加坡的各个经济领域，成为工程师、医生、教员和律师等。印度人虽由若干个民族组成，但以来自南部印度的泰米尔人最多，所以泰米尔语就成了印度人的代表语。在新加坡，既有泰米尔文小学，还有泰米尔文报纸。1980 年，印度人人口占新加坡总人口的 6.4%，其后略有上升，2011 年增加至 9.2%，为新加坡第三大民族[②]。

第二节　中国人移民新加坡及贡献

一、五代两宋元明时期中国人移民凌牙门、单马锡、淡马锡等

新加坡的历史可分为古代、英国殖民地时代以及当代三大时段。古代新加坡是指 1819 年新加坡成为英国东印度公司的贸易站以前的历史时期，其中主要是 14 世纪的"淡马锡·新加坡拉"时代，当时新加坡拉是兴都化城邦小国，梵文里的新加坡拉（Singapura）是"狮子城"的意思。早在 7—13 世纪，新加坡地区还是当时实力雄厚的室利佛逝（三佛齐）古国的属国，那时的唐朝人已经注意到了这片土地。南宋时期，宋太宗赵昑——赵汝适八世孙在泉州就任福建路市舶司提举。1225 年，他根据任内采访所闻，撰写成《诸蕃志》两卷。在《诸蕃志》的记载中，新加坡被冠以中文名字"凌牙门"，第一次出现在中国人的视野里。此后，在中国载籍上，新加坡先后被称为凌牙门、龙牙门、单马锡、淡马锡、星忌利坡、息辣、息力、石叻等。《诸蕃志》记载，在宋代，新加坡已经是一个繁荣的国际商港，与泉州和广州有着经常性的贸易往来。1822 年，在新加坡皇家山出土了宋朝真宗（998—1022）、仁宗（1023—1063）时期的铜钱和瓷片，1984 年在同一地方考古发现刻有"广东器皿"的陶器。宋代频繁的贸易往来，让许多到新加坡贸易的中国商人看到了当地的发展商机，不少人就在新加坡居住下来了。清代颜斯综所著的《南洋蠡测》一书记载："南洋之间有万里石塘，俗名万里长沙，向无人居。……塘之西为白石口，附近有一埠，……有唐人坟墓，碑记梁朝年号及宋代咸淳。或云此暹罗极东边境。十余年前，英吉利据此岛，名之曰星忌利坡，召募开垦，近闻已聚唐人杂蕃数万。"文中提到的星忌利坡就是新加坡（Singapore）的异译。梁朝是中国五代时期的后梁，其统治时间为 907—923 年。

---

① Singapore Department of Statistics. Population Trends 2011: 4.
② Singapore Department of Statistics. Population Trends 2011: 4.

咸淳是南宋度宗的年号，在位时间为1265—1274年。

1349年，元朝著名的大航海家汪大渊根据出海见闻写成《岛夷志略》。汪大渊在书中记录了他亲历单马锡（今新加坡）、龙牙门（本指石叻门，今即新加坡克佩尔港）等地的情况："门以单马锡番两山，相交若龙牙状，中有水道以间之。……岁之始，以见月为正初，酋长戴冠披服受贺，今亦递相传授。男女兼中国人居之。多椎髻，穿短布衫，系青布捎。"①汪大渊第一次以明确的文字记录了新加坡和婆罗洲的北部居住有华侨，"男女兼中国人居之"。如此看来，14世纪前期，新加坡就居住着中国人，他们与当地妇女通婚，和当地人民混居在一起。明代郑和在1405—1433年曾七下西洋。茅元仪的《武备志·郑和航海图》描绘了从马六甲经龙牙门到中国南海回航的方向航道指示，其中从吉利门到白礁以"长腰屿"为标记，出了水道（龙牙门），再向东航向白礁，这是判断龙牙门位置的主要依据。这个"长腰屿"就是位于现今新加坡圣陶沙一带的航运中心。16世纪初明朝时期，葡萄牙籍商人汤姆·帕尔斯对淡马锡（今新加坡）有这样的描述："……由于岛上盛产黑木，吸引了中国商人的到来。"1511年，葡萄牙占领马六甲以后，国王逃到廖内群岛，重新建立了柔佛王国。此时的新加坡也归属柔佛王国，柔佛王国派遣天猛公统治新加坡。

二、清朝民国时期中国人移民星忌利坡、英日殖民地

新加坡成为英国殖民地时期是在1819—1959年，其中又分为1819—1942年英国海峡殖民地时期1942—1945年的日据时期以及1945—1959年的战后英国殖民地时期。1819年2月6日，英国东印度公司代理人斯坦福·莱佛士与柔佛苏丹签订正式条约，条约允许英国人在新加坡正式建立贸易站。莱佛士登陆新加坡时，那里丛林密布，是个人烟稀少的地方。岛上有一个小渔村，居民有150人，其中华人约30人。在英国殖民者未占领之前，新加坡已有好几个华侨的甘密园。1819年新加坡开埠后，了解到英国人的优惠政策，马六甲的海峡华人为了摆脱荷兰殖民政府苛政困境，不顾荷兰殖民政府的阻挠，毅然南下新加坡闯天下、寻觅生机。1826年英国海峡殖民地成立，新加坡商港开始蓬勃发展，大批海峡华人结伴进入新加坡，成为新加坡开埠后的首批华人移民和最早的拓荒者。捷足先登新加坡的海峡华人是来自一个很特殊的族群——峇峇。这是华族社会的另一个群体，是马来群岛历史上早期华人移民与当地马来妇女通婚后所繁衍的混血儿后代。

1819年莱佛士开发新加坡之后，英国殖民地官员锐意开发新加坡，要将其发展为英属殖民地的经济中心与东方贸易的主要海港，因而急需大量劳动力。因此，新加坡政府采取了积极鼓励移民的政策，大肆招揽华人。1824—1840年，每年驶抵新加坡的中国帆船估计有150~250艘。随着贸易和交往的增加，中国的商人、手艺工人和劳工开始移居新加坡。1836年华人在新加坡人口中所占比重首次超过了马来人，成为新加坡人口最多的种族。1840年鸦片战争以后，中国闽粤沿海一带的华工大量涌入新加坡，并成为新加坡海港城市建设的主要劳动力来源。从19世纪60年代起，清政府开始放弃禁止国民出国谋生和侨居的政策，使中国民众移民新加坡合法化。1871年新加坡总人数97111人，其中华

---

① 汪大渊著，苏继庼校：《岛夷志略校释》，北京：中华书局1981年版，第213~214页。

人54572人，华人占总人口的56.2%[①]。19世纪末，新加坡岛上的华人人口已经突破10万。1821—1931年，大量中国人移居新加坡，华族人由1159人增至41.86万人，增长了360倍。

1845—1875年是苦力贸易最鼎盛的时期，大批契约华人劳工涌入新加坡，新加坡成了契约劳工的集散地，他们再被遣送到马来半岛及荷属东印度群岛等地去。进入19世纪80年代以后，苦力贸易之风在新加坡已逐渐收敛，英殖民地政府开始注意虐待苦力的事，从而加以保护。1880年，在新加坡登陆的华族移民中，自由移民有38113人，契约劳工只有8631人[②]。此后，契约劳工的人数越来越少，而自由移民却相对地激增。这种趋势一直延续到20世纪初。1914年，英政府宣布废止契约劳工制，盛极一时的"猪仔"贸易便销声匿迹了。19世纪的女性移民还很少，到20世纪前40年，女性移民才逐渐增多，其中有两群特别的女性移民，她们是广东的"妈姐"与"三水婆"。据资料，介于1886—1934年间赴新加坡的"自梳女"，仅顺德均安沙头村就有500多人，也有来自番禺、南海、肇庆、东莞等地的。所谓"自梳女"是指那些决心不嫁的女子，当地人一般称她们为姑太或姑婆，她们在新加坡当住家佣工，"自梳女"也被称为"妈姐"。另一群妇女移民来自广东佛山三水，她们在建筑工地干活，工作时头上多套上红头巾，所以被称为"红头巾"或"三水婆"。

纵观大量华人移民新加坡和其他国家的原因，除了新加坡开埠和清政府允许海外侨居，中国国内天灾、人祸、兵燹也使大量华人出国冒险寻求生路。以福建和广东两省为例，有关统计资料显示，1068—1911年的843年间，福建发生饥馑800多次，其中漳州、泉州、莆田等17县发生了321次，平均不到3年就发生饥荒一次。广东省台山在1851—1908年间发生水灾、台风、地震、大旱、瘟疫等共36次。1840年鸦片战争以后，西方列强加大对中国的经济侵略，战争赔款、鸦片贸易导致了国内经济极度恶化。同时国内阶级矛盾激化，先后爆发了太平天国起义、捻军起义等农民运动，广大农民赤贫如洗、无立锥之地，只好冒险"下南洋"谋生。华人移民的大量涌入使新加坡人口骤增，新加坡开埠不到4个月从之前的150人猛增超过5000人，增加的主要是华人[③]。从1819年到20世纪30年代约140年间，华人移居新加坡经过不同的历程。鸦片战争（1840—1842年）是一条分水岭，在这之前，帆船每年载来的华南移民，人数不多，可谓涓涓细流。但鸦片战争后的五六十年间，轮船载来的移民，每艘都有数千名，掀起了第一次移民高潮。到20世纪，华南移民浪潮继续向新加坡涌入，其层次之频密与冲击范围之广泛是空前的。1900—1940年的40年间，除了受第一次世界大战（1914—1918年）余波的激荡，与30年代初期经济大恐慌的打击，短期阻遏了移民浪潮的涌入外，在其他岁月里，移民都以飞跃式的姿态涌入。特别是1926—1927年间，移民人数达到了巅峰，华人入境人数高达20多万人，可谓巨浪滔天。二战结束后，新加坡移民热潮有所减退，但此时新加坡移民社会的结构已经形成。

---

① The Singapore Chinese protect to race events and conditions leading to it establishment 1823-1877. Journal of South Seas Society, vol.16, 1960.
② "Report of the Chinese Protectorate, Singapore, 1880," in SSLCP, p.92.
③ Memoirof the life and public services of Sir Thomas Stamford Raffles by hiswidows. london, 1875, p.383.

三、新中国中国人移民独立后的新加坡共和国

当代新加坡历史从如下时期开始：1959年实现自治，成为自治邦，英保留国防、外交、修改宪法、宣布紧急状态等权力。1963年9月16日与马来亚、沙巴、沙捞越共同组成马来西亚联邦。1965年8月9日脱离马来西亚，成立新加坡共和国。20世纪80年代末，新加坡面临两个严峻的挑战：其一是科技人才的紧缺，其二是自然人口增长率急剧降低。2009年李显龙表示，新加坡人必须拥抱新的外来移民，因为移民将会弥补新加坡的低生育率，并能阻止国家经济下行和劳动力日益紧缩的趋势。因此，新加坡政府制订了一系列移民政策，希望能够最大限度地吸引全球的人才进入新加坡。新加坡自独立以后一直到与中国建交之前，其华人大多数是从中国大陆以外迁移来的，从中国大陆来的移民很少。20世纪90年代，新加坡为解决科技人才紧缺和自然人口增长率急剧降低等问题，新一批移民又开始涌入新加坡，中国大陆移民成为主要移民群体。1990年新加坡与中国建交后，随着两国经济和政治关系的日益密切，新加坡开放的移民政策与中国20世纪80年代中期的放宽对外移民政策同时出台，这导致流向新加坡的中国大陆新移民数量快速增长。尽管新加坡移民政策并不只限于华人移民，但由于中国与新加坡在历史、文化以及种族因素上的亲缘关系，近些年新加坡很大比例的新移民主要是来自中国大陆。在亚洲国家中，新加坡已经成为中国新移民相对数量最多的移居国，他们占新加坡国外出生人口的20%以上，占当地非公民永久居民人口的一半左右。目前中国新移民总数估计在70万~80万。新加坡实行的国际移民政策是精英导向型的，因此，新加坡的新移民大部分拥有较高的教育背景，很多接受过大学本科甚至是研究生教育。这些移民不少曾在西方发达国家留学并获得学位，掌握了适合新加坡劳动力市场所需要的技术与经验。这在新加坡华人新移民中表现得更为明显。有不少华人新移民集中在教育领域。以新加坡国立大学为例，接近五成(47%)的教职员工是外国人，其中有14%是中国公民。

四、华人华侨对新加坡的贡献

1819年新加坡开埠后，华人华侨主要是因应英国殖民地政府锐意开发新加坡的需要，而大批大批移民新加坡参与建设的，他们是最早的新加坡拓荒者。不仅华人华侨"自由民"为新加坡的发展发挥了不可替代的作用，还有无数的华人华侨"契约劳工"被英国殖民者及其买办骗到新加坡无偿劳动。新加坡南洋理工大学国立教育学院亚洲语言与应用语言学系王永炳认为"由于华人占新加坡人口的绝大多数，新加坡的盛衰命运与华人是休戚与共的。可以这样说，新加坡由一个穷乡僻壤的渔村，一个方圆唯有622平方公里的小岛发展成为一个繁荣富足的国家，华人起着举足轻重的作用"。华人对新加坡经济发展的贡献，就连过去统治这里的英国人也不得不承认。1939年，英国艺术家威廉·史德龄（W.G.Stirling）因有感于华人对新加坡的贡献，将一座半身华人铜像，赠予莱佛士图书博物馆（新加坡国家博物馆的前身），此大理石基座镌刻的中英文金字碑文，这样写道："此华人半身铜像为艺术家史德龄于1939年寄赠星坡者。华人素以坚忍耐劳著称叻乡，叩三府暨马来全属今日之繁荣，得诸华人能力者良非鲜浅，史君敬仰此优异之点，乃以此像相赠。"这个无名英雄正是代表东南亚全体华人，这个铜像也就是华人开发东南亚丰功伟绩的象征。显然

可见，华人对东南亚尤其是新加坡经济的开发与发展做出了不可磨灭的贡献。

是什么因素促使华人在一个经历殖民地统治、日本侵占，再沦为殖民地统治、自治、与马来亚合并到独立建国等过程的新加坡起着那么可观的影响呢？那就是源远流长、博大精深的中华传统文化。最初南来谋生的华人，绝大多数是没有受过正式教育，知识水平低的劳工。但是由于他们在传统的儒家社会中长大，思想行为、生活习俗，无不受到儒家伦理思想的影响。换句话说，儒家伦理思想指导他们生活，成为他们心目中的道德规范。他们来到新加坡后，当然也带来了传统习俗与价值观。他们勤劳俭朴、安分守己、知足知耻、敬老尊贤，有强烈的家庭观念，特别注重子女的教养，这些都是长期在儒家伦理社会浸润中培养出来的。秉承着这种中华优良传统文化，他们披荆斩棘，历经艰难困苦，终于白手成家。印尼著名学者杜尔曾指出："如果说华人在独立运动、工业、农业、渔业等领域，已经做出重大贡献，那么在文化领域的贡献，就更具有积极意义了。"这一评价对于近代新加坡华侨华人同样适用。在近代新加坡，"华侨华人的精神世界还是一个中国世界"，他们把中国的风俗习惯带到了新加坡，并且不顾环境变化，依然忠于传统。侨生也大都对中国有着强烈的感情，也在相当程度上保持着中国的风俗和习惯。正是他们的执着，使中华民族的传统文化在新加坡得到广泛的传播，产生深远的影响。

第三节 新加坡行政区划及人力资源官方机构

一、新加坡行政区划

新加坡是一个城邦国家，故无省市之分，而是以符合都市规划的方式将全国划分为5个社区（行政区），由相应的社区发展理事会（简称社理会）管理。5个社理会按照地区划分，定名为东北、东南、西北、西南和中区社理会，这5个社理会再进一步分为27个选区，包括12个单选区和15个集选区。社理会的首长原为国会议员兼任主席，2002年起社理会的最高首长为市长，市长级别相当于部长。

二、新加坡市镇简介

1. 中区及红山

中区最大市镇为红山，前身为一座山，位于中峇鲁以西，女皇镇以东，直落布兰雅以北，毗邻世界上最繁忙的港口、新加坡胜地——圣淘沙和新加坡的金融中心——莱佛士，是名校、高级公寓和商业中心的集中地，是一个繁华而且地价昂贵的地段，地理位置优越。除了政治和金融中心，新加坡中部也逐渐发展出了自己独特的旅游经济。新加坡主要的旅游观光景点也位于中部区域，如滨海湾、乌节路、牛车水、驳船码头、小印度等等。

2. 东南区及勿洛

东南区最大市镇d勿洛是丘陵地区，其中42%的面积为居住区。新加坡淡水资源宝贵，建国初李光耀以极其便宜的价格和马来西亚签订了百年供水合同，这是李光耀政绩中的闪光点之一。为了百年之后的淡水供应，新加坡修建了许多大大小小的蓄水池，勿洛蓄水池是新加坡最著名的蓄水池之一。勿洛蓄水池周围绿荫环绕、环境清幽，储水的同时开放为国家公园。

3. 西北区及兀兰

西北区最大的市镇为兀兰，与马来西亚唯一的陆路关卡就建于此，称为兀兰关卡。兀兰拥有新加坡最大的购物中心之一的长堤坊（Causeway Point），这里也坐落了新加坡体育学校、共和理工学院和星烁初级学院。兀兰毗邻三巴旺新镇和双溪卡独(Sungei Kadut)工业区，沿着新柔长堤通向马来西亚最南端的城市新山，通过甘巴士道(Gambas Avenue)连接义顺，通过兀兰连接圣诺哥工业区。

4. 东北区及后港

东北区最大的市镇为后港，其涵盖了7个子区，分别是后港、特拉法加、罗塞斯、罗弄啊洙、大径、德福工业园和双溪实龙岗。东北区市镇榜鹅过去是相对偏远的地段，由于配套不完备，房价不高。如今，榜鹅是新加坡政府规划中最新的滨水市镇，其特点是滨水而立、滨水而居，因此也成为了新加坡人口中的"榜鹅威尼斯"。

5. 西南区及裕廊西

西南区覆盖了新加坡国土面积的1/3，是典型的工业密集区，包括裕廊岛和大士地区。其中裕廊西 (Jurong West) 紧邻大士工业区，是新加坡外来人口比例比较高的地区。裕廊工业区是亚洲最早成立的开发区之一，以石化、修造船、工程机械、一般制造业、物流等为主导产业。裕廊工业区南岸，是亚洲最大的散装货运港，是典型的产业港。裕廊港是依托裕廊工业区的产业发展壮大起来的，同时也带动了园区产业的发展。

表8-1 新加坡一级行政区、最大市镇、人口和属下规划区

一级行政区	最大市镇	一级行政区人口（万人）	属下规划区
中区	红山	120①	碧山、红山、武吉知马、芽笼、加冷、马林百列、诺维娜、女皇镇、大巴窑、东陵、市中心、南部岛屿
东南区	勿洛	84①	勿洛、樟宜、巴耶利巴、淡滨尼、白沙、樟宜湾
西北区	兀兰	83①	中央集水区、林厝港、万礼、三巴旺、新邦、双溪加株、义顺、兀兰
东北区	后港	130①	宏茂桥、后港、榜鹅、实里达、盛港、实龙岗、东北岛屿
西南区	裕廊西	83①	武吉巴督、武吉班让、文礼、蔡厝港、金文泰、裕廊东、裕廊西、先驱、登加、大士、西部岛屿、西部集水区

资料来源：①中国银行股份有限公司：《新加坡》，北京：社会科学文献出版社2016年版，第38页；②除特别注明外，资源都来源于：Community Development Council, Overview of CDC, March, 2010. http://www.cdc.org.sg/。

三、新加坡人力资源管理及教育部门

1. 新加坡人力资源管理部门

新加坡本届内阁于2015年9月28日组成，其中人力资源管理部长为杨莉明（Josephine

Teo），人力部网站为 www.mom.gov.sg。新加坡人力部是新加坡政府负责在新加坡制订和实施劳工政策的部门，该机构的使命是为了发展劳动生产力和改善工作场所，以便让新加坡民众拥有更好的工作和安全的退休生活。新加坡人力部负责监督14个司（部）和3个法定机构：企业传讯部、企业策划部、客户响应部、国外人力资源管理司、收入保障政策司、国际人力资源司、劳资关系和工作场所司、法律事务部、统筹规划与政策司、万宝盛华调查统计处、职业安全及健康部、国家人力资源司、工作准证司、工作场所政策和战略部、中央公积金局、新加坡劳动力发展局、新加坡劳工基金。

2. 新加坡教育部门和主要高校

同期，教育部部长为王乙康（Ong Ye Kung），教育部网站为 www.moe.gov.sg。新加坡教育部负责新加坡有关教育政策的制订和实施，负责10个法定机构：私立教育理事会、新加坡理工学院、义安理工学院、淡马锡理工学院、南洋理工学院、共和理工学院、工艺教育学院、东南亚研究所、新加坡科学中心、新加坡考试及评核局。根据《新加坡对外投资合作国别指南（2019年版）》统计数据，目前新加坡有14所初级学院，以及新加坡国立大学、南洋理工大学、新加坡管理大学和新加坡科技设计大学4所大学。

第四节　外国人在新加坡就业经商的规定

一、外国人在新加坡就业的规定

1. 新加坡对外籍劳工政策的总原则

与外籍劳工（新加坡称为客工）最为相关的新加坡法律是《外国工人雇佣法案》。该法案列明了雇佣外国工人的条款和条件，规定了对雇主或工人违法行为的处罚，有利于维护新加坡特别针对外籍工人所建立的工作准证系统并保护外籍工人的福利。2007年5月22日，新加坡国会审议通过了该法案的修订稿，并将法案更名为《外国人力雇佣法案》。新法案的立法权限较旧法案更为清晰，所规范的内容也更加全面。2012年11月，新加坡对《外国人力雇佣法案》进行第一轮修订，加大对违法行为的处罚力度。

2. 新加坡外籍劳工工作许可制度

雇佣准证（EP）：雇佣（就业）准证（Employment Pass，EP）允许外国专业人员、经理和高管在新加坡工作。候选人需有至少3600新加坡元的固定月薪。人力部（MOM）期望年龄较大且富有经验而要求更高工资的申请人取得该资格。候选人还必须具有合格资质（通常拥有良好的大学学位、专业资格或专门技能）。雇主希望雇佣持有雇佣准证的人员必须先在新加坡劳动力发展局的职位库中刊登广告。广告中的工作职位必须向新加坡人开放，并至少在14个公历日内有效。

S准证（SP）：S准证（S Pass，SP）允许中级技术人员在新加坡工作。候选人需有至少2300新加坡元的固定月薪。人力部期望年龄较大且富有经验而要求更高工资的申请人取得该资格。候选人必须具有学位或毕业证书，但人力部也可能会参考技术证书。申请人还必须具有相关工作经验。雇主受到雇佣配额的限制并需为持S准证的员工支付税费。

2020年1月1日起，S准证的最低月薪将进一步调高至2400新元。

劳务准证（WP）：劳务准证（Work Permit，WP）证允许来自入选来源国的半熟练外国工人在建筑、制造、海洋、加工或服务行业工作。在某些情况下，雇主需为每一位外国工人购买担保债券。雇主也受到其行业的雇佣配额的限制，且必须为每个工人按月支付税费。

其他工作证：外国人在新加坡开办和经营企业可申请创业准证，个人化就业准证为高收入就业准证持有人和海外专业人员提供的更灵活的工作证，还有外国家政工人和表演艺术家的工作准证。

2012年，新加坡推出了新的就业政策，即个人化就业准证（PEP）。个人化就业准证规定：外国专业人员在外国的最近一期固定工资至少为1.8万新元，或就业准证持有人固定月工资至少为1.2万新元，可以申请个人化就业准证。持此证者在5年有效期内不必因变换工作而重新申请就业准证。此外，若持证者失去工作，仍可继续在新加坡居留6个月，以有机会寻找新工作；而在此前，在新加坡失去工作机会的外籍人士必须在短时间内离境。

3. 新加坡适用外籍劳工的《工伤赔偿法》

新加坡第354号法案《工伤赔偿法》（WICA）适用于任何与雇主签订劳务合同或与雇主签订学徒合同的雇员，也存在某些例外。《工伤赔偿法》要求所有雇主为其员工购买保险，以防其在受雇佣期间受伤或生病。《工伤赔偿法》规定，如果员工因公受伤致死，则不论雇主是否存在过错，雇主均应向任何在受雇期间受伤的员工或其被抚养人支付赔偿金。《工伤赔偿法》规定了赔偿金的支付范围。雇主还需要为工作准证和S准证的持有人购买医疗保险。

二、外国人在新加坡就业经商的申请

1. 外籍劳工工作申请程序

雇主或由雇主委托的中介公司可通过新加坡人力资源部的各种网上申请网站，一是工作准证网上申请网站（Work Pass Online），二是就业准证网上申请网站（EP Online）提出拟聘用外籍人员的工作许可申请，人力资源部签发相应的工作许可后，外籍人员方可入境工作。

2. 网上申请就业准证和S准证需提交资料

（1）中国申请人大专以上学历证明复印件及其认证。认证可以来自数据流（Dataflow）、中国高等教育学生信息网（China Higher Education Student Information）或中国学位与研究生教育信息网（China Academic Degrees and Graduate Education Information）。该认证不需要英文翻译；

（2）申请人护照个人资料页复印件；

（3）雇主在会计与公司管理局登记的最新企业简况或即时信息；

（4）可能还需要提交其他文件，例如，若申请人是海外公司的区域代表、担任医护人员、律师、足球运动员或教练或其将就职于食品行业。如申请工作准证，申请人需要在人力资源部工作准证网上申请网站（Work Pass Online）提交申请，待人力资源部初步核准后，在网站上直接打印初步核准信。外籍人员凭初步核准信入境新加坡，在完成体检、指纹登记等手续后即可获得正式的工作准证。

第五节 新加坡《劳动法》的核心内容

新加坡主要通过《移民法案》（Immigration Act）、《雇佣法案》（Employment Act）、《外国人力雇佣法案》（Employment of Foreign Manpower Act）、《职业安全与健康法案》（Workplace Safety and Health Act）、《工伤赔偿法案》（Work Injury Compensation Act）、《雇佣代理法案》（Employment Agencies Act）等法律规范工作准证、劳动关系、外国工人管理、工伤赔偿及职业安全与健康等方面的问题。

一、书面或口头劳动合同

只要是雇佣双方以书面、口头、明示或暗示等形式共同达成的协议均构成《劳动合同》。当劳动合同中列明的具体工作被完成或达到规定的期限，该合同自动解除。无具体期限的劳动合同，签约双方均有权给予提前通知，予以终止。提前通知时间在劳动合同中约定。

若劳动合同中没有约定提前通知时间，且雇员不属于《雇佣法案》保护的对象，该雇员的劳动合同可由任何一方给予合理时间的提前通知予以终止。若劳动合同中没有约定提前通知时间，而雇员属于《雇佣法案》保护的对象，终止该雇员劳动合同的提前通知时间如下：如雇员工作少于26周须提前1天通知；如雇员工作在26周至2年期间须提前1周通知；如雇员工作2年至5年期间须提前2周通知；如雇员工作超过5年须提前4周通知。

劳动合同的内容通常包括：开始聘用的日期；职位和工作范围；工作时间；试用期（如有）；工资；福利（例如：病假、年假、产假）；合同终止，包括通知期；行为守则（例如：守时、工作时不可打架等）。

二、必备书面主要雇佣条款（KETs）

从2016年4月1日起，新加坡政府要求所有雇主必须向雇员提供受雇佣法令规范的书面的主要雇佣条款（KETs）。KETs必须包括下列项目，除非该项目不适用：雇主全称，雇员全名，雇员职位及主要职责，雇佣开始日期，工作期限（固定期限合同），试用期，提前通知期，每日工作时间、每周工作天数、休息日等工作安排，工资周期，基本工资，固定津贴，固定扣除，加班费周期（若与工资周期不同），加班费标准，花红、奖金等收入组成部分，年假、门诊病假、住院假、产假、育儿假等假日，保险、医药福利和牙医福利等其他医药福利。

三、工作时间

对于在《雇佣法案》第四部分保护范围内的雇员，正常工作时间每天不超过8小时，每周不超过5天半（44小时）。若在劳动合同中约定，一周工作时间可以超过44小时，但不得超过48小时或每两周不超过88小时。工人在雇主的要求下在超过规定的时间以外工作，雇主应该支付工人至少正常工资的1.5倍（非劳力工人工资最高按2250新元计算）[①]。雇员每月加班时间不得超过72小时。

四、给付薪水

依据劳动合同确定工资，包括工人根据合同完成的超时工作奖金，不包括住宿、水电费、医疗及其他生活福利等。雇主应及时给付工人工资，每一工资周期的工资应该在该周期最后一日后7日内支付，每一工资周期的加班费应该在有加班的工资周期最后一日后14日内支付。雇主支付工人工资时，可扣除工人未做工日薪、明确托付工人保管的物品的损坏和损失或工人所须负责的钱财损失（若该等损坏或损失可直接归责于该工人的过失或过错）、向工人提供的食宿费用、提前支付工人的预付款或贷款或多支付的工资以及须由工人支付的所得税。上述扣款一般不得超过该工资周期工资的50%。

五、中央公积金

新加坡通过建立中央公积金（Central Provident Fund，CPF）来为雇员提供全面的社会福利保障，新加坡的中央公积金相当于中国的住房公积金、住院医疗保险和养老保险等综合保险。中央公积金制度始于1955年，由新加坡人力资源部下属的中央公积金局负责管理运行，新加坡雇主和雇员均有义务将收入的一部分缴存会员的公积金个人账户，雇主和雇员缴纳的比例根据雇员的年龄而定。目前，私营领域雇主的缴纳比例介于7.5%~17%，雇员缴纳比例介于5%~20%。

个人账户分为三部分：普通账户，用于购房、投资、教育支出；保健账户，用于支付住院医疗费用和重症医疗保险；特别账户，用于养老和特殊情况下的紧急支付，一般在退休前不能动用。只有新加坡公民和新加坡永久居民才需强制性缴纳中央公积金，外籍雇员（非新加坡永久居民）无须缴纳中央公积金。

第六节 中国人在新加坡经商和工作的机遇

一、新加坡主要经济形势及竞争力

新加坡属外贸驱动型经济，以电子、石油化工、金融、航运、服务业为主，高度依赖中、美、日、欧和周边市场，其外贸总额是GDP的四倍。经济曾长期高速增长，1960—1984年间GDP年均增长9%。1997年受到亚洲金融危机冲击，但并不严重。2001年受全球经济放缓影响，经济出现2%的负增长，陷入独立之后最严重衰退。为刺激经济发展，政府提出"打造新的新加坡"，努力向知识经济转型，并成立经济重组委员会，全面检讨经济发展政策，积极与世界主要经济体商签自由贸易协定。2008年受国际金融危机影响，金融、贸易、制造、旅游等多个产业遭到冲击。新加坡政府采取积极应对措施，加强金融

---

① 新加坡的货币为新加坡元（Singapore Dollar），简称"新元"，新元为可自由兑换货币。目前人民币可以与新元直接结算，根据北京和讯在线信息咨询服务有限公司2021年2月27日资讯，1新加坡元可兑换4.8614元人民币，1新加坡元可兑换0.7510元美元。

市场监管，努力维护金融市场稳定，提升投资者信心并降低通胀率，并推出新一轮刺激经济政策。2010年经济增长14.5%。2011年，受欧债危机负面影响，新加坡经济增长再度放缓。2012—2016年经济增长率介于1%~2%之间。2017年2月，新加坡"未来经济委员会"发布未来十年经济发展战略，提出经济年均增长2%~3%、实现包容发展、建设充满机遇的国家等目标，并制订深入拓展国际联系、推动并落实产业转型蓝图、打造互联互通城市等七大发展战略。2019年，新加坡主要经济数字如下：国内生产总值：3768亿美元；国内生产总值增长率：0.8%。

新加坡投资环境的吸引力主要体现在7个方面：地理位置优越、基础设施完善、政治社会稳定、商业网络广泛、融资渠道多样、法律体系健全、政府廉洁高效。根据KPMG应变能力最新调查报告，新加坡的应变能力指数（Change Readiness Index，简称CRI）在127个国家或地区中位居榜首，再次成为世界上应变能力最强的国家。报告指出，新加坡应变能力强的主要驱动力来自三方面，即开放和多元化经济（新加坡排名第一）、政府执行战略规划和横向发展的能力（新加坡排名第一），以及强大的人力资本（新加坡全球排名第4位）。在世界银行发布的《2020年营商环境报告》中，在全球190个经济体中，新加坡连续4年排名第2位，仅次于新西兰，2016年之前新加坡连续10年位居榜首。世界经济论坛的《2019年全球竞争力报告》显示，新加坡在全球最具竞争力的141个国家和地区中，排第1位。

二、中新国际合作面临新的历史机遇

新加坡是一个美丽的花园城市国家，位于马来半岛南端、马六甲海峡出入口，处于"海上的十字路口"，地理位置优越。自1965年独立以来，国家建设取得了举世瞩目的成就。2018年，新加坡人均国内生产总值达到6.4万美元，成为全球经济最具活力、前景持续看好的新兴经济体之一。

早在1990年建交之前，中新企业就已经开展了密切的经贸交往与合作。近年来，在两国领导人的高度重视和亲自引领下，中新关系与时俱进，全面发展。中新关系具有机制多、层级高、融合深、领域宽、地域广、潜力大的特点，有力地促进了双向投资的拓展和提升。2019年10月16日，中新自贸协定升级议定书生效，积极推动双边经贸关系取得更大发展。新加坡在"一带一路"倡议中也发挥了重要的平台支点作用。2019年新加坡对华投资占"一带一路"沿线60多个国家对华投资总额的80%以上，中国对新投资占中国对"一带一路"沿线国家投资总额的21%。两国企业携手开拓"一带一路"市场，在基础设施、金融科技、法律服务、第三方市场合作等领域取得了显著的成绩。

新加坡优越的营商环境和中新密切的合作关系吸引了大批中资企业来新投资兴业。据统计，目前在新加坡注册登记的中资企业超过7500家，经营范围涵盖贸易、金融、航运、基础设施、物流、房地产等多个行业。据中国商务部统计，2019年中国对新加坡直接投资流量48.26亿美元；截至2019年底，新加坡是中国对外直接投资存量第二大国，也是当年中国第二大对外投资目的国，在新加坡中资企业数量已超过7500家。中国对新加坡的投资涉及所有主要行业，从累计投资金额来看，主要集中于金融保险业和贸易业。

建议来新投资的中国企业注意两方面问题：一是要充分利用优惠政策。新加坡经济发展局（EDB）是负责外商投资促进的政府机构，为吸引外资制订了多项优惠政策，来新投资的中国企业可根据自身条件和业务专长选择适当的投资方式，以争取最大的优惠。二是要严守当地法律法规。新加坡对各种违法行为处罚严厉，企业切忌弄虚作假、谎报材料，更要杜绝贿赂等犯罪行为。中新合作方兴未艾，前景广阔。

第七节　中国人在新加坡经商和工作的风险及应对措施

一、了解新加坡对人力资源的需求

受国内劳动力供应不足及结构性供求失衡影响，新加坡对外籍劳务需求很大，外劳是新加坡的主要就业力量之一，占新加坡劳动力的近40%。根据新加坡人力部数据，截至2018年末，在新外劳总数138.6万人，比上年末增加1.8万人，其中持雇佣（就业）准证（EP）的18.58万人，持S准证（SP）的19.55万人，持劳务准证（WP）的97.26万人。在WP持有者中，建筑工人28.05万人，女佣25.38万人。新加坡是中国对外劳务合作第三大市场，在新加坡的中国劳务人员数量排在日本和中国澳门之后，近年来中新劳务合作总体发展良好。据商务部统计，2019年中国企业向新加坡派出各类劳务人员3.65万人，年末在新加坡的中国劳务人员有9.86万人。

为推动经济转型，新加坡政府近年来推出提高生产力计划，推动生产力导向型经济重组，收紧外劳政策，包括继续减少外劳配额、提高外劳税；新启用专业人士雇佣框架；提高SP、EP准证申请门槛。根据新加坡2019财年预算案，2020年起服务业WP外劳配额顶限将从40%下调至38%，2021年下调至35%；2020年起服务业SP外劳配额顶限将从15%下调至13%，2021年下调至10%。外国人赴新加坡工作总体环境虽然仍然较好，但劳务人员也要提前做好心理准备，将各种可能发生的情况考虑清楚，出国前要和新加坡劳务中介协商清楚，以免上当受骗。新加坡主管当局或雇主有权取消外籍工人的工作准证，从准证取消之日起7天内外籍工人必须离开新加坡，否则会受到新加坡《移民法案》的惩罚。为此，到新加坡务工人员必须增强防范风险意识，出国前与派出企业签约规定中介费用可以退还。

二、考虑新加坡的人力资源成本

根据新加坡人力部数据，2018年本地居民月工资中位数（含公积金）4437新元。如果任用持雇佣（就业）准证（EP）的外籍高管人员需有至少3600新加坡元的固定月薪。2020年1月1日起，如果任用持S准证的外籍中级技术人员最低月薪进一步调高至2400新元，2018年7月1日—2019年6月30日雇主受到雇佣配额小于或等于15%~20%外劳比例的限制，并需为持S准证的员工支付外劳税费330~650新元/月。任用持劳务准证（WP）的半熟练外国工人无最低薪水要求，2018年7月1日—2019年6月30日雇主也受到其行业的雇佣配额小于或等于40%~60%外劳比例的限制，并且必须为每个工人按月支付外劳税费250~650新元/月。

虽然新加坡本地居民工资成本很高，企业也必须为任用的外籍劳工每月支付较高的外劳税费，这在一定程度上增加了企业的人力资源成本，但从整体看，新加坡的人力资源成本也不会太高。新加坡《劳动法》对雇员没有最低工资标准的规定（部分外籍劳工除外），工资由公司和员工协商，或公司和代表员工的工会协商。新加坡劳动力市场极为灵活，企业不必负担更多成本，不会出现业务中断的风险。新加坡的劳动法立场中立，只对雇员规定较少的福利，法定年假较少，且无国家最低工资或遣散费的要求。此外，新加坡没有广泛的工会联盟，劳动关系普遍温和，极少发生罢工行动。尽管对移民的限制将使企业在引入高技术或低技术工人时增加成本，但总体而言，新加坡开放的劳动力市场为投资者带来的风险非常小。

三、遵守新加坡劳务合作的有关规定

按照新加坡规定，在办理工作许可过程中提交虚假材料属违法行为，劳务人员可能面临坐牢、罚款或两者兼施。即使被中介公司蒙蔽而办理了假证凭的劳务人员，新加坡人力部可能也会要求劳务人员留在新加坡协助调查，劳务人员通常也会因此而无辜蒙受较大损失。因此，劳务人员切忌心存侥幸，以免造成严重后果。

新加坡外国人工作准证分为雇佣（就业）准证（EP）、S准证（SP）、劳务准证（WP）三类，申请EP的最低薪水要求为3600新元/月，SP的2400新元/月，WP无最低薪水要求。外籍人士在新加坡必须持有工作准证才能工作，否则视为非法务工。中国外派劳务企业应严格遵守中国外派劳务和对新加坡劳务合作的有关规定，认真办理劳务项目确认、审查以及出境证明等手续，及时办理工作准证，通过制度约束，将劳务合作项目风险降至最低。经营公司应加强对派出人员的技能培训和遵约守诺，如实、详细讲解合同条款，不做夸大宣传，并要加强对外派劳务人员的后期管理，及时解决劳务纠纷，避免发生群体性事件。

四、做好充分的调查研究

新加坡社会以华人为主，虽然在语言、传统文化等方面与中国有许多相近之处，双方更容易沟通，这是两国企业开展交流合作的优势条件。但是，同时也要充分认识到，新加坡具有自身的鲜明特点，他们在社会和法律制度、教育体系、人们的思维方式、通用语言、生活习惯等方面与中国有很大不同。因此，中方企业在新加坡开展合作要做好充分的调查研究，避免盲目投资、管理、沟通和交往。

中方企业可以通过新加坡经济发展局等官方投资促进机构或专业会计师、律师事务所或聘请专业法律和财务顾问，全面了解新加坡相关的法律和制度规定，掌握新方合作伙伴的资信和经营状况，做到心中有数，把握主动，慎重投资。尽管华人占新加坡人口的大多数，但新加坡一直反对被称为华人国家。新加坡政府对华人、马来人和印度人及其他民族公民在政治、经济、宗教文化、就业、社交等工作生活中采取一视同仁的政策，中国人在新加坡工作应充分认识到新加坡与中国差异并慎重处理。

五、处理好与政府和议会的关系

新加坡政府素以严格、规范、清廉著称。各政府部门都有一套细致规范的工作流程，政府工作人员严格按照这些工作流程和规章制度办事。同时，新加坡还拥有强大的反

腐败机构和调查力量，腐败预防和惩戒体系健全严格，因此新加坡各级公务员都能够做到廉洁自律。中资企业在新投资经营时无需花费政府公关成本，需要与政府部门沟通、请求帮助或咨询时，可以直接与负责人员联系。不过企业有必要了解各政府部门的职能和相关的工作流程，以达到节省时间、提高效率的目的。可以查询各部门的官方网站获得相关信息。

新加坡议员是选民与政府之间沟通的桥梁，政府可以通过议员及时听到社会各方面的声音。议员会定期在本选区举行选民见面活动，居民可以直接向议员反应工作和生活中遇到的问题，要求议员协助解决，议员也通过这些活动宣传政府的政策，了解选民关心的问题。中国驻新加坡企业要关心议会的选举，了解所属选区的议员变动情况，积极参加议员见面会等活动，利用这些机会加强与企业所在地区民众和议员的沟通，介绍企业情况，反映遇到的问题，争取议员和民众的理解与支持。

第八节　淡马锡经验对我国国企人力资源管理创新的借鉴

淡马锡是新加坡政府于1974年创建的淡马锡控股有限公司的简称，是新加坡最大的国有控股公司，隶属于新加坡财政部，其主要任务是掌握新加坡政府对企业的投资，管理新加坡所有的政联企业。淡马锡以其特殊的身份和独特的管理方式掌控着新加坡的国有资产，并以其出色的业绩为世人瞩目。近50年来，淡马锡作为新加坡的国有资本投资运作平台，在管理体制和经营机制上有着成功的实践。浙江省盐业集团有限公司的虞峰结合自己的亲身实践，对淡马锡人力资源管理成功经验进行剖析，找出我国国企人力资源管理与淡马锡相比存在的差距，对如何借鉴淡马锡经验，加强我国国企人力资源管理制度建设和制度创新提出了自己的建议，值得我们思考和借鉴。

一、淡马锡人力资源管理成功经验剖析

1. 完善的人才选聘机制

对于人才的选聘，淡马锡的基本原则是"任用最佳人选，确保决策过程透明，让公司按市场规则自行运作"。淡马锡鼓励旗下公司到新加坡以外地区去网罗最优秀的人才加入其管理层。为招聘国际一流人才，淡马锡及其旗下公司提供具有国际竞争力的薪酬来吸引高素质的管理人员与投资专家为他们效劳，在全球范围选择和培养有国际竞争能力的管理团队。截止到2013年3月，淡马锡总部450人的团队分别来自23个国家，其中40%以上的高级管理人员是来自新加坡以外的国家，这些高素质的人才都具有丰富的阅历和经验，能确保淡马锡的正确战略发展方向。淡马锡对董事的选择也是面向全球，相当开放，在淡马锡本身的董事会层面，除1名执行董事外，其余都是独立董事，因而可以有效防止内部人员控制，保证淡马锡董事会有独立客观的决策过程。

2. 坚持以人为本的价值理念，重视员工培训

在企业发展中，淡马锡注重帮助员工制订个人职业生涯发展规划，把员工的个人发展与企业发展结合起来，提升员工的归属感和满意度。同时也为员工提供多样化的福利待遇，

如家庭护理假、考试假、员工保险、医疗年检、结婚礼品、假期度假小屋等。淡马锡认为，薪酬是员工的劳动所得，福利体现了企业对员工的关心。新加坡的社会就业率较高，从而使得留住人才、培养人才变得更为重要。淡马锡管理者更注重用文化来凝聚人，用培训来发展人，他们强调内在重于外在，身教重于言教。

3. 科学考核，以绩定薪，兼顾公平

淡马锡及其旗下公司重视对员工的评价与激励，围绕"打造成为新加坡最受欢迎的雇主"，形成了一套独具特色的绩效评价及薪酬奖励办法。一是以"经济附加值"为核心对员工进行绩效评价。淡马锡以追求投资回报和股东利益最大化为目标，其实质是追求企业价值最大化。他们认为，财务利润指标没有考虑资金运用的机会成本，不能很好地衡量企业的价值创造，净利润扣除资金成本后的"经济附加值"较好地反映了企业的实际价值创造。据此，他们对公司各项业务的考核基本以"经济附加值"为核心指标，并将考核结果与管理层及员工的年度现金奖励紧密挂钩。二是实行基本工资与年度现金奖励相结合的薪酬制度。在薪酬激励方面，淡马锡设定具有竞争力的基本工资，并建立与工作表现、工作年限、市场周期风险及持续回报挂钩的奖励计划。该奖励计划包括与个人、部门或公司年绩效挂钩的年度现金奖励，以及与财富增值或股东总回报挂钩的长期风险回报分享奖励。三是实行效率与公平兼顾的奖励制度。淡马锡对高管人员与员工的薪酬水平没有作出规定，无论是高管人员还是员工，其薪酬水平都由市场决定。

二、我国国企人力资源管理的差距

在市场竞争日益激烈的今天，我国国企也逐步认识到人力资源在市场和企业竞争中的重要性。建立一支业务熟练、爱岗敬业的人才队伍，从而提高企业的核心竞争力尤为关键。我国的国企有着30年计划经济的发展背景，其经营管理的模式、理念、制度都难免受到旧体制的影响，所以目前我国国企的人力资源管理与淡马锡相比存在一定差距，主要体现在以下几方面：

1. 人力资源管理的理念较为落后

在中国国企中，人力资源管理依然偏向于"行政管理"而非"资源式的管理"。许多国企仍把人力资源管理当成是事务性的工作，如干部考察、人员招聘、发放薪酬、短期培训等。他们没有储备人才和梯队人才的规划，而是眼前缺什么人才就限时招聘或借调什么人才，没有从企业战略发展的高度对人力资源管理进行规划、发展和利用。

2. 缺乏合理的、能充分发挥人力资源效用的用人机制

目前我国国企用人制度主要是全员劳动合同制和聘用制，即以劳动合同的形式把企业和个人的关系明确下来，实行分级聘用。人员的聘用主要是通过领导提名、人事部门考察、组织讨论的方式决定，公开选拔、竞争上岗的方式还没全面推行开来。国企不能很好地做到因事设职、因职择人，因人设岗、因人设事还时有存在。人员的升迁主要不是以实绩为准绳，而是以领导的主观评价为依据，很难做到客观公正，一方面造成了人才闲置和浪费，能上不能下、能进不能出；另一方面也限制了优秀人才的发展。进人容易出人难是国企的普遍问题。

3. 缺乏行之有效的绩效考核激励机制

在国企中，有相当比例的员工工作积极性不高，公司经营者和专业技术人才的创造力得不到充分发挥，究其原因，是缺乏行之有效的绩效考核激励机制。国企在薪酬分配制度上还存在一定程度的平均主义，薪酬不能按岗位、能力、贡献拉开差距，干好干坏差别不大。员工的薪酬与其绩效不能有效挂钩，难以对不同阶层的员工产生激励效果。

4. 缺乏完善的人力资源培训机制

人力资源需要进行投资，不断地进行培训，才能适应时代的发展。许多国企对员工的培训没有长远规划，一般都由相关职能部门分别举办短期培训班，这种培训往往限于岗位培训，对员工培训缺乏系统的计划和明确的目标，培训表现出应付性、随意性、临时性，培训过程中忽视素质锻炼和能力提高的教育环节。由于培训形式枯燥单调，重理论不重实践，忽视国企人员的年龄、心理特征，造成培训低效。

三、关于加强我国国企人力资源管理制度建设和制度创新的建议

1. 树立人力资源管理新理念

更新用人观念，确立人力资源是企业发展的重要资源、人才是第一资源，确立人力资本投入优先，人与企业协调发展，重视引才借智的理念。企业应把人力资源开发与管理放到首要的战略位置，以人的能力、特长、兴趣、心理状态等综合情况来科学地安排员工工作，并且要充分考虑员工的成长和价值，建立有效的激励机制，使员工在工作中能够充分发挥积极性和创造性，从而提高工作效率，为企业发展做出贡献。

2. 创新人才选聘机制

借鉴淡马锡经验，一是我国国企应按产权关系和现代企业法人治理结构理顺国企领导人员选聘机制，探索建立组织配置与市场化配置相结合的人才选用新机制，改进选拔方式，加大市场化选聘力度。要积极创造条件落实股东大会和董事会的用人权，由董事会通过市场方式选聘公司经营管理人员，实现管资产和管人的有机统一，这有利于把国有资产保值增值的责任落到实处。二是国企要用机制保障人才队伍的健康成长，要树立精英治企理念，以公平的竞争选拔人才，以优厚的待遇招揽人才，以充分的信任使用人才；坚持市场认可、出资人认可、员工认可原则，大力推进高级经营管理人员市场化配置；要彻底打破选人用人中的长官意志，真正建立能上能下、能进能出的用人机制。

3. 完善绩效考核激励机制

要建立完善的绩效考核激励机制，应根据企业的战略发展规划，制定完善的岗位职责和绩效考核表，明确考核指标，按既定的程序进行绩效考核。根据绩效考核结果，发放绩效薪酬，制定员工奖惩、晋升、降职方案，将绩效考核贯穿到企业管理的全过程。同时，根据绩效考核结果，制定员工培训和职业生涯规划，为员工成长创造必要的条件。通过职务晋升、岗位轮换等途径，使员工感受到工作的挑战性，从而不断实现自我超越，从企业发展中实现自我价值的体现。

4. 完善人力资源培训机制

培训是企业获得高质量人力资源的重要手段。通过培训，企业可以帮助员工充分开

发和利用其人力资源潜能，更大程度地实现其自身价值，提高其工作满意度。在新加坡，员工培训被认为是企业最有价值的可增值投资。据新加坡教育机构统计，企业每投入1新元用于培训，便可有3新元的产出。通过培训不仅可以提升员工的个人素质和技能，而且可以提高员工的自觉性、积极性、创造性，增强员工对企业的归属感和责任感。只有完善人力资源培训机制，根据实际需求对员工不断地进行有的放矢的培训，改进员工的知识和技能，提高员工综合素质，向培训要效益，才能紧跟时代发展的步伐，适应不断变化的环境，为企业提供合格的人力资源，提高企业的运营效率，使企业在竞争中立于不败之地。

参考文献

1. 中华人民共和国外交部网站：https://www.fmprc.gov.cn.
2. 杨伟国，代懋. 中国人力资源法律审计报告——从东盟十国看"一带一路"国家的劳动与雇佣管制 [M]. 北京：中国人民大学出版社，2018.
3. 汪慕恒. 当代新加坡 [M]. 成都：四川人民出版社，1995：51.
4. 李志东. 新加坡国家认同研究（1965—2000）. 北京：中国人民大学出版社，2014：15–18.
5. 毕世鸿，等. 新加坡 [M]. 北京：社会科学文献出版社，2016: 7–8、121.
6. 蔡锡梅. 新加坡 [M]. 重庆：重庆出版社，2007：8.
7. 毕世鸿. 新加坡概论 [M]. 广州：世界图书出版广东有限公司，2012：57–58，452.
8. 林干. 新加坡华侨华人史话. 广州：广东教育出版社，2018: 2–12
9. 柯木林. 新加坡华人通史（上）. 福州：福建人民出版社，2017: 56–63
10. 周敏，刘宏. 海外华人跨国主义实践的模式及其差异——基于美国与新加坡的比较分析 [J]. 华侨华人历史研究，2013 (1).
11. 黎相宜. 新海丝路上的新加坡与中国 [M]. 北京：世界知识出版社，2017：143.
12. [新加坡] 王永炳. 新加坡华人传统文化之过去、现在与未来 [J]. 云南社会科学，1993 (1)：56
13. 钱平桃，陈显泗. 东南亚历史舞台上的华人与华侨 [M]. 太原：山西教育出版社，2001: 181.
14. [澳] 颜清湟. 新马华人社会史 [M]. 北京：中国华侨出版社，1991：265.
15. 衷海燕，钟一鸣. 新加坡经济社会地理 [M]. 广州：世界图书出版广东有限公司，2015: 11–13.
16. "看国外"网站：http://www.kguowai.com.
17. 商务部国际贸易经济合作研究院，等. 对外投资合作国别（地区）指南——新加坡，2019.
18. 虞峰. 浅谈淡马锡经验对国企人力资源管理创新的思考 [J]. 浙江盐业，2013 (4): 29–31.

第九章 文莱人力资源

第一节 文莱的人口及民族

一、文莱的人口概况

文莱达鲁萨兰国（Negara Brunei Darussalam），简称文莱，首都为斯里巴加湾市。据文莱文经济规划与统计局《2019 年中期人口调查报告》，文莱 2019 年中期人口数量约为 46 万。男性约 24.5 万人，占 53.2%；文莱公民、永久居民和临时居民占比分别为 72.2%、7.3% 和 20.5%；15 岁以下人群占 20.6%，15~64 岁占 74.6%，64 岁以上占 4.8%；平均年龄为 30.6 岁；马来人、华人和其他种族占比分别为 65.8%、10.3% 和 24%。在劳动力市场方面，根据世界银行的数据，截至 2017 年 6 月，文莱劳动人口约为 20.9 万人，失业人口约为 1 万人，失业率为 6.9%。在人口结构中，23.46% 的人口年龄低于 15 岁，17.11% 的人口年龄在 15~24 岁，46.8% 的人口年龄在 25~54 岁，8.09% 的人口年龄在 55~64 岁，4.54% 的人口年龄超过 64 岁。按产业划分，文莱农、林、水产业人口占 0.6%，工业及制造业人口占 18.7%，服务业人口占 80.7%。在劳务合作方面，截至 2016 年，文莱约有 40% 的劳动力来自印度、孟加拉国、印度尼西亚、菲律宾、马来西亚和泰国等国家，劳动力主要分布于建筑业和低端服务产业（如餐饮及环卫服务等）。根据中国—东盟自由贸易区商务门户网站统计数据，2016 年文莱城市人口占 78%，农村人口占 22%。2007—2016 年文莱人口增长率起伏不定，起初先降后升，2010 年增长率最高达 1.8%，而后不断下降，2015 年下降到 1.3%，2016 年人口增长率回升到 1.4%。2016 年文莱人口密度为每平方千米 73 人，人口密度在东盟十国中排名第 9[①]。

二、文莱民族与中国的历史渊源

文莱有 20 多个大小民族，从来源上可简单地分为原住民和外来民族两大类。原住民包括马来人和被统称为"达雅克人"的土著民族，外来民族主要有华人以及来自英国、印度、马来西亚、印度尼西亚等国的移民和劳工。统称为"达雅克人"的当地土著民族的语言比较接近，与马来族同属南岛语系印度尼西亚语族，蒙古人种马来类型，为原始马来人的后裔。早在 13—15 世纪，苏门答腊和马六甲等地的马来人便开始迁移至文莱，并在此

---

① 中国—东盟自由贸易区商务门户网站：http://www.cn-asean.org。

定居、繁衍后代。进入20世纪后，随着文莱油气产业的发展，邻近的沙巴和沙捞越地区又有不少马来人迁入文莱，从事油气开采。文莱的马来族属于蒙古人种东南亚分支，与马来西亚的马来人为同源跨境民族。在前面"马来西亚民族与中国的历史渊源"中谈到马来西亚马来人的祖先时，谈到了比较受大众认可的一种观点就是马来人的祖先属蒙古人种，大约在公元前2500年从亚洲中部迁移到马来半岛生活，历史学家称其为"原始马来人"；随后在公元前300年左右又有一批蒙古人种居民从亚洲中部迁入，称为"续至马来人"，这就是马来西亚的现代马来人祖先。因此，文莱、新加坡与马来西亚的马来人一样为同源跨境民族。

三、文莱民族的组成部分

根据文莱文经济规划与统计局《2019年中期人口调查报告》，文莱2019年中期人口数量约为46万，马来人、华人和其他种族占比分别为65.8%、10.2%和24%。马来人和其他种族以马来语为国语，通用英语，华人使用华语较广泛。伊斯兰教为国教，其他还有佛教、基督教等。

1. 马来人

马来人是文莱的主体民族，2019年占全国总人口的65.8%，大约30.3万人，包括王室在内的多数文莱公民均为马来人。他们在文莱的政治、经济、宗教和社会生活中占据主导地位。他们大多是13—15世纪来自苏门答腊和马六甲等地迁徙的移民后裔。20世纪初，为开采石油和发展种植业，又有大批马来人从邻近的沙捞越和沙巴地区迁入。此外，移居文莱的菲律宾比萨扬人、他加禄人，印度尼西亚的爪哇人、杜松人、卡达扬人和伊班人等也有不少融合到马来人中。马来人一般居住在沿海地区，他们得到文莱政府优待，大多从事工业、农业、手工业，部分从事渔业，国家和政府机构的公务人员及金融、贸易、石油等重要部门工作主要由他们担任。马来人按习惯分成若干世袭等级，如苏丹、亲王、贵族、富人、自由民和仆役等，近年来，等级划分有所缩小。

2. 华人

华人是文莱的第二大民族，仅次于马来族，2019年占全国人口的10.3%，大约4.7万人。唐朝时期，就开始有华人移居文莱。自19世纪下半叶起，有更多的华人为谋生来到文莱。他们主要来自中国南方的广东、福建等地，以客家人居多，也有少数海南岛人和潮州人。19世纪时，文莱的华人居住在旧坡(原名甘穆巴肯)，现在他们多分布在斯里巴加湾市、诗里亚和文莱－穆阿拉区的乡村。从事农业的华人以种植蔬菜、胡椒和橡胶为主。在工业城市，华人除大批在文莱壳牌石油公司任职外，还经营锯木厂、家具厂、食品加工厂、橡胶厂、金银首饰厂和饮料厂等。文莱的商业服务业基本上由华人经营。华商有的经营进出口业务，有的充当中间商，也有的从事零售业。城镇中的旅馆、饭店、服装店和理发店等多数是由华人开设的。老一辈的华人普遍认为，在文莱赚钱要比在其他地方容易。

3. 达雅克人

文莱当地的土著人统称为"达雅克人"，意为"内地人"或"山里人"。他们包含许多民族成分，主要有克达扬人、杜逊人、伊班人、梅拉瑙人等。他们讲达雅克语，该语有多种方言，但没有文字。大多数人仍然信仰万物有灵的拜物教，部分人信仰伊斯兰教或基督教。达雅克人有的尚处在人类最古老的原始公社氏族阶段，也有的仍旧处在游牧和渔猎时代。有的部落则定居下来，从事农业，主要种植旱稻、橡胶，擅长造木船、编织和金属加工。达雅克人盛行入赘婚。他们一般居住在山区，村落多建在江河边，由几间长屋组成。各村都建有首领住所、客人住所和男子住所。近年来开始出现小家庭单独建屋居住的倾向。他们还喜欢文身。但是，一旦迁居到海边或城市，达雅克人的特殊文化和生活习俗便很快消失，其生活方式、住宅类型及服装全都受马来人的影响。他们与马来人通婚后，往往要改信伊斯兰教，连自称也改为"马来人"。因此，随着与马来人融合的日益增多，土著民族在文莱所占的比重将越来越小。

第二节　中国人移民文莱及贡献

一、唐、宋、元时期中国人移民婆利（婆罗）、勃泥（渤泥）

5世纪中叶开始，中国史书就已经对文莱历史有所记载，称其为"婆黎"，其控制范围相当于现在的加里曼丹岛西北部的沙捞越、沙巴及现在的文莱本土。6世纪时南北朝的梁朝、隋朝和7世纪到9世纪的唐朝，将该国称作"婆利"。唐朝有时也将其称作"婆罗"。唐朝末年和宋朝，我国史书将"婆利国"改称为"勃泥"或"渤泥"。从公元6世纪开始，南北朝隋朝时期华商就陆续到过文莱。

唐朝时期，随着经济社会的不断发展和两国贸易量的逐渐扩大，中国东南沿海的人民便开始向文莱移民和定居了，并且逐步与当地土著人民建立了姻亲关系。起初，中国人移民文莱主要是为了发展龙脑的贸易，后来文莱发现了铁矿，不少中国人就移居那里开采铁矿和建立冶铁基地。20世纪80年代，在婆利沙捞越（原属文莱，现属马来西亚）山都望地区——宋加武儿发现一个规模宏大的工业遗址，经考古学家和历史学家的鉴定，该工业区是中国唐宋时期的泉州人前去开辟并建立起来的。从2002年10月至2004年8月，在文莱河的支流甜柑河共发掘出土较为完整的文物5万多件，内容包括中国唐代钱币1000余枚，其余为中国唐代以后的陶瓷器、铜器、金器、木刻器具和骨骸等。

1972年，德国碑文学家傅吾康教授在文莱发现了一块南宋华人的古墓碑。从碑上镌刻的文字可以得出，该墓碑立于1264年，属于泉州人蒲氏。宋末元初的战乱也迫使沿海地区的大批中国人和不愿投降元朝的一批宋朝水师逃往渤泥（今文莱）躲避战祸，并在那里定居和繁衍生息。据说，现在当地的杜逊人就是那批宋朝水师与当地人结婚而生的后裔。他们当中以姓林者居多，疑系中国福建沿海一带的人。元朝皇帝忽必烈派大将史弼前往爪哇平乱时，路经加里曼丹，曾有大批华人留居渤泥（今文莱）等地。

二、明清时期中国人移民渤泥（浡泥）、婆罗乃、西葡荷英殖民地

16世纪中叶开始，葡萄牙、西班牙、荷兰、英国等相继入侵文莱，1578年西班牙人远征婆罗洲给文莱造成很大打击。到15世纪明朝以后，我国史籍《东西洋考》和《明史》等称文莱为"渤泥"或"浡泥""文莱""婆罗乃"，当地华人多将其写作"汶莱"。此

后，我国就一直称该国为文莱。明朝永乐年间，中国著名航海家郑和下西洋(今南洋)时，也曾有部分福建人随行，后来留在文莱定居。据《明史·婆罗传》记载："万历时，为王者闽人也，或言郑和使婆罗，有闽人从之，因留居其地，其后人竟据其国而王之。"文莱的《王室世系书》也谈到中国总兵王三品在基纳巴鲁山降龙夺珠，归顺婆罗乃（今文莱）并继任苏丹一事。15—16世纪明朝时期，文莱苏丹为种植胡椒和贸易通商，竭力吸引中国人移居垦殖。因此，当时在文莱地区的中国商人和华侨人数很多，据16世纪西方记载，文莱皇都10万居民中就有3万是华侨。

永乐六年（1408年），年仅28岁的渤泥国加那王亲自偕王室成员和侍臣等150人浩浩荡荡前来中国访问，明成祖朱棣命"所过诸郡设宴"款待，他们一行人等到达明朝京都南京后，受到明成祖的热烈欢迎和厚礼相赠。渤泥国加那王染疾后，明成祖命御医"善药调理"，天天派人探病。是年10月，加那王卒于明朝京都南京会同馆，根据他"体魄托葬中华"的遗嘱，明朝以王礼将加那王厚葬于现在的南京雨花台区铁心桥乡东向花村乌龟山。自1958年5月发现古墓后，当地政府已先后6次对它进行维修，并将其列为"江苏省重点文物保护单位"。2001年，渤泥王墓被列为"国家级重点文物保护单位"。时任文莱外交大臣穆罕默德亲王殿下、文莱历史中心主任贾米尔、文莱外交与贸易部无任所大使玛斯娜公主殿下等政府高级官员都曾先后专程前往南京瞻仰渤泥王墓，认为渤泥王墓象征着两国友好往来源远流长。

18世纪清朝时期，文莱苏丹为了发展胡椒和橡胶业，曾向中国招募大批华工前往工作和定居。据统计，当时在文莱的华侨共有2万多人，占当时文莱总人口的1/4。在近代，较大规模的移民潮在19世纪下半叶，尤其是英国殖民统治文莱之后。当时，大批移居文莱的华人多是以英国臣民的身份前往的（即以前定居在海峡殖民地或其他英属殖民地的华人）。1860年清政府解除海禁之后，许多华人移居到婆罗洲北岸（当时文莱所属的沙捞越和沙巴一带），从事胡椒、水稻的种植以及淘金业和商业贸易。19世纪后期，英国殖民者的入侵使文莱的国土变得四分五裂，当地的华人也受到了强烈的冲击，文莱本土的华人数大量减少，只剩下约300人。

三、现代中国人移民英日殖民地、文莱达鲁萨兰国

1888年文莱沦为英国保护国，1906年沦为英国殖民地。1941—1945年第二次世界大战期间，文莱被日本侵略者占领。1945年9月，英国人卷土重来，1984年1月1日英国放弃其掌握的文莱的外交和国防权力，文莱完全独立。20世纪后，随着橡胶业和石油业的发展，文莱华人人口迅速增长。1913年，英荷壳牌石油公司在文莱马来奕发现大量石油，由于石油的勘探和开采以及随之而来的城市商业的发展，华侨又开始大量地涌入文莱。据统计，从1930—1960年，华侨人数从2700人急剧增加到21800人。他们主要分布于文莱的市区或郊区以及诗里亚、都东与马来奕等主要城市里。其中华人人数最多的是诗里亚，该地油矿区的华工共有11000人。首都斯里巴加湾市的华人约有3000人。在油田工作的华人多数来自香港。他们原籍广东省，其中以揭阳为最多。后来又有华人来到文莱谋生。

20世纪40年代，文莱政府推行限制移民的政策后，直接从中国前往文莱的华人大幅

度减少。战后,特别是1949年中华人民共和国成立后,由于意识形态差异,加之冷战的爆发,英属文莱政府基本停止批准中国移民入境。新增的文莱华人主要是在当地出生的,或者是在马来西亚、新加坡出生后迁移到文莱的。20世纪70年代以后,华人人口增长减慢,在文莱人口中的比例也随之下降。近年来,华人子女在国外留学后不归,或举家迁往澳大利亚、新西兰和西方国家的人数日渐增多。

文莱的华人按照其在文莱的地位和享受的待遇可以分为3个层次:第一层是已经入籍的持"黄卡"的文莱公民,享受文莱国民待遇,据2004年统计,这一类华人占文莱华人总数的23%;第二层是没有入籍的持"红卡"的永久性居民,护照上无国籍,不能享受免费教育和医疗,占华人总人口的29%;第三类是持"绿卡"的临时性居民,文莱政府只发工作准许证,占华人总人数的48%。在文莱,公民权的授予很严格,1984年文莱独立后,新政府对国籍法和公民权进行修改,获得公民身份的条件由原来规定的在25年内连续在文莱居住20年,改为在30年内在文莱连续居住25年以上,还要经过特别申请和严格的马来文考试及马来风俗习惯的知识考试。

四、华人华侨对文莱的贡献

南北朝、隋朝时期华商就陆续到过文莱,隋唐时期中国东南沿海的人民便开始向文莱移民和定居,并开始参与文莱的国家建设。20世纪初期,西方人在文莱境内发现了丰富的石油资源,为了进行开采,他们输入了大批能吃苦耐劳的华工。现在文莱两个主要的石油城市诗里亚和马来奕就是由当年华工用血汗建设起来的。随着石油业的发展,商业与其他服务行业也相继发展起来,这也吸引了相当数量的华人再到文莱谋生。于是文莱华人人数又与日俱增,一跃而成为文莱的第二大民族,约占人口总数的25%。华人在文莱的经济领域中扮演的角色也越来越重要,他们不仅是油田的普通劳工,而且有相当数目的新一代华人成为油田的技术骨干和管理人才。此外,文莱城市和乡镇的商业与服务行业大部分也是由华人经营。华人有良好的经商和农垦技能,他们移居此地后,或同文莱人合股经营各种企业,或从事信贷和经纪行业,或经营各种经济作物种植,很快就在经济领域中崭露头角,替代了马来人。总之,华人为文莱的经济发展和城市建设做出了重要的贡献,当地人以"华人是文莱城的建造者"来赞誉他们。目前,文莱各主要市镇的百货、商场、进出口贸易、批发零售等,不少是由华侨华人经营。随着都市人口的不断增加,各种服务行业如餐馆、旅业、建筑业、航运、运输业等也大部分由华商投资经营。华侨华人在商业活动中既得到了利益,也为文莱的经济贸易发展和与中国发展贸易关系做出了贡献。

南京市文物局副局长杨新华曾多次应邀赴文莱考察访问,他在文莱首都斯里巴加湾市看到一条被称为"王总兵路"(一说是"王三品路")的街道。杨新华认为,这是为了纪念与文莱有密切关系的伟大航海家王景泓,他是郑和的副将。文莱政府用王景泓的名字命名街道是显示文莱对中文友好交往的重视。杨新华考证,据《新编郑和航海图集》图示,郑和船队是在第二、第五次下西洋时到达文莱国的。《郑和下西洋往返时间及所经国家和地区简表》也有明确记载。此外,明代陆容撰写的《菽园杂记》记有郑和船队到过渤泥国,这一佐证,可信度颇大。杨新华在文莱的考察期间,还听说了许多与中国有渊源的传说，如华人王三品娶了文莱第一任苏丹毕沙雅人的公主，成为第二任苏丹，生了个女儿嫁给阿拉伯人阿里，于是阿里成了第三任苏丹。因此，文莱苏丹有三种血统，即毕沙雅、阿拉伯和中国。至第三任苏丹之后，凡举行登基典礼，三族服装都要具备。如今，文莱举行重大活动，要穿马来服、中国服和少数民族服装[①]。《明史·婆罗传》称："婆罗又名文莱，东洋尽处，西洋所自起也。……万历时，为王者闽人也。或言郑和使婆罗，有闽人从之，因留居其地，其后人竟据其国而王之。邸旁有中国碑。"明朝张燮撰写的《东西洋考》也有相似的记述："文莱……俗传其国王为闽人，随郑和征此，留守其地。故王府旁有中国碑。"[②]上面两则引文都提到文莱国王为闽人，根据其年代，这位闽人很可能就是《文莱王室世系书》中记载的明朝官吏王三品。

中国同文莱长达1000多年的交往中，向来都是以礼相待，平等相处。即使在15世纪中国明朝拥有当时世界最强大的船队和最先进的航海技术时，也未曾以武力征服他国。郑和率领的庞大船队，访问过亚非数十个国家和地区，增强了中国同东南亚各国，包括文莱的友好关系。同中国友好亲善的对外政策形成鲜明对照的是近代西方列强的炮舰政策。西方列强东来虽只历时二三百年，但他们倚强凌弱，用比东方国家先进的武器强行打开他们的国门，掠夺他们的财富，强占他们的国土。中国和文莱都曾遭此厄运。文莱自沦为英国的保护国（实为殖民地）之后，同中国保持了1000多年的官方友好关系完全中断了。直到1984年1月1日文莱才摆脱英国的殖民统治，恢复国家主权。对此，中国政府立即表示祝贺。华人在文莱的社会地位很微妙。在政治上，他们的公民权受到了严格限制，表达政治诉求的机会很少；在经济领域和社会生活中，也受到马来人特权的影响。尽管如此，华人在经济领域仍保有较大的发展空间。他们不仅在商贸业发挥着主导作用，而且也是除政府部门以外其他行业的主要劳动力来源，很多人活跃在石油业、建筑业、进出口业，有的甚至进入了这些行业的高层管理人员的行列。此外，华人被允许组织社团，也可以发展华文教育和自己的宗教，维持和发展华人族群意识。1991年9月30日，中文两国建立大使级的外交关系以后，两国关系发展良好，特别是文化、经贸往来势头良好，这有利于当地华人的生存和发展。

第三节　文莱行政区划及人力资源官方机构

一、文莱行政区划

文莱分区、乡和村三级。全国共有4个区（District，当地人称之为县）：文莱-摩拉区（也有翻译为文莱-穆阿拉区）、都东区、马来奕区和淡布隆区。各区设区长分别负责区内日常行政事务，由内政部办公室统筹管理。区下面设乡（Mukim），乡长由政府任命，乡下面设村（Kampong），村主任由村民民主选举产生。

---

① 中国新闻网：http://www.chinanews.com。
② 《明史》卷三二三《列传》二一一《婆罗传》。

1. 文莱-摩拉区（Brunei-Muara）

文莱-摩拉区：该区东濒南中国海，南与马来西亚的沙捞越州接壤，西与都东区为邻。面积570平方千米，2011年有27.9924万人。此区由文莱首都斯里巴加湾市和文莱-摩拉区组成。该区是文莱人口最多的行政区，也是文莱行政、文化、商业和服务中心。文莱已将该区的摩拉作为出口自由贸易区，文莱最大的港口——摩拉港位于这个区内，该港是东部成长区的最大港口之一，它有助于文莱成为一个次区域联系中心。

2. 都东区（Tutong）

都东区：该区北濒南中国海，南与沙捞越州接壤，东面和西面分别与文莱-摩拉区和马来奕区为邻。南部边境地区地势较高，其余地方低平。面积1166平方千米，2011年有4.44万人，主要集中在都东市。该区是文莱土著的聚住区。出产水稻和蔬菜，畜牧业比较发达。

3. 马来奕区（Belait）

马来奕区：该区位于文莱的最南部，主要由诗里亚市和瓜拉马来奕镇组成，北濒南中国海，西面和南面都与马来西亚沙捞越州接壤，东邻都东区，西南部地势较高，其余地方平缓且海平面低。面积2743平方千米，2011年有6.39万人。该区是文莱的经济中心，文莱的石油和天然气开采和生产都集中在此区内。诗里亚镇是文莱的最大石油城，出产水稻、木材和胡椒。

瓜拉马拉奕镇是马来奕区的首府，位于文莱的西部，邻近马来西亚的沙捞越州，是一个港口城市。港区水浅，有两座100米余长的码头。该城有锯木厂、家具厂等。市郊产水稻。沿海公路东通诗里亚、都东等地，西过马来奕大桥可到马来西亚沙捞越州的淡南港和罗东、米里等地。

4. 淡布隆区（Temburong）

淡布隆区：该区位于文莱东部，独立于其他3个区，被马来西亚林梦地区分隔开，不能与文莱其他地区直接接壤，其北部隔文莱湾与文莱-摩拉区相望。该区山峦起伏，地势较高。面积1305平方千米，2011年有1万人。首府是邦古尔。主要出产木材和建筑用的沙石。

二、文莱主要城市简介

1. 斯里巴加湾市（Bandar Seri Begawan）

斯里巴加湾市是文莱首都，也是全国的商业、政治和文化教育中心。位于文莱-摩拉区，面积100.36平方千米，人口约14万。从17世纪起成为文莱首都，原称"文莱城"，在马来语中，"斯里巴加湾"意为"受尊敬的高贵的人"。这位"高贵的人"即是第二十八世苏丹奥玛尔·阿里·赛福鼎，"斯里巴加湾"正是这位苏丹的封号。1970年10月4日，时任苏丹哈桑纳尔·博尔基亚为表彰父王的建国业绩，将文莱镇正式改名为斯里巴加湾市。

斯里巴加湾市分为旧城区和新城区两个部分。旧城区为"水村"，素有"东方威尼斯"之称。水村的房屋是用木桩固定在水中的高脚木屋。现在，斯里巴加湾市仍有3万人居住在水上。1960年耗资1500万美元的水上清真寺，寺院方体圆顶，是一座一半在陆地、一半在海上的奇特建筑。新城区风景优美、树木繁盛、绿草如茵、街道整洁。建筑多为二层楼房，街道两旁有现代化的医院、商行和英国式的政府办公大楼及豪华公寓。除此之外，新城区还拥有一系列著名的建筑,如努鲁尔·伊曼王宫、奥玛尔·阿里·赛福鼎清真寺、哈桑纳尔·博尔基亚清真寺、王室陈列馆、帝国酒店、国家博物馆、东南亚跑道最长的国际机场等。

2. 诗里亚市(Seria)

诗里亚市位于文莱西南部的诗里亚,原为热带丛林荒野,1923年英国人在这里发现石油后,于1929年开采出当时大英帝国最大的一个油田——诗里亚油田。诗里亚市区内石油井架林立,是文莱陆上石油的主要产地,其附近有卢穆特炼油厂和大型液化气天然气厂。这里开采的原油一部分直接装船出口,一部分输送至卢穆特炼油厂提炼,还有一部分经输油管道输送到马来西亚沙捞越州罗东的炼油厂提炼。该市主要大街上店铺林立,商品丰富,市场繁荣。诗里亚市有轻便铁路通往巴达斯,沿海公路可通白拉奕、都东、斯里巴加湾和穆阿拉港等地,郊区有飞机场。作为石油城诗里亚的标志性建筑——10亿桶石油纪念碑是游人必去参观的地方。

3. 马来奕市(Belait)

马来奕市既是文莱西部的重要城市和油港,也是马来奕区的首府。它位于马来奕河口,北临南中国海,南面、西面紧邻马来西亚的沙捞越州,面积2727平方千米。其西面、南面地势较高,其他地区地势皆低平,有两座100余米长的码头和浮动干船坞。主要作物有水稻、胡椒等,设有造船、木材、家具等厂。沿海公路向东通往诗里亚、都东、斯里巴加湾等地,向西经马来奕大桥可达沙捞越的淡南港、罗东和米里等地。

4. 都东市(Tutong)

都东市位于都东河入海口附近,在首都斯里巴加湾市西面39千米处,是一个面河背山、向山顶发展的小城,也是都东区的首府。都东南部边境地势较高,其余地区低平,都东河由南往北穿过全境。该地主要生产水稻和蔬菜,畜牧业较发达,有锯木等小型企业。尤为值得称道的是都东的乡土特色,多样的文化和独特的文莱农村生活方式使都东成为文莱最有特色的地区。都东还有东南亚特有的海滩,斯里克纳干海滩就是其中著名的海滩之一。

三、文莱人力资源管理及教育部门

1. 文莱人力资源部门

2018年1月,苏丹对内阁进行改组,其中能源、人力与工业部长为马特·苏尼(Dato Paduka Dr. Awang Haji Mat Suny bin Haji Mohd Hussein),能源、人力与工业部网站为www.memi.gov.bn。

2. 文莱教育部门及主要高校

同期,文莱教育部部长为哈姆扎(Dato Paduka Awang Haji Hamzah bin Haji Sulaiman),教育部网站为www.moe.gov.bn。2017年,文莱拥有公立高校5所、私立高校2所。

第四节 外国人在文莱就业经商的规定

一、外国人在文莱就业的规定

1. 工作许可制度总体要求

外国人赴文莱工作，必须获得当地劳动部门签发的 2~3 年有效的工作准证。文莱负责外国人工作准证（Work Permit）管理的部门是文莱内政部劳工局和移民局。文莱移民局规定，获得签证准许在文莱工作外国公民，在雇佣合同即将结束前，需由雇主凭机票和信函前往移民局注销相关签证后方能离境，但事先办理了多次入出境且在有效期内的情形除外。

2. 简化的外籍员工准证制度

2016 年 9 月 28 日起，文莱内政部宣布施行简化的外籍员工准证制度，以替代之前的外籍员工配额准证制度。简化后的申请流程所需时间将从原来的 41 个工作日缩短至 9 个工作日，在劳工局申请的程序步骤由 12 个减少至 7 个。新制度在 2016 年 10 月 1 日首先实施于准备雇佣外籍员工的新注册公司。对申请增加外籍员工的现有公司，新程序于 2017 年 1 月生效。2017 年 4 月起，外籍员工的准证更新采用新制度。同时为协助新程序的实行，文莱人力培训机构、就业局和移民局等相关政府部门都会在劳工局柜台派驻工作人员，提供一站式便利服务。

二、工作准证申请办理程序

2016 年 10 月 1 日起，文莱内政部对准备雇佣外籍员工的新注册公司实施简化的外籍员工准证制度，替代原先的外籍员工配额准证制度，基本操作程序如下：

第一步：申请单位在文莱就业中心（JCB）和雇员信托基金（TAP）注册并取得其同意。特定行业还需取得其他政府相关部门的同意。

第二步：申请单位向劳工局提交劳工准证申请，劳工局会在 7 天内完成审批，建筑类申请单位审批时间需要 18 天。

第三步：审批通过后，申请单位须向劳工局缴纳安全保证金（Security Deposit）（1 个工作日）。

第四步：申请单位向劳工部和移民局申请工作签证（employment visa and pass）。审批通过之后，必须持移民局出具的批准函到本国出入境体检中心办理体检并取得健康证书（体检项目必须按照文莱健康部要求）。体检结束后，持批准函和体检结果到文莱驻当地大使馆申办签证。

第五步：进入文莱后，外国劳工须接受文莱卫生部的体检，进行抽血和 X 光检查项目。卫生部将疟疾、肺结核、艾滋病、性病、乙肝、羊癫疯、精神病和毒瘾等疾病列为"不适合工作"病症，除疟疾患者外，其他患者均需遣返。

第六步：申请单位与雇员在劳工局官员前证实所签劳动合同属实（1 个工作日）。

第七步：向移民局申请工作通行证和身份证（Green IC）（一般需 1 个月）。

第八步：在劳工准证签发后 3~6 个月，劳工部将对外国劳工的安置、工资发放等情况进行检查。对建筑行业申请者，劳工部会在劳工准证审批通过前后进行检查。

三、外籍劳工在文莱工作的现状

目前，外国人在文莱的普通劳工，以家政、司机、厨师、餐厅服务生、工程师等岗位就业较多，医生、律师等专业性较强行业须取得当地就业执照，银行业外籍工作人员不得超过员工总数的一半。目前，中国在文莱的所有劳务人员都是工程项目下派出。

第五节　文莱《劳动法》的核心内容

一、文莱劳动法规基础

文莱劳动法（Brunei Darussalam Employment Laws）包含 2009 年《雇佣令》（Employment Order 2009）、1957 年《雇员补偿法》（Workmen's Compensation Act 1957）、2009 年《职业场所安全与健康法令》（Workplace Safety and Health Order 2009）、2004 年《雇佣机构令》（Employment Agencies Order 2004）和 1974 年《雇佣信息法》（Employment Information Act 1974）等内容。2009 年 9 月 3 日生效的《雇佣令》是文莱的主要劳动法律，涵盖所有根据劳动合同雇佣的雇员，但不包括海员、家庭佣工以及从事管理、行政或保密工作的公务人员。

二、文莱新劳工政策

1. 企业经营和用工条件

新劳工政策于 2014 年 6 月 30 日起实施，内容大体包括：批发零售、酒店服务、通信技术等领域的诸多岗位，如收银员、司机、监督员、售货员、屠夫、面点师等，必须雇佣本地员工；已经使用的劳工配额和现有的经营许可在申请延期时将适度削减；企业如不提高本地员工雇佣率，将较难获得经营许可；非本地居民申请开办咖啡馆、快餐店等传统餐饮业将受限，并无法在乡村地区开办企业等。

2. 劳动合同和工作时间

合同由雇主和劳工签署，标准合同期限为 2 年，到期后可续签。正常工作时间为 8 小时/天，超过 8 小时部分视为加班。目前对于加班工资水平无法律规定。但文莱本地劳工普遍缺乏加班意愿。根据经验法则，每周工作天数最多 6 天。

3. 工资支付

文莱没有实施最低工资制度，私营部门工资水平不高。在文莱，劳工受到法律的保护。雇主支付雇员薪金的时间不得超过当月 10 日，如延期支付被检举，雇主会受到不高于 1500 文元的罚款[①]；如无法支付薪金给雇员，雇主将面临不超过 6 个月的监禁；如雇主

---

① 根据中国外交部网站文莱国家概况信息，文莱货币为文莱林吉特，又称文莱元，与新加坡元实行 1∶1 汇率挂钩，2020 年 9 月 1 美元约合 1.36 文元。人民币与文莱元可直接兑换，根据北京和讯在线信息咨询服务有限公司 2021 年 2 月 28 日 1 文莱元兑换 4.8614 人民币。

在未获得许可的情况下雇佣外来劳工,会受到1万文元的罚款或入狱6个月至3年的惩罚。

4. 社会保险

除工资外,所有雇主和雇员各按雇员工资的5%向"文莱雇员准备基金"(Employees Provident Fund)缴费,并各按雇员工资的3.5%向"补充贡献养老金"(Supplemental Contributory Pension Scheme,SCP)缴费。此外,雇主还须交纳雇员保险和医疗体检费,前者根据雇员工资水平确定,后者为38文元/人。

5. 其他福利

现有的劳动法针对终止雇佣、医疗、产假及工伤补偿等提供了足够的法律依据。文莱政府将加大力度与企业合作,共同实施本地员工培训计划。

第六节 中国人在文莱经商和工作的机遇

一、文莱主要经济形势及竞争力

文莱经济以石油天然气产业为支柱,非油气产业均不发达,主要有制造业、建筑业、金融业及农、林、渔业等。最近几年,由于油气产量下降,文莱经济增长出现停滞,而国际原油价格下滑更使文莱经济雪上加霜。2017年,文莱实现国内生产总值(GDP)183.8亿文币(约合141.3亿美元),同比增长1.3%。这是文莱经济在连续4年负增长后首次回升。2018年文莱国内生产总值(GDP)183.9亿文币(约合美元135亿美元),同比增长0.1%。2019年文莱国内生产总值(GDP)184.4亿文币(约合136亿美元),同比增长3.9%。人均国内生产总值2.9万美元。2016年,为加快吸引外资,进一步加快经济多元化发展,文莱政府进行了一系列改革,新设了一站式服务平台,优化缩减各项行政审批、决策流程。新成立了达鲁萨兰企业(DARe),并设立外国直接投资行动与支持中心(FAST Center),为外国投资者提供更全面、快速的服务。

文莱在本地市场规模、劳动力资源供应、产业配套能力以及社会工作效率等方面仍存在诸多不足,总体营商环境仍有待提高。在世界银行发布的《2020年全球营商环境报告》排名中,文莱在全球190个经济体营商环境便利度中排名第66位。世界经济论坛的《2019年全球竞争力报告》显示,文莱在全球最具竞争力的141个国家和地区中,排第56位。

二、中文国际合作面临新的历史机遇

文莱发展经济拥有较好的国际环境。2015年底建成的东盟经济共同体(AEC)形成一个6亿多人口的大市场,其最终目标是实现商品、资本、人员在东盟各国的自由流动;区域全面经济伙伴关系协定(RCEP)谈判争取尽早有重大进展。文莱作为上述各类自贸区成员,有条件从中受益,以克服自身市场容量、资源、人力等方面的不足,经济发展空间有望得到极大扩展。由于自身缺乏产业基础,文莱欢迎外国投资,并推行一系列鼓励投资的优惠政策,规划建设了一批产业园区,正在策划设立自由贸易区;同时,组建高层次的外资委员会,全面协调、推动利用外资工作。

中、文两国自古以来就有密切的人文、贸易往来，近年来双边经贸合作快速发展。2018年是中文交往的重要一年。中国国家主席习近平成功访问文莱，两国元首决定将两国关系提升为战略合作伙伴关系，引领两国关系迈上更高台阶。中国的"一带一路"倡议和文莱"2035宏愿"的对接，为两国关系发展注入了新动力。据中国商务部统计，截至2019年末，中国对文莱直接投资存量4.27亿美元。恒逸文莱石化、"广西—文莱经济走廊"、淡布隆大桥CC4段项目顺利推进，为文莱经济多元化发展发挥了积极作用。中、文两国人文交流日益频繁。中国是文莱第一大游客来源国。文莱属于"21世纪海上丝绸之路"沿线国家，其稳定的政治、经济和社会环境，优美的自然环境，良好的国际环境，众多的优惠政策，以及中、文两国的友好关系，正吸引越来越多中资企业前来文莱投资兴业。中资企业和中国公民在充分挖掘文莱商机的同时，严格遵守当地法律法规，尊重当地宗教信仰和文化习俗，保护当地生态环境，积极履行社会责任，注重企业文化建设，努力提升员工文明素质，为进一步密切两国互利合作和友好关系做出贡献。

第七节　中国人在文莱经商和工作的风险及应对措施

一、了解文莱对人力资源的需求

文莱当地劳动力资源短缺，本国接受良好教育的公民普遍愿意供职于政府部门，普通劳动力技能有限，外籍劳工占比较高。文莱大量引进外籍劳务，特别是建筑业、餐饮、家政、环卫等服务领域普遍雇佣外籍劳工。文莱劳工局规定，以下17种职位鼓励企业使用本地劳动，如确实需要也可聘用外籍劳工：收银员、文员、保安、接线员、前台、会计、会计文员、司机、仓库管理员、销售员、打字员、监工、保洁员、烘焙师、导游、服务员、酒店服务人员。

文莱近年来将促进本地人就业作为经济发展重点目标之一，因此对外籍劳工准入控制严格。中国劳工进入文莱配额较难获批，中资公司在向文莱输出劳工时应选择当地有实力的合作伙伴共同向文莱劳工局提交申请，或尽可能在非技术性职位上雇佣文莱本地员工。中国赴文莱务工人员也应选择取得相关资质的正规劳务中介机构，切勿听信虚假宣传。必要时应及时与中国驻文莱大使馆领事部联系。

二、考虑文莱的人力资源成本

虽然文莱没有实施最低工资制度，私营部门工资水平不高，但是雇主需要向"文莱雇员准备基金"和"补充贡献养老金"缴费，雇主还须交纳雇员保险、医疗体检费和工伤补偿等。另外，文莱为了达到全面跨太平洋伙伴关系协定的要求，文莱正在考虑修改劳工法，设定最低工资标准。如果中资企业需要聘用文莱本地以外的员工，根据企业本地雇员与外籍雇员的比例，雇主每引进一名外国劳工需缴纳480~960文元的外劳税。中资企业如果获得外籍劳工配额后，雇主需要为每人缴纳1800文元的安全保证金。因此，中国人在文莱经商和工作，要认真考虑文莱的人力资源成本并做出合适安排。

三、遵守文莱劳务合作的有关规定

为避免过多外籍劳工对本地就业市场造成冲击，进一步提高本地居民就业率，文莱开始分阶段推行"文莱化"的政策，鼓励本地私营部门优先聘请本地人。2014年5月，文莱政府开始收紧外籍劳工准入政策，取消所有已批准但尚未使用的劳工配额，企业雇佣外籍劳工必须遵守新的劳工雇佣政策。新劳工政策于2014年6月30日起逐步实施，内容大体包括：批发零售、酒店服务、通信技术等领域的诸多岗位，如收银员、司机、监督员、售货员、屠夫、面点师等，必须雇佣本地员工；已经使用的劳工配额和现有的经营许可在申请延期时将适度削减；企业如不提高本地员工比例，将较难获得经营许可；非本地居民申请开办咖啡馆、快餐店等传统餐饮业将受限，不得在乡村地区开办此类企业。中国人在文莱经商和工作，要严格遵守与文莱劳务合作的有关规定。

四、尊重当地宗教信仰和风俗习惯

文莱为伊斯兰教国家，已于2014年4月底开始分阶段正式实施《伊斯兰刑法》。该法律适用于在文莱的全体人员（包括文莱公民及外国人），违反者现阶段将被处以高额罚款或判刑，并引入肉刑及死刑。目前，与死刑相关的部分暂未实施。《伊斯兰刑法》在文莱的实施将是一个逐步深入和展开的过程，许多问题有待通过具体案例加以明确和解决。在文莱投资经商或工作生活的中国公民应遵守《伊斯兰刑法》的相关规定，避免因行为不当遭受处罚。文莱有许多风俗习惯，包括社交礼节等。中国公民在文莱应尽量做到入乡随俗，处处尊重当地的风俗习惯。

第八节　文莱劳工受伤时雇主赔偿的情形

随着我国与东盟经济往来日益频繁，我国企业对文莱投资活动也在不断增加，中资企业在文莱经营过程中不可避免地产生一些工伤事故。为了厘清工伤事故责任，维护劳资双方正当利益，我们采用冯烁翻译的"1984年版第10~12页文莱劳工赔偿法第74章"雇主赔偿的义务内容。

雇主赔偿的第一种情形：在任何职业中，如果劳工在就业中或因工作意外受到人身伤害，其雇主须依照该法令条款，负责支付赔偿金，下文另有规定除外。

雇主赔偿的第二种情形：在劳工雇主的明示或默示许可后，劳工乘坐汽车、船或飞机往返于不同工作地点而遭遇意外事故，如果汽车、船或飞机由其雇主、其雇主代表或（与其雇主制定的）协议指定的人操作，发生意外时，汽车、船或飞机未在公共运输的常规路线上运行，尽管劳工对其雇主并无职责，劳工所经受的意外事故必须当作因工作或在工作中的意外。

雇主赔偿的第三种情形：劳工在从事工作的任一场所发生意外事故时，在这些场所，劳工在实际或假定的紧急事件中采取一定措施，救援或保护可能受伤或处于危险中的法人，避免财产损失或将财产损失减到最少，此意外事故必须当作由于工作或在工作中引起的意外事故。

雇主赔偿的第四种情形：尽管劳工在事故发生时，违反了法令或其他就业规则、违反其雇主下达的命令，或未遵照其雇主指令，如有以下情况，劳工所遭受的意外事故必须当作由于工作或在工作中引起的意外事故：（1）劳工违反上述情况，或未得到其雇主指令，根据案件具体情况，意外事故视为由于工作或在工作中引起的意外事故；（2）劳工违反上述情况，或未得到其雇主指令而行动，是为了雇主的营利事业。

雇主赔偿的第五种情形：如果劳工规定的工作地点是在文莱达鲁萨兰国，或劳工在文莱达鲁萨兰国签订的聘约，劳工在文莱达鲁萨兰国外发生意外事故导致其伤亡；依照本法，劳工有资格获得赔偿金，且依照本法律条款，其雇主须支付给劳工赔偿金。

雇主赔偿的第六种情形：对于未使劳工丧失能力的伤害，至少3天的时间，劳工在就业的工作中赚取全额薪水，雇主无须支付赔偿金。

雇主赔偿的第七种情形：就导致劳工受伤的意外事故而言，如果经证实，劳工所受伤害是由酒精或药物直接引起的，雇主无须支付赔偿金，除以下情况外：该伤害导致劳工死亡或永久丧失工作能力（劳工失去50%以上的收益能力）。

雇主赔偿的第八种情形：对于意外伤害，蓄意自伤或故意加重伤势所导致的丧失工作能力或死亡，不予以劳工赔偿。

雇主赔偿的第九种情形：对于人身伤害所导致的丧失工作能力或死亡，如果劳工在任何时间向其雇主提出劳工本身在此之前并未受损害或遭受相似的伤害，而劳工知晓如此申述不符合事实，则不予以劳工赔偿。

雇主赔偿的第十种情形：就文莱劳工赔偿法而言，在没有相反证据的情况下，劳工在雇佣期间发生的意外事故亦须视为由劳工工作引起的意外事故。

参考文献

1. 中国驻文莱大使馆经济商务处网站：http://bn.mofcom.gov.cn.
2. 杨伟国，代懋. 中国人力资源法律审计报告——从东盟十国看"一带一路"国家的劳动与雇佣管制 [M]. 北京：中国人民大学出版社，2018.
3. 唐慧，张向辉，廖娟凤. 文莱文化概论 [M]. 广州：世界图书出版广东有限公司，2014: 18–31.
4. 刘新生，潘正秀. 文莱（新版）[M]. 北京：社会科学文献出版社，2015: 8, 249.
5. 钟继军，唐元平. 马来西亚经济社会地理 [M]. 广州：世界图书出版广东有限公司，2014: 48.
6. 马金案. 文莱经济社会地理 [M]. 广州：世界图书出版广东有限公司，2014: 14, 121-122.
7. 师小玲. 文莱·绿波上的金顶 [M]. 南宁：广西民族出版社，2006: 130.
8. 邵建平，杨祥章. 文莱概论 [M]. 广州：世界图书出版广东有限公司，2012: 20–21.
9. 吴崇伯. 文莱的华侨、华人经济 [J]. 华侨华人历史研究，1994 (3): 28.
10. 刘新生. 天堂秘境——文莱 [M]. 上海：上海锦绣文章出版社，2010: 148–150.

11. 廖小键. 文莱政府的华侨华人政策 [J]. 东南亚研究，1996 (4): 43.

12. 张铭. 文莱华人现状讲座综述 [J]. 华侨华人历史研究，2004 (6): 78.

13. 王青. 历代中国与文莱的友好交往 [J]. 东南亚，1998 (2): 54–57.

14. 中华人民共和国外交部网站：https://www.fmprc.gov.cn.

15. 商务部国际贸易经济合作研究院，等. 对外投资合作国别（地区）指南——文莱，2019.

16. 中国驻文莱经济商务处网站：http://bn.mofcom.gov.cn.

17. 冯烁.《文莱劳工赔偿法》英汉节译实践报告 [D]. 沈阳：沈阳理工大学，2018: 41–42.

第十章 菲律宾人力资源

第一节 菲律宾的人口及民族

一、菲律宾的人口概况

菲律宾共和国（Republic of the Philippines）本文简称"菲律宾"或"菲"，位于亚洲东南部，首都为大马尼拉市。根据中国外交部网站2020年9月《菲律宾国家概况》相关资料，菲律宾总人口约1亿800万。在劳动力市场方面，根据菲律宾统计局数据[1]，截至2016年10月，菲律宾15岁以上的人口总数为6870万人，其中劳动人口约为4370万人，劳动参与率为63.6%，失业率为4.7%。在劳动人口结构中，约有17.9%的劳动人口年龄在15~24岁，25.9%的劳动人口年龄在25~34岁，22.8%的劳动人口年龄在35~44岁，28.8%的劳动人口年龄在45~64岁，4.6%的劳动人口年龄超过64岁。截至2017年6月，按产业划分，农、林、水产业人口占26.1%，工业及制造业人口占18.5%，服务业人口占55.4%。在对外劳务合作方面，2016年菲律宾外派劳工共计224万人，其中男性104万人，女性120万人，合同工占比达97.5%，主要分布在商业、航海、建筑、制造、职业护理等行业。根据中国-东盟自由贸易区商务门户网站统计数据，菲律宾2016年男性人口占50.4%，女性人口占49.6%。2016菲律宾城市人口占44%，农村人口占56%。2007—2016年菲律宾人口增长率除2010年外，其他年份基本呈缓慢下降趋势，从2013—2016年人口增长率一直保持在1.7%。2016年菲律宾人口密度为每平方千米344人，人口密度在东盟十国中排名第2[2]。

二、菲律宾民族与中国的历史渊源

地质学家的研究证明，在1万多年以前，由于地球气候的巨大变化，北半球的陆地大部分被厚厚的冰层所覆盖，海洋水位因而降低，使得不仅现在的菲律宾群岛各岛连成一片，而且，它的北部同中国大陆仅一水之隔，南部有陆桥同马来半岛、印度尼西亚群岛、加里曼丹岛相连。后来，地球气候变暖，冰层解冻，海水上升，陆桥淹没，才分隔成现在的大陆和东南亚各岛群。从远古以来，亚洲大陆的移民，通过陆桥或后来的大陆与海岛间、海

---

[1] 菲律宾统计局网站：https://psa.gov.ph/statistics/survey/labor-and-employment/labor-force-survey. 2017-08-30。

[2] 中国—东盟自由贸易区商务门户网站：http://www.cn-asean.org。

岛与海岛间的狭窄水道，源源不断地移居东南亚各岛屿（包括菲律宾群岛），并与当地的原始居民融合，逐渐形成现代东南亚地区的主要民族。

目前菲律宾各民族，除个别民族如矮黑人（Negritos），绝大多数属马来人系统。矮黑人是据其体型特征的称呼，它又名埃塔人（Aeta），即中国古籍中所称的"海胆人"。矮黑人在2.5万～3万年以前通过陆桥，从亚洲大陆迁到菲律宾及东南亚其他岛屿。所谓马来人，是在蒙古利亚种的华族原始人南迁过程中，与东南亚的矮黑人、印度尼西亚人混血而产生的新型民族。这些华族原始人南下时，先居于中国东南部（后来形成中国古代所称的百越、百濮），其中相当一部分人继续沿海岸线及水路，以舟楫为工具逐渐向南洋群岛迁徙。其迁徙路线分为两条：大部分沿西线，即经由印度支那来到马来半岛、苏门答腊、爪哇、加里曼丹和菲律宾，他们同印度尼西亚人和矮黑人的混合，在华南时即已开始，而在南迁过程中，混血不断加深。小部分沿东线，即经由台湾而至菲律宾、加里曼丹、爪哇等地，他们同矮黑人、印度尼西亚人的混合也经历了同样的进程。

这些华族原始人在南迁过程中，已经加进新的血液；进入东南亚各岛后，他们已是新型的马来人了。正是由于马来人有着很大比重的华族原始人血统，因此，他们同华南的古民族百越、百濮人有着密切的血缘关系。直至现代，东南亚各地还有为数众多的人在体型、发肤、眼鼻和面型等方面同华南人是相同的。

三、菲律宾民族的组成部分

菲律宾是一个多民族国家，有90多个民族。主要民族有比萨扬人、他加禄人、伊洛克人、比科尔人、卡加延人等，共占全国人口的85%以上。少数民族有华人、印度尼西亚人、阿拉伯人、印度人、西班牙人和美国人，还有为数不多的土著民族。有70多种语言。国语是以他加禄语为基础的菲律宾语，英语为官方语言。居民约85%信奉天主教，5%信奉伊斯兰教，少数人信奉独立教和基督教新教，土著居民多信奉原始宗教，华人多信奉佛教。

1. 比萨扬人

比萨扬人或译米沙鄢人，是菲律宾最大的民族，约有2180万人，占全国总人口的42%，主要分布在萨马岛、保各岛、宿务岛、内格罗斯岛和帕奈岛。另外，比萨扬人还从这些原住岛向附近岛屿移民，移民较多的是棉兰老岛、巴拉望岛和苏禄群岛。比萨扬人的语言分为许多方言，各方言差别极大，几乎是不同的语言。而且讲不同方言的居民在民族学上也有某些差别。在米沙鄢群岛上居住的人口占全国人口的1/3，这里的人口密度约200/平方千米。宿务是比萨扬人分布区内最大的城市，是菲律宾的第二大城市，还是米沙鄢群岛的文化中心。这里有省级最高学府、国家图书馆分馆、气象站等。比萨扬人所经营的主要农作物有水稻、玉米、椰子、烟草等。竹编、草编是比萨扬人传统的手工业。各种规格的菲律宾席子驰名世界。比萨扬人信仰天主教，但仍保留万物有灵信仰的残余影响。他们设家庭祭坛，供奉祖先。

2. 他加禄人

他加禄人是菲律宾第二大民族，人口1230万，主要分布在吕宋岛中、南部地区。他加禄人是菲律宾各民族中经济、文化最发达的民族。菲律宾政府把他加禄语定为国语。大部分他加禄人生活在农村，从事农耕活动。农具主要是铁铧木犁和耙。水稻是主要的粮食作物，玉米种得也相当多。另外，还广泛栽种香蕉、椰子树、芒果树、咖啡树以及各种蔬菜，也栽种马尼拉麻、甘蔗、烟草等。他加禄人信仰天主教，因此比较隆重的节日都与天主教有关。

3. 伊洛克人

伊洛克人是菲律宾第三大民族，人口约570万。伊洛克人原居住在吕宋岛西北部地区，后逐渐移向卡加延河谷地，以及棉兰老岛等其他岛屿。伊洛克人主要经营水稻，他们是种植能手。除了一般品种的水稻外，还培育出了香稻和粘稻。伊洛克人还是菲律宾群岛上第一个引种棉花的民族。伊洛克人广泛信仰天主教中菲律宾独有的教派——阿格拜教，亦称菲律宾独立教。1920年，菲律宾天主教徒在争取独立的斗争中创立此教派，因主张民族独立，被称为"菲律宾独立教"。

4. 华人

在菲律宾群岛各个岛屿，非南岛语系的民族中，人数最多的民族是华人，有120万。现今的华人自7世纪开始移居菲律宾，主要来自中国的福建、广东两省。华人中绝大部分是土生土长的华裔，分布在各个岛屿的商业中心，多数集中在马尼拉市。其中有相当一部分是华菲混血后裔。他们多数是商人、手工业工人、小业主，也有大实业家。在大城市，华人经营的餐馆极受欢迎，生意兴隆。华人保留了本族语言、风俗习惯和宗教信仰，他们庆祝自己的传统节日，出版华文报纸，办华文学校，喜爱华语电影和戏剧。1986年的《菲律宾共和国宪法》承认现有华人的菲律宾国籍，允许未入籍者申请加入。如今华人与土生菲人和睦相处，大大促进了菲律宾经济的发展。

第二节 中国人移民菲律宾及贡献

一、隋唐、宋元时期中国人移民麻逸、苏禄等国

中国典籍对中菲关系的最早记载始于宋代，据宋代和元代的有关典籍所载，宋元时期出现在菲律宾的古国（地区）有麻逸、三屿、蒲端、蒲哩噜、沙华公、苏禄等多国并立。中国人留居菲律宾，始于何时，说法不一。早的上溯至汉代、东晋，说"汉代以后，中国人已到菲居住"；"东晋高僧（法显）自天竺归，途经苏洛（苏禄）群岛时，已有华人居聚其间"。还有一说，是自7世纪（隋唐时期）起，即有华人移居菲律宾。这一说似较合理，但至今仍缺乏文字及文物佐证，我们只能从一些史料推知中国移民的存在。在正常情况下，中国的海外移民是同海外贸易的发展相联系的。由于商务方面的需要，往往会使一些商人滞留以致居留海外；由于航海技术水平的限制，加上海途的艰险，对自然条件（如季风）的依赖，以及遭遇海难等，也会使商人和船员在海外或长期或短期地居留；况且中国沿海的居民，常常是附商船移居异国，以谋生计。当然也有因政治原因迁移海外的，如新王朝建立时，旧王朝的遗臣遗民，就有远去海外，以此逃避政治迫害，或以此表示对旧王朝的

忠贞，但最主要的还是与贸易相联系的移民。在唐代，我国同菲律宾就存在贸易关系。由此推断，在唐朝时期，或具体说来是晚唐时期，我国就可能有移民在菲律宾。元朝时期，一些不愿向外族俯首称臣的南宋遗臣逃往包括菲律宾在内的南洋，并出现小股移民潮。

二、明朝时期中国人移民苏禄国、吕宋国、西班牙殖民地等

至明代中叶，又出现了冯嘉施兰、吕宋、合猫里、猫里务、网巾礁老、古麻剌朗、沙瑶等新的古国并立，其中以北部的吕宋和南部的苏禄最为强盛。苏禄从元朝时期一直存在至19世纪中叶，是菲律宾历史上存在最长的古国。1379年（明朝初期），有华人到菲律宾传授酿酒法；1644年明朝灭亡，华人移居菲律宾达到高潮。郑和七下西洋（1405—1433年），通过海舶技术的革新推动了海上贸易，让更多的中国人踏上了下南洋的征程，其中就包括前往菲律宾群岛谋生。郑和或其随行人员曾3次对菲律宾的仁牙因、马尼拉、民都洛和苏禄群岛进行访问，促进了中菲国家关系、贸易关系迅速发展。这有利于创造良好的环境，使中国人乐意前往菲律宾从事贸易，甚至长期定居，与当地人通婚。"明朝隆庆年间（1567—1572年）吕宋（今菲律宾）开洋，募华人为市。初，无以应者。镇商李寓西、陈斗岩首航吕宋与贸，获巨利归。安平（福建安海旧称）人乃多从而趋之，几至十家而九。去者或久客不归，间有籍居生长子女者。"① 随着中菲通商贸易的兴隆，因业务需要或为躲避台风滞留在菲律宾的中国商人日益增多，也有人是专门下南洋经商的。他们散居在菲岛各处，在当地娶妻生子后定居下来。

活跃于广东、福建和台湾沿海的中国海盗林凤，被官兵追剿而漂洋逃遁。1574年，林凤率领战船62艘、士兵2000人、妇孺1500人，还有众多的各业工匠向菲律宾进发，作久居之计。抵马尼拉后与西班牙殖民当局的守军交战，驻菲军队总指挥戈第被林凤部所杀。西班牙总督拉维萨里斯立即组织力量进行反扑，最后林凤败退至邦阿西楠建立居留地。1575年，林凤被围四个月后，沿河出海回国。但所乘30艘船都是小船，无法载走所有随行人员。可以想象，林凤带走的应多是作战士兵，留下的当多是妇幼和工匠。这些人为了求生，避开殖民者而进入吕宋北部山区，与当地的伊戈洛特族人杂居、通婚，向他们传授中国的耕作技术和手工艺。最早明确记载华人在菲律宾居留情况的是西班牙殖民者。据史料汇编《菲律宾群岛》（The Philippine Islands，1493—1898年）所载，1570年5月驻菲军队总指挥戈第抵达马尼拉时，发现那里住着40名已婚的中国人和20名日本人；而当黎牙实比1571年再次进攻马尼拉时，发现居住在那里的华人有150名[2]。据Alip估计，至1565年黎牙实比登陆菲岛的时候，那里的中国人很可能不少于1000人[3]。到17世纪初，定居菲律宾的华人超过1万人。

16—18世纪的"重商主义"盛行时期，中菲之间的"大帆船贸易"，使得华商来菲律宾的西班牙殖民地从事贸易者的人数日渐增多。有些华侨商人久住不归，聚居在涧内

---

① 《安海志》卷十二《海港三·侨外》，1983年编修，第139页。
② E·H·Blair and J·H·Robertson. The Philippine Islands.(1493–1898). Cleveland,The Arthur H·Clark Co.1903,Vol3, p.101.167–168.
③ Alip. Political and Cultural History of the Philippines . Manila: Alip and Sons Inc. 1954. p.279.

（Parian，市场之意）生活，人数逐渐增至几万人。1582年，西班牙殖民当局为便于对华侨的防范、管理、控制、征税和敲诈勒索，在马尼拉城北与巴石河之间的荒地围以栅栏，令华侨在其中居住，称此地为Parian（翻译成"帕里安"或"八连"），它处在圣加夫列尔堡的枪炮射程之内。在西班牙人踏上菲律宾宿务岛时就发现有中国人，即把华人称作Sangley，闽南语为"商旅"或"生意人"。菲人称中国人为生意人，足见其经济动因。此外，在宿务等地也曾设有"八连"。西班牙殖民者对华、菲两族人民分而治之加上挑拨离间的手法，是造成华菲隔阂与矛盾长期存在的重要原因。

三、清朝、民国时期中国人移民西班牙、美国和日本殖民地

Eufronio M.Alip 在其《十个世纪的中菲关系》(Ten Centuries of Philippine-Chinese Relations) 一书中提出"华人移居菲律宾由几个浪潮组成，即七世纪的移民，十六十七世纪的移民，以及十九世纪的移民"[①]。清朝建立之初，明朝大批忠臣义士撤到东南沿海继续抗清，有些还迁移到东南亚徐图光复大明。为此，清政府关闭了东南沿海的对外贸易，推行严厉的"禁海令"。1681年清军平定"三藩之乱"，1683年攻破台湾岛，清政府认为威胁政权稳定的两大隐患已经解除。1684年，康熙皇帝遂下旨诏开海禁。海禁解除后中国帆船蜂拥出洋，很多商船以贸易为名，实际上大批偷载沿海移民，闽南人借机大批"潜入"菲律宾的西班牙殖民地。1681—1690年，已经有89艘中国商船抵达马尼拉。当时，马尼拉聚集了大约6000名华侨。海外移民的不断增长引起了康熙帝的忌惮，担心海上汉族反清力量壮大，尤其是聚集在吕宋和噶喇吧（今雅加达）两处的大量华侨，认为汉人与朝廷离心离德，终究会对清政权造成威胁。康熙五十六年（1717年）再次下令禁止华商到南洋贸易。1860年，清廷再败于第二次鸦片战争，被迫准许华工出洋。南洋经济开发热潮对于身处水深火热的福建沿海居民而言无疑具有莫大的吸引力，加上清初至咸丰年间奉行的出洋禁令已被西方列强所破，下南洋蔚为风尚。在菲闽侨，相继招引亲友入菲谋生，闽人再开入菲移民潮。仅1864年，移民便增至18000人以上[②]。

在长达3个多世纪的对菲律宾殖民统治时期里（1521—1899年），西班牙殖民当局对菲律宾华人的政策往往由于嫉妒和猜忌而变化无常，他们分别于1603、1639、1662、1686和1762年对华人进行了5次大屠杀。而每次屠杀之后，殖民当局又意识到，华人的各种经济活动对菲律宾来说是不可或缺的，其政策遂又趋缓和，华人人数也再次得到补充。西班牙殖民统治后期，当局政策的开放刺激了华人来菲人口的激增。"到1898年美国开始统治菲律宾时，菲华人口已接近10万人，而且散居各地。"1839年西班牙殖民当局颁布的法令允许华人完全自由地选择合适的职业和居住地点，得到总督或各省省长批准的华人，可以前往外省。1850年西班牙王室发布法令，允许华人迁居外省。华人开始由马尼拉向外省迁移，怡朗、宿务等港口城市是华人迁移的首选地，华人把这些港口作为经营进出口贸易的基地。华人也活跃在经济作物产区，例如在烟草产区卡加延，1888年有华人700人以上。

[①] Eufronio・M・Alip. Ten Centuries of Philippine-Chinese Relations. Manila: Alip. 1959. p.23.
[②] Edgar Wickberg. The Chinese in Philippine Life(1850-1898). New Haven: Yale University Press. 1965, p.61.

西班牙在美西战争失败后，1898年12月10日美西签订《巴黎和约》，规定西班牙把菲律宾割让给美国。鉴于西班牙的殖民统治迅速土崩瓦解，1899年1月23日菲律宾第一共和国诞生。美西战争中美军占领马尼拉后，美国计划将统治权扩展到整个菲律宾，由此美菲战争爆发。1901年随着菲律宾总统阿吉纳尔多的投降，美国殖民地也得到了巩固。在菲律宾革命和美菲战争期间，菲律宾华侨为了躲避战乱，大量离菲。1903年，美国殖民当局对菲律宾进行人口普查，华侨仅有41035人。1935年，华侨人口增至110500人。1939年，中国驻菲律宾总领事对旅居菲律宾的华侨进行了一次全面登记，登记所得人数为13万，其中5万在马尼拉①。美国对菲律宾进行殖民统治的时期是菲律宾华侨社会发展的一个新阶段。与西班牙统治时期相比，此期间华侨受到的政治迫害大为减少，生命财产较有保障。华侨人口的增加、经济的发展更是前所未有的。菲律宾"华侨人口的显著增加，是20世纪二三十年代的事"。可以肯定，1935年以后的一段时期内，在菲律宾的华人移民是以青壮年为主的。日本占领统治时期（1942—1945年），在菲华侨遭到了极大的破坏，生命财产受到了惨重的损失，在13万华侨中死难者估计达10000人，财产损失近2.5亿比索，也有很多华侨逃离菲律宾。

四、新中国中国人移民菲律宾共和国

1946年7月4日，菲律宾独立，菲律宾共和国宣布成立。1962年，菲政府宣布把菲律宾的独立日从7月4日改为6月12日（即菲律宾摆脱西班牙殖民统治的日子）。二战结束至20世纪70年代中期，菲律宾政府对华人实行的严厉入籍政策，使华人在菲律宾的社会政治生活中长期处于边缘地位。1974年中菲建交后，华人成批入籍，从侨民转变为公民，基本上享有与菲律宾土著同等的法律地位和政治权益，也因此提升了华人的经济地位。菲律宾华人在继续保持出色的经济活力的同时，也开始表达参政意识，谨慎地参与各种政治活动。1948年菲律宾宿务省的华侨人数为6014人，其中宿务市的华侨为5062人，后者占前者的85%左右。与战前相比，宿务的华侨减少了，这自然是战争的结果。根据1953年外侨登记的数字，宿务省的华侨为10272人，按85%计，宿务市的华侨应为8731人，与1948年相比增长了72.5%②。至1960年中期，宿务市华侨人数估计为25000人③。

1949—1978年间，中国被迫实行封闭政策，对外贸易主要通过香港进行，出国人员基本上限于公务出国，持续数百年的对外移民活动基本停止。1978年以后，中国政府实行对外开放政策，允许国民因私出国，乃至移民国外。20世纪70年代末至90年代，绝大多数中国新移民前往发达国家，尤其是北美。20世纪90年代以后，发展中国家，尤其是包括菲律宾在内的东南亚，也成为中国新移民的主要目的地之一。这与国际移民的流向变化大体相似。20世纪70年代初至80年代初是第一次新移民潮，第一次移民潮的特征是移民者大多在菲律宾有着直系亲属，或以继承遗产或与家人团聚为由前往菲律宾，因为有直系亲属的照应，目前大都已经融入主流社会，并已取得菲律宾国籍或者永久居留证。

---

① Victor Purcell. The Chinese in Southeast Asia. London: Oxford University Press.1980, p.497.
② 《菲律宾岷里拉中华商会五十周年纪念刊》，第已十二页、庚一四五页。
③ 蔡志信：《宿务华侨概述》，《菲律宾宿务东方中学金禧大庆特刊》，1965年，第33页。

20世纪80年代中后期至90年代初是第二次移民潮,他们大部分依1995年菲律宾第7919号共和国法案申请合法化居留,尽管其中有许多人并不符合条件。20世纪80年代以后,在菲律宾亲友的帮助下,大陆人往菲律宾的移民特别是闽南地区移民就没有间断过。20世纪90年代中后期至今是第三次移民潮。除了闽南和广东地区这些传统侨乡外,大批来自中国内陆地区的移民也纷纷前往菲律宾谋生,使得新移民来源地开始多元化。第三批的移民和第一、二批的移民相比,在菲人脉基础相对薄弱。第一、二批的移民主要是借助奋斗有成的亲属的帮助赴菲谋生,所以他们比较容易融入菲华社会。第三批移民有的是依靠朋友、同学、乡亲的关系,有的甚至一点社会关系也没有,就在中介的帮助下来菲发展。截至2006年,菲律宾华人新移民人数大概是15万~20万人。根据洪玉华的统计,2005年,持有中国国籍的华人移民大概有10万人,不到一半的人是合法居留。据庄国土教授的研究,2006年菲律宾华人的数量达到了150万。

五、华人华侨对菲律宾的贡献

华侨以自己的高超技艺制作了种种生活日用品,以满足菲人的生活需要,还把先进的技术传授给菲人,促进了菲律宾蔗糖、印刷、冶金、火药和各种手工业等工业的发展。被称为菲律宾第一部书的《基督教义》就是华侨在1593年印刷的。华侨为菲律宾带去了许多动植物的种子,还传授了深耕细作的耕作技术。水牛、耕牛、木犁都是华侨带过去的,还传授了果树嫁接技术,改良了果树的品种。华人华侨开办了许多零售商店,便利了菲国人民,在商业活动中,华侨对促进菲国经济的发展起了很好的作用。在国内商业活动中,菲律宾原来没有辅币找换,带来了诸多不便,后来在华侨的帮助下,他们采用了中国式的"两""钱""分"三级铜制辅币制,便利了人民的日常经济生活、促进了经济的发展。菲律宾华侨华人虽仅占菲总人口的2%,但却对菲经济发展做出了重要贡献。华人经济遍及菲经济生活和社会生活的各个方面,从手工、加工业到钢铁制造业;从餐饮业到房地产业;从轻纺化工到农牧渔业;从进出口贸易到金融、电信业等都有华商活跃的身影。

菲律宾华侨中的著名人物王彬(Roman Cngpin),原籍福建,是菲律宾一位有名的富商。在1896年和1899年的美菲战争中,王彬以大量物资支援菲律宾革命党人,因此被捕入狱。获释后,他不改初衷,继续支援菲律宾人民争取独立的革命事业,赢得了菲律宾的普遍尊敬。1912年王彬病逝。1915年马尼拉市议会做出决定,把沙里克斯第亚街改名为"王彬街",并在街口竖起一座纪念牌坊,叫作"中菲友谊门"。1978年,又在附近建造王彬铜像和纪念碑供菲律宾人万世瞻仰。2019年2月菲律宾众议长阿罗约在郑少坚基金会向宿务华人传统博物馆基金会的捐款仪式上,盛赞华人对宿务市及菲律宾全国所做出的贡献。阿罗约说:"华商的角色是如此的强大。你们是宿务经济的重要支柱。""菲人民应记得华人对他们的生活所发挥的伟大作用。"[①]

---

① 佚名:《菲律宾众议长阿罗约盛赞华人对菲律宾经济的贡献》,《世界日报》,2019年2月19日。

第三节　菲律宾行政区划及人力资源官方机构

一、菲律宾行政区划

菲律宾全国划分为吕宋（Luzon）、米沙鄢（Visayas，又称维萨亚）和棉兰老（Mindanao）三大部分，设有首都地区、科迪勒拉行政区、棉兰老穆斯林自治区等17个地区，共有81个省、145个市和1489个行政市、42036个镇。

表10-1　菲律宾大区、首府名称、人口数量和面积[①]

序号	大区名	首府	人口（人）（2000年人口）	面积（平方公里）
吕宋岛群包括吕宋本岛、西南的民都洛岛和巴拉望岛，下设8个大区					
1	国家首都区 National Capital Region	大马尼拉市 Metro Manila	1288万（2015年10月）	636
2	伊罗戈斯 Ilocos	圣费尔南多（吕宋岛西北）San Fernando	4200478	12840
3	卡加延河谷 Cagayan	土格加劳 Tuguegarao	2813159	26838
4	中央吕宋 Central Luzon	圣费尔南多（马尼拉西北）San Fernando	8204742	21471
5	甲拉巴松 Calabarzon	奎松城 Quezon	9320629	16230
6	民马罗巴 Mimaropa	—	2299229	27456
7	比科尔 Bicol	黎牙实比 Legaspi	4674855	14544
8	科迪勒拉自治区 Cordillera	—	1365220	18294
米沙鄢岛群包括班乃、内格罗斯、宿务、保和、莱特和萨玛等岛，下设3个大区					
9	西米沙鄢 Western Visayas	—	6208733	20223
10	中米沙鄢 Central Visayas	宿务 Cebu	5701064	14951

[①] E・H・Blair and J・H・Robertson. The Philippine Islands(1493—1898). Cleveland，The Arthur H・Clark Co.1903，Vol3，p.101.167—168.

续 表

序号	大区名	首府	人口（人）（2000年人口）	面积（平方公里）
11	东米沙鄢 Eastern Visayas	塔克洛班 Tacloban	3610355	21433
棉兰老岛群包括棉兰老岛和苏禄群岛等，下设6个大区				
12	西棉兰老 Western Mindanao	三宝颜 Zamboanga	3091208	16042
13	北棉兰老 Northern Mindanao	卡加延－德奥罗 Cagayan de Oro	2747585	14033
14	南棉兰老 Southern Mindanao	达沃 Davao	5189335	27141
15	中棉兰老 Central Mindanao	科塔巴托 Cotabato	2598210	14373
16	卡拉加 Caraga		2095367	18847
17	棉兰老穆斯林自治区 Muslim Mindanao	苏丹库达拉 Sultan Kudarat	2412159	11638

资料来源：2012年菲律宾统计局网站。

二、菲律宾主要城市简介

1. 大马尼拉市（Metro Manila）

马尼拉是菲律宾共和国的首都，也是全国最大的城市和政治、经济、文化、交通中心。它地处菲律宾群岛中最大的岛屿——吕宋岛西岸，也称"小吕宋"，濒临天然的优良港湾——马尼拉湾。1976年11月，菲律宾政府决定把马尼拉、奎松、卡洛奥坎、帕萨伊4个市和玛卡蒂等13个区合并，组成大马尼拉市，面积达636平方千米。2015年10月，大马尼拉市（Metro Manila）人口1288万，是亚洲最大的城市之一，也是亚洲最欧化的城市，有人称之为"亚洲的纽约"。马尼拉是菲律宾的经济中心，它集中了全国半数以上的工业企业，主要有纺织、榨油、碾米、制糖、烟草、麻绳、冶金企业等，产值占全国的60%。近年来，跨国公司利用当地的人力资源优势，纷纷将呼叫中心等设在马尼拉，形成独具特色的全球服务外包基地。马尼拉还是菲律宾的重要交通枢纽和贸易港口，全国出口货物的1/3和进口货物的4/5集中在这里。

马尼拉是一座具有悠久历史的城市。它在印度文明、中国文明及中亚古文明的基础上，融合西班牙、美国的西洋文明，形成东西合璧的文化。马尼拉市名胜古迹众多，位于市中心的鲁纳达公园是为了纪念菲律宾的民族英雄黎刹尔博士而改名为黎刹尔公园。黎刹尔公园中，有吸引人的中国式庭院，院内有假山，入夜后的七彩装饰灯把庭院打扮得辉煌美丽。马拉卡南宫是菲律宾共和国的总统府所在地，位于巴石河的北岸，原为西班牙总督的别墅。美国统治时期，又成为美国总督的府邸。菲律宾独立后，成为菲律宾共和国的总统府。马尼拉市北部的王彬街又称"唐人街"，是马尼拉的商业中心之一。早在元、明两代，中国的许多商贩、工匠和园艺师，便纷纷从中国东南沿海各省前往马尼拉定居。现在的王彬街就是当年华侨聚居区的旧址，全长约半公里，街道比较狭窄，有180多家商店，其中多数是中国餐厅、酒楼、杂货店、糕点店、咖啡店和旅馆。店面设在骑楼之下，很像我国广东、闽南的街景。王彬街口建有中国风格的"中菲友谊门"牌坊、王彬铜像及纪念碑。每逢华人民间节日，这里便热闹异常，提灯舞狮，锣鼓喧天，使王彬街生色增辉。

2. 宿务市（Cebu）

宿务是菲律宾最早开发的城市，被誉为"南方皇后市"。1521年，葡萄牙航海家麦哲伦由西班牙航行到中南美洲，途中惊喜地发现了这个美丽静谧的小岛。宿务市位于宿务岛的东部沿海，是菲律宾第二大城市，仅次于马尼拉，系中央直辖市。宿务面积340平方千米，人口70多万。宿务市、曼达威市和拉普拉普市组成大宿务，总人口110万，是米沙鄢地区的经济中心。由于地处战略位置，宿务市已成为一个高度发达的商业和工业中心，是菲律宾除马尼拉之外的最大的经济中心。玉米、椰子干、芒果、烟草、水产和木材等在经济中占重要地位。宿务拥有全国最大的椰子油提炼厂，还有卷烟厂、糖厂、陶瓷厂和啤酒厂。

目前宿务已发展成为菲律宾著名的旅游中心。这里有大片的森林，宿务国家公园面积15393公顷，又有无数白色沙滩和清澈海水，还有世界级的度假酒店——马克坦香格里拉饭店。1521年麦哲伦在宿务登陆后，威胁这一带的首长，要他们屈服投降西班牙。宿务附近的马克坦岛的首领拉普拉普率领岛上居民奋起抗击西班牙殖民者，杀死了麦哲伦。为了颂扬这位民族英雄，菲律宾人民在当时激战的海滩上保存和展览了几件有历史意义的纪念品：一艘麦哲伦环球航行时乘坐的"维多利亚"号船的复制品、一座西班牙殖民政府于1866年修建的麦哲伦纪念碑、一座屹立在碑前的拉普拉普铜像。在宿务市郊一座可以俯瞰全城的山坡上，菲籍华裔建有一座道观，观中有道士和供游客占卜凶吉的卦卜，还有一尊姜太公钓鱼的雕像。这座富有浓厚中国色彩的道观，引起了外国游客的极大兴趣。

3. 达沃市（Davao）

达沃市是菲律宾南部棉兰老岛最重要的城市，位于该岛东部，2007年常住人口136万人，加上流动人口超过200万，是菲律宾第三大城市。达沃市临近达沃湾，是达沃区首府，是棉兰老岛主要港口和贸易中心。达沃市的战略位置使其不仅成为整个棉兰老岛的贸易中心，同时也成为东盟东部增长区的贸易中心。由于四季如春，众多的椰林和香蕉园相互交错，环境幽静，达沃素有"南海乐园"之称，是菲律宾著名的游览胜地。达沃市也是菲律宾棉兰老岛空运、海运中心和繁忙的商业中心，每年吸引国内外大批游客到此游览。达沃还是南岛会议、展览中心，每年都举办很多展会，吸引着关注南岛事务、商务的人来此参会和参展。

4. 碧瑶市（Baguio）

碧瑶是位于菲律宾吕宋岛北部本格特省的一个城市。1900年，美国人在Ibaloi村庄的遗址上创建了碧瑶。1909年9月1日，碧瑶市被菲律宾议政委员会指定为菲国的"夏都"。碧瑶和马尼拉、宿务一起被认为是菲律宾华人的主要聚居城市。"碧瑶"这一称呼，当地土话意为"风景"，后来福建籍的华侨用闽南话称它为"碧瑶"，既谐音又雅气。古人称"瑶池"为"仙景"，云雾缭绕的迷人山城，碧瑶真的如仙境一般。这使它获得了三个雅称：夏都、松树之城和花都。碧瑶著名的公园有伯纳姆公园、曼尼斯公园、莱特公园、福布斯公园等，此外，还有麦逊宫、高尔夫球场及海滨浴场等。近年来，菲律宾旅游部门努力把碧瑶建成具有北方土著民族风情的旅游区。

三、菲律宾人力资源管理及教育部门

1. 菲律宾人力资源部门

菲律宾本届政府内阁于2016年6月组成。劳工与就业部部长是希尔维斯特·贝劳（Silvestre Bello Ⅲ），劳工与就业部网站为www.dole.gov.ph。社会福利与发展部部长是罗兰多·包蒂斯塔（Rolando Joselito Delizo Bautista），社会福利和发展部网站为www.dswd.gov.ph，社会保障署网站为www.sss.gov.ph。

2. 菲律宾教育部门及主要高校

同期，教育部部长是莱奥诺·布瑞奥内斯（Leonor Briones），高等教育委员会主席是普洛斯彼罗·德维拉（J. Prospero E. De Vera Ⅲ），教育部网站为www.deped.gov.ph，技术教育和技能发展署网站为www.tesda.gov.ph。

菲律宾高等教育主要由私人控制。根据中国外交部网站2020年5月资料，全国共有高等教育机构1599所，在校生约244万人。著名高等院校有菲律宾大学、德拉萨大学、雅典耀大学、远东大学、圣托马斯大学、亚太大学、东方大学、中央大学、圣卡洛斯大学、国父大学等等。

第四节　外国人在菲律宾就业经商的规定

一、外国人在菲律宾就业的总体要求

2014年，菲律宾时任司法部部长莱拉·德利马在对菲律宾华商联总会出具的一份法律意见书中强调，在菲律宾雇佣外籍人员受第715号总统令（即反傀儡法）规范。根据该法令，涉及商业的公司或协会，凡由宪法规定仅允许菲律宾人控股或菲律宾人占股必须超过60%的，禁止雇佣外籍人员，不论其是否已经获得居留权。该禁令的唯一例外为司法部特别认证的外籍技术人员。无居住权的外籍人员来菲律宾务工须获得就业许可证，该许可只有在司法部认定其竞聘岗位无菲律宾人有能力、有条件或有意愿从事后才予出具。有居住权的外籍人员无须申请就业许可证，但须获得外籍人员就业注册证。

二、外国人在菲律宾就业的程序

外国人在菲律宾工作需获得劳动和就业部颁发的外国人就业许可和移民局的工作签证，并办理I-CARD身份证。

1. 国内办理手续

中国公民赴菲律宾务工应通过经国家有关部门批准的合法、正规的中介办理相关手续。

2. 特别工作许可（SWP）办理

在就业许可证和工作签证申请期间，申请人可向菲律宾移民局申请有效期为 3 个月的特别工作许可（Special Working Permit，SWP）。外国人初抵菲律宾后可持 SWP 工作，SWP 失效后必须持外国人就业许可证（AEP）和工作签证两种证件才能工作，证件不齐全则被视为非法务工，菲律宾移民局可根据移民法采取相关行动。

3. 外国人就业许可证（AEP）办理

外国人就业许可证（AEP）由劳工和就业部签发给欲在菲律宾就业的外国人（离岸银行和地区总部的执行官不包括在内）。劳工和就业部评估的主要标准是：没有本国人可以并有能力且愿意从事的工作岗位。

4. 劳动市场测试

在获得就业许可证后，非经劳工和就业部批准，不得更换雇主。若外国承包商雇佣的员工是外国人，这些员工还必须通过菲律宾劳工和就业部以及专业管理委员会组织的劳动市场测试。

5. 工作签证办理

可以在菲律宾务工的签证分为工作签证（9G）和特别非移民签证（47a2）。其中，工作签证（9G）须经移民局理事会会议批准，申请此类签证须向移民局提交外国人就业许可证（AEP）。特别非移民签证（47a2）可签发给在菲律宾经济区署和投资署注册的企业雇佣的外国人，以及被临时指派到政府项目工作的外国人。

第五节　菲律宾《劳动法》的核心内容

《菲律宾劳动法》（后简称《劳动法》）于 1974 年根据 NO.442 号总统令颁布。《劳工法》中明确提出：通过修正、整理劳工和社会立法，为保护劳工、促进就业和人力资源发展，基于社会正义确保产业的正常秩序，特制定本《劳动法》。除《劳动法》中另有规定外，本书中规定工人应享有的权利及利益，适用于所有劳动者，无论是农业劳动者或是非农业劳动者。根据商务部国际贸易经济合作研究院编撰的《对外投资合作国别（菲律宾）指南（2019 年版）》，菲律宾劳动法核心内容介绍如下。

一、工作时间

雇员的工作时间为每天工作不超过 8 小时或每周工作不超过 48 小时，这段工作期间应支付雇员正常工资。雇员在连续工作 6 天后应享受连续 24 小时的休息。该要求不适用于政府雇员、管理人员、野外作业人员、提供私人服务者及根据工作成果领取工资者。

二、加班补贴

加班补贴是指超过规定工作时间的补贴，加班费率如下表所示：

表 10-2　加班补贴

加班类别	工资计算
正常工作日加班	
正常工作日 8 小时以后延长工作时间	日工资 ×1.25
休息日或特别假日加班	
前 8 小时	日工资 ×1.30
超过 8 小时	日工资 ×1.69
特别假日与休息日重合时加班	
前 8 小时	日工资 ×1.50
超过 8 小时	日工资 ×1.95
大众假日加班	
前 8 小时	日工资 ×2.00
超过 8 小时	日工资 ×2.60
大众假日与休息日重合时加班	
前 8 小时	日工资 ×2.60
超过 8 小时	日工资 ×3.38

资料来源：菲律宾劳工和就业部。

三、最低工资

农业和非农业工人的最低工资由各地区的三方工资委员会决定。1990 年 7 月生效的共和国第 6727 号法令对最低工资进行了合理化调整，以显示地区间或地区内生活成本的不同。工资或薪水必须两周支付一次，且不能以发票、代币等形式发放。

四、雇员保险与福利

1. 社会保险类别及缴纳比例

私人雇员适用社会保险系统（SSS），政府雇员适用政府服务保险系统（GSIS），该计划是强制性的，适用于每一个拥有一个或更多雇员的雇主、国家政府及其具有政府职能的分支机构，包括政府拥有和控制的公司。他们每月须向国家健康保险计划（NHIP）支付贡献金，相当于其雇员工资的 1%。

2. 保险计划受益范围

所有菲律宾公民均可享受国家健康保险计划，该计划由菲律宾健康保险公司（PHIC）管理，为非强制性。所有该计划的成员要根据 PHIC 制定的理性、公平和递增的费用表支付国家健康保险基金。保险计划受益范围包括：房间和食物，专业的健康服务，医疗检查服务，处方药及生物制剂，急救、医疗和牙科服务。

3. 企业医生配备的要求

劳工和就业部要求每个雇主都要提供紧急救助药物和设备。如果是危险工作，必须配备兼职的内科医生或牙医。如果雇员人数达到一定标准，则要求配备全职的内科医生。如果工作不是危险性的，内科医生和牙医应随叫随到。

4. 带薪产假

如果女性雇员是社会保险系统（SSS）的成员，并在12个月的期限内已交满3个月的贡献金，即可享受60天的带薪产假，或78天的剖腹产假。已婚男性雇员，如其合法妻子生产前4个孩子，则有权在每次生产时享受7天的带薪假期。

五、终止雇佣

政府保证工人在职的安全性，保护工人不被任意剥夺工作。因此，所有的雇主不得终止雇员的服务，除非有特殊原因或得到《劳动法》的授权。这些特殊原因包括：犯了一系列的错误或故意不听从命令，明显和经常性地对工作忽视，欺骗、犯罪或冒犯其雇主，或类似的行为。如果开除是基于上述任何原因，雇主必须给雇员2次书面通知和1次听取申诉的机会。

另外，有以下情况雇主也可中止对雇员的雇佣：雇主安装了节约劳动力的设备，存在很多冗员，为了节省费用以避免损失，或关闭、终止经营。在这种情况下，法律规定雇主必须提前1个月向雇员和劳动部出示书面通知。

第六节　中国人在菲律宾经商和工作的机遇

一、菲律宾主要经济形势及竞争力

菲律宾属于出口导向型经济，对外部市场依赖较大。第三产业在国民经济中地位突出，农业和制造业也占相当比重。20世纪60年代后期菲律宾采取开放政策，积极吸引外资，经济发展取得显著成效。20世纪80年代后，受西方经济衰退和自身政局动荡影响，菲律宾经济发展明显放缓。20世纪90年代初，菲律宾拉莫斯政府采取一系列振兴经济措施，经济开始全面复苏，并保持较高增长速度。1997年爆发的亚洲金融危机对菲冲击不大，使其经济增速再度放缓。杜特尔特总统执政后，加大对基础设施建设和农业的投入，推进税制改革，虽然经济保持高速增长，但也面临通货膨胀高企、政府财力不足等问题。根据中国外交部网站2020年5月的《菲律宾国家概况》的经济数据：2019年菲律宾国内生产总值约3546亿美元、2019年人均国内生产总值约3262美元、2019年国内生产总值增长率为5.9%。

世界经济论坛的《2019年全球竞争力报告》显示，菲律宾在全球最具竞争力的141个国家和地区中，排第64位。世界银行的《2020年营商环境报告》显示，在190个经济体中，菲律宾营商环境便利度排名第95位，分值为62.8。根据世界知识产权组织（WIPO）发布的《2019年全球创新指数》（GII）报告，在全球129个经济体中，菲律宾从2018年的第 73 位跃升至 2019 年的第 54 位。

二、中菲国际合作面临新的历史机遇

自 2016 年 10 月菲律宾总统杜特尔特访华以来,中菲关系经历了转圜、巩固、提升三个阶段,目前呈现全面向好的积极态势,两国高层交往和各层级、各领域交流日益密切,睦邻友好与互尊互信的共识不断增强,人文交流蓬勃发展。2018 年,习近平主席成功实现其任内的首次对菲律宾进行国事访问,推动中菲关系升级为全面战略合作关系,中菲关系进入提质升级的新阶段,中菲经贸合作也迈上了新阶段。据菲方统计,2019 年,中国对菲协议投资达 887 亿比索,同比增长 80%;中国为菲第一大贸易伙伴,第一大进口来源国,从对菲第四大出口市场跃升为第三大出口市场;全年访菲中国游客 174 万人次,同比增长 39%。据中方统计,2019 年,中国企业在菲新签承包项目合同额翻番至 62.4 亿美元;完成额 27.6 亿美元,同比增长 40%;中菲政府间基础设施合作项目顺利推进。目前,经贸合作已经成为中菲关系的三大支柱之一,"压舱石"和"推进器"作用进一步显现,双方在农业、能源、制造业、基础设施建设、旅游等领域务实合作前景广阔,空间巨大。

近年来,菲律宾政局稳定,经济快速发展,世界三大投资评级机构陆续将菲律宾主权信用等级提升为投资等级。外资纷纷看好菲律宾的经济和市场前景,认为菲律宾投资环境具有以下积极因素:第一,经济快速发展,近 5 年平均增长率超过 6%。财政稳健,通胀率保持在较低水平。第二,人力资源优势明显。菲律宾拥有数量众多、成本低、受过教育、懂英语的劳动力。80% 的国民熟练使用英语,识字率达到 94.6%,在亚洲地区名列前茅。第三,内需旺盛。菲律宾人口约 1 亿 200 万,每年有接近 300 亿美元的外劳侨汇收入汇入国内。居民消费意愿强烈,私人消费占 GDP 的近 70%。第四,美国、欧盟和日本等国对菲律宾出口产品分别给予相应优惠关税待遇。中菲经济互补性强,在高层引领下,双方加强"一带一路"倡议与"大建特建"基础设施建设计划对接,双边经贸合作将会取得更加蓬勃的发展。

第七节 中国人在菲律宾经商和工作的风险及应对措施

一、了解菲律宾对人力资源的需求

菲律宾本国劳动力资源丰富、成本低廉,是全球主要的劳务输出国之一,因此菲律宾国内对外籍劳务需求规模极小。在菲律宾工作的外籍人员需向菲律宾劳工与就业部申请取得外国人就业许可证(AEP),部分职业(例如雇主为外国公司的管理层)可申请例外证书(COE)。据菲律宾移民局统计,目前菲律宾有超过 22 万名外籍工人。由于近两年在菲外籍工人急剧增加,菲律宾政府正在研究修改相关劳工法律规程。

二、考虑菲律宾的人力资源成本

菲律宾根据不同地区的基本情况,实行最低工资标准和 13 个月工资制。雇员工资每

2周支付一次,以支票或现金形式直接支付给雇员,禁止以承诺条、凭证单、代币券、欠条或实物等支付工资。菲律宾普通劳动者平均日薪为500比索[①],其中马尼拉地区的工资水平最高,日最低工资约合12美元。

菲律宾《宪法》规定,工人有权由工会代表其集体进行劳资谈判。菲律宾《劳动法》也有条款规定,为了解决劳资纠纷,鼓励和保护这种谈判,包括仲裁和调解手段。谈判完成后,双方将形成劳资谈判协议。近年来,一年内约有270个劳资谈判协议,其中约有210个(约占78%)协议涉及涨工资问题,包括增加基本工资、日薪和月薪。

三、遵守菲律宾劳务合作的有关规定

菲律宾本身就是世界上重要的劳务输出国之一,海外劳务汇款是菲律宾重要经济支柱。菲律宾对外国人到菲律宾从事普通劳务有严格的限制,只有投资者、高级管理人员、技术人员等经过一系列审批手续后,才能获得工作或居留许可。近年来,菲律宾移民局以未持工作签证或准证非法在菲律宾务工为由多次抓扣中国在菲律宾务工人员,被抓扣的既有大型项目现场的施工人员,也有从事零售的小型商贩。因此,任何集体和个人都不应贪图一时之利,应特别注意遵守菲律宾移民局和劳动部门关于在菲律宾居留和工作的相关规定。

在菲律宾发生劳务纠纷,可通过法律手段进行维权,或通过菲劳工部(电话:0063-2-5278000)及其下属的工作环境局(电话:0063-2-5278000)、有特殊关切工人局(0063-2-4043336)以及员工补偿委员会(电话:0063-2-8994251)等机构寻求救济。

四、妥善处理与工会的关系

菲律宾法律并不强制要求企业成立工会组织,而且企业工会组织活动须得到所在企业人力资源部门的认可。菲律宾民众注重自身舒适度和幸福感,工作节奏比较缓慢,大多不愿加班。企业应积极研究在尊重当地文化和传统的基础上,充分有效利用当地人力资源。菲律宾《劳动法》对于雇员权益有明确规定,企业不能随意解雇正式员工,解除雇佣合同应支付补偿金。在菲律宾的中国企业应严格遵守菲律宾关于雇佣、解聘、工资、社会保障等方面的规定,减少劳资矛盾,与当地工会组织保持良性互动,营造和谐的企业内部环境。

五、妥善规避和处置在菲各类风险

菲律宾易遭热带风暴、台风等自然灾害侵袭,特别在海上需警惕人员伤亡、财产损失风险。菲律宾社会治安状况不佳,各地区存在抢劫、绑架等犯罪现象。建议赴菲律宾经商、工作和旅游的中国人应注意人身安全,夜间不要在吕宋岛北部和中部农村地区旅行,在马尼拉应减少夜间外出,尽量不去人多拥挤和人烟稀少处,如遇游行和兵变不要围观。出行时乘坐正规出租车,切勿暴露个人财物,如遇抢劫不要进行无谓的反抗,以免遭受更大的人身伤害。

在菲中国人应提高风险防范意识,增强自救能力。如遇紧急情况请及时报警,并及

---

① 菲律宾货币名称为比索(Peso),2019年12月汇率为1美元≈52比索。

时联系中国驻菲律宾使领馆寻求协助，驻菲律宾使馆领保协助电话：0063-9178972695，驻宿务总领馆领保协助电话：0063-9175495614，驻拉瓦格领事馆领保协助电话：0063-9178051226，当地相关紧急电话：救护车117、消防队160、警察166。

第八节　菲律宾的海外劳务管理模式

近年来菲律宾向全球194个国家和地区输出劳务人员，是世界上重要的劳务输出国。自20世纪90年代末期起，菲律宾每年向海外输出的劳务人员都超过80多万，且输出量逐年增加。据菲律宾官方统计，截至2003年底在海外的菲人约有776万。其中，合同劳务人员338.5万、移民和定居者286.5万、非法工作或居留者151万。海外劳务为菲律宾经济发展做出了巨大的贡献，2004年由海外劳务人员汇回菲律宾的收入就达到85.5亿美元，占菲GDP的10%。庞大的海外汇款，有力支持了菲律宾国内金融市场，并使它欣欣向荣。由于海外劳工对菲律宾经济发展的贡献举足轻重，政府将每年的6月7日定为外籍劳工日，以资纪念和表彰。政府给予海外劳工崇高的荣誉，将他们称为"现代英雄"。

一、菲律宾海外劳务就业市场

1. 中东地区劳务就业市场

中东地区是菲律宾最大的海外劳务就业市场，占菲律宾海外劳务输出总量的40.2%（以2003年底合同劳务人员数量计算，下同），也是对菲律宾劳务需求增长最快的地区，输往该地区的菲律宾劳务以年均约2.4%的速度增长。该地区对菲律宾劳务的需求主要在医护服务、建筑、石油、通信、运输、海水淡化、家庭服务、零售和旅店业等领域。沙特阿拉伯是菲律宾最大的海外劳务输出国，已有近百万菲律宾人在沙特工作。其他主要就业国家为阿联酋、卡塔尔、科威特、以色列等。

2. 东亚和南亚劳务就业市场

东亚和南亚地区是菲律宾第二大劳务输出地，占菲律宾海外劳务输出总量的27.9%，年均输出劳务人员29万人。日本是菲律宾第二大的海外劳务输出国，在日本工作的菲律宾人有近20万。近年来，日本成为接受菲律宾新出国就业劳务人员最多的国家。菲律宾人在日本主要从事信息和通信技术服务；在港、澳地区工作的菲律宾人超过22万，主要从事家庭服务和饭店服务；在台湾地区工作的菲律宾人约有16万人，主要从事家庭服务、教育、制造业和建筑业；在新加坡的菲律宾劳务有5.8万人，主要从事医护服务和饭店服务；到中国大陆工作的菲律宾人只有几千人，主要集中在广州、北京和上海等大城市，多数是专业人员，从事教育、工程、医生、经理和会计等职业，还有部分在娱乐场所表演和做家庭服务工作。

3. 欧洲和美洲劳务就业市场

在欧洲工作的菲律宾人约有46万人，占13.6%。欧洲国家对菲律宾劳务需求主要是医护服务、饭店和旅游服务，年均输往该地区的菲律宾劳务约4万人。意大利和英国是该地区菲律宾劳务的主要雇佣国，新兴的东欧劳务市场，如斯洛文尼亚医疗行业、克罗地亚的饭店和旅游业都将为菲律宾海外劳务拓展市场带来契机。

在美洲就业的菲律宾人为28.6万人，就业量以年均1万人的速度增长。美国和加拿大是菲律宾劳务在美洲的主要输出国，分别约有10万和3万菲律宾人在两国工作。菲律宾人在美国和加拿大主要从事医护服务和教育工作，加勒比地区对菲律宾劳务的需求主要是饭店服务业。近期，北美海员市场成为菲律宾海外劳务输出的关注点。

4. 大洋洲和非洲劳务就业市场

在大洋洲工作的菲律宾人有5.6万人，每年前往该地区就业的菲律宾劳务总体呈下降趋势。巴布亚新几内亚是该地区菲律宾劳务的主要就业地，平均每年有近2000多菲律宾人在巴布亚新几内亚找到工作，主要从事工程服务。在澳大利亚和新西兰的菲律宾人主要从事医护服务业。

在非洲工作的菲律宾人有5.4万人，每年到非洲国家工作的菲律宾劳务平均在6000多人，但近些年输出量明显上升。2003年以来，每年输往非洲国家的菲律宾劳务都在8500人以上。菲律宾劳务在非洲的主要劳务输出国为尼日利亚、安哥拉、阿尔及利亚和赤道几内亚等国。此外，还有约22.9万菲律宾人在各类外籍轮船上担任海员。

二、菲律宾海外劳务结构

1. 菲律宾海外劳务人员合同结构

菲律宾海外劳务人员包括海外合同工人、持工作签证的工人和持其他非移民签证但已就业的人员。合同工人是海外劳务的主体，按工作地点分为陆上劳务和海上劳务两类。陆上劳务人员约占劳务输出总量的93.7%，占每年劳务输出量的3/4。近几年，海上劳务保持较快的增长势头，2004年增长率达到6%。

2. 菲律宾海外劳务人员性别结构

在海外劳务人员中，男女比例基本上是平分秋色。但自2000年以来，新出国就业劳务人员中女性比例上升较快，平均占新出国就业劳务人员总数的71%。在服务人员和专业技术人员中女性所占的比例尤为突出，分别占91%和85%。在中高层管理人员、制造业和农业生产行业中男性居多，而办公室职员和销售人员则男女各半。

3. 菲律宾海外劳务人员职业类别结构

从职业类别结构来看，陆上劳务人员主要分为以下几类：（1）服务人员包括：家务管理员、看护；厨师、面包师、餐饮业侍者；理发师、洗衣店员等，约占海外劳务输出总量的37.8%。（2）专家和各类技术人员包括：物理、数学、工程、科学专家、信息技术专家、生命科学和健康专家；教师、会计、医务工作者；作曲家、表演艺术家、画家、摄影师和雕塑家；工程师、建筑师、统计师、系统分析员；机长、船长等，约占海外劳务输出总量的20%。（3）制造业工人包括：在工厂中的机械操作员、生产流水线工人、司机等，约占海外劳务总量的15%。（4）贸易人员包括：在矿业、建筑业、金属、机械、工艺品、印刷、精密仪器等领域及其相关行业从事贸易的各类人员，约占海外劳务输出总量的16%。（5）经理和高级管理人员包括：总经理和业主、执行经理和专业管理者、部门经理等，约占海外劳务输出总量的2.5%。（6）职员包括：办公室职员、售书员、出纳员、计算机操作员、话务员、秘书、速记员、打字员等,约占海外劳务输出总量的3%。(7)销售人员包括:售货员和采购员,约占海外劳务输出总量的1.9%。(8)农业人员包括:农民、渔民、林业工人、饲养员、猎人等,约占海外劳务输出总量的0.6%。

海上劳务人员主要是在各类外籍船只上从事客货运输和渔业捕捞的海员,以及在外国轮船公司工作的职员。截至2004年底,菲律宾输出海上劳务人员22.9万多人。

三、菲律宾海外劳务优势

1. 英语优势

英语是菲律宾的官方语言。菲律宾人从小就接受双语教育,90%的菲律宾人能讲英语。流利的英语保证了海外菲律宾人日常工作和生活的交际与沟通,为菲律宾人在海外谋职创造了条件。

2. 良好的教育

菲律宾教育在发展中国家中是比较发达的。据世界银行数据,菲律宾人平均接受教育时间为11.5年,菲律宾初等教育完成率为90%,其中男性为87%,女性为94%;2002年菲律宾成年人识字率为93%,青少年识字率为:男性94%、女性96%。在菲律宾海外劳务人员中接受过初等教育的占19.2%、中等教育的占29.3%、高等教育的占19%;取得学士学位的占12.28%,学士以上学位的占0.88%。菲律宾女佣受教育的程度更高,具有初级以上教育水平的人将近占95%,很多是大学毕业生,有的甚至是教师。良好的教育增加了菲律宾海外劳务人员的竞争力。

3. 高水平的技术培训

菲律宾政府十分重视对海外劳务人员的技术培训,并将其视为开拓海外劳务市场的重要手段。菲律宾前总统阿罗约曾表示,人力资源培养是菲律宾保守得最好的商业秘密。在菲律宾各类面向海外劳务人员的技术培训学校遍布全国,培训内容涉及各主要就业行业。接受过严格培训、具有较高专业技术水平的菲律宾劳务人员在国际劳务市场上备受青睐,对其需求有增无减。重视培训是菲律宾海外劳务长盛不衰的根本所在。

4. 品性善良

菲律宾是天主教国家,85%的菲人笃信天主教。菲律宾海外劳务人员普遍具有性情温和、诚实可靠、工作勤奋、责任心强的优良品质,深受雇主的欢迎。菲律宾人经过几百年的西方殖民统治,生活和思维方式全面西化,易于适应西方社会生活环境,从而增强了菲律宾海外劳务人员适应异乡生活和生存的能力。

四、菲律宾海外就业管理机构

菲律宾海外就业管理机构主要包括外交部和劳工与就业部两个系统。外交部及其海外派驻机构负有保护海外劳工和其他海外菲律宾人权利的职责,执行与保护海外劳工权利相关的多国协定、宣言和决议,并在国际和地区人权体系下评估受虐菲律宾劳工的人权状况和实施可行的补救措施。劳工与就业部负责关注外国劳动和社会福利法律发展动态,及时制订相应对策以保证海外劳工和海外菲律宾人都受到公平对待。劳工与就业部下属的菲海外就业管理局和海外劳工福利管理局全面负责菲律宾海外就业管理和海外劳工利益保障工作。

1. 菲律宾海外就业管理局

菲律宾海外就业管理局是负责促进和监控菲律宾海外就业发展的主要政府机构，于1982年根据菲律宾政府797号行政令成立，1987年进行了重组。1995年颁布的《海外劳工及海外菲人法》进一步强化了菲律宾海外就业管理局的职能，即保障海外劳工权利、严格控制违法招募劳工、有选择派遣海外劳工、协助海外劳工归国并执行归国安置计划、为海外劳工和其家庭提供政府信息服务和其他基本帮助、利用信息技术便利海外就业市场信息发布、扩展免费基础教育提高海外就业人员素质、协调海外就业有关案件的处理等。

菲律宾海外就业管理局总部分设有就业前服务部、许可与规章部、裁决部、福利与就业部、行政服务部等业务部门。菲律宾海外就业管理局还在全国设立地区办公室和特别办公室，在33个驻外使(领)馆和代表机构设有海外劳工办公室。

2. 菲律宾海外劳工福利管理局

菲律宾海外劳工福利管理局是负责菲律宾海外劳工福利的主要部门，其任务是在保证基金发展能力前提下，开发和执行有关项目，保护海外劳工权益，提高海外劳工福利。菲律宾海外劳工福利管理局于1977年根据No.537许可令成立，最初为海外劳工福利与培训基金会，1981年改为海外劳工福利基金会，1987年依照No.126行政令更名为海外劳工福利管理局。目前，菲律宾海外劳工福利管理局由总部、17个地区办公室和20个海外派驻机构组成。

菲律宾海外劳工福利管理局的基本职能包括：执行《劳动法》有关条款，保护海外劳工的权益，提高海外劳工的福利；为海外劳工提供社会和福利服务，包括保险、社会服务帮助、法律协助、文化服务、汇款服务等；开展研究活动，增强海外劳工社会、经济、文化福利；管理福利基金；开发、支持、资助具体海外劳工福利项目。

菲律宾海外劳工福利管理局采用会员制，会员会费、投资收益和其他收益是菲律宾海外劳工福利管理局资金的主要来源。成为会员的方式有两种：一是菲律宾海外劳工福利管理局在协助招收劳工时自动入会，所有由菲律宾海外劳工福利管理局协助招收的陆地劳工都是由外国雇主支付会员费，海员会费是由雇主和海员本人共同支付。二是劳工在海外自愿登记入会，会费以一次出国劳动合同缴纳25美元，但在国外时间不得超过2年，如果超过两年，每年续会员资格缴纳25美元。

3. 菲律宾海外劳工法律协助办公室

菲律宾海外劳工法律协助办公室是菲律宾外交部下设的旨在为海外菲律宾人提供法律协助服务的机构。《海外劳工及海外菲人法》赋予菲律宾海外劳工法律协助办公室以下职能：向海外劳工发放获得法律协助服务的指南、程序和标准；与劳工与就业部、海外就业管理局、海外劳工福利管理局和其他相关政府部门，以及非政府组织建立紧密联系，进行有效协调和合作，保证及时向海外劳工提供法律帮助；联合著名法律公司、菲律宾律师联合会和其他律师协会，与政府共同为海外劳工提供法律帮助；管理和批准使用法律协助基金；维护政府信息共享系统。

菲律宾海外劳工法律协助办公室通过使用法律协助基金，向受困海外的菲律宾人和劳工提供法律服务，其支出包括聘请外国律师费代表海外劳工应诉、保释金、诉讼费及其他诉讼支出等。法律协助基金总额为 1 亿比索，其中，50% 来自总统应急基金、30% 来自总统社会基金、20% 来自海外劳工福利基金。

参考文献

1. 中华人民共和国外交部网站：https://www.fmprc.gov.cn.
2. 杨伟国，代懋. 中国人力资源法律审计报告——从东盟十国看"一带一路"国家的劳动与雇佣管制 [M]. 北京：中国人民大学出版社，2018.
3. 黄滋生，何思兵. 菲律宾华侨史 [M]. 广州：广东高等教育出版社，2016: 3-4，539.
4. 林惠祥. 南洋马来族与华南古民族的关系 [J]. 厦门大学学报，1958 (1): 203-206.
5. 中国驻菲律宾共和国大使馆：http://ph.china-embassy.org.
6. 庄国土，陈华岳，等. 菲律宾华人通史 [M]. 厦门：厦门大学出版社，2012: 40, 226-650.
7. 杨建成. 菲律宾的华侨 [M]. 台北：中华学术院南洋研究所，1984:3.
8. 郑玉书. 中菲间历史文物之梗概 [J]. 台湾风物，1961 (2).
9. 姜兴山. 菲律宾华人文化重构研究 [M]. 北京：中国社会科学出版社，2017: 29, 39-45.
10. 马燕冰，黄莺. 列国志：菲律宾 [M]. 北京：社会科学文献出版社，2007: 374.
11. 陈台民. 中菲关系与菲律宾华侨 [M]. 北京：朝阳出版社，1985: 98.
12. [台湾] 林惠阳. 菲律宾华人社会之研究 [M]. 台北：中国文化学院，1977: 49.
13. 任娜. 菲律宾社会生活中的华人（1935—1965）：从族际关系的角度所作的探索 [M]. 贵阳：贵州人民出版社，2004: 20-22.
14. [新加坡] 潘翎. 海外华人百科全书 (中文版)[M]. 崔贵强，编译. 香港：三联书店 (香港) 有限公司，1998: 188.
15. 李涛，陈丙先. 菲律宾概论 [M]. 广州：世界图书出版广东有限公司，2012: 44-47, 66-68.
16. 佚名. 菲律宾华人现代史 [N/OL]. 世界日报，1983-1-17.
17. 庄国土. 菲律宾华人政治地位的变化 [J]. 当代亚太，2004 (2): 12.
18. 陈衍德. 现代中的传统——菲律宾华人社会研究 [M]. 厦门：厦门大学出版社，1998:18，42.
19. 庄国土. 东南亚华侨华人数量的新估计 [J]. 厦门大学学报 (哲学社会科学版)，2009 (3): 64.
20. 陈学文. 明清时期华侨对菲律宾开发的贡献 [J]. 海交史研究，1992 (1): 28-33.
21. 刘荣春，刘善庆. 海丝邻居：菲律宾"一带一路"经济发展研究 [M]. 北京：经济管理出版，2018: 149-150.
22. 商务部国际贸易经济合作研究院，等. 对外投资合作国别（地区）指南——菲律宾，2019.
23. 中国驻菲律宾经济商务处：http://ph.mofcom.gov.cn.

第十一章 东盟国家人力资源管理实训

第一节 东盟国家人力资源或东盟侨务工作论文写作

一、论文写作安排

1. 选助教和分小组

分组之前先从学生中选出3位或3位以上数量的助教，剩下的学生平均分为若干学习小组，分组有如下要求：①每个小组成员所拥有的电脑台数基本相同；②每个小组积极分子数量基本相同；③每个小组口才较好的人数基本相同；④每个小组男女数量比例基本相同。分组和论文写作需要提前布置，论文可以作为平时作业，也可以作为期末考试的内容。

2. 选助教、分小组及实训分工

根据老师给出的《论文内容格式范例》和《参考文献的写作要求》，参考本组查找的东盟国家人力资源或东盟侨务资料，每个学习小组撰写一篇"东盟国家人力资源或东盟侨务工作"论文。助教组负责设计论文评分表初稿、协助老师评分和后续研讨会拍照，论文评分表初稿完成后交给老师修改定稿。学习小组完成论文初稿后，先在本组内进行论文讨论和修改，论文定稿后交助教组进行论文成绩初评，最后交给老师进行论文成绩最终评定。

二、论文写作内容及结构要求

1. 论文写作内容一：东盟某国人力资源

每组在东盟网站、中外大使馆、百度查找资料，在知网、万方、维普查找论文，可用"东盟、东南亚、越南、泰国等＋人力资源（或人力资源某个模块）/人才/劳务"等关键词或关键词组合查询，须查找论文30篇以上，并综合自己的观点写成一篇论文。写作对象可以是东盟某国企业或机构，可以是东盟某国来华开设的，也可以是中资企业或机构到东盟某国开设的；可以是中国机构的东盟某国员工，也可以是东盟某机构的东盟员工，还可以是在东盟某国工作的中国员工或华人员工。

2. 论文写作内容二：东盟侨务工作

每组在百度查询"侨联或侨办"字眼，从而找到全国各地侨联、侨办网站，通过这些网站收集东盟侨务方面资料。可在侨联侨办网站和知网、万方、维普，用"侨务"关键词查询论文，也可用"中国侨联或地方侨联职能"当中任何一条职责的字眼在上述网站查询，然后根据查询内容并综合自己的观点写成一篇论文。写作对象是全国各地跟东盟国家内容有关的侨联、侨办的侨务工作，也可以是东盟国家的华侨华人、归国华侨、侨眷。

3. 论文写作结构

论文写作结构包括标题、班级、组别、作者（按贡献大小排名）、指导教师、摘要、关键词、前言、正文（可以是"问题+对策"的结构，也可以是其他结构）、结论、参考文献等。

三、论文写作目标

1. 新文科相关写作目标

论文正文能结合东盟某国的实际情况提出中国人力资源管理方案，或者提出能够协调各个部门、各种资源开展侨务工作的方案；论文结论能把中国"一带一路"倡议与东盟某国国家发展战略进行对接，并提出中国人力资源管理方案，或者提出把中国文化与东盟某国文化相融合进行相关侨务工作，从而培养学生跨领域知识融通能力和实践能力。

2. 课程思政相关写作目标

论文写作内容有利于中国和东盟国家的团结，通过在东盟国家传播中国人力资源管理经验体现中国管理自信、中国文化自信，或者通过做好侨务工作讲好中国故事或华侨华人故事。文中要有"一带一路"倡议相关联的内容，或者有体现出中国—东盟命运共同体的内容。

四、论文写作组织模式

1. 小组论文写作+后续研讨会模式

小组论文写作+后续研讨会模式可以按上文的"一、论文写作安排"和后面安排的"第二节　东盟国家人力资源发展及东盟侨务工作竞技训练"进行团队协作式写作和研讨，这种模式打破了传统的"老师说和学生听"的固有模式，通过多方位协作、互动和竞争的方式，寓教于乐，让学生在不知不觉中加深对东盟国家人力资源知识的理解和应用。

2. 个人论文写作+后续比赛模式

个人论文写作+后续比赛模式可以请每个学生撰写一篇有关"东盟国家人力资源或东盟侨务工作"的论文，个人模式不必分组但仍然需要选出几位学生作为助教，由助教负责设计论文评分表初稿，完成后交给老师修改定稿。个人论文完成后交给助教进行论文成绩初评，最后交给老师进行论文成绩最终评定，并评出论文获奖等级，由教学经费或课题经费发放奖品。如果条件允许，可以把本次个人论文写作与各类正式比赛结合起来，还可以邀请相关企业、行业和政府部门相关专业人士作为论文评委。

第二节　东盟国家人力资源发展及东盟侨务工作竞技训练

一、竞技训练整体安排

根据上文的"一、论文写作安排"，每个学习小组撰写一篇有关"东盟国家人力资源或东盟侨务工作"的论文，然后根据论文编写研讨会 PPT 讲义，每组选出 1~2 位同学上台为全体同学进行若干分钟的演讲，演讲完成以后其他各组针对演讲内容交叉提问。

二、研讨会现场桌椅摆放方式

"东盟国家人力资源发展及东盟侨务工作竞技训练"实训现场桌椅摆放方式，可以采用团队竞技训练桌椅摆放方式，下图是分三组进行研讨的桌椅摆放方式，可以根据分组数量不同而做相应调整。

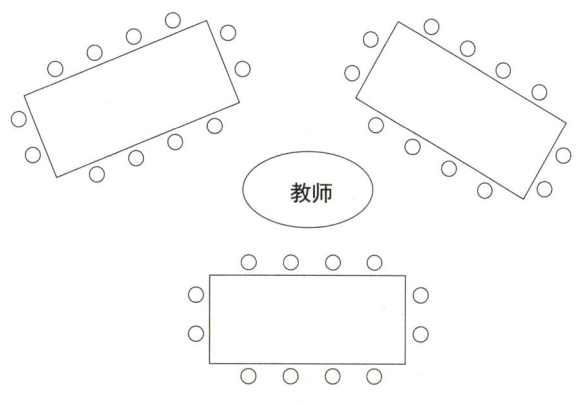

图 11-1　团队竞技训练桌椅摆放

三、上台演讲顺序确定

上台演讲顺序的确定，以小游戏"循环相克令"的结果而定，循环相克令的令词为"猎人、狗熊、枪"。小组代表同时说出令词，在说最后一个字的同时做出一个动作：猎人的动作是双手叉腰，狗熊的动作是双手呈爪状搭在胸前，枪的动作是双手举起呈手枪状。老师以下列动作判定输赢，猎人赢枪、枪赢狗熊、狗熊赢猎人，如果动作相同或无法判定输赢则重新开始。最后由赢者选择上台的顺序。

四、小组魅力展示

上台演讲前，每组全体成员以本组特有的方法，高呼口号并摆出独具个性的 pose，为本组演讲者"壮行"和"助威"。

五、上台演讲

每组选出 1~2 位同学上台为全体同学进行若干分钟的演讲，少于和多于规定的时间均扣分，以保证实训任务按时完成。演讲的内容为本组写作的"东盟国家人力资源或东盟侨务工作"论文。

六、交叉提问

演讲结束后，其他小组针对该组的演讲内容进行交叉提问；由演讲者作答，本组其他成员可以补充回答。每组都必须要提问至少 1 次，多则加分。

七、师生评分

实训完后,各组将 PPT 及相关论文资料交老师带回对作品进行评分。每组演讲、提问和回答等现场表现,则由老师和助教在现场对每组整体表现进行评分,评分表中须融入本章第一节的新文科写作要求及课程思政元素的相关评价指标。作品得分和现场表现得分构成每个小组的"团队成绩",老师根据本组成员的贡献排名在本组"团队成绩"的基础上进行分数的上下调节,得出本组所有成员的个人成绩。

八、老师点评

为预防老师言论影响和引导后续上台的演讲者,小组全部演讲和问答完成后老师才进行点评。点评后把 PPT 及相关论文作为各组平时成绩或期末考试成绩的评分依据,并要求各组组长根据成员在本次实训中的表现进行贡献排名。

第三节 东盟国家人力资源及华侨华人知识竞赛

一、知识竞赛的组织形式

助教组的若干学生助教和十个学习小组组长选出来以后,请助教组织学习小组组长进行协商或抽签,由十个组长分别认领东盟十国,为今后十个学习小组分别代表东盟十国进行东盟知识竞赛做好准备。

二、知识竞赛目标

1. 新文科知识目标

能梳理中国人迁移东南亚的历史变迁,分析东盟人力资源现状;能理解民族学、历史学、人类学等学科与人力资源管理知识、侨务工作技能交叉融合的意义。

2. 新文科能力目标

具备在"一带一路"倡议下解决东盟人力资源管理和侨务工作问题的基本技能,具备中国与东盟文化相融合环境的跨文化适应能力,基本具备跨领域知识融通能力和实践能力。

3. 课程思政目标

认清西方国家污名化"一带一路"倡议和挑拨中国东盟关系的面目,讲好中国故事;揭示华侨华人移民与西方殖民统治东盟国家的本质区别,讲好华侨华人故事;认识到华侨华人在中国与东盟合作发展中发挥的重要作用;摸索构建中国—东盟命运共同体的路径和方法。

三、知识竞赛题目和答案的编写

知识竞赛题目和答案草案可由学生助教根据《东盟人力资源概况》教材和其他资料来编写,然后交给老师修改和补充。如果竞赛的题目和答案比较繁杂,可以考虑在《东盟人力资源概况》教材上以划重点等方式请参赛者事先学习。

四、知识竞赛的竞赛形式

知识竞赛题目和答案编写好以后，可采取东盟式入场仪式、必答题、抢答题、观众题和东盟人力资源演讲等形式进行竞赛，知识竞赛的评分表中须融入新文科要求和课程思政元素的评价指标。竞赛可以单独举行，也可以与其他竞赛结合起来进行；评委可由老师和学生助教担任，也可以邀请企业、行业和政府部门专业人士担任。

五、知识竞赛的结果应用

知识竞赛的结果可以作为本课程的平时成绩或期末考试成绩，如果是以个人身份参赛的，直接把知识竞赛的结果作为本人的平时成绩或期末考试成绩，如果是以小组形式参赛的则要求各组组长根据成员在本次竞赛中的表现进行贡献排名。以小组形式参赛的，结果成为每个小组的"团队成绩"，老师根据本组成员的贡献排名在本组团队成绩的基础上进行分数的上下调节，得出本组所有成员的个人成绩。

参考文献

1. 鲍立刚. 人力资源管理综合实训 [M]. 北京：中国人民大学出版社，2017.
2. 鲍立刚. 人力资源管理专业实训教学方法版本学说探讨 [J]. 广西教育，2018 (6): 182–184.
3. 鲍立刚. 人力资源管理专业实训教学前置工作的应用性探讨 [J]. 广西教育，2017 (10): 184–187.
4. 鲍立刚. 管理类专业分组应用型教学多重角色交叉式成绩评估探索 [J]. 广西教育，2017 (2): 123–125.